HISTOIRE UNIVERSELLE

PAR

AGRIPPA D'AUBIGNÉ

IMPRIMERIE DAUPELEY-GOUVERNEUR

A NOGENT-LE-ROTROU.

HISTOIRE
UNIVERSELLE

PAR

AGRIPPA D'AUBIGNÉ

ÉDITION PUBLIÉE POUR LA SOCIÉTÉ DE L'HISTOIRE DE FRANCE

PAR

Le Baron Alphonse DE RUBLE

TOME NEUVIÈME

1594-1602

A PARIS
LIBRAIRIE RENOUARD
H. LAURENS, SUCCESSEUR
LIBRAIRE DE LA SOCIÉTÉ DE L'HISTOIRE DE FRANCE
RUE DE TOURNON, Nº 6

—

MDCCC XCVII

EXTRAIT DU RÈGLEMENT.

Art. 14. — Le Conseil désigne les ouvrages à publier, et choisit les personnes les plus capables d'en préparer et d'en suivre la publication.

Il nomme, pour chaque ouvrage à publier, un Commissaire responsable, chargé d'en surveiller l'exécution.

Le nom de l'éditeur sera placé en tête de chaque volume.

Aucun volume ne pourra paraître sous le nom de la Société sans l'autorisation du Conseil, et s'il n'est accompagné d'une déclaration du Commissaire responsable, portant que le travail lui a paru mériter d'être publié.

Le Commissaire responsable soussigné déclare que le tome IX de l'édition de l'Histoire universelle d'Agrippa d'Aubigné *préparée par* M. le Baron Alphonse de Ruble *lui a paru digne d'être publié par la* Société de l'Histoire de France.

Fait à Paris, le 15 mars 1897.

Signé : Lud. LALANNE.

Certifié :

Le Secrétaire de la Société de l'Histoire de France,

A. DE BOISLISLE.

LES HISTOIRES
DU
SIEUR D'AUBIGNÉ

LIVRE QUATORZIÈME

(LIVRE IV DU TOME III DES ÉDITIONS DE 1620 ET DE 1626).

Chapitre I.

Brouilleries de Paris, Lyon et Orléans, avec leurs changements.

Paris, plein d'estrangers qui estoyent accourus sur les diverses espérances des Estats, voyoit avec desdain, crainte et nouvelles pensées, les confusions d'une telle assemblée, de laquelle les rangs furent fort douteux et embrouillez; le maistre des cérémonies n'ayant point de vieux registres pour telles nouveautez. Par les meilleures maisons trottoit le *Catholicon*[1], duquel nous avons parlé, si bien que, aprenans à rire parmi leurs calamitez, ils apprirent à mespriser ce qu'ils voyoyent ridicule et puis à contester ce qui estoit dangereux. Ils respondoyent par élévation à ce qui estoit lors sur le bureau, assavoir

---

1. La *Satyre Ménippée.* Voyez la note 3 de la p. 244 du t. VIII.

le mariage du duc de Guise avec l'infante d'Espagne[1]
et la couronne de France à eux deux conjointement.
Par personnes choisies des Estats, le duc de Mayenne
fut prié de vouloir entreprendre l'effet de cette proposition. Mais lui, feignant y adhérer et voyant que
la personne du prince lorrain n'estoit plus agréable,
traversa telles délibérations et les rompit en les
eslongnant. Principalement, il mit sur le bureau le
duc de Nemours, lors de retour à Lyon, pour les
affaires qui s'y présentoyent. Les Parisiens s'ameu-
tèrent pour lui, pource qu'il avoit soustenu leur
siège. Ils envoyèrent à Lyon, pour le prier de faire
une course aux Estats, ce qu'il refusa, et le refus tenu
pour menace secondée par celle du duc de Savoye.
On envoya vers eux pour demander leurs suffrages.
Tous deux, par leur silence, prononcèrent ce qu'ils
désiroyent; et mesme lors on faisoit sonner comme
Lyon avoit engendré à la ligue Vienne, Toissé, Mombrison, Belle-Ville, Chastillon de Dombes[2], Charlieu
et Tizi[3].

Tels contrastes lassèrent les Estats de leur besongne,
leur firent sentir qu'ils travailloyent sans fruit. Mais
ce qui conforta le plus les cœurs, qui avoyent esté
ou devenoyent royaux, et leur donna hardiesse de
crier par les rues qu'il faloit changer de condition,
furent les nouvelles que vous allez apprendre.

1. Charles de Lorraine, duc de Guise, et Isabelle-Claire-Eugénie, fille aînée de Philippe II.
2. La principauté de Dombes, comprise dans l'Ain, avait pour
capitale Trévoux.
3. Vienne (Isère), Thoissey (Ain), Montbrison (Drôme), Belle-
ville-sur-Saône (Rhône), Châtillon-les-Dombes (Ain), Charlieu
(Loire), Thizy (Rhône).

Premièrement, que les Lionnois, ayans pris une querelle d'Alemagne contre le duc de Nemours pour avoir desdaigné les commandemens du pape, sur tout celui qu'il faisoit d'aller à Paris, cousentir aux résolutions qui s'y prendroyent, c'estoit à dire au couronnement de l'infante; lesdits Lionnois, ayans seu que leur duc avoit tourné le bref en risée, et depuis ayans receu du mespris à la remonstrance qu'ils lui firent là-dessus, joint à cela quelques insolences et dégast des gens de guerre, ils se mutinèrent si bien qu'ils mirent leur chef prisonnier dans Pierre-Ansize[1].

D'autre costé fut premièrement creu à Paris qu'ils avoyent perdu Fécan[2]; et quelques-uns de la ville virent à Sainct-Denis Bois-Rosé[3] admiré de tous pour cette exécution, de laquelle on adjoustoit, à ce qui s'en est dit, trois choses qu'ils tenoyent pour miracle; l'une, qu'il n'y avoit en l'année qu'une marée qui pust servir à l'entreprise, qu'il avoit fallu, par diverses eschelles, monter deux cents toises de haut, et puis que soixante en avoient chassé quatre cents. Cette nouvelle, bien que du livre passé, courut imprimée par Paris et donna une opinion que rien ne pouvoit résister aux entreprises du roi.

Mais Orléans, autresfois le refuge des Parisiens, les

1. Pierre-Encize, à Lyon. — Une lettre de Henri IV, datée du 4 octobre 1593, mentionne l'emprisonnement du duc de Nemours (*Lettres de Henri IV*, t. IV, p. 40).
2. Fécamp (Seine-Inférieure). Villars avait pris la ville au commencement d'octobre 1593 (*Lettres de Henri IV*, t. IV, p. 40). Elle lui fut reprise vers le 16 novembre (*ibid.*, p. 51).
3. Le s. de Boisrozé servit longtemps la Ligue à Rouen, se brouilla avec Villars et s'empara de Fécamp par une ruse ingénieuse, racontée dans les *OEconomies royales* de Sully (liv. II, chap. xiv, coll. Petitot, p. 148).

esbranla merveilleusement. Le roi avoit fait une déclaration[1] portant surséance de ses exploits et un mois de terme à ceux qui voudroyent se jetter entre ses bras. Ce mois expiré, La Chastre[2] traite, obtient un prolongement pour les places qui estoyent sous son commandement, et puis composa pour elles et pour lui avec clauses très désavantageuses pour les réformez, qui estoyent privez, par le premier article, de tout édict de leur religion, en tout le bailliage et villes du reffort. Et pource qu'il n'y a point eu de préface au premier édit de cette nature que nous avons cotté à la fin du livre précédent; en outre, que les clauses de ceux-ci sont nouvelles et remarquables, j'ai voulu faire voir ici la pluspart de la copie.

« Dieu, qui est autheur des monarchies, des puissances, et qui, par une admirable providence, les conserve et maintient pour sa gloire comme il lui plaist contre tous les efforts humains, a fait clairement connoistre qu'il a un soin particulier de la conservation de cette couronne, par lui de si long temps fondée et entretenue, non seulement pour le salut de tant de peuples unis sous l'authorité d'icelle et du chef souverain y establi, mais aussi pour le support de plusieurs autres. Laquelle, combien que par son secret jugement il ait permis estre affligée, depuis quelques années, de divisions et guerres civiles dan-

1. L'édit du roi, relatif à la soumission d'Orléans, est daté de Mantes et du mois de février 1594. Il fut publié à Orléans le 5 mars (*Mémoires de la Ligue,* t. VI, p. 58 et 70).

2. Claude de la Châtre, gouverneur d'Orléans et de Bourges, prononça un discours le 16 février 1594, à l'assemblée des Orléanais, pour les engager à se soumettre au roi. Voyez de Thou (liv. CVIII). Le discours entier a été publié l'année même sous

gereuses à tous Estats, et assaillie de dehors avec grandes forces et puissantes armées par plusieurs princes estrangers, ennemis de la grandeur d'icelle, et qui ont voulu se prévaloir de ce trouble intestin pour envahir le royaume et esteindre le nom et l'honneur que la vertu et générosité des François a fait de si long temps reluire, parmi les autres nations, sous la magnanimité de leurs rois; toutesfois, la bonté divine, soustenant d'une main puissante et favorable cet Estat, a rendu vains jusques à présent les iniques desseins desdits ennemis. Et, pour remède aux frauduleuses persuasions dont ils usoyent envers ceux de nos subjets, que l'injure du temps a tenus séparez de nostre obéyssance, couverts du zèle de la conservation de la religion catholique, apostolique et romaine, a fait voir qu'au contraire leur but tendoit à l'usurpation de cette couronne, et, par ce moyen, réduire cedit royaume sous le joug d'une injuste et tyrannique domination, ne s'estans contentez des pratiques secrètes envers les personnes qu'ils ont estimé disposées à faire les trafic et marché avec eux de leur vendre cette couronne, ensemble la vie, les biens et la liberté des François, à prix d'argent et autres conditions plausibles aux âmes desvoyées de la justice. Mais ils en auroyent osé faire la proposition et poursuite en pleine assemblée dans Paris. Ce qui lors fut jugé aliéné des protestations qu'ils avoyent faites de ne prendre autre chose que la manutention de ladite

---

ce titre : *La proposition de Monsieur de la Chastre faite au corps et communeautez de la ville d'Orléans, le dix septiesme febvrier M. D. XCIIII.* A Chartres, 1594, chez Claude Cottereau, petit in-8° de 22 pages.

religion catholique, apostolique et romaine. Certe, leur mauvaise intention s'est encore rendue plus manifeste depuis qu'il a pleu à Dieu nous inspirer et faire venir à ladite religion, après la connoissance qu'il nous en a donnée, par l'instruction que nous avons reçeue de plusieurs prélats et autres personnes ecclésiastiques recommandées de singulière piété et doctrine en la saincte Théologie, que l'Église catholique, apostolique et romaine est la vraye Église. Car tant s'en faut que, cessant le prétexte qu'ils prenoyent pour cause de nous faire la guerre, ils se soyent désistez de leurs pratiques, desseins et efforts, pour la continuer, qu'ils les ont poursuivis en toutes sortes et façons avec plus de violence que jamais. Et, qui pis est, ès villes et lieux du parti qu'ils faisoyent bien semblant de vouloir seulement favoriser, où ils ont connu que leurs iniques desseins sont descouverts et détestez, ils font tout ce qu'ils peuvent pour les surprendre et les soumettre à leur tyrannie. Ce qu'il faut reconnoistre procéder de la seule providence de Dieu, qu'il a voulu que leurs propres actions, rendans la preuve claire aux François de leurs injustes intentions, que nul n'en puisse plus douter et que cela serve d'avertissement à ceux qui sont séparez d'avec nous; que la conservation de la vraye piété et religion catholique, apostolique et romaine ne peut subsister, et, par conséquent, le salut et repos public de ce royaume, que par une bonne et amiable réconciliation et réunion de tous les membres de l'Estat sous l'authorité de leur roi légitime, à laquelle il a pleu à Dieu nous appeler. Ce que, par sa gloire, il a entr'autres tellement inspiré ès cœurs de nos très chers et bien aimez subjects les maire et eschevins, manans et habitans de nostre ville d'Orléans, tant ecclésiastiques qu'autres, que, sur l'asseurance que nous avons donnée par nos lettres patentes et toutes autres déclarations de nostre clémence et bonne volonté, envers tous nos subjects qui se voudroyent reconnoistre en nostre endroit et de la volonté que nous avons de les embrasser et favorablement traiter, comme bon roi, avec ferme résolution aussi de conserver et maintenir de nostre pouvoir la religion catholique, apostolique et romaine, et d'y persévérer constamment jusqu'à la fin de nos jours; il nous ont, par leurs députez, fait entendre la bonne intention qu'ils avoyent de nous rendre la fidélité et obéyssance qu'ils reconnoissent nous devoir naturellement[1], etc. »

Les secrétaires Forget et Revol[2] concertèrent cet escrit avec l'archevesque de Bourges[3] et le chancelier Chiverni, revenant à sa charge, pour remédier à la plainte du clergé, sur ce qu'on n'avoit fait aucune apparente instruction pour le changement du roi, comme nous avons dit.

J'ai encore à desployer en cette occasion un tableau des misères ausquelles sont subjets les chefs des émotions et nouveautez, quand leur parti eschappe. Le duc de Mayenne ayant dépesché vers La Chastre pour

1. Le discours du roi, avec ses ordonnances en faveur de la ville d'Orléans, est réimprimé dans les *Mémoires de la Ligue* (t. VI, p. 58 et suiv.).

2. Pierre Forget, s. de Fresne, secrétaire d'État, né en 1531, mort en avril 1610. — Louis Revol, secrétaire d'État, né en 1531, mort le 14 septembre 1594.

3. Renaud de Beaune de Semblançay.

le conjurer de tenir ferme en ses sermens, et, quand il voudroit composer, le prier qu'ils fissent leurs affaires conjointement, pour rendre leurs conditions plus avantageuses, plus honnestes et avec plus de seureté, La Chastre avoit respondu qu'il estoit résolu à cela, pourveu qu'on lui donnast moyen de contenter les gouverneurs et capitaines particuliers des places, qui autrement ne se pouvoyent retenir, adjoustant qu'à cela il falloit trente mille escus. Le duc de Mayenne ne faisoit que venir de Bruxelles pour chercher argent et secours; de quoi, n'ayant pas eu response à son gré, il receut en mesme temps refus du pape, alléguant aux envoyez pour quelque subvention, qu'il en cherchoit partout pour armer contre le Turc. Le duc, en telles nécessitez, boursilla pour amasser trente mille escus. Celui qui les porta à Bourges sur l'après-disnée, achevant de les conter, ouyt crier *vive le roi!* et saluer La Chastre, mareschal de France par marché[1].

Chapitre II.

Sacre du roi; reddition de Lyon.

On seut qu'entre les reproches que les ligueurs faisoyent à ceux qui les abandonnoyent, qu'ils ne pouvoyent et ne devoyent tenir pour roi celui qui n'avoit point esté sacré. Cela mit le conseil en peine, car, bien qu'on leur proposast des exemples de quelque

---

1. Claude de la Châtre avait déjà reçu de Mayenne, en 1593, la dignité de maréchal de France, qui lui fut confirmée par Henri IV.

roi sacré à Soissons, de Louys IV à Laon[1], de Hugues à Compiègne et Louys le Jeune à Chartres, on rejettoit cet exemple, pource que ceux-là n'avoyent point de contredisans en faict de religion, et ainsi on vouloit attendre la prise de Rheins ou par force ou par inductions. Chiverni l'emporta pour faire la cérémonie à Chartres, et, de plus, il y eut plusieurs religieux qui asseurèrent qu'on trouveroit à Marmoutier une saincte empoule autant efficacieuse que celle de Rheins. Cela fut accepté, et le roi receut l'onction par les mains de l'évesque de Chartres[2], le vingt-septiesme de février[3].

Bien tost après, on ouyt nouvelle comment le marquis de Sainct-Sorlin[4], faisant la guerre aux Lionnois et vengeant la captivité du duc de Nemours, son frère, leur avoit apporté tant de dégast et d'incommoditez, que les meilleurs des Lionnois n'estimèrent plus devoir souffrir telles choses de parti à parti. D'autre costé, le roi d'Espagne fit couler ses promesses et libéralitez dans la ville par les intelligences qu'y avoit le duc de Terra-Nova[5], vice-roi de Milan. Cettui-ci, qui venoit de lever trois mille Suisses, en offrit la moitié avec d'autres forces, qu'il entretiendroit à ses

---

1. D'Aubigné se trompe. Louis IV, dit d'Outremer, fut sacré à Reims en 936, Hugues Capet, à Noyon, le 1er juillet 987, et Louis VII le Jeune, à Reims, en 1131.

2. Nicolas de Thou, évêque de Chartres, 29 juin 1573 au 6 novembre 1598.

3. Le sacre de Henri IV eut lieu le 27 février 1594. Le récit et l'ordre des cérémonies est imprimé, d'après une pièce du temps, dans le tome XIII des *Archives curieuses*, de Cimber et Danjou, p. 399.

4. Henri de Savoie, marquis de Saint-Sorlin, second fils de Jacques de Savoie, duc de Nemours, né en 1572, mort en 1632.

5. Charles d'Aragon, duc de Terra-Nova.

despens, pour assister ce peuple contre le marquis de Sainct-Sorlin. Les Italiens et autres partisans de la ville exaltoyent et alloyent faire accepter cet offre, quand ceux qui respiroyent le service du roi, entr'autres les eschevins et penons[1], Jaquet, Sève et Liergue, s'asseurèrent de leurs confidens, et puis firent approcher Alfonse[2], Corse fidelle et redouté, qui, avec son régiment et autres forces que lui amenoyent Chevrières[3], Forgeu[4], Botheon[5], La Liègue, La Baume[6], Mures et autres gentilshommes du pays, se rendit un matin à la Guillotière[7]; et en mesme temps les eschevins, que nous avons dit, chargèrent et mirent en fuite les gardes du pont de la Saune[8]. Cela fit courir aux armes et barriquer toute la ville. L'arcenal surtout estoit gardé par les liguez, qui s'en servoyent comme d'une citadelle, et l'eschevin Thierri, qui avoit esté chargé au pont, s'y estoit retiré. Les imprimeurs, qui avoyent armé ensemble, attaquèrent cette pièce. Deux d'entr'eux, dont l'un s'appeloit

---

1. *Pennons,* capitaines de la ville. Les *Mémoires de l'estat de France sous Charles IX* (t. I, p. 339) nous apprennent qu'à Lyon, en 1572, les capitaines de la ville portaient ce titre.

2. Alphonse d'Ornano.

3. Jacques Mitte, comte de Miolans, s. de Chevrières et de Saint-Chamond, conseiller d'État, lieutenant général au gouvernement du Lyonnais, mort après 1601.

4. Le s. de Saint-Forjeuil, d'après de Thou.

5. Guillaume de Gadagne, s. de Bothéon, chevalier des ordres du roi en 1597, lieutenant général aux gouvernements du Lyonnais, Forez et Beaujolais.

6. Le s. de la Baulme, sénéchal de Lyon, par lettres du 30 juin 1606, gouverneur par intérim de Lyon, par lettres du 19 juin 1607 (*Lettres de Henri IV,* t. VI, p. 628, t. VII, p. 288).

7. La Guillotière, faubourg de Lyon.

8. Ce combat eut lieu le 7 février 1594 (De Thou, liv. CVIII).

Berjon, ayans franchi la muraille, après avoir esté quelque temps seuls dedans, furent enfin secourus de quinze, qui gagnèrent une porte, et ainsi fut osté cet empeschement. Plusieurs petits combats qui s'attaquoyent par divers endroits de la ville cessèrent, quand, la porte du pont du Rhosne ouverte, Alfonse entra, suivi comme nous avons dit; cela exécuté quinze jours devant le sacre du roi[1], non en conséquence, comme ont escrit nos historiens à la haste.

A cet affaire servit Andelot[2], fils du feu amiral Chastillon, lequel, ayant quitté le roi, estant roi de Navarre, et sa religion, pour se donner au roi Henri III, s'estoit fait de la Ligue au siège de Paris, ayant esté pris, comme on disoit, par son consentement, pour se donner particulièrement au duc de Nemours. Ce fut lui, puis après, qui le fit mettre prisonnier par ses rapports à Lyon, où lors il aida à ce que nous venons de dire, pour entrer aux bonnes grâces du roi. Mais, n'en estant pas receu à son gré, il se r'attacha au comte d'Auvergne pour des desseins particuliers, où il se comporta comme vous verrez en son lieu.

Voilà donc Lyon, où il ne se trouve plus de tafetas blanc pour faire des escharpes. On change les eschevins et principaux officiers de la justice. Leur première fonction fut de faire crier *Vive le roi*, faire allumer des feux de joye[3] et faire brûler par le bourreau les

---

1. D'Aubigné se trompe de quelques jours. Lyon se soumit à Henri IV le 7 février 1594 (De Thou, liv. CVIII).

2. Charles de Coligny d'Andelot, né le 10 décembre 1565, mort le 27 janvier 1632.

3. Une pièce intitulée *Feux de joie*, relative à la soumission de Lyon, Orléans, Bourges et autres villes à Henri IV, est imprimée dans les *Mémoires de la Ligue* (t. VI, p. 117 et suiv.).

escharpes rouges ou noires, la Ligue en forme de sorcière, les armes d'Espagne et de Savoye, sans espargner celles de Nemours. En tous ces mouvemens, l'archevesque[1] essaya son crédit pour empescher ce notable changement; mais, ne pouvant rien contre vent et marée, il tira son épingle du jeu.

Nous garderons la contagion que ce changement de Lyon porta le long du Rosne quand nous rendrons compte des extrémitez de ce costé. Par l'édict de paix[2] qu'obtint Lyon, elle ne requit, contre l'exercice de la religion réformée, rien d'extraordinaire; elle obtint ses privilèges anciens avec six cents Suisses pour y tenir garnison quelque temps.

Pontoise, non recherchée, se présenta[3], et, sans avoir édict à part, eut promesse d'estre comprise aux articles qu'on espéroit faire pour Paris, de laquelle nous allons voir le traité et reddition, sa grandeur et son importance voulans de nous qu'elle ait un chapitre à part.

Chapitre III.

Reddition de Paris.

A la nouvelle de Lyon, le Parlement de Paris prit la hardiesse de prononcer contre l'élection d'un roi

1. Pierre IV d'Espinac, archevêque de Lyon, 1573 au 9 janvier 1599.
2. L'édit du roi, relatif à la soumission de Lyon, daté de Saint-Germain-en-Laye et du mois de mai 1594, est imprimé dans les *Mémoires de la Ligue* (t. VI, p. 107 et suiv.). Il fut vérifié au Parlement de Paris, le 24 mai 1594 (De Thou, liv. CVIII). Voyez Pericaud, *Histoire de Lyon sous la Ligue*.
3. Villeroi traita avec le roi, pour la soumission de Pontoise, en mars 1594 (De Thou, liv. CVIII).

estranger par acte public, et, par mesme voye, déclarer que, si dedans un mois on ne traittoit à bon escient de leur paix, ils la feroyent eux-mesmes ; déclarèrent encores qu'ils ne vouloyent plus souffrir en leur ville le duc de Feria ni les Espagnols et Walons. Si d'un costé la crainte des prospéritez du roi les faisoit sages, le sentiment de leurs nécessitez les émouvoit bien autant. A la vérité, tous ceux qui commandoyent aux places d'alentour leur laissoyent passer des vivres, hormis le fort de Gournai[1], où La Noue commandoit, qui, bien que fort pauvre pour le lieu d'où il estoit sorti, et sa maison ayant dévalé du seigneur au gentilhomme, n'eut point de mains à recevoir les corruptions. Il lui fut remonstré que ses compagnons prenoyent par souffrance du roi, qui n'avoit pas de quoi guérir leurs mescontentemens ; il respondoit que cela ne pouvoit servir de dispense à son devoir. Ainsi, la Marne estant la meilleure nourrice de Paris et les courtoisies des autres leur estans vendues si cher, que c'estoyent de gracieux rançonnemens, la faim leur apprit à parler haut.

Le duc de Mayenne, voyant la reddition toute minutée, y apporta les remèdes qu'il pût. Ayant reconnu que le comte de Belin[2] avoit changé de style dès la fin de l'an dernier et qu'il estoit propre à mettre en

---

1. Gournay-sur-Marne (Seine-et-Oise).
2. Jean-François de Faudoas, fils d'Olivier de Faudoas, seigneur de la Mothe, et de Marguerite de Serillac, prit le titre de comte de Belin à son second mariage avec Renée d'Averton, veuve de Jacques d'Humières. Faudoas succéda au duc de Nemours en qualité de gouverneur de Paris, fut révoqué par Mayenne et devint dans la suite gouverneur de Calais (*Lettres de Henri IV*, t. IV, p. 70, en note).

effet les pensées du peuple, pensa qu'il ne faloit point dans Paris un gouverneur qui fust seulement ligué, mais ligueur. Il choisit le comte de Brissac[1] en la mémoire des barricades et de plusieurs actions relevées, tesmoin de sa passion et fidélité au parti. Cela fait, le duc ayant mis ordre qu'il y eust tousjours dans Paris quelque prince de Lorraine de plus, y fit entrer mille quatre cents Espagnols de nouveau, si bien que les estrangers approchoyent le nombre de six mille; le duc, di-je, sur telles asseurances, s'eslongna où les affaires l'apelloyent.

L'Anglois, autrement appelé Beaurepaire[2], et l'eschevin Neret estoyent ceux qui avoyent induit le comte de Belin à la première conspiration[3], se voyans desnuez de leur chef et n'osans taster le comte de Brissac pour les conditions que nous y avons marquées. Le roi, qui avoit trouvé des instrumens propres à reconnoître le comte, le trouva enfin las de sa besongne mal reconnue et ductile à réparer les bresches de sa maison et à l'honneur de mareschal de France. L'ayant donc trouvé tel, les deux mesnagers de Paris sont avertis de se confier en lui. Sur cette asseurance, ils lui font connoistre et les personnes vouées à l'entreprise et les moyens qui estoyent tels qu'on porteroit des matériaux à la porte Neuve pour,

---

1. Charles de Cossé, comte de Brissac, traita en secret avec le roi de la reddition de Paris, par l'entremise d'Antoine de Silly, comte de Rochepot, son proche parent (*Mémoires de la Ligue*, t. VI, p. 71, note).

2. Saint-Quentin, s. de Beaurepaire, colonel de Wallons, mort après 1604.

3. Négociations au sujet de la capitulation de Paris (*OEconomies royales*, liv. II, chap. XVII; coll. Petitot, t. II, p. 181).

sous couleur de la vouloir fermer de murailles, en oster les gabions et terrasses dont elle estoit condamnée; qu'on feroit le mesme à la porte Sainct-Denis, mais de nuict, et que de mesme heure on logeroit en chacune cinquante hommes; outre cela, que Neret se rendroit maistre de la porte Sainct-Honoré, laquelle il avoit en charge, y cachant sa famille et quelques autres affidez; de plus, qu'en la mesme nuict on feroit couler dans des logis que possédoyent les confidens de l'entreprise quelques gentilshommes et soldats de l'armée pour estre prests de se jetter dans les portes quand le signal leur seroit donné. Ceux-ci estoyent pour s'oposer à quatre corps de garde, qui pouvoient venir par le rempart disputer ces portes, comme estans tousjours préparez entre l'hospital Sainct-Jacques et Sainct-Denis, à la croix Sainct-Eustache et au Temple. Il y avoit encor un dessein bien apparent, pour les forces qu'on feroit descendre par bateaux, des rivières de Seine et de Marne, qui devoyent estre commandées par La Nouë, la moitié d'elles receuës au boulevart des Célestins par Jean Grossier[1], capitaine de ce quartier, et dans l'arcenal par Chevalerie[2], lieutenant provincial de l'artillerie et y commandant absolument. Ces dernières pièces avoyent esté préparées pour un dessein sans intelligence que le roi y avoit au commencement et que La Nouë faisoit fort d'exécuter; mais tout cela trouvé lors bien facile, quand le roi se vid donner les mains du dedans.

A toutes les facilitez que nous avons dites, mais

1. Jean Grossier, bourgeois de Paris.
2. Le s. de la Chevalerie, fils d'Adam des Escotais, s. de la Chevalerie, et de Renée de Souvré, mort après 1597.

aussi choses qui pressoyent la besongne, fut adjousté un retranchement de quelques bandes estrangères qui estoyent desjà dans Paris. Et, afin d'engager insensiblement le peuple à recevoir le changement sans prendre parti, on fit semer un bruit par tous les quartiers que la paix estoit arrestée entre le roi et le duc, qui lui-mesme demandoit quelques aproches des forces royales pour congédier les Italiens, Espagnols et Walons et les faire contenter de raison à la veuë des troupes ennemies. Et, pour la fin, fut arresté qu'on feroit donner des billets dès le soir à tous les principaux des ruës et quartiers qu'on avoit tousjours connu avoir porté honneur à la royauté, comme aussi à ceux qu'on trouvoit lassez de la confusion; tous ceux-là priez de s'armer avec leurs amis pour tenir la main au salut de la ville et à l'introduction des députez dans Paris pour la paix, comme aussi à empescher que les Espagnols et les espagnolisez ne se jettassent au-devant d'un œuvre tant désirable pour Paris et pour eux tant à contre-cœur. Et voilà jusques où s'estendit la préparation. Ces billets ne peurent tomber tous en si bonnes mains que les ennemis n'en empoignassent quelqu'un; ce qui parut en une plus estroite recherche de tous ceux qui passoyent aux champs, et mesmes du costé de Sainct-Denis, où ceux de la ville faisoyent leur promenoir, alléchez par la douceur et bons comportemens de Vic[1], chose qui ne fut pas de petite importance à ce que nous déduisons.

Tout estant préparé dans la ville, comme nous avons dit, un secrétaire de sainct-Luc, qui venoit

1. Dominique de Vic, dit le capitaine Sarred, mort le 15 août 1610.

souvent à Paris sous le bénéfice de la parenté, et un du comte de Brissac furent chargez des mémoires très exprès, tant de ce que nous avons dit que pour l'ordre du combat, s'il y escheoit ; tout cela escrit de la main de l'Anglois. Les deux, contre l'ordinaire, furent fouillez partout, hors-mis aux gans, où tout estoit caché. Et ainsi le roi, bien averti, donna rendé-vous à la nuict de devant le vingt-deuxiesme de mars ; marche à la porte neufve, accompagné de Humières, Belin, Favas[1] et Vic. Vitri, ayant connoissance avec ceux qui avoyent saisi la porte Sainct-Denis, en donna avis à La Nouë, qui avoit mis pied à terre vers Conflanc[2]. Ces deux saisissent, l'un le rempart de droite, l'autre celui de gauche, et puis Vitri laisse tout à La Nouë ; et, sachant que le roi estoit entré, trouva la teste des siens auprès du Chastelet, comme le roi venoit de prendre serment d'eux pour empescher le pillage. Le Louvre et les deux Chastelets estans saisis, sans qu'il se tirast une harquebusade, horsmis la rue de la Huchette, où une quarantaine d'estourdis tirèrent et puis fuirent.

Le duc de Férie[3], rallié avec les estrangers vers le Temple, envoya demander au roi un trait de sa courtoisie, laquelle il esprouva, lui estant permis de s'en aller la mesche esteinte et le mousquet sous le coude. La Bastille fit mine de se vouloir défendre ; mais, estant sans vivres par l'industrie des architectes que nous avons nommé, Bourg, qui y commandoit, com-

---

1. Charles d'Humières, François d'Averton de Belin, Jean de Fabas, vicomte de Castets, capitaine protestant, mort en 1614.
2. Conflans (Seine-et-Oise).
3. Le duc de Feria, ambassadeur d'Espagne. Voyez le t. VIII.

posa au troisiesme jour[1] sortir, ayant deux jours pour se préparer. Le roi, sans laisser son habillement de teste, alla faire chanter le *Te Deum* à Nostre-Dame. Et cependant le comte de Brissac, Lhuiler[2], prévost des marchands, avec quelques hérauts du roi, alloient par les rues, publiant son pardon aux Parisiens, faisoyent prendre des escharpes blanches et donnoyent des billets imprimez, par prévoyance, à Sainct-Denis, portans grâce et abolition de tout ce que les Parisiens avoyent fait durant la ligue contre Sa Majesté. Dans trois heures, chascun fut paisible en sa maison et les boutiques ouvertes; nul bruit par les rues. D'O[3] fut remis en sa condition de gouverneur. Le chancelier va au palais, fait lire les lettres de l'establissement de la cour et de toutes les cours souveraines. L'Université vint demander pardon au roi des déclamations qu'elle avoit faites iniquement, s'excusant sur la violence à laquelle elle ne pouvoit s'opposer. Le prince, résolu à l'amnistie, la commanda aussi à ses subjects.

Vous aurez deux preuves d'une grande mutation et qui blessèrent quelques esprits : l'une est qu'en la mesme journée que le roi receut Paris, on vid jouer aux cartes avec lui la duchesse de Montpensier, laquelle, par la voix commune, estoit accusée d'avoir, avec le duc d'Aumale, tramé et pratiqué la mort du roi, qui

---

1. Le s. de Bourg livra la Bastille à Henri IV le 27 mars 1594, selon de Thou (liv. CIX), le 25 mars, d'après une circulaire du roi sur la reddition de la Bastille, datée du 2 avril 1594 (*Lettres de Henri IV*, t. IV, p. 135).
2. Jean L'Huillier, bourgeois de Paris, élu prévôt des marchands le 9 novembre 1592 et, plus tard, un des présidents de la Chambre des comptes.
3. François d'O était gouverneur de l'Ile-de-France.

fut contrainte de s'absenter quand la cour de Parlement, revenue de Tours, fit le procez de ce duc et le fit mettre en figure et représentation en fantosme, comme on dit, à quatre quartiers.

L'autre tesmoignage, connu de moins de gens et desplaisant à tous ceux qui le connurent, fut que, comme La Nouë gardoit encor la porte de Sainct-Denis, son équipage, venant du fort de Gournai, fut saisi et enlevé par des sergens du Chastelet, notamment pour la debte des poudres dont son père s'estoit obligé en allant au secours de Senlis. Le pis fut que, venant supplier le roi qu'il fist cesser cette rudesse pour un temps, il eut pour response : « La Nouë, quand il me faut payer mes debtes, je ne me va point plaindre à vous. » Telle estoit la tention de ce prince pour monstrer Paris bien pacifié[1].

Chapitre IV.

Reddition de Rouan, Abbeville, Rheins et autres places. La pyramide.

De Paris apprirent leur leçon, en mesme temps, plusieurs grandes villes. Nul n'avoit espéré que ce grand corps, malade de sa grandeur, de tant et telles convulsions, peust venir si tost à son repos. L'édict de la pacification[2], curieusement envoyé et plus curieu-

---

1. Paris se soumit à Henri IV le 22 mars 1594. Voyez, sur ce grand événement, une série de pièces imprimées, conservées à la Bibliothèque nationale (*Catalogue des imprimés*, t. I, p. 387). La déclaration du roi, datée du 28 mars 1594, relative à la soumission de la ville, est imprimée dans les *Mémoires de la Ligue*, t. VI, p. 71.

2. Une pièce, datée du 25 février 1594, donne l'état des places

sement receu par tout où la nécessité commandoit; l'exemple du doux traitement fut bien autant efficacieux que les ordonnances ; car, quelques insolences qu'eussent commis les particuliers, nul ne quitta sa patrie, horsmis ceux qui estoyent entachez du crime de lèze Majesté[1], au premier chef, et Leclerc[2], qui ne pouvoit de bonne grâce comparoistre devant ses prisonniers.

Lesquels, tous assemblez, commencèrent à révoquer par édict public toutes les authoritez données au duc de Mayenne, comme honnestement se desdisans et expians publiquement les diffames prononcez contre le roi mort et contre le régnant. A cela, les réfugiez de Tours[3] prenans leur part de la honte en apparence, mais triomphans en honneur par effect.

Rouan prit envie de faire par exemple ce qu'ils faisoyent par nécessité ; mais, ayant une citadelle et n'ayant pas son droit entre les mains, elle ne put faire sa paix elle-même[4]. Il fallut la traitter par les

qui appartenaient encore à la Ligue (f. fr., vol. 3989, f. 100). Le 20 mars, une déclaration du roi amnistia tous les coupables, même les Seize (f. fr., vol. 15591, pièce 75). Le 28, le roi remit en fonctions le Parlement de Paris, qui avait été transporté à Tours (*Mémoires de la Ligue*, t. VI, p. 82). Le 30, par arrêt de la cour, tous les actes du Parlement et du conseil de Ligue furent révoqués et les pouvoirs du duc de Mayenne annulés (f. fr., vol. 4019, f. 279).

1. Un édit du roi, daté du 30 mars 1594, condamna à l'exil une certaine quantité de rebelles, dont les noms figurent dans une pièce du temps (f. fr., vol. 4019, f. 275).

2. Jean Bussy Leclerc, un des Seize, ancien procureur, un des assassins de Brisson.

3. Le parlement de Paris réfugié à Tours.

4. Villars ouvrit les portes de Rouen aux armées royales le 27 mars 1594. L'acte de capitulation fut enregistré au parlement

mains de son gouverneur Vilars[1], qui enveloppa en mesme composition le Havre, Harfleur, Verneuil, le Ponteau-de-Mer et Montivilier[2]. Il fut récompensé de l'estat d'amiral de France; et encor, par la menée de Philippe des Portes[3], on lui remit entre les mains Fécam, que Bois-Croisé, qui l'avoit pris[4], comme nous avons dit, quitta à grant regret avec d'estranges remonstrances et mescontentemens. Cette ville fut suivie d'Abbeville, qui, dès auparavant Rouen[5], avoit pris le bransle de se donner au roi. Mais les prédicateurs, augmentez de quelques jésuites, se servans des plus séditieux de la ville, fermèrent la bouche aux pacifiques jusques à ce qu'il y eut des domestiques

de Rouen le 26 avril. Les états et offices concédés par le duc de Mayenne aux officiers et magistrats ligueurs de cette ville furent confirmés par lettres du roi du 20 avril. Ces lettres sont conservées en copie du temps dans le f. fr., vol. 3989, f. 275.

1. André de Brancas, s. de Villars, qui, en 1592, avait défendu Rouen contre le roi, traita avec lui par l'entremise de Sully, et reçut en récompense la dignité d'amiral de France (Lettres patentes du 23 avril 1594; f. fr., vol. 4019, f. 282). Ces lettres furent enregistrées au parlement de Rouen le 10 mai (ibid.).

2. Le Havre, Harfleur (Seine-Inférieure), Verneuil, Pont-Audemer (Eure), Montivilliers (Seine-Inférieure). La déclaration du roi, qui accepte la soumission de ces villes, datée d'avril 1594, est conservée dans le f. fr., vol. 3989, f. 279.

3. Philippe des Portes, natif de Chartres, célèbre poète français, abbé de Tiron et d'Aurillac, chanoine de la Sainte-Chapelle de Paris, se retira en Normandie à la mort de Henri III, qu'il avait accompagné en Pologne et à son retour en France. Il contribua à ramener cette province sous l'obéissance de Henri de Navarre, devenu Henri IV.

4. Voyez le chap. I.

5. On conserve dans le fonds français (vol. 18519, f. 56) une relation de l'entrée de Henri IV à Rouen, d'après les archives de Rouen.

du roi qui, rappelez en la ville, firent chasser les prédicateurs et crièrent *Vive le roi*. La reddition[1] de cette place donna un grand bransle à toute la Picardie, de laquelle on dit qu'elle est citadelle.

Le prince de Ginvile[2] fut envoyé à Troye en Champagne pour empescher cette métropolitaine de traiter; mais ils le chassèrent dehors et firent leur paix[3].

Le duc de Guise vid par là que le crédit de sa maison lui eschapoit, que les prétentions passées devenoyent à rien, comme il en a parlé depuis assez franchement. Il sentit que les siens mesmes l'avoyent traversé et fait diverses menées en ce qu'il possédoit, qu'ils l'avoyent contraint à tuer de sa main Sainct-Paul[4], quoi qu'il eust bien mérité de sa maison, mais la voulant esbranler, pour preuve qu'elle avoit

---

1. Soumission d'Abbeville (Somme) au roi, 26 avril 1594.

2. Charles de Lorraine, prince de Joinville, frère du duc de Guise, gouverneur de Troyes.

3. La ville de Troyes ouvrit ses portes aux armées royales le 5 avril 1594, et, le lendemain, Biron et Joachim de Dinteville entrèrent dans la ville. Le roi accepta la soumission des Troyens par lettres patentes, datées du mois d'avril (f. fr., vol. 3997, f. 181). Le volume 3622, f. 97, du même fonds, contient un récit de la prise de Troyes. Le 22 avril et le 26, les habitants demandèrent au roi diverses faveurs qui leur furent accordées. Leurs requêtes, sous cette date, sont conservées dans le vol. 3989, f. 266 et 294, copies du temps. — La déclaration du roi, acceptant la soumission de Troyes, fut enregistrée au Parlement de Paris le 30 avril 1594 (De Thou, liv. CIX).

4. Antoine Montbeton de Saint-Paul, capitaine ligueur, créé maréchal de France par Mayenne, en 1593, fut assassiné à Reims, le 25 avril 1594, par le duc de Guise lui-même. On conserve, dans le volume 3991, f. 188 et suiv., une requête de la maréchale de Saint-Paul au roi Henri IV, datée du 26 décembre 1594, pour demander justice de ce meurtre. Suivent, dans le même recueil, d'autres pièces au sujet de ce capitaine.

subsisté par lui. Ce prince aima donc mieux faire sa paix de bonne heure que si un autre faisoit la sienne de lui[1]. Cette action marcha presque de mesme temps que celle de Sens[2], de Beauvais[3], d'Amiens[4] et de Sainct-Malo[5], car nous gardons à parler des plus eslongnez. En tous les articles de ces villes, il y en avoit tousjours pour leurs privilèges, touchant l'extinction des actes d'hostilité, en exceptant tousjours le crime de lèze Majesté, au premier chef. On accor-

1. La négociation de la soumission du duc de Guise au roi commença le 5 août 1594 (f. fr., vol. 3990, f. 161). Le 22 octobre, le duc fit sa soumission (f. fr., vol. 3646, f. 77, et 23039, non paginé). Au mois de novembre, le roi accepta la soumission par un acte public (f. fr., vol. 15591, non paginé) et le duc de Guise s'excusa auprès du pape (Lettre; f. fr., vol. 2751, f. 219). Le 29 novembre, le roi lui accorda des lettres de rémission (f. fr., vol. 3991, f. 156).

2. La ville de Sens ouvrit ses portes aux armées royales le 16 avril 1594. L'acte de capitulation, accordé par le roi aux habitants, est daté de Paris et de ce jour. Il est conservé en copie du temps dans le vol. 3989 du f. fr., f. 249.

3. Une lettre de Henri IV, datée de Compiègne et du 24 août 1594, fait mention de la récente soumission de Beauvais (*Lettres de Henri IV*, t. IV, p. 209 et 210). L'édit de pacification relatif à la ville de Beauvais, du 22 août 1594, fut enregistré au Parlement le 2 septembre. Un exemplaire de cette pièce est conservé dans le f. fr., vol. 3990, f. 180.

4. La ville d'Amiens se soumit à Henri IV au mois de septembre 1594. La déclaration du roi est conservée dans le f. fr., vol. 3991, f. 50. Une lettre du conseiller Gillot au président de Thou, datée du 16 mars 1595, raconte l'entrée du roi à Amiens et porte cette mention curieuse : « Le jour de la prise d'Amiens, le roy alla *cum Cleopatra quam secum adduxerat*. En se retirant, elle receut une huée » (Coll. Dupuy, vol. 712, f. 22 *bis*).

5. Saint-Malo se soumit à Henri IV en octobre 1594. L'édit de pacification, relatif à la ville de Saint-Malo, fut enregistré au parlement de Rennes le 5 décembre (De Thou, liv. CXI).

doit à quelques-unes des sommes de deniers octroyées. Rheins[1] porta le nom de pacification des princes de Guise par bienséance. Là sont compris tous les actes de guerre, levée de deniers et actions notables spécifiées, prolongation de leurs debtes. Quant à ce qui se fit pour Laon[2], je ne l'ai pas estimé de telle nature.

Parmi tant de félicitez que le roi n'avoit pas loisir de savourer, comme il estoit encor botté dans sa chambre[3], assisté des grands, et ainsi qu'il embrassoit Raigni[4], se coule un jeune homme de dix-huit ans, qui, pensant donner dans le corps du roi, qui se baissoit, lui donne d'un cousteau un coup en la lèvre de dessus, à travers laquelle il lui rompt une dent[5]. Cet homme pris fut connu pour Jean Chastel[6], Parisien, fils d'un drapier. Il ne falut point de gehenne pour lui faire confesser comment il estoit venu là pour tuer le roi, induit à cela par ses confesseurs, notamment par les jésuites, qui appeloyent acte méritoire de tuer les tyrans, nommans ainsi le roi, pour ce qu'il n'avoit pas eu l'approbation du pape. La cour de parlement procéda à ce jugement par la mort de cettui-ci, qui, après les amendes ordinaires, fut tenaillé

1. La ville de Reims ne revint à Henri IV qu'en 1595.
2. Voyez plus loin, chap. v.
3. Le roi, revenant de Saint-Germain-en-Laye le 27 décembre 1594, se trouvait dans la chambre de Gabrielle d'Estrées (*Lettres de Henri IV*, t. IV, p. 286, note).
4. Le s. de Ragny, d'une famille de Bourgogne, vivait encore en 1599.
5. Une pièce relative à la blessure du roi est imprimée dans les *Mémoires de la Ligue* (t. VI, p. 251).
6. Jean Châtel, né en 1575, écartelé en place de Grève le 29 décembre 1594. Voyez une circulaire du roi sur l'attentat de Châtel, datée du 27 décembre 1594 (*Lettres de Henri IV*, t. IV, p. 285).

aux bras et cuisses, son poing, où le cousteau estoit lié, coupé, et puis tiré à quatre chevaux, le tout bruslé, les cendres jettées au vent[1]. La mesme cour ordonna, et par le mesme arrest, que les prestres, escoliers et tous autres soi-disans de la Compagnie de Jésus, entre lesquels Chastel avoit esté instruit, comme corrupteurs de la jeunesse, perturbateurs du repos public, ennemis du roi et de l'Estat, vuideroyent dans trois jours après la signification de l'arrest hors de Paris et autres endroits ausquels il tenoyent leurs collèges, et dedans quinze jours hors du royaume, sur peine, estans trouvez ledit temps passé, d'estre punis comme coulpables dudit crime de lèze Majesté[2]; confisqua tous leurs biens, meubles et immeubles, pour estre employez en œuvres pitoyables; fit défenses à tous subjects du roi d'envoyer aucuns escoliers aux collèges de Clermont et autres de ladite société, qui sont hors du royaume, pour y estre instruicts, sur la mesme peine que dessus[3]. L'arrest fut exécuté le 29 décembre. Pierre Chastel père et Jean Guéret[4], précepteur du parricide, bannis; cettui-là pour certain temps hors de Paris et condamné à deux mille escus d'amende;

---

1. On trouve dans les *Mémoires de la Ligue* (t. VI, p. 231 et suiv.), et dans les *Archives curieuses* de Cimber et Danjou (t. XIII, p. 371), une série de pièces sur l'attentat de Jean Chastel. Il fut exécuté le 29 décembre 1594. Le procès de ce misérable est imprimé en partie dans le t. VI des *Mémoires de Condé*.

2. Voyez, dans les *Mémoires de la Ligue* (t. VI, p. 256 et suiv.), une série de pièces relatives au bannissement des Jésuites.

3. Une pièce, notifiant aux catholiques du royaume l'arrêt de la cour du Parlement de Paris, relatif aux collèges des Jésuites, est imprimée dans les *Mémoires de la Ligue* (t. VI, p. 261 et suiv.).

4. Le Père Jean Guéret, professeur de philosophie de Chastel.

cettui-ci à perpétuité hors du royaume, à peine de la vie[1].

La maison du père, située devant le palais, razée et une pyramide érigée en la place, contenant pour perpétuel monument les causes de la démolition. Et, pource que c'est un des plus notables arrests de ce siècle contre lequel il y a eu plusieurs mouvemens, comme vous verrez, j'ai estimé que la façon de cette pyramide devoit estre donnée à la postérité.

Elle fut donc plantée en la place de la maison rasée, n'y ayant que la rue entr'elle et le palais. Elle estoit haute de quelques vingt pieds, élabourée de riches ouvrages; sur la voussure les quatre vertus cardinales, eslevées magnifiquement; force jaspe employé entre le pédestal et l'architrave. Nous espargnerons la peine du lecteur par la lecture de l'arrest tout entier; il se contentera de l'abrégé ci-dessous. Mais nous ne pouvons vous dérober les pièces engravées aux autres trois faces; celle qui regardoit le portail du palais contenant l'arrest tout de son long.

La face oposite contenoit ce qui s'ensuit[2] :

QVOD SACRVM VOTVMQUE sit memoriæ perennitati, longevitati, salutique, Maximi, Fortissimi, et Clementiss. Principis Henrici IV, Galliæ et Navarræ regis Christianiss.

Audi viator, sive sis extraneus,

1. Le récit de d'Aubigné est confirmé par celui de de Thou (liv. CXI).
2. Les inscriptions suivantes sont reproduites en entier dans les *Mémoires de la Ligue* (t. VI, p. 247 et suiv.), d'après une pièce du temps où sans doute d'Aubigné les a copiées.

Sive incola urbis quæ Paris nomen dedit,
Hic alta quæ sto pyramis, domus fuit
Castella, sed quam deruendam funditus
Frequens senatus crimen ultus censuit.
Huc me redegit tandem herilis filius,
Malis magistris usus, et scholâ impiâ
Sotericum, eheu, nomen usurpantibus.
Incestus, et mox parricida in Principem,
Qui nuper Urbem perditam servaverat,
Et qui favente sæpe victor Numine
Deflexit ictum audaculi Sicarii,
Punctusque tantum est dentium septo tenus.
Abi, viator, plura me vetat loqui
Nostræ stupendum Civitatis dedecus.

IN PYRAMIDEM EAMDEM.

Quæ trahit à puro sua nomina Pyramis igne,
Ardua barbaricas olim decoraverat urbes,
Nunc decori non est, sed criminis ara piatrix :
Omnia nam flammis pariter purgantur et undis.
Hic tamen esse piis monumentum insigne Senatus
Principis incolumis statuit, quo sospite casum
Nec metuet pietas, nec res grave publica damnum.

A celles des deux autres faces, qui regardoyent vers le Pont au Change, y avoit ce qui s'ensuit :

D.   O.   M.

Pro salute Henrici IIII. Clementiss. ac Fortiss.
Regis, quem nefandus parricida perniciosiss. factionis
hæresi pestifera imbutus, quæ nuper abominandis sce-

leribus pietatis nomen obtendens, unctos Domini, vivasque Majestatis ipsius imagines occidere populariter docuit, dum confodere tentat, cœlesti numine scelestam manum inhibente, cultro in labrum superius delato, et dentium occursu fœliciter retuso, violare ausus est Ordo ampliss. ut vel conatus tam nefarii pœna, terror, simul et præsentiss. in Opt. Principem ac regnum cujus salus in ejus salute posita est, divini favoris apud posteros memoria extaret, monstro illo admissis equis membratim discerpto, et flammis ultricibus consumpto, Aedes etiam unde prodierat, heic sitas funditus everti, et in earum locum, salutis omnium ac gloriæ signum erigi decrevit.

IIII. Non. Ian. Ann. Dom.
CIƆ IƆ XCV.
EX   S. C.

Heic domus immani quondam fuit hospita monstro,
  Crux ubi nunc celsum tallit in astra caput.
Sanciit in miseros pœnam hanc sacer Ordo penates,
  Regibus ut scires sanctius esse nihil.

La dernière des faces contenoit ce qui s'ensuit :

D.   O.   M.

SACRUM.

Quum Henricus Christianiss. Francor. et Navarr. Rex bono Reip. natus inter cætera victoriarum exempla, quibus tam de Tyrannide Hispanica, quam de ejus factione priscam regni hujus Majestatem justis ultus est armis, etiam hanc urbem et reliquas Regni hujus pene omnes recepisset, ac denique felicitate ejus intestinorum Franciæ nominis hostium furorem provocante, Joannes Petri F. Castellus ab illis submissus sacrum Regis caput cultro petere ausus esset, præsentiore temeritate, quam feliciore sceleris successu. Ob eam rem ex ampliss. Ordin. consulto, vindicato perduellione, diruta Petri Castelli domo, in qua Joannes ejus F. inexpiabile nefas designatum Patri communicaverat, in area æquata hoc perenne monumentum erectum est, in memoriam ejus diei, in quo sæculi fœlicitas inter vota et metus urbis liberatorem Regni, fundatoremque publicæ quietis a temeratoris infando incœpto, Regni autem hujus opes adtritas ab extremo interitu vindicavit; pulso præterea tota Gallia hominum genere novæ ac maleficæ superstitionis, qui Remp. turbabant, quor. instinctu piacularis adolescens dirum facinus instituerat.

S. P. Q. P.

Extinctori pestiferæ factionis Hispanicæ, incolumitate ejus et vindicta paricidi lœti Majestatique ejus devotiss.

> *Duplex potestas ista fatorum fuit,*
> *Gallis saluti quod foret, Gallis dare;*
> *Servare Gallis, quod dedissent optimum.*

Toutes ces choses, imprimées à Paris par Jean le Clerc, l'an 1595, avec privilège du roi.

Chapitre V.

Convois deffaits; reddition de Laon.

Premier que d'achever l'année, nous avons à ramasser par diverses provinces ce que nous n'avons peu faire marcher tout d'un front, comme en Picardie, le siège de Laon, où l'armée royale fut employée[1]. Le duc de Mayenne y avoit jetté son fils. Il y avoit pour gouverneur ordinaire le maistre de camp, Bourg[2]. La ville est située sur un costau et par tout eslevée de nature. Mais, comme il avient qu'en telles situations on ne se confie que trop au naturel du lieu, la pluspart des courtines estoyent sans rempart, et, dans les pentes inégales du costau, on trouva bien moyen de mettre en batterie treize canons. La bresche faite, le régiment des gardes marcha à l'assaut[3], aussi tost reschaufé par trois autres régimens, à la teste desquels se mit Sainct-Luc, qui faisoit lors l'office du premier mareschal de camp. Le duc de Mayenne avoit envoyé dedans quarante gentilshommes d'élite avec son fils; ce furent ceux-là qui renvoyèrent les assaillans, qui, entre leurs pertes, comtèrent Givri[4], s'estans mis à conduire une trenchée où il se faisoit tirer à descouvert et sans armes; Givri, de qui on disoit qu'en esprit, en courage et en bienséance, nature avoit mis ses délices en lui.

Le roi, s'opiniastrant au siège, fit recontinuer deux batteries, à l'une desquelles il ordonna le mareschal de La Chastre et à l'autre Parabère. Les deux, battans

---

1. L'armée du roi vint camper devant Laon, le 25 mai 1594. Le rôle de l'infanterie de l'armée royale à ce siège est conservé en copie du temps dans le fonds français, vol. 3452, f. 13.

2. Le mestre de camp Du Bourg commandait une garnison de 600 hommes.

3. Assaut de Laon par l'armée du roi, 30 mai 1594.

4. Anne d'Anglure, s. de Givry, fut tué à la fin de juin, beaucoup plus tard que ne le dit d'Aubigné (De Thou, liv. III).

par rencontre en mesme lieu, celle du premier eut trois canons desmontez; l'autre, mieux faite, se maintint, et dans deux jours desmonta la contre-batterie du dedans.

Sur ce poinct, le roi receut nouvelles que le duc de Mayenne revenoit de sa course en Flandre[1], ayant pratiqué un secours sous la charge du comte Charles de Mansfeld. Un second avis fut que l'armée, qui estoit puissante pour faire diversion du siège de Laon, alloit assiéger Coussi[2], où estoit la duchesse de Beaufort[3], grosse, et où elle accoucha du duc de Vandosme[4], qui est aujourd'hui. Le roi y envoya Parabère avec bon nombre d'harquebusiers; mais l'armée ayant passé Coussi, tout cela avec une partie de la garnison, passa de nuict entre les logemens ennemis pour venir au camp. La mesme nuict, le duc de Mayenne, soigneux du comte de Sommerive[5], son fils, hazarda cent chevaux-légers et autant de carrabins pour jetter dans la place des poudres et autres munitions. Le comte de Soissons commandoit la cavalerie

---

1. Le duc de Mayenne s'était retiré à la Fère-sur-Oise, le 25 mai 1594, pour passer à Bruxelles, où l'archiduc Ernest lui promit des secours.

2. Coucy (Aisne).

3. Le mariage de Gabrielle d'Estrées et de Nicolas Damerval, s. de Liancourt, fut dissous par arrêt du 1er décembre 1595 (Copie de l'arrêt, f. fr., vol. 4019, f. 301), et Gabrielle fut créée duchesse de Beaufort par lettres du roi, datées du 8 juillet 1597 (*Lettres de Henri IV*, t. IV, p. 984, note).

4. César, duc de Vendôme, fils naturel de Henri IV et de Gabrielle d'Estrées, né en juin 1594, mort le 22 octobre 1665. Il fut légitimé par lettres patentes de janvier 1595 (f. fr., vol. 3973, f. 1).

5. Charles-Emmanuel, comte de Sommerive, né en 1581, mort en 1609.

qui estoit en garde. Les premières vedettes perdues, d'un champ bas où ils s'estoyent jettez au bruit, reconnurent dans le chemin, un peu plus eslevé, ce qu'il y avoit. Le comte, bien averti, desbande à gauche et à droite deux troupes, fait donner au milieu teste pour teste, et cela fut mis en pièces avec peu de combat.

Mais les espions servirent fidèlement le roi, apportans nouvelles d'un grand convoi de toutes sortes de munitions que deux mille Espagnols naturels, gens d'élite, amenoyent de la Fère en l'armée. Le mareschal de Biron y fut dépesché avec dix-huit cents hommes de pied et six cents salades. Cela s'embusqua[1] avant jour dans la forest, entre la Fère et l'armée, et à veue du chemin qui alloit de l'un à l'autre. Peu de temps attendirent les royaux à voir paroistre la teste du convoi de mille hommes, car la queue en avoit autant. Sans grande cérémonie, Montigni fut commandé de donner à ce qui paroissoit de plus près. C'estoit de mauvaise cavalerie, qui ploya sans combat et se démesla à travers le bagage pour gagner l'autre costé du chemin; et là fit quelque semblant de de se r'asseurer. Montigni ne suivit pas ce désordre, mais fit ferme à cent pas ou plus de l'infanterie, d'où les mousquetaires l'incommodoyent, quand il eut nouveau commandement de l'enfoncer. Il en prit donc le milieu et Biron la teste presqu'en mesme temps. Ces deux parties furent mal menées, mais ce qui estoit le plus près des chariots se mesla parmi et s'en servit pour gagner la troupe de retraite, qui s'estoit avancée pour couvrir un des costez des

---

1. Les troupes espagnoles campèrent sur la montagne de Vaux, près de Laon, le 12 juin 1594.

mesmes chariots. Ce fut là que firent bien besoin les harquebusiers de l'embuscade, qui y vindrent au pas faire feu de la longueur des picques. Mais ils furent receus de si bonne grâce qu'ils furent près de trois heures sans rien gagner sur les Espagnols. Quoi voyant Biron et craignant que l'alarme qui devoit estre en l'armée lui amenast quelque rude paquet, fit mettre pied à terre à deux cents gentilshommes; et lui et Montigni donnèrent par deux endroits entre les fers des picques. Et ainsi fut, dans une heure, entièrement défait le convoi[1].

A la nouvelle de ces choses, le roi, jugeant que l'armée destituée de vivres seroit contrainte de se retirer, envoya vers elle Sainct-Luc et Parabère à la guerre, pour en prendre langue. Ceux-là, sur le soir, s'avançans avec leurs vedettes jusques où se posoyent les escoutes des ennemis, s'abouchèrent avec eux, et, comme on fait en tels endroits, leur reprochèrent la perte du convoi; de quoi ceux-là ne savoyent encores rien. Mais la nouvelle n'en fut pas plustost à l'armée que, la résolution de partir estant prise, les deux que nous avons dit entendirent et jugèrent bien le bruit de l'attelage. Les vedettes, que lors ils firent taster, leur faussèrent compagnie, et, faisans courir plus avant, apprirent que l'armée branloit. Ils dépeschent au roi pour l'en avertir. Biron estant lors au chevet, qui contoit son expédition, on lui demanda s'il n'estoit pas d'avis de faire sonner à cheval et mettre l'infanterie au cul de la cavalerie pour aller prendre cette

---

[1]. Défaite des Espagnols près de Laon, 14 et 15 juin 1594. Une lettre du roi au s. d'O au sujet de ce combat, datée du 18 juin, est imprimée dans les *Mémoires de la Ligue* (t. VI, p. 129).

occasion. Le baron s'y opposa opiniastrement, alléguant qu'il avoit tant fait couper d'arbres dans tous les chemins de la forest, rompu tant de chariots et tué tant de chevaux des Espagnols, qu'il estoit impossible à l'armée de pouvoir passer de deux jours dans la Fère. Le roi, qui ne se payoit pas bien de cela, s'escrioit fort sur la perte de l'occasion, mais il ne le pût emporter.

Si bien qu'il fut résolu que le lendemain, à neuf heures du matin, on feroit tirer trois volées de canon pour assembler l'armée et l'amener en la plaine, qui est auprès de la Fère, pour là engager tout au combat. Sur le poinct du jour, les mesmes despeschèrent asseurer que toute l'armée estoit deslogée, qu'on avoit remarqué le duc de Mayenne à la retraite, demandant qu'on leur envoyast quelques gens de guerre, de ceux qui estoyent le plus à la main, pour les amuser en les attaquant par la queue. La response du roi fut qu'il les vouloit attaquer par la teste et non par derrière. Cependant, quoi qu'il eust envoyé commander le retour à Sainct-Luc et Parabère, il fut vers eux aussi tost que son messager. Et ayant voulu lui-mesme connoistre son gibier à veue et faire marcher selon le dessein où il avoit grand regret de s'estre laissé emporté; car l'armée des liguez passa dans la Fère sans peine et ne se trouva rien des embarras qu'avoit allégué le baron de Biron, qui n'avoit pas voulu, comme les compagnons jugèrent, que sa belle action du convoi fust obscurcie par une bataille, auprès de laquelle on ne conteroit pour rien un moindre accident.

Le vingt-deuxiesme de juillet[1], le comte de Som-

1. Le dernier combat livré autour de Laon eut lieu le 9 juillet 1594.

merive traita avec le roi pour la reddition de Laon[1], assavoir de la remettre dans le second jour d'aoust entre les mains du roi, au cas que dans ce terme ils ne fussent secourus par armée qui fist desloger la royale ou qui jettast dedans mille hommes de renfort; et, en tel cas, ils ne devoyent assister leur secours d'une seule harquebusade, mais ouvrir les portes seulement, lesquelles encor ils leur devoyent fermer au nez s'ils s'y présentoyent moins de cinq cens hommes à la fois, avec tresve jusqu'au jour préfix; encor avoyent-ils passeport pour un trompette, qui portoit au duc de Mayene copie de la capitulation. Voilà ce qu'il y avoit de rare. Pour le reste, ils avoyent suivi les articles des autres traitez. Ainsi, le roi receut Laon au commencement d'aoust[2]. Nous n'avons pas gardé cet ordre aux autres capitulations, qui furent sans combat et aussi sans instruction. Mais celle de Poictiers se présente, qui nous convie à prendre de plus haut les exploicts qui l'amenèrent à ce poinct.

Chapitre VI.

Petites guerres de Poictou. Reddition de Poictiers et autres places.

Quand on pensoit avoir guéri le Poictou d'une de

---

1. Le 20 juillet 1594, Lignerac sortit de Laon pour traiter de la paix.
2. Soumission de Laon à Henri IV, 2 août 1594 (*Lettres de Henri IV*, t. IV, p. 198). Claude de l'Isle-Marivaux en fut nommé gouverneur (De Thou, liv. CXI). L'acte de capitulation accordé par le roi à la ville de Laon est conservé en copie du temps dans le f. fr., vol. 3990, f. 122.

ses rongnes, il en renaissoit deux autres. La Grenache estoit tenu par Sévrie, par les menées duquel furent saisies plusieurs bicoques de peu de réputation. Entre autres, il mit son sergent-major avec une compagnie du pays et quelques chevaux-légers espagnols et italiens dans le Vignau[1], aussitost assiégé par La Boulaye. Quelques-uns de ceux qui s'estoyent sauvez de la boucherie, reconnoissans aux aproches la voix du mareschal de camp et n'espérans aucune merci, un capitaine Chesne[2] et un autre, armez et montez, percèrent tous les corps de garde, et puis, suivis de deux gentilshommes en pourpoint et non plus, furent tous deux tuez. La Tour, sergent-major, espérant qu'on passeroit la colère sur les estrangers, composa et signa la capitulation, à la charge que le tiers seroit pendu. Lui passa le premier et vingt de ses compagnons du païs, les estrangers congédiez.

De là à quelque temps, Sévrie, allant à la guerre avec deux cents chevaux et cinq cents harquebusiers, rencontra La Boulaye un peu moins fort de cavalerie et n'ayant aucuns hommes de pied. Ces troupes s'estans marchandées quelque temps, enfin Sévrie s'avance et fit charger par la moitié des siens la première troupe qui se présentoit à eux; c'estoyent quelques hommes bien montez du Publiar, conduits par La Vernière[3] et Pousaire, tous en pourpoint, ausquels s'es-

---

1. Probablement le Vigean (Vienne).
2. Le s. du Chesne est mentionné dans une lettre de Henri IV au duc de Nevers, datée du 3 octobre 1591 (*Lettres de Henri IV*, t. III, p. 492).
3. Le s. de la Verrière, cousin germain du cardinal de Gondi, cité dans les *Lettres de Henri IV* (t. III, p. 587).

toient adjoints Lardière[1] et Roussière-Turcot[2] et quelques volontaires avec eux. Ceux-ci soustiennent le premier choc, qui estoit de la cavalerie de Machecou[3], et Sévrie y engagea encor le reste, qui, pour cela s'estant rompu, ne pût soustenir la charge de La Boulaye, prit le désordre et puis la fuite. Bien prit aux gens de pied de Sévrie que le combat se passa à l'orée d'un grand bois, car ils en prirent le travers et les plus paresseux y demeurèrent, et La Boulaye s'en retourna maistre de la campagne, qui mourut peu de jours après, regretté en son pays, et tellement aimé que par quatre fois il a fait passer les rivières à cent vingt maistres poitevins.

Encor que le siège de la Flosselière fust après ce que nous avons à dire de Poictiers, j'en veux dépescher le bas Poictou. La garnison estoit de quatre-vingts hommes, qui, ayant donné peine de faire les aproches quatre jours, composèrent et laissèrent libre le pays.

Hormis des courses que faisoyent ceux de Rochefort, peu de temps auparavant assiégé par le prince de Conti, assisté d'Anvile, Mommoranci, Rochepot, Sainct-Luc, les gouverneurs de Poictou, plusieurs compagnies de gens d'armes, les régimens de Bois-Guérin[4], Sainct-Georges[5] et quatre autres, tout cela

---

1. Le s. de la Lardière, serviteur fidèle du roi de Navarre, souvent cité dans les *Lettres de Henri IV* (t. VIII, passim).

2. Pierre Durcot, s. de la Roussière, gentilhomme d'Auvergne, gentilhomme ordinaire de la chambre du roi, gouverneur de Royan en 1620.

3. Machecoul (Loire-Inférieure).

4. Claude du Perrier, s. de Boisguérin, gouverneur du château de Loudun en février 1589, plusieurs fois cité dans les *Lettres de Henri IV*.

5. Le s. de Saint-George, capitaine poitevin, mort après 1607.

avec deux mille coups de canon, n'ayant rien pu contre la place, fut contraint de lever le siège. La garnison forte avoit encores pris en diverses façons Tigné, Chauvigné, le Fau, Bussifontaine et le Chastelet[1]; tout fut reconquis à l'approche du prince de Conti.

Ceux-là mesmes, l'année d'après, en aoust, vindrent mettre en pièces une assemblée des réformez, communians à la Cène, au village de la Tardière, près de la Chastaignerais[2], et laissèrent sur la place grande quantité de personnes de tous aages et sexes, comme il paroist par leur confession aux articles par eux présentez et obtenus.

Poictiers, ayant l'exemple de Paris devant les yeux et sur le dos la lassitude et la pauvreté, commençoit à minuter les mesmes pensées. Il y avoit dedans près de deux cents bons chevaux-légers, qui faisoyent des courses et prises hazardeuses dans les portes des villes, leurs ennemies, de bons hommes de guerre et de commandement, mais sur tous Briandière pour la cavalerie et Le Cluseau pour les gens de pied.

Avant venir aux dernières affaires de cette ville, je ne puis laisser derrière comment Malicorne, s'estant un jour présenté sur le haut du fauxbourg Sainct-Ladre avec trois cents bons chevaux, des meilleurs hommes de son gouvernement et, ayant passé deux heures en escarmouches assez gaillardes, se retira pour ce soir à Ausance et le lendemain prit son logis à Cherve[3], qu'il estimoit bien couvert, pource que

1. Tigné (Maine-et-Loire), Chauvigny (Vienne), le Châtelet (Cher).
2. La Tardière, la Châtaigneraie (Vendée).
3. Auzances (Creuse), Cherves (Vienne).

Sainct-Gelais, avec quatre-vingts salades, Choupes, avec soixante et les arquebusiers à cheval, estoyent logez au-devant de lui. Ceux de Poictiers ayans esquivé tous ces logemens, vindrent fondre une heure après minuict dans Cherve, tuent les sentinelles, passent sur le ventre aux corps de garde, qui avoyent eu honte de faire barricades au quartier d'un général, enfoncent le logis de Malicorne, qui se sauva en une maison noble hors de feu avec vingt de ses gardes et quelques gentilshommes de marque, qui, par prévoyance, y avoyent demandé logis. Tout fut pillé, horsmis cette maison, et le corps de garde de Hautefoye, qui seul avoit barriqué et gardé son devoir. Le meurtre fut moindre que la honte et la joye qu'en eurent ceux de Poictiers.

Sur le temps de la deffaite du vicomte, lui et Cluseau avoyent envoyé un homme au roi pour lui vendre la ville; ce que je sai, pource que le messager et l'affaire furent mis entre mes mains. Chacun de ces deux prétendoit divers mescontentement; mais le premier surtout, les affronts qu'avoit receu son beau-père Bois-Séguin quand les habitans se saisirent de lui, et en sa présence rasèrent le chasteau. Ce qu'ayant dissimulé, il n'avoit tenu qu'à sa deffaite, que contre son devoir il n'amenast cette ville au sien. La souvenance de ces choses, quelque essay des nécessitez par les blocus, et d'ailleurs se voyans seuls en leur province, il ne manquoit qu'une commodité de traiter qu'ils désiroyent depuis un an. Saincte-Marthe[1] et les autres

1. Gaucher, dit Scévole de Sainte-Marthe, contrôleur général des finances en Poitou, président des trésoriers de France, né le 2 février 1536, mort le 29 mars 1623.

réfugiez leur ayant ouvert ce moyen, le traité fut conclud et ils se mirent ès mains du roi au commencement de juillet[1].

Cette[2] ville ne doit plus paroistre sur la scène de la guerre, car, elle ayant fait sa composition, il n'y eut plus de trouble en la province qu'un voyage par Parabelle, lieutenant de roi, par la mort de Sainct-Gelais et de La Boulaye. C'estoit pour les isles de Rié[3], où le peuple, souslevé par l'aide de quelques compagnies de Nantes, présenta le combat aux troupes du roi, qui le refusèrent. Mais celui qui les commandoit, les ayant ralliées, attaqua le principal retranchement des liguez, et, l'ayant emporté, tout le reste du Poictou se ploya à l'obéyssance.

En mesme mois, et le roi estant devant Laon, se firent et conclurent le traité du Chasteau-Tierri[4] et de tous ceux que nous avons dit jusques à la fin de l'année, qui acheva par celui du duc de Guise et de la ville de Rheins[5].

1. Soumission de Poitiers à Henri IV, 16 juin 1594. La déclaration du roi sur la réduction de cette ville, donnée à Paris, est datée du mois de juillet. Elle est conservée dans le f. fr., vol. 3990, f. 132. Elle fut enregistrée au Parlement le 4 juillet.

2. L'alinéa qui suit manque à l'édition de 1620.

3. L'île de Rié (Vendée).

4. Saint-Chamand, s. du Péché, rendit Château-Thierry à Henri IV le 11 juillet 1594. L'édit de pacification, daté de juillet, fut enregistré au Parlement le 2 septembre (De Thou, liv. CXI). On conserve dans le fonds français, vol. 3990, f. 108, une requête des habitants de Château-Thierry au roi à l'occasion de leur soumission, avec les réponses du roi.

5. Voyez plus haut, chap. IV.

Chapitre VII.

Guerre de la frontière de Picardie, de Lyonnois et notable prise de Beaune, avec quelques autres succès.

Il prit aux deux rois de France et d'Espagne une chaleur de foye pour se déclarer guerre ouvertement. Cette résolution commença par le roi[1], comme voulant monstrer plus de franchise. Mais aussi en tiroit-il une notable utilité : c'est qu'ayant guerre ouverte à l'Espagnol, les liguez de France ne pouvoyent plus refuser le tiltre d'Espagnols, chose qui les rendoit odieux en leurs villes et donnoit un grand branle à faire eschaper le parti. La publication de cette guerre fut bien tost suivie de quelque effect ; car le mareschal de Bouillon, avec cinq mil hommes de pied et quatre cents chevaux, entre dans le Luxembourg[2], prit Yvoi, Mommédi, La Sretette, Vireton[3] et autres bicoques, accompagné du comte Philippes de Nassau, qui, chargé au départir, perça l'infanterie du comte

---

1. La déclaration du roi sur l'ouverture de la guerre contre le roi d'Espagne, datée de Paris et du 17 janvier 1595, est imprimée dans les *Mémoires de la Ligue* (t. VI, p. 278 et suiv.).

2. Le duc de Bouillon entra en campagne à la fin de 1594. On conserve dans le f. fr., vol. 4557, f. 85, un état, daté d'octobre 1594, des sommes qui lui furent remises au moment du départ de ses troupes pour les Pays-Bas.

3. Yvois (Ardennes), Montmédy (Meuse) et Virton, ville du Luxembourg. — Prise de ces villes, mars et avril 1595. On trouve dans les *Mémoires de la Ligue,* t. VI, p. 288, une relation du temps sur cette campagne.

Charles de Mansfeld[1]. Le duc de Bouillon alla pour son secours jusques auprès de Vireton, où il y avoit onze compagnies du comte Charles logées. Il arriva entre leurs départemens au point du jour, ayant laissé son infanterie. Ces compagnies, essayans à se rejoindre confusément, furent tellement pressées que ce qui voulut faire bonne mine fut chargé et le reste se sauve en pièces dans les forests, ayant laissé sur la place plus de deux cents hommes, entre autres le lieutenant du comte, et donné leur bagage en payement[2].

Le duc de Lorraine, sur cette nouveauté, print haleine d'une tresve[3] qu'il demanda et obtint, et sous laquelle il permit le service du roi à ceux des siens à ceux qui en avoyent volonté. Ce fut avec ce congé qu'Ossonville[4], Tramblecourt[5] et Sainct-Georges, avec près de six mil hommes, entrèrent en la Franche-Comté, où ils prennent Vezou[6], par quelque intelligence, et Jonville[7] par estonnement.

Le roi d'Espagne qui, sur la déclaration, avoit

1. Charles de Mansfeld, prince de Mansfeld, né en 1543, mort le 14 août 1595.
2. Défaite des troupes de Mansfeld près de Virton par le duc de Bouillon, 9 mars 1595. Une relation de cette défaite est imprimée dans les *Mémoires de la Ligue* (t. VI, p. 285 et suiv.).
3. Cette trêve fut le début des négociations de paix du roi de France et du duc de Lorraine (Pièce du 31 juillet 1594; f. fr., vol. 3990, f. 126). La paix fut signée le 16 novembre (Copie du traité; f. fr., vol. 3449, f. 58).
4. Jean, baron d'Haussonville, gouverneur de Verdun, mort en 1607.
5. Le s. de Tremblecourt, ancien colonel au service de la Ligue, souvent cité dans les *Lettres de Henri IV*.
6. Prise de Vesoul (Haute-Saône), mai 1595 (De Thou, liv. CXII).
7. Jonvelle (Haute-Saône).

desjà mandé au comte de Fuentes[1] qu'il eust à se jetter en Picardie, redoubla ce commandement[2], adjoustant cette clause qu'il y menast toutes les forces qu'il pourroit, voire au péril de tout ce que pourroyent profiter les Holandois. D'autre costé, il fait passer les montagnes au connestable de Castille[3], avec tout ce qu'il pût amasser et des vieux Terces et des nouvelles levées d'Italie. Cela vint fondre par les bords de la Bresse, dans le comté de Bourgongne, où les Lorrains ne firent pas grand séjour. Le duc de Bouillon aussi avoit eu pour but de se joindre au comte Maurice vers Juliers[4], et mesme charge d'escouter les propositions que l'archiduc Ernest avoit mis en avant. Mais tous ces desseins furent changez par la mort de l'archiduc, qui fut prompte, et non sans soupçon, pour ce qu'il prestoit l'aureille aux désirs du peuple et au changement de leur condition.

Le comte de Fuentes ayant pris sa place, bien qu'il n'eust que sept mil hommes lors, sort de l'Artois et va attaquer les premières frontières, où il faut que nous le laissions, pour ce que le roi et ses affaires nous emmeinent vers le Lyonnois, sur la nouvelle que

---

1. Don Pedro Henriquez d'Azavedo, comte de Fuentes, né à Valladolid en 1560, général et diplomate espagnol, tué à la bataille de Rocroy le 19 mai 1643. On conserve dans la collection Moreau, vol. 723, un recueil de lettres de ce capitaine, écrites pendant la campagne de 1594 à Philippe II ou en Flandre et interceptées par les officiers de Henri IV.

2. Le manifeste du roi d'Espagne, en réponse à la déclaration de guerre de Henri IV, fut publié à Bruxelles le 7 mars 1595.

3. Dom Ferdinand de Velasco, connétable de Castille.

4. Juliers, capitale du duché de Juliers, dans la régence d'Aix-la-Chapelle (Prusse).

le duc de Nemours s'estoit sauvé de prison[1], par la ruse que nous vous dirons.

Il avoit un valet de chambre, lequel, pour le grand desplaisir de son maistre, s'estoit laissé croistre la barbe et les cheveux, comme faisant vœu de ne les faire couper jusques à sa liberté, et puis il convertit en dessein ce qu'il avoit fait sans prévoyance au commencement. C'est qu'ayant accoustumé les gardes à le voir passer, le visage tout offusqué de cheveux, quand il emportoit le bassin dehors, lorsque sa perruque fut à la grandeur qu'il faloit, il en fit faire une pareille pour son maistre. Et puis un matin, le duc prisonnier, ayant fait prendre à son valet des pilules qu'on avoit ordonnées pour lui, se cache en la ruelle comme pour aller en la chaire, prend la perruque et les habits de son valet, lequel, se mectant au lict, se couvre de linceux à la veuë d'une sentinelle, qui avoit tousjours la face entre deux rideaux. Le duc empoigne le bassin, et destournant le visage comme pour la puanteur, passe trois corps de garde, et prenant le derrière de la ruë de Veze, entre au logis d'un ami, se déguise encore mieux, et, assisté de quelque guide, gagne le pont de Vienne le lendemain matin. De là il dépesche premièrement au duc de Savoye, et en impetre trois mille Suisses. Avec cela et le renfort de plusieurs volontaires, qui estoyent accourus à la nouveauté, il commençoit beau mesnage et avoit desjà réduit à sa dévotion Tisi, puis rasseuré Vienne, qui branloit quand il y arriva. Et encore s'estoit-il fait

---

1. Charles de Savoie, duc de Nemours, s'échappa le 26 juillet 1594 de la prison où il était gardé depuis dix mois par les Lyonnais (*Lettres de Henri IV,* t. IV, p. 202, note).

maistre par diverses voyes de Feurs, qui est la capitale de Forest, comme aussi de Sainct-Germain, Mombrison et Sainct-Bonnet[1]. Il commençoit des blocus au-dessus et au-dessous de Lyon, espérant ou la faire rendre par grande nécessité, ou, en haussant le courage à ceux qui tenoyent encor pour lui, prattiquer une intelligence, une porte, et enfin Lion tout entier.

Comme ces commencemens sembloient succéder, le connestable, qui estoit parti de Languedoc pour venir trouver le roi avec quatre mil hommes de pied et quelques huict cents chevaux, fut appelé par ceux de Lyon, sur le poinct que le duc de Nemours avoit fait une course en la Franche-Comté, au mandement du commandeur de Castille, lequel lui avoit donné espérance qu'il commanderoit les forces espagnoles qu'il avoit entre les mains. Mais ayant manqué de ce costé et de l'autre, et sachant nouvelles de ses affaires en Lyonnois, il s'y en retourne, vient unir ses forces au fauxbourg de Vienne et fortifie Saincte-Colombe[2], qui est au bout du pont. Le connestable leur défendant la campagne, où les siennes estoient logées, Vienne se trouva en peu de jours courte de vivres, ce que les Suisses supportèrent plus mal que les autres ; si bien que, s'estans mutinez, il leur falut donner congé, pour retourner aux bandes que le marquis de Trefort[3] avançoit, en dessein de venir hyverner à Monloüet[4], lors ville de Savoye, à trois lieues

---

1. Feurs, Saint-Germain-Laval, Montbrison et Saint-Bonnet-le-Château (Loire).
2. Sainte-Colombe, l'une des trois citadelles de Vienne.
3. Joachim de Rye, devenu marquis de Tréfort par lettres d'Emmanuel-Philibert, duc de Savoie, du 29 juin 1586.
4. Montluel (Ain).

de Lyon, à qui ce voisinage eust osté plusieurs commoditez. Mais avant le Rhosne passé, une intelligence communiquée au connestable, Monloüet[1] fut pris et adjousté au service du roi ; et une partie des forces de Languedoc, s'y estant logées, ostèrent tout espérance de dessein sur Lyon.

Les forces qui estoyent dans Vienne ne voyans plus de dessein qui leur fist supporter la disette qu'ils souffroient, commencèrent à se mutiner et à se desrober. Et telles confusions estans parvenues jusques à former querelles entre ceux de la citadelle et les estrangers, et par contagion des soldats aux chefs, qui estoyent Vincencio[2] et Disimieux[3], ce dernier, pratiqué et sollicité par le connestable, donna promesse de lui et de son chasteau, nommé Pipet[4]. Mais quelque haine qu'il y eut entre lui et les estrangers, il ne voulut rien accorder, qu'ayant asseuré leur vie et leur bagage premièrement. L'accord fait, il reçoit Montoison[5], avec ses hommes, dans le chasteau, et à jour dit. Sur la fin du mois d'avril, le connestable, fortifié d'Ornane, qui estoit Alfonse, que nous appellerons d'ici en avant mareschal de Ornane, pour la promesse qu'il en eut lors, et toutes ces troupes estans accrues de plusieurs seigneurs et gentilshommes du païs, se

1. Prise de Montluel par le duc de Montmorency, avril 1595.
2. Vincenzo, colonel d'un régiment de gens de pied italiens, était gouverneur de Vienne pour le duc de Nemours.
3. Dizemieu, gouverneur du fort de Pipet.
4. Pipet, citadelle de Vienne. — Prise du fort par le connétable de Montmorency, 23 avril 1595.
5. Antoine de Clermont-Montoyson, colonel des gens d'armes du connétable de Montmorency, mort en 1597 (Note de M. Roman dans *Actes et correspondance de Lesdiguières*, t. I).

présentèrent dans les costeaux d'entour de Vienne environ les dix heures du matin[1]. A leur veuë, Disimieux fit entendre sa résolution à Vincencio et à tous ses capitaines, comme aussi le traité qu'il avoit fait pour leur seureté, s'ils le vouloyent accepter. Vincencio, au lieu de déclamer contre la mutation, prend cet offre de bon cœur et bat au champ. Le Cheilart[2], ayant un peu plus grondé, prend le mesme parti. Et tout cela fut conduit par une compagnie de chevaux-légers jusques où estoit le connestable, auquel Disimieux, qui ne les avoit point abandonnez, presta le serment devant eux et l'amena loger à Vienne, où fut mis garnison[3], comme aussi à Pipet et à la Bastie[4].

Le roi, qui avoit poussé le mareschal de Biron devant soi, eut en mesme temps nouvelle de toutes ces choses et puis de ce qui estoit arrivé à Beaune, de qui nous avons à dire ce qui s'ensuit.

Au commencement des guerres de la Ligue, Sainct-Riran[5], y commandant pour le roi, fut contraint par la paix d'Espernai[6] de quitter la place entre les mains du duc de Mayenne, qui la confia à son maistre d'hostel Monmoyen[7]. Cettui-ci, ayant reconnu aux habitans

---

1. Les troupes de Montmorency et d'Alphonse d'Ornano campèrent près de Vienne le 24 avril 1595.
2. Antoine ou Pierre de Sauvain, s. de Cheylard, fils d'un capitaine dauphinois.
3. Prise de Vienne par les troupes du roi, 24 avril 1595.
4. La Bastie, citadelle de Vienne.
5. Pierre de Damas, s. de Saint-Riran, gouverneur de Beaune depuis la paix faite entre Henri III et les ligueurs, en 1588.
6. L'édit de paix, qui livrait Épernay à Henri IV, avait été signé le 8 août 1592.
7. Le chevalier de Montmeyan, capitaine de chevau-légers,

un ferme désir de se redonner au roi, fit une association avec eux, laquelle fut accompagnée de serments publics de s'unir à leurs volontez. Pour rendre ces jugemens de plus d'authorité, il fit ses Pasques avec les principaux, pour jurer la main sur l'ostie. Mais, pour une fraude de nouvelle invention, il avoit gagné le prestre à ne consacrer point et à dire aux paroles de la secrette, comme ils appellent, d'autres paroles que les ordinaires. Ayant donc par ce moyen descouvert les secrets plus cachez des habitants, il se fit fortifier de trois cents hommes, et puis pilla et rançonna presque tous les habitans. Ceux-là, au lieu de s'estonner, et principalement le maire, Belin, et Richard[1], envoyèrent Alexan[2] au roi pour lui promettre le coup qu'ils vouloyent faire, en faveur duquel ils eurent une tresve. Cette promesse, descouverte par un des conseillers du roi au président Janin[3], le duc de Mayenne fit avancer en Bourgongne Tremblecourt, lors ligué, et d'Enviliers[4]. Et ayant seu par les mesmes du conseil une entreprise que ceux de Dijon avoyent tramée, plusieurs habitans de cette ville furent ruinez. Et entre ceux-là le maire, Jacques Verne, et le capitaine Go[5], eurent la teste tranchée, comme principaux

souvent cité dans le *Journal de L'Estoile,* né à Dijon. De Thou (liv. CXII) raconte qu'il était odieux aux bourgeois de la ville et à toute la Bourgogne.

1. Jacques Richard, s. de Belligny, échevin de Beaune.
2. Alexan, échevin de Beaune.
3. Pierre Jeannin, du parlement de Dijon, l'historien.
4. Les *Mémoires de la Ligue* (t. VI, p. 293) nomment ce capitaine Auvilliers.
5. Jacques Verne, maire de Dijon, et le capitaine Gau eurent la tête tranchée sur l'échafaud du Morimont (*Mémoires de la Ligue,* t. VI, p. 293).

conducteurs de l'affaire[1]. Et puis le duc mesmes revint en Bourgongne, passa à Beaune, où sa première besongne fut de raser les fauxbourgs. Après il desseigna plusieurs fortifications et augmenta la garnison.

Les habitans, résolus de suivre leur dessein, se confièrent au gouverneur de Sainct-Jean de Laune[2], qui se nommoit Vaugrenan[3], pour avertir de leur intention le mareschal de Biron, avec lequel il résolut que le dimanche, cinquiesme jour de février[4], sous couleur d'aller assiéger Chasteau-Neuf[5], il viendroit paroistre devant la ville à deux heures après midi. Le maire, averti de tout par Vaugrenan, le fait savoir à ses compagnons, et surtout aux chanoines, animez pour avoir esté pillez; et chascun sachant bien où il devoit prendre les armes, on donne pour signal la cloche de l'horloge.

Ce dessein fut encores descouvert par quelques courtisans, qui estoyent près le mareschal. Le duc court à Beaune[6], meine un renfort d'une compagnie de gens de pied et de quelques gens d'armes de Tiange, commandez par Montillet, et encor, crois-

---

[1]. La tentative des habitants de Dijon pour remettre la ville au pouvoir du roi avait eu lieu au commencement de novembre 1594 (*Mémoires de la Ligue*, t. VI, p. 293).

[2]. Saint-Jean-de-Losne (Côte-d'Or).

[3]. Baillet, s. de Vaugrenan.

[4]. Les *Mémoires de la Ligue* (t. VI, p. 295) confirment la date de d'Aubigné. D'après de Thou (liv. CXII), le traité, passé entre la ville de Beaune et le maréchal de Biron, fut signé le 6 février 1595.

[5]. Châteauneuf (Côte-d'Or).

[6]. Le duc de Mayenne, parti de Dijon, arriva à Beaune le 1er février 1595 (*Mémoires de la Ligue*, t. VI, p. 296).

sant l'alarme, le troisiesme du mois, il renvoya un nommé Guillermin[1], avec quelques gens de guerre, à l'arrivée desquels furent mandez au chasteau le maire et les plus soupçonnez de la ville. Mais, les eschevins refusans de suivre, les armes faillirent à se prendre, ce qui eust esté à la ruine des habitans. Le maire pourtant fut renvoyé, pour faire cesser l'alarme qui s'eschaufoit. Le lendemain, les trois compagnies, qui estoyent nouvellement venuës en la ville, coururent par les maisons et prirent quelques quatorze des plus mauvais garçons[2]. Et comme le dimanche, qui estoit le jour de l'assignation, ils alloyent achever de reserrer le maire avec son reste, cet homme, bien marri d'avoir laissé enlever les premiers, se résout à l'extrémité, fait sonner l'horloge et en mesme temps saute en ruë, arbore l'escharpe blanche, met l'espée à la main et crie *Vive le roi.* Cependant qu'on se rallie à lui, Richard, qui commandoit la garde de la porte du dedans, estant promptement assisté de bons hommes, fait tirer premièrement de la courtine aux soldats qui avoyent la garde du dehors; et puis sort, où il en désarme les uns et met les autres en fuite, qui furent assommez, environ quarante, par ceux des villages, qui accouroyent au tocsin. En mesme temps, Alexan enfonça le capitaine Guillermin dans son logis. L'ingénieux Charles l'en rechassa, et mesmes le blessa; mais estant soustenu, y retourna et y prit encores le

1. Guillermino, spadassin milanais, commandant la garnison de Sourre, fut envoyé par Mayenne à Châlons le 2 février 1595 (*Mémoires de la Ligue*, t. VI, p. 296).

2. Arrestation des séditieux de Beaune par les soldats de Mayenne, 4 février 1595.

président de Latrecei[1]. Lors Guillermin estant mort, les autres furent menez prisonniers. Les soldats de la garnison, ne sachans où se rallier, y essayèrent quelque quarante ensemble, mais ceux-là furent incontinent défaits par les capitaines Brunet et Monnet[2]. De là, le capitaine Sainct-Paul, estant blessé, se rallia au capitaine Sauni et Belleville[3]. Et ces trois ayans ramassé ce qu'ils purent de leurs troupes, qui estoyent logées près du chasteau, et se voyans jusques à six vingts hommes, donnèrent en gros par la ruë des Tonneliers. Mais ceux de la ville, qui l'avoyent desjà embouchée d'un canon, placé là pour les tenir en bride, les menèrent rudement battans jusques en la ruë des Boissons; où, encores depuis enfoncez par Richard, il ne resta plus que la ruë de la Belle-Croix, qui est au pied du chasteau. Montillet et ses gens d'armes, qui s'estoyent retirez en quelque tour, se rendirent à composition[4]. Ce fut sur le poinct que le mareschal de Biron, averti par les canonnades de la ville, se mit au galop pour succéder à ce commencement. Et ayant fait avancer les Suisses, fit ses approches à bon escient[5]; et ne put toutesfois empescher que Tavane ne jettast dedans Sablonnière, et le capitaine Marnai, quelques soixante hommes ayans en

1. Le président de Latrecey était frère de Montmeyan.
2. Brunet, ancien maire de Dijon; Monnet, bourgeois de Dijon.
3. Saint-Paul, Sauney et Belleville, capitaines de la garnison de Beaune.
4. Ces divers combats eurent lieu vers le 5 février 1595 (De Thou, liv. CXII) et sont racontés avec détail dans les *Mémoires de la Ligue* (t. VI, p. 297 et suiv.).
5. Attaque de Beaune par le maréchal de Biron, 6 février 1595 (*Mémoires de la Ligue*, t. VI, p. 301).

chemin faisant passé sur le ventre au régiment de Buffes.

De là à six semaines, après trois mille coups de canon, les compagnies en bataille pour aller à l'assaut, la capitulation se fit enseignes ployées et mesche esteinte, sans tambours[1].

Cette pièce est un rare exemple pour un peuple sans soldats à leur teste, sans avoir receu un chef de dehors, mais bien des brides nouvelles, ses plus mauvais garçons enfermez, et par là se voyans descouverts.

Le roi donc sceut comment à la frayeur de Beaune, Autun[2] et Nuis[3] s'estoyent rendus au mareschal de Biron; de plus que les habitans de Dijon, par esmeute générale, l'avoyent appelé dedans leur ville, d'où il avoit chassé le vicomte de Tavane, sur le poinct qu'il tenoit aculez les habitans, n'ayant plus qu'une porte et un coin de ruë; investit le chasteau, attendant le roi et son armée, sur les avertissemens que lui-mesmes avoit donné de son besoin[4]. Des places que nous vous avons dit avoir esté prises par Aussonville et ses compagnons, nulle ne fut disputée que Vezou[5], qui fit un service signalé; car sans cela le connestable eust ruiné l'affaire de Dijon. Mais le duc de Mayenne ne put faire desmordre l'Espagnol de ce qu'il avoit entrepris.

---

1. Une relation de la prise de Beaune par le maréchal de Biron est imprimée dans les *Mémoires de la Ligue* (t. VI, p. 287 et suiv.).

2. Prise d'Autun (Saône-et-Loire) par le maréchal de Biron, 15 mai 1595.

3. Nuits (Côte-d'Or), prise par Biron au commencement de 1595. Biron avait commencé cette campagne, vers le 20 décembre, par le siège et la prise de Bar-sur-Seine (10 janvier 1595).

4. Prise de Dijon par les troupes du roi, 28 juin 1595.

5. Voyez plus haut, p. 42, note 5.

Chapitre VIII.

Combat de Fontaine-Françoise[1] et autres affaires de Bourgongne.

Vezou estant rendu, le castillan[2], pour venir à Dijon et contenter en cela le duc de Mayenne[3], s'achemina vers Grai[4], fit faire au-dessous un pont de bateaux sur la Saune, qui auparavant s'estoit accruë des neiges, mais dès lors commençoit à diminuer, comme estant aux premiers jours de juin. Ce que je dis sur le reproche que les François faisoyent aux Espagnols d'une longueur affectée, et, de vrai, ce fut ce qui donna terme au roi, qui estoit encores à Troye[5], quelque diligence qu'il eust pu faire. De là, ayant dépesché le comte de Torigni[6] avec trois cents salades et deux fois autant d'harquebusiers à cheval pour se jetter dans Dijon, comme il fit, il le suivit de fort près et arriva à Dijon le quatriesme du mois[7]. Le lendemain, il s'employa à reconnoistre les avenuës

---

1. Fontaine-Française (Côte-d'Or). Ce village appartenait à François Chabot de Biron (De Thou, liv. CXII).
2. Dom Ferdinand de Velasco, connétable de Castille.
3. Suivant de Thou, le connétable de Castille refusa de marcher sur Dijon, sous prétexte que, suivant les instructions du roi son maître, il devait uniquement secourir les Comtois (De Thou, liv. CXII).
4. Gray (Haute-Saône).
5. Le roi était parti de Paris le 24 mai 1595, après avoir nommé François de Bourbon-Conti lieutenant général.
6. Odet de Matignon, comte de Thorigny.
7. Date exacte. Entrée du roi à Dijon, 4 juin 1595.

d'alentour[1], à marquer les retranchemens qu'il jugeoit propres à empescher le secours et mesmes pour oster la communication de Talan[2]. La reconnoissance de toutes ces choses ne lui ayant pas semblé avantageuse, il se résolut d'aller amuser l'armée, et, en la faisant marcher à pied de plomb, donner loisir aux siens de faire boire leurs trenchées dedans le fossé du chasteau. Il marchoit aussi sur quelque espérance de trouver les ennemis demi-passez. Et pourtant, il donna son rendé-vous à Fontaine-Françoise et à Lus[3], ne menant que six vingts chevaux, quarante carrabins, desquels il logea une partie dans deux chasteaux, sur la rivière de Vigenne[4], le bourg de Sainct-Seigne[5] entre deux, estimant que ses ennemis n'avoyent point un plus commode chemin pour gagner Dijon.

Cela establi, le roi, n'ayant avec soi que quarante gentilshommes et autant de salades du baron de Lus, passe l'eau et, ayant aussitost envoyé à la guerre le marquis de Mirebeau[6], se met sur ses pas pour faire l'estradiot, cependant que ses troupes se logeoyent. Il n'eut pas fait ce mestier une lieue que le marquis lui vint au-devant, un peu en forte haleine, pour lui apprendre qu'il venoit d'estre poussé par quatre

---

1. D'Assonville, à la tête de cent chevaux, était chargé de cette reconnaissance.
2. Talant (Côte-d'Or).
3. Luze (Haute-Saône).
4. La Vingeanne, rivière.
5. Saint-Seine-sur-Vingeanne (Côte-d'Or).
6. Jacques Chabot, marquis de Mirebeau, avait informé le roi de la présence des ennemis aux environs de Saint-Seine, ajoutant que, dans une reconnaissance, ils avaient failli le constituer prisonnier.

cents chevaux, qui, en le menant plus rudement qu'il ne vouloit, l'avoyent empesché de reconnoistre de grandes troupes qui faisoyent diverses files, et qu'il oseroit dire que c'estoit l'armée. Ce qui estoit vrai, car le connestable marchoit en résolution de secourir le chasteau assiégé et de prendre le logis de Sainct-Seigne.

Le mareschal de Biron, qui estoit venu trouver le roi avec peu des siens, fut aussitost commandé de passer outre Fontaine-Françoise avec la compagnie du baron de Lus pour reconnoistre à bon escient à qui ils avoyent à faire. Ayant couru deux cents pas, il descouvre soixante salades sur une colline, qui servoit de rideau au mareschal, lequel aussitost se résolut de charger ses coureurs pour faire place à sa veue et rendre compte de ce qui suivoit. Les soixante ayans quitté et pris à quartier, toute l'armée paroist et de plus près quatre cents chevaux hors d'ordre, pource qu'ils venoyent de pousser devant eux le baron d'Aussonville que le roi avoit envoyé à la guerre dès le matin avec deux compagnies de chevaux-légers.

Rhosne[1], qui commandoit à la teste, fait avancer un gros de six cents chevaux et destache des quatre cents premiers deux troupes à gauche et à droite pour voir le derrière des royaux. Le mareschal envoye le marquis de Mirebeau à une main, le baron de Lus à l'autre, pour parer les costez et empescher la reconnoissance. Et, en cet eslargissement, le mareschal, qui avoit veu l'armée et l'artillerie, laschoit le pied. Les autres, commandez d'engager, envoyent les cent chevaux qui avoyent pris la gauche à la charge du

---

1. Christian de Savigny, s. de Rosnes.

baron de Lus. Le mareschal y donne, le trouve par terre et contraignit les cent chevaux de se rallier à cinquante pas de là. En mesme temps, le gros que nous avons dit, assisté de deux autres qui sortoyent fraischement des bois, vint prendre place de si près que la retraite du mareschal eust esté fuite s'il n'eust esté contraint de retourner pour donner quelques coups d'espée. Il avoit à faire entre autres aux barons de Tiange, de Tenessai[1], à Vilier-Houdan[2] et quelques carrabins qu'on leur envoya sur le poinct de la charge. Le mareschal, suivi à la meslée qu'il fit maugré lui, ayant receu un coup d'espée sur la teste, comme estant sans salade, fut contraint de passer la carrière vers la main droite du roi, qui envoya une compagnie de gens d'armes pour, sous leur charge, arrester les fuyars. Mais cette troupe fut renversée et rompue, menée battant jusques auprès du roi, qui appelle des gens de bonne maison par leurs noms. Quelques-uns se rallient à lui. Les chevaux des autres eurent la bouche forte[3]. Ce défaut fut couvert par la fermeté du roi, qui se void aussitost sur les bras toute la cavalerie ennemie, en cinq escadrons, et de plus près Tavanes[4] avec deux cents chevaux.

1. Le baron de Thiange et Tenissey, à la tête de vingt hommes d'armes, étaient venus se placer sous les ordres de Villars; ils devaient figurer parmi les cent cavaliers qui chargèrent le maréchal de Biron, après avoir repoussé d'Haussonville.

2. Villars-Houdan reçut un coup de mousquet au bras; le roi lui envoya un chirurgien et lui offrit un sauf-conduit pour se retirer (De Thou, liv. CXII). Villars-Houdan devint, en 1611, gouverneur de Dieppe (*Journal de L'Estoile*).

3. C'est-à-dire firent semblant de ne pouvoir accourir au secours du roi.

4. Guillaume de Saulx, comte de Tavanes, fils de Gaspard de

Alors La Trimouille[1], s'estant convié à servir au roi de miroir et accepté pour cela, rallie six vingts gentilshommes, s'estant joint à lui le duc d'Elbeuf[2], et, bien soustenu du roi, qui print la place du roi pour les ralliemens, donne à la première troupe, la rompt, et, elle aidant à renverser la seconde, tout cela est mené en désordre jusques au gros du duc de Mayenne. Le mareschal de Biron, avec soixante chevaux, leur redonne courage, et ceux-là congnent aussi des troupes de Tiange et des autres jusques sous le soustien du duc de Mayenne, qui arresta le désordre avec trois cents chevaux, desquels il fit une fausse charge. Et là le roi et le mareschal de Biron se joignirent, le roi trouvant au coin des bois, premièrement force mousquetaires desbandez en enfans perdus et puis cinq cents chevaux que le connestable avoit fait avancer. Il fit un peu ferme et puis se mit à la retraite, sur laquelle revindrent à lui toutes les bandes ralliées, ausquelles il fit places jusques sur le haut. Et là, ayant receu quelques soixante chevaux de renfort, le mareschal et lui, une espace entre deux, prirent la charge et, sans grand effort, regagnèrent la place, où s'estoit fait le premier combat. Bien à propos arrivèrent Clermont, Vitri, Chiverni, le chevalier d'Oise,

Saulx, maréchal de France, et de Françoise de la Baume, mort postérieurement à l'année 1633.

1. Claude de la Trémoille, duc de Thouars, pair de France, né en 1566, fils de Louis de la Trémoille et de Jeanne de Montmorency, prit part aux combats de Coutras et d'Ivry, aux sièges de Paris et de Rouen et mourut le 25 octobre 1604 (*Lettres de Henri IV*, t. II, p. 218, note).

2. Charles de Lorraine, duc d'Elbeuf.

Rissé[1] et les compagnies de chevaux-légers du roi et du duc de Vandosme; tout cela faisant cinq cents. A l'ombre de ceux-là les fuyars s'estans ralliez, l'armée ennemie, qui avoit fait les fautes précédentes pour avoir jugé la royale estre arrivée, fit encores celle de se retirer, mettant sa cavallerie à l'ombre des bataillons. Et, en cette façon, le roi la suivit jusques au-dessous de Gré[2]; où le lendemain repassa les ponts qu'elle avoit fait, ayant perdu, aux charges que nous avons dites, quelques trente morts et non plus[3], du costé du roi quatre seulement; ce qui ne sera pas trop estrange à ceux qui savent comment les meurtres ne se font pas au choc, mais aux suites. Le roi n'eut que la cuirassine pour armes à ces combats. Entre ceux qui, à son gré, se signalèrent en cet affaire, nous ne lui avons ouy surestimer que le duc de la Trimouille et celui d'Elbœuf, qui se joignit à l'autre pour abbatre la rosée devant le roi. Quant aux seigneurs et gentilshommes de marque qui fuirent, j'aime mieux

1. Louis de l'Hôpital, baron de Vitry; Henri Hurault, comte de Chiverny; Georges de Brancas, chevalier de Malte, dit le chevalier d'Oise, frère puîné de l'amiral de Villars; Créquy, s. de Rissey.

2. Velasco, informé par les prisonniers de la présence du roi à Fontaine-Française, ordonna aussitôt de battre en retraite et de gagner la ville de Gray, malgré les instances du duc de Mayenne, qui aurait voulu renforcer la garnison de Dijon. Le gouverneur du Milanais s'opposa à l'entrée des ligueurs, ses alliés, dans la ville de Gray, en sorte que les blessés durent implorer le secours des royalistes. On a vu quelle fut, à cette occasion, la conduite du roi à l'égard de Villars-Houdan (De Thou, liv. CXII).

3. Cette charge avait été commandée par le capitaine milanais Jean-Baptiste Sannon, qui périt lui-même dans la mêlée.

payer pour eux du rude fardeau qu'ils cuidoyent avoir sur les bras et des preuves de courage qu'ils avoyent rendues en d'autres occasions, et mesmes à la dernière charge, que d'arborer leurs noms au contraire, comme plusieurs ont fait, en donnant leurs plumes à la faveur[1].

Le roi, pour monstrer que la campagne estoit à lui, entre en la Franche-Comté, prend Aspremont[2] et quelques autres bicoques. Ceux du païs, ruinez par ce ravage de l'armée et surtout par les grandes troupes de vaches, que menoyent les courtisans mesmes et personnes de grande marque, eurent recours aux Suisses; qui n'eurent pas plustost envoyé remonstrer la neutralité et protection que les Bernois devoyent aux Contois, que le roi fut bien content de venir, au commencement de septembre, faire son entrée à Lion, où nulle magnificence ne fut oubliée. Là, il mit ordre aux affaires de Dauphiné, Provence et Languedoc, qui estoyent en l'estat que vous verrez en leur lieu. Ceux[3] du chasteau de Dijon[4], ayans sceu la retraite des forces espagnolles, firent leur capitulation tant honneste qu'ils la voulurent.

1. Bataille de Fontaine-Française. Victoire de Henri IV sur les Espagnols, 3 juin 1595. Le roi avait échappé à un grand danger; il écrivit à Catherine, sa sœur : « Peû s'en est falu que vous « n'ayez été mon héritière. »
2. Apremont (Haute-Saône).
3. La fin du chapitre manque à l'édition de 1620.
4. Capitulation de Dijon, 28 juin 1595.

Chapitre IX.

Exploits du Catelet[1], la Capelle. Combat de Ham[2], de Dourlans.

Rome ne fut pas courtoise, au commencement, aux premiers et seconds ambassades; mais la continuation des progrez que faisoit le roi besongna parmi les cardinaux plus par la peur que par les soumissions, si bien que, durant la demeure du roi à Lion, on mesnagea l'envoi des cardinaux du Perron[3] et Ossat[4] pour la cérémonie que nous dirons, en parlant d'Italie; où nous réservons aussi la bénédiction du pape[5], qui fut d'esclat et d'apparat, pour expier les malédictions tant de fois redoublées. Le roi receut ces choses avant partir de Lion, où furent signez les articles de plusieurs redditions, entr'autres celles de Bois-Dauphin[6];

---

1. Le fort du Catelet, bâti par Henri II, était situé près de Cateau-Cambrésis.
2. Ham-sur-Meuse (Ardennes).
3. Jacques Davy du Perron, né en 1566, successivement évêque d'Évreux, cardinal en 1604, archevêque de Sens et grand aumônier de France, mort le 5 septembre 1618 à Paris. Il négocia à Rome l'absolution du roi.
4. Arnauld d'Ossat, né en 1536, à Cassagnabère, en Armagnac, attaché à la maison d'Est jusqu'en 1586, évêque de Rennes, puis de Bayeux, l'un des plus habiles diplomates de ce temps, négocia l'absolution du roi à Rome, et mourut dans cette ville le 13 mars 1604.
5. Le pape Clément VIII.
6. Urbain de Montmorency-Laval, seigneur de Bois-Dauphin, né en 1557, combattit Henri IV jusqu'à la bataille d'Ivry. Il passa alors au service du roi, qui le fit maréchal en 1595 et gouverneur d'Anjou en 1604. Le maréchal de Bois-Dauphin mourut le 27 mars

duquel la condition de mareschal, qu'il avoit durant la ligue, fut continuée. Et bien tost après se fit la tresve générale, pour le parti ligué, à la réquisition du duc de Mayenne, qui envoya pour cela le président Janin et le jeune des Portes[1]. C'est pour n'ennuyer de cette année mon lecteur de tant de capitulations.

De ce temps est le siège du Catelet[2] par l'Espagnol[3], qui estoit fort petite place[4] et n'avoit que quatre pièces détachées, de quarante pas de courtine chacune. Là commandoit Liranmont[5], desnué de tout magasin, quelque poursuite qu'il en eust fait à la cour, d'O ayant dit à quelqu'un des siens que la place seroit plus aisée à ravoir des Espagnols que des huguenots. Nonobstant ces manquemens, il débatit les contre-escarpes et le fonds du fossé, de cinq semaines, battu de seize canons; receut honorable composition[6], les Espagnols esmeus de sa valeur.

1629. M. l'abbé Ledru a publié, en 1878, d'après des documents nouveaux, une savante biographie de ce personnage.
1. Le 28 juin 1595, le duc de Mayenne adressa au roi une protestation de dévouement (f. fr., vol. 3992, f. 234). Le roi lui répondit le 30 juin (ibid., f. 243). La démarche de Mayenne amena une trêve générale pour trois mois (Articles accordés par le roi, Lyon, 23 septembre 1595, coll. Moreau, vol. 746, f. 37).
2. Le siège du Catelet commença le 19 juin ; il fut interrompu à la nouvelle de la prise de Ham par les Français et ne fut sérieusement repris qu'au retour du comte de Fuentes. Celui-ci avait laissé la direction de ce siège au duc de Pastrana pour se porter lui-même au secours de la ville de Ham.
3. Le comte de Fuentes.
4. La garnison ne comptait que quatre cents hommes (De Thou, liv. CXII).
5. François de Dampierre, s. de Lieramont.
6. Le Catelet fut pris par les Espagnols à la fin de juin 1595, un mois environ avant la prise de Dourlans.

Après le Catelet, la Capelle[1], fort peu disputée par Malessi[2] qui y commandoit, receut capitulation, telle qu'on la voulut demander. Elle avoit esté un peu mieux envitaillée, comme plus grande et meilleure, et, le conseil estant esmeu par la deffaveur de la première, elle se rendit le sixiesme jour du siège.

Et, de là, l'armée ayant mis en jalousie toutes les places de Picardie, alla choisir Dourlans, où commandoit un des Haraucours[3], et qui, pour ce commandement, avoit changé de religion. En mesme temps que le roi escrivit, la noblesse de Picardie monstra une merveilleuse gayeté à se jetter dedans, si bien qu'il s'y enferma plus de trois cents gentilshommes et dix-huict cents bons hommes de pied.

Les premiers progrez de l'armée d'Espagne furent, au commencement, sous la charge du comte de Fuentes. Mais après, le cardinal[4], quand ses commissions furent venues, prit la place de général. L'entreprise de ce cardinal et de son courageux et habile capitaine Rhosne nous donne plusieurs subjects d'escrire de belles choses, desquelles n'ayant pu obtenir les particularitez, à cause de mon eslongnement et de quelque froideur entre les chefs de ces actions et moi, je suis contraint de traiter avec beaucoup de manquemens et à regret, afin que mon æquanimité

---

1. On conserve dans le vol. 3997 du fonds français, f. 174, une relation du siège de la Capelle par le comte de Mansfeld, depuis le 24 avril jusqu'au 12 mai 1594.

2. Mathieu Martin, seigneur de Malissy, maître d'hôtel du roi de Navarre, commandait déjà à la Capelle deux ans auparavant (*Lettres de Henri IV*, t. III, p. 812).

3. Longueval, s. de Haraucourt.

4. Le cardinal Albert d'Autriche.

les convie à me fournir mieux pour une autre édition¹.

Il me faut donc reprendre le mois de juin pour vous dire comment le cardinal ayant jetté une branche de son armée conduite par Verdugo, assisté de La Burlote, pour assiéger la Ferté, sur Cher, demeurée au parti du roi par le voyage du duc de Bouillon en ce pays-là, le duc, bien que fort foible, s'y achemina pour lever le siège; fut receu avec une escarmouche ; où La Burlotte, ayant desbandé ses meilleurs hommes, fut meslé hazardeusement par la cavallerie, qui n'attendit pas les gens de pied et enfila les fossez, les avantages et mesmes les tranchées. Là courut beaucoup de sortes de risques le chef de l'entreprise, bien assisté de ses domestiques, non sans s'estre repenti de faire ses parties foibles; qui est la seule condition qui lui a fait imputer quelque malheur. Vous en jugerez par les effects. Il fit donc avec petite troupe lever le siège et les Espagnols firent leur retraite à Vireton.

De ce pas il fut convié par le duc de Longueville, mais plus particulièrement par quelques gentilshommes, voisins de Ham, de vouloir entreprendre sur cette place; la garnison de laquelle estoit de plus de douze cents hommes, presque tous Néapolitains, Espagnols ou Lanskenets, commandez par Siquo, Néapolitain². Le duc de Bouillon, ayant sceu que le gouverneur du chasteau se vouloit donner au service du roi et que les estrangers s'estoyent retranchez devant le chasteau, gousta l'entreprise, résolut avec

---

1. Var. de l'édit. de 1620 : « ... *fournir mieux pour* la seconde *édition.* »
2. Cicco de Sangré.

Humières[1] et Cluseau[2], maistre de camp, l'exécution ; de laquelle ce que je puis dire est, qu'ayant présenté escalade en deux divers endroits pour amuser les estrangers et les destourner du costé du chasteau, les premiers qui entrèrent le firent par une ouverture des fossés du chasteau et de là par une route, qui sortoit en la place d'entre le chasteau et la ville. Cluseau fut le premier qui rallia trente hommes passez par cet estroit ; puis le duc et Humières y arrivèrent ensemble. Au prix que leurs forces naissoyent en cette place, il s'en faisoit un grand meurtre, tant de la courtine du retranchement que de l'embouchure de la grand rue, où les estrangers s'estoyent ralliez en gros, comme aussi des fenestres des maisons. En ce péril, Humières, voyant son chef sans salade, quitta la sienne, et le duc, lui remonstrant qu'il estoit obligé à avoir la face descouverte, ne gagna rien sur lui ; mais une mousquetade lui osta la vie par la teste. Et ainsi mourut Humières, qui savoit, valoit et pouvoit beaucoup, mesmes en sa province, où il fut fort regretté. Sur ce poinct, La Croix, maistre de camp, soustenu de Cluseau au retranchement, où il estoit le moins eslevé, le franchit et va mesler les Espagnols, enfile la rue et les contraint de la quitter pour gagner les maisons. Ceux qui avoyent menacé par les eschelles tournent au chasteau, emplissent la place. Les estrangers défendent le logis, et enfin, tout estant forcé, meurent de ce costé cent cinquante Espagnols ou Italiens, autant de lanskenets, leur colomnel pris, Sico, chef des

1. Charles d'Humières, marquis d'Ancre, fils de Jacques d'Humières, mort le 10 juin 1595 (*Lettres de Henri IV*, III, 138, note).
2. François Blanchard du Cluzeau, gouverneur de Noyon.

bandes, Marcel Carracio[1], le colomnel Alexandre et près de six cents autres. Cela cousta la perte de celui que nous avons nommé, de La Croix, de Maziere et de Baiencourt, et dix-huict gentilshommes, suivis de cent soldats et deux fois autant de blessez. Sur la fin de l'exécution arrivèrent à demie lieue de Ham cinq mille Espagnols, qui menoyent quatre canons pour le secours[2].

Il a falu ramasser cela pour venir au siège de Dourlans[3] et à ce qui s'y passa de marque. Le conseil du roi avoit partagé le soin de la Picardie au comte Sainct-Paul et au duc de Nevers. Dourlans estoit dans le département du premier. Il arriva que le roi, par précipitation, envoya commission au duc de Bouillon, comme mareschal de France, pour aller jetter dans le siège douze cents hommes de pied; ce qui se fut pour le moins essayé au commencement des approches. Mais le conseil du roi, mutiné pour le tort qu'on faisoit au comte Sainct-Paul, contraignit ce prince d'escrire au duc de Bouillon qu'il le prioit de n'user point de sa commission, et que, pour un coup de nécessité, il voulust se confier en sa réputation acquise pour faire, sous le comte Sainct-Paul, ce qu'il devoit faire en chef. Cela aussitost accepté, on achemine un peu plus de douze cents chevaux et les gens de pied qui devoyent entrer. Le duc de Bouillon en meine quatre cents devant, l'amiral de Vilars trois cents cinquante après lui et le comte quelques cinq cents[4].

1. Marcel Caraccio, frère de Balthazar Caraccio.
2. Le comte de Fuentes avait laissé le siège du Catelet pour se porter au secours de la ville de Ham.
3. Le siège de Dourlans commença le 15 juillet 1595.
4. Les autres chefs étaient Belin et Sesseval; ils devaient arriver à Dourlans le 24 juillet 1595.

Comme les coureurs de la première troupe eurent franchi un costeau, ils descouvrent tout à la fois et la ville et l'armée estrangère en bataille entre elle et eux, et, à quatre cents pas près, deux gros de cavallerie[1], de sept à huict cents chevaux chacun, sans conter quelque cent chevaux desbandez entre les deux. Pardelà cela paroissoyent trois autres escadrons et puis les bataillons de l'infanterie[2]. Le mareschal[3], descouvert en descouvrant, n'eut autre loisir de conseil que de mander par un gentilhomme à Vilars qu'il ne se pouvoit desdire d'une charge ou que tout seroit perdu; qu'il le prioit de ne s'avancer point, mais qu'il voulust seulement paroistre au commencement du combat pour s'esloigner dans la fumée, et puis, sur un haut qui estoit plus loin, faire un peu de contenance pour son ralliement. Le mesme messager court au comte de Sainct-Paul le prier de faire tourner visage à l'infanterie pour gagner au pas un bois en leur chemin, et que lui, après s'estre fait voir, prendroit le mesme chemin. L'avis du duc fut receu sans penser par le comte. Mais l'amiral interpréta bien autrement le sien; car, après avoir juré qu'il chargeroit aussi bien que le duc, il le void quand et quand meslé avec quatre cornettes dedans huict des ennemis, non point par quelque fausse charge, desquelles on use en tels accidents, mais en un combat assez opiniastré pour y perdre une cornette des siennes et en emporter trois des ennemis. Avec cela, le duc, qui avoit marqué sa

1. La cavalerie espagnole était sous les ordres de Caracciolo, prince d'Avellino.
2. L'infanterie, formant l'arrière-garde, était commandée par le comte de Fuentes.
3. Le duc de Bouillon.

place de ralliment, y mène son drapeau. De là, il void Vilars plus avancé et plus engagé qu'il n'avoit désiré de lui[1]; y voulut envoyer un des siens, mais il n'estoit plus temps, ni pour le messager ni pour Vilars[2], car le gros, qui estoit à main droite et qui, sans prendre sa part du premier combat, s'estoit réservé pour Vilars, avoit desjà pris la charge, et Vilars résolu fit le tiers du chemin. Lui et peu des siens meslèrent à toute outrance; mais la pluspart, ayant tiré le pistolet par acquit, prindrent la course pour gagner l'ombre du duc, lequel, ayant plus séjourné à son ralliment qu'il n'eust fait si Vilars eust obéï, fit sa retraite en bon ordre, principalement pource que le gros, auquel il avoit eu affaire au lieu de redonner, fit large à gauche pour laisser à l'escadron, qui les suivoit, leur part de l'honneur. Et ce changement ne se faisant pas si promptement, ceux de Vilars qui voulurent se rallier eurent moyen de prendre place et quelque ordre; et tout, sans estre trop pressé, rejoignit dans demie-heure le comte Sainct-Paul. Quant à Vilars, estant reconnu, et le cardinal sachant sa prise par le moyen de son cheval abattu sur lui et d'une cuisse cassée, il veint un Espagnol parler à ses maistres. Incontinent on deslache la courroye de sa cuirasse pour à l'aise le poignarder, comme il fut[3]; les autres prisonniers

---

1. Villars avait obstinément refusé d'exécuter, pour sa part, les ordres du duc. Le comte de Saint-Paul, le voyant décidé à combattre, lui envoya un corps de troupes, sous les ordres de Belin (De Thou, liv. CXII).

2. De Thou attribue à la témérité de Villars l'insuccès de cette attaque (De Thou, liv. CXII).

3. Villars fut assassiné par ordre de Contreras, intendant de l'armée espagnole.

traitez en gens de guerre[1], mais cettui-ci comme déserteur d'un parti où il avoit receu beaucoup de bien et d'honneur[2]. Voilà ce que ses tueurs disoyent.

 Quant à Dourlans, leur secours estans chassé et au raport des Espagnols mis en pièces, la frayeur, qui dès le commencement s'y estoit mise, augmenta; jusques-là que la batterie, n'ayant point encor fait les deux tiers de la bresche, les assiégez tendirent le drapeau blanc, parlementèrent sans faire tresve[3]; mais non tous, car la noblesse, pensant à faire ouvrir une porte et à percer pour se sauver, les soldats les suivoyent en foule par les rues, chacun donnant des expédients nouveaux. Cependant qu'ils ne se parent ni au combat ni à la fuite, il y en eut qui capitulèrent aux bresches pour eux-mesmes, et, sur promesse de vie, font entrer les soldats espagnols. Ceux-là enfilent les courtines à gauche et à droite et bientost après les rues, s'acharnent à tuer et mettent sur le pavé plus de deux mil hommes de toutes conditions; entre ceux-là plus de noblesse qu'il n'en avoit esté perdu de mémoire d'homme en aucune bataille, hormis Coutras[4].

 1. Combat livré sous les murs de Dourlans par le duc de Bouillon. Victoire des Espagnols; vers le 24 juillet 1595.
 2. D'après de Thou, Villars avait longtemps été pensionnaire des Espagnols (liv. CXII).
 3. La ville de Dourlans fut prise par les Espagnols le 31 juillet 1595 (Récit du siège par le duc de Nevers, minute, f. fr., vol. 3993, f. 64). On conserve dans le f. fr., vol. 15591, pièce 51, la liste des seigneurs et gentilshommes de marque, tués, blessés ou faits prisonniers à la prise de Dourlans.
 4. Le comte de Fuentes séjourna quinze jours à Dourlans et laissa le gouvernement de la place à Fernand Puerto Carrera.

Chapitre X.

Prise d'Ardres, Calais et Cambray.

Encore qu'il se face quelque chose ailleurs, entre ce que nous avons dit et les deux places que prit le cardinal[1], nous désirons pourtant dépescher ce coin de la France pour servir les autres parts. Ardres se présentoit, redoutée comme une place bien parfaite, qui avoit sept grands bastions royaux, grands fossés pleins d'eau et remparts raisonnables, avec force munitions et pleine d'hommes choisis. Rosne opiniastra ce siège sur l'exacte connoissance qu'il avoit de toutes les frontières et mesmes sur l'espérance de jouïr du gouverneur[2], qui estoit le comte de Belin. Il ne s'y trompa point; car, dès que ses approches furent faites et autant de canonnades qu'il en faloit pour couvrir le jeu, la capitulation se fait très avantageuse[3], comme il eschet en tel cas. Le gouverneur ne s'osa présenter et obtint pardon difficilement[4];

1. Albert, prince des Pays-Bas, né en 1559, fils de l'empereur Maximilien II et de Marie d'Autriche, mort en 1621, sans enfants d'Isabelle-Claire-Eugénie, fille de Philippe II, roi d'Espagne, qu'il avait épousée en 1598, en quittant la robe de cardinal.
2. Le gouverneur d'Ardres était Isambert du Bosc, seigneur du Bois d'Annebourg, gentilhomme du pays de Caux, en Normandie, et non, comme le veut d'Aubigné, le comte de Belin, qui était gouverneur de Calais. Il est vrai toutefois que Belin s'était chargé de la défense de cette ville (De Thou, liv. CXVI).
3. Prise d'Ardres par les Espagnols, 23 mai 1596.
4. D'après de Thou, il n'y eut pas de jugement prononcé contre lui. Le roi se contenta de lui enlever le gouvernement de la province de Picardie (De Thou, liv. CXVI).

mesmes quelque temps après que le roi eut assemblé une manière d'Estats en Picardie. En cette jurisdiction, le comte fut condamné absent, et quelques gentilshommes et capitaines, convaincus des espouventemens que nous avons notez, y furent exécutez à mort. C'est pourquoi les Espagnols ont escrit que les Françoys vouloyent contrefaire leur sévérité.

Plusieurs capitaines de l'armée vouloyent retourner sur leurs pas pour Corbie[1] ou pour Amiens, mais Rosne leur monstra des lettres de quelques proches officiers du roi, par lesquelles il avoit esté averti du secours de Dourlans; et eut moyen de faire tenir l'armée preste, comme il y parut par les mesmes lettres. Il avoit esté instruit comment le roi ayant envoyé La Noue[2] et La Valière[3] reconnoistre toutes les frontières de Picardie, ils les avoyent toutes fort mesprisées. Et, comme on débatoit contre eux pour Calais[4], ils l'avoyent mise à douze jours de siège et non plus. Il l'emporta donc et mena l'armée à Calais, garnie en ville, qui n'attendoit rien de cela. Rosne[5] fit ses approches sans espargner ni la despense ni les

---

1. Corbie (Somme).
2. Odet de la Noue, fils de François de la Noue et de Marguerite de Teligni.
3. Jean Le Blanc, seigneur de la Baume et de la Vallière, maître d'hôtel du roi et de la reine mère, capitaine du château de Plessis-les-Tours en 1578, maître d'hôtel de la reine Marguerite, un des plus fidèles serviteurs de Henri IV. Il mourut sans enfants et laissa son nom et sa fortune à Laurent Le Blanc de la Vallière, bisaïeul de la célèbre duchesse de ce nom.
4. Le gouverneur de cette ville était François de Saint-Paul, s. de Bidossan.
5. Rosnes s'empara d'abord du pont de Nieulet, situé à deux milles de la ville, puis de la tour de Risban, qu'il emporta le 9 avril 1596.

hommes, et en telle diligence que la batterie fut preste dans deux jours. D'autre costé, le roi[1] ne sceut pas plustost la reddition d'Ardres qu'il fit choisir trois cents des plus esprouvez de sa suite, presque tous gentilshommes et capitaines, leur fit avoir aggréable, au lieu de quelque grand, pour chef, Matelet[2], gouverneur de Foix, esprit et cœur serré. Cette troupe ne put faire tant de dilligence qu'elle n'arrivast après deux assauts donnez, et du mesme temps que la ville fut quittée pour gagner le chasteau. Ce secours entra par un bas de mer, lors que les Espagnols donnoyent à la ville. Et n'eurent point loisir, pour faire des retranchemens nouveaux, qu'après une rude batterie et qu'une mine n'eust joué au chasteau. Je vous dirai, pour chose estrange, qu'on n'en connoissoit un seul entre les trois cents, qui, sur un clin d'œil, n'eust laissé le pourpoint pour se couper la gorge aux plus mauvais garçons de France, ni qui, en autre occasion, ne se fust signalé. Et toutesfois, quand les Espagnols se présentèrent à l'assaut, hormis quatre ou cinq, l'espouvante se mit telle parmi eux qu'ils aimèrent mieux aller se faire esgorger à cinquante ou cent pas de la bresche que de demeurer derrière un parapet de terre qui restoit encores et repousser l'ennemi. La bresche emportée sans résistence, les soldats sauvèrent les mieux vestus, en espoir de rançon, et Calais demeura aux estrangers[3].

1. Le roi ne fut informé de la tentative des ennemis sur Calais que le 13 avril 1596.
2. D'après de Thou, ce détachement était commandé par Monluc, le petit-fils de Blaise de Monluc.
3. Prise de Calais par les Espagnols, 17 juillet 1596.

Calais, estimée la meilleure des frontières, estant emportée dans le douziesme jour, selon le jugement de ceux que nous avons dit, il prit envie à Rosne de faire encor un affront à la France, c'estoit d'attaquer Cambrai. Et l'emporta entre ceux qui lui contredisoyent, alléguans la grandeur de la place, la multitude des habitans, que toutes les parties, soyent esplanades, contr'escarpes, fossez, rempars, murailles, tours ou pièces destachées, estoyent faites sans espargne, que la garnison estoît de personnes choisies. Rosne vainquit tout cela sur la connoissance et intelligence qu'il avoit du dedans. Il avoit appris les offenses et petites tyrannies que le prince[1] et la princesse[2] de la ville (car Balagni et sa femme se faisoyent appeler ainsi) exerçoyent envers leurs subjects, jusques à leur faire prendre de la monnoye de leton, de laquelle les soldats, estans payez, en payoyent les denrées aussi. De plus, il avoit des marchands dans la ville et quelqu'un en la maison de Balagni, qui avoyent gratté l'avarice de cette femme et lui avoyent fait secrettement vendre la pluspart des magasins.

---

1. Jean de Monluc de Balagny, fils naturel de Jean de Monluc, évêque de Valence, frère de l'auteur des *Commentaires*. Balagny avait obtenu du duc d'Anjou le gouvernement de Cambrai en dédommagement d'une arquebusade qu'il avait reçue au service de ce prince (Dupleix, *Histoire de Henri III*, p. 100). Il avait été nommé maréchal de France en 1594 par Henri IV. On conserve dans le fonds français, vol. 3993 et 3994, une partie de la correspondance de Balagny pendant le siège de Cambrai.

2. Renée de Clermont, sœur de Louis de Clermont de Bussy d'Amboise, assassiné par Charles de Cambes, comte de Monsoreau, avait épousé Balagny, sur la promesse que ce dernier vengerait la mort de son frère (De Thou, liv. CXIII).

Ces choses bien connues, l'armée marche droit à Cambrai[1]. Les avertissemens en viennent au duc de Nevers[2], qui, promptement, y dépescha le duc de Retelois[3], son fils, assisté de Vaubecourt, Bui[4], Turmelet[5], Sugni, Fleuri, Chaltrai et autres capitaines, qui lui faisoyent trois cent cinquante chevaux. Vaubecourt, avec cent vingts, menoit la teste[6]. Cette troupe, mal menée par un temps orageux, fut conduite à un meschant petit pont de bois, auprès de Anne[7], à deux lieues de Cambrai, où leur chemin ne s'adonnoit point, comme n'ayant aucun ruisseau à passer. Un cheval s'estant enfoncé dans le pont, qui avoit crevé, il falut perdre une heure et demie à le r'accommoder et faire passer la troupe; ce qui donna l'alarme au pays, si bien qu'au son des tocsins et puis après des trompettes, la cavallerie espagnolle[8] se mit en estat, aux lieux qu'ils soupçonnoyent le plus; et, à jour levé, le secours vid l'ennemi en bataille dans le chemin qu'il devoit suivre. Les coureurs firent destourner le gros à main gauche d'un chemin creux

1. Le siège de Cambrai avait commencé le 13 août 1595.
2. Le duc de Nevers se trouvait alors à Saint-Quentin.
3. Charles de Gonzague, duc de Réthelois.
4. Pierre de Mornay, s. de Buhy. On trouve quelques lettres de lui, relatives au siège de Cambrai, dans le fonds français, vol. 3994.
5. Trumelet, gouverneur de Villefranche en Champagne; Pierre de Mornay de Buhy, maréchal de camp; Nettancourt de Vaubecourt, gentilhomme lorrain.
6. Notes et rôles touchant la composition du secours envoyé par le duc de Nevers à Cambrai (20 et 21 août, septembre 1595; f. fr., vol. 3993, f. 213 et 224, vol. 3994, f. 129).
7. Anneux (Nord).
8. La cavalerie espagnole était commandée par don Carlos Coloma.

pour passer à un corps de garde de quelque trente lances, qui ne pouvoyent estre secourus des autres. Ayans passé sur le ventre de cette troupe, il s'en présenta une autre de deux cents chevaux au-devant d'eux ; mais ceux-là ne soustindrent la charge qu'en escumant, et, ayant fait place au secours, il fut receu dans la ville[1], où le duc de Retelois et ses capitaines ayans veu le désordre et le peu que la vertu profitoit, ces vieux capitaines retirèrent leur jeune duc.

La ville donc est assiégée, les approches faites en trois lieux, en chacun une batterie, et bien tost trois bresches, ausquelles, pource que la ruine n'avoit pas comblé le fossé, aussi haut comme estoit le roc naturel, il faloit en plusieurs endroits des eschelles de treize à quatorze pieds, et mesmes en quelques-uns de dix-huict. Ceux de la citadelle, au lieu de garnir les bresches, mal asseurez de la foi des habitans, se voulurent garder pour la dernière pièce. Peu des habitans se présentèrent pour vouloir soustenir, aussi tost intimidez par les autres et sur tous par les confidens de Rosne qui amenèrent tout à parlementer[2]. Ce parlement se trouva fort aisé à conclure par des bourgeois que leurs prescheurs avoyent instruits à désirer la domination espagnole, mais ils en esprouvèrent la douceur et furent bien tost instruits au contraire par les Espagnols. Il arriva dans la confusion que, les plus courageux ou moins estonnez voulans recevoir les conquérans de meilleure grâce et faire le désordre

1. Le duc de Réthelois entra dans la ville de Cambrai le 15 août 1595.
2. Sur la haine des habitants de Cambrai contre Balagny, voyez de Thou, liv. CXIII.

avec ordre, d'autres, plus hastifs, firent entrer les ennemis par une des bresches. A l'envie de ceux-là, les autres ouvrent une porte. Ceux qui n'avoyent point trempé à l'intelligence gagnent comme ils peurent la citadelle[1]. Ceste pièce ne se fit pas battre à l'opiniastreté qu'elle méritoit; fut attaquée avec toute sorte de vigueur, pour la nouvelle qui veint aussi tost que le roi avoit quitté les compositions de la Franche-Comté et les magnificences de Lyon[2] pour s'en venir, mais trop tard, remédier à la Picardie.

Balagni avoit devant ses yeux l'exemple de Vilars, et tous les siens le tableau de ce qui s'estoit passé à Dourlans. Tous les hommes courageux qui l'accompagnoyent pressèrent l'accord, et une capitulation[3], qui fut demandée de mauvaise grâce, n'y ayant aucun qui y voulust contredire que la dame de Balagni; laquelle, ne pouvant mettre d'accord sa fortune et son courage, se résolut, après un morceau tant amer, n'en avaler jamais d'autre. Autant de fois que son mari la voulut consoler, elle le convia de suivre son exemple et ne survivre point à son déshonneur. Elle le somme de la promesse qu'il lui avoit faite, qui estoit de mourir en sa principauté. Le mari, pour la conten-

1. Le duc de Réthelois défendait la citadelle.
2. Entrée du roi à Lyon, 4 septembre 1595. — Retour du roi à Paris, 30 septembre.
3. L'acte de capitulation de la citadelle de Cambrai, daté du 7 octobre 1595, est conservé en copie dans le vol. 3994 du fonds français, f. 215. Cependant, d'après tous les historiens, les Espagnols n'entrèrent que le 9 dans la ville. Des débris de la garnison de Cambrai, Balagny forma un régiment, qui porta plus tard le nom de régiment de Béarn et dont il exerça le commandement jusqu'à la fin de sa vie (Roussel, *Essai histor. sur les régiments d'infanterie, cavalerie, Béarn*, in-12, 1765).

ter, lui repromet encores. Mais, voyant qu'il lui faussoit compagnie, elle ne le receut plus qu'à injures et reproches de sa naissance aux exultations de la sienne, asseurant que la maison de Amboise ne la desdaigneroit point. Et ainsi mourut, ou par la faim ou, comme d'autres ont voulu, n'ayant autres instrumens pour chasser son âme, que la force de sa douleur[1]. Voilà, en un chapitre, l'abrégé des plus grands affronts que de mémoire d'homme la France aye receu par les estrangers.

Chapitre XI.

Reprise de l'Estat des réformez, depuis la conjonction des deux rois jusques en l'an 1595[2].

Encor devons-nous rendre compte de ce que, parmi tant d'excellences et de changemens, devenoit la cause de la religion depuis les tresves accordées entre les deux rois, à Tours, selon ce qui a esté dit à la fin du second livre.

Le commun des réformez et la plus grand part

---

1. On conserve dans les volumes 3993 et 3994 du fonds français plusieurs lettres de la dame de Balagny, écrites pendant la durée du siège de Cambrai. La dame de Balagny mourut peu de jours après la prise de Cambrai, sans vouloir sortir de la ville. Balagny revint à la cour et épousa Diane d'Estrées, sœur de Gabrielle d'Estrées. Il toucha du roi la somme énorme de 166,366 écus pour de prétendues dettes de la maison de Navarre envers lui, et, pour payer cette somme, le roi vendit une partie de ses terres en Flandre et en Picardie (Acte de mai 1594; copie, f. fr., vol. 4680, f. 41).

2. Var. de l'édit. de 1620 : « ... *deux rois jusques* au temps présent. *Encor...* »

d'eux ployoyent toutes leurs attentes dans le paquet de celles du royaume. Ils n'y voyoyent plus de distinctions, et ainsi ne se promettoyent que triomphes et félicitez. Henri troisiesme avoit beaucoup aidé à les mettre en cette trempe, embrassant fort courtoisement tous ceux qui se pensoyent les plus haïs de lui pour avoir esté utiles et très affectez partisans du roi de Navarre; notamment, estimant ceux desquels il avoit poursuivi la mort, d'autant qu'ils avoyent esté instrumens de la liberté de son beau-frère. Entre tous, il honoroit grandement le vicomte de Turenne, La Trimouille, Chastillon[1] et le comte de la Rochefoucaut[2], lesquels il louoit souvent entre ceux qui avoyent bien fait à Tours; particulièrement, il affectionna beaucoup l'aisné Chambrai[3]. Il avoit des heures dans lesquelles il faisoit enluminer les personnes les plus aimées. Deux de ceux que nous avons nommez ont esté veus en ce rang, vestus d'une estrange manière, soit dit pour cotter le vent de ce temps-là.

Et[4], ensuivant ce que nous avons dit du voyage de Lyon, dès lors, on traita en divers lieux d'appointer

1. Gaspard de Coligny, seigneur de Châtillon-sur-Loing, né le 26 juillet 1584, fils de François de Coligny, amiral de Guyenne, et de Marguerite d'Ailli, maréchal de France en 1622, mort en son château de Châtillon le 4 janvier 1646.
2. François, premier duc de la Rochefoucauld, né le 7 septembre 1588, fils de François, comte de la Rochefoucauld, prince de Marsillac, et de Louise de la Beraudière, mort au château de la Rochefoucauld, le 8 février 1650.
3. Louis de Pierrebuffière, seigneur de Chambret, Beaumont et Marillac, gentilhomme ordinaire de la chambre du roi de Navarre, fils de François de Pierrebuffière et de Jeanne de Pierrebuffière (*Lettre de Henri IV*, t. III, p. 705, note).
4. Ce premier membre de phrase manque à l'édition de 1620.

les religions ainsi que les affaires d'estat. L'ouverture premièrement faite par Rotan et Morlas[1], desquels nous avons parlé, suivie ardemment par plusieurs esprits faciles à leurs espérances, et, aussi tost que nées, combatues par ceux des réformez qui retenoyent de l'ancienne austérité, lesquels, prévoyans du mal pour eux, n'y peurent pourvoir si bien que les ministres, transportez de joye de prescher en lieux non accoustumez, de revoir sur pieds leurs églises dissipées, n'eussent en horreur l'ancienne condition, les anciens termes et les personnes qui les vouloyent retenir. Ce fut lors que le roi de Navarre dépescha du Fay[2], petit-fils du chancelier L'Hospital, lequel, monstrant pour toutes commissions la clef des seaux de Navarre, en une course qui fit par la Guienne et environs, cassa les chambres de justice et l'ordre des finances et mesmes quelques garnisons du parti réformé, leur fit prendre la tresve pour une paix et abolir parmi eux tous les vocables de différences, hormis ceux de religion.

Ceux que nous avons désignés, unis jusques au nombre de six, et personnes qui, pour leur grand savoir ou pour l'authorité qu'ils avoyent aux familles du roi ou à celles de la roine ou aux provinces de leur habitation, comme Serres[3] en Languedoc et Rotan

---

1. Jean-Baptiste Rotan, ministre protestant, mort le 28 avril 1598. — Jean de Morlaas, ministre protestant, membre du conseil privé, mort le 25 août 1595.

2. Michel Hurault de l'Hospital, s. du Fay, secrétaire du roi de Navarre.

3. Jean de Serres, ministre protestant, historiographe de France en 1597.

à la Rochelle, se pouvoyent faire forts d'estre préférez en toutes les élections et députations. Ce qui troubla le commencement de leur entreprise fut que Morlas, aspirant à choses hautes, retira le pied du ministère, ne l'y ayant que mis. Et avint aussi que Cayet[1], travaillant à la magie, quelque temps après fut déposé, estant aussi accusé d'avoir composé deux livres, l'un pour prouver que, par le sixième commandement, la fornication ni l'adultère n'estoyent point défendus, mais seulement le péché d'Onan; l'autre estoit pour prouver la nécessité de restablir par tout les bordeaux[2]. Là-dessus, estant déjetté, il passa en l'autre religion[3], où il fut bien venu de la Sorbonne, mais des Jésuites assez mal. Un des six nous a dit que son dessein estoit de se faire choisir pour une dispute générale, et là se laisser vaincre; mais depuis il y ajousta que c'estoit en certains poincts seulement, lesquels il faloit concéder pour parvenir à une réunion de religion. Ceste ruse fut premièrement communiquée à Sansy[4], qui estoit lors de retour en la posession des réformez, et puis au Fay. Tous ensemble communiquèrent avec Benoist, curé de Sainct-Eus-

1. Pierre-Victor Palma-Cayet, né en 1525, ministre protestant en Poitou, chronologue (historiographe) de France, revint au catholicisme le 9 novembre 1595 et mourut le 10 mars 1610. Ses deux principaux ouvrages, la *Chronologie septenaire* et la *Chronologie novenaire*, sont précieux pour l'histoire de Henri IV.

2. Ces accusations, que d'Aubigné a sans doute empruntées au *Journal de L'Estoile* (voyez sous la date du 11 mars 1610), n'ont aucun fondement.

3. Pierre-Victor Cayet a exposé lui-même les motifs de sa conversion dans une lettre, plusieurs fois imprimée et datée du 15 novembre 1595 (*Mémoires de la Ligue*, t. VI, p. 319).

4. Nicolas de Harlay, s. de Sancy, mort le 17 octobre 1629.

tache, du Perron et puis avec le docteur Chauveau et le jacobin Berrangé.

Tout cela passa jusques à l'archevesque[1] de Bourges, que tous ensemble promettoyent d'eslire par toute la France primat et chef d'ordre et non d'authorité. Ils ajoignent encores à eux deux autres, qui se repentoyent. Puis après, le roi Henri III meurt là-dessus, et ceux-ci maintenus plus ouvertement, les réformez de toutes les parts de la France courent en mesme temps à la royauté. Ils y viennent estaler leur service et cercher les bonnes grâces de ceux qui manioyent l'Estat, et, comme ils sentoyent par effect qu'il n'y avoit pour eux que des paroles et qu'on observoit en leur endroit les articles secrets que le roi avoit promis à son entrée, entre lesquels les estats et les plus grands bienfaits leur estoyent défendus; ceux-là, pour gagner les bonnes grâces du ministre de l'Estat, qu'ils trouvoyent roidis au zèle catholique, se moquoyent des grandes différences de religion, louoyent les accordeurs, oyoyent les prescheurs, détestoyent l'authorité de leurs ministres et celle de leur discipline, confessoyent que leur religion estoit trop nue de cérémonies, qu'il l'en faloit revestir et que la splendeur et la richesse animoyent les dévotions.

Voilà le roi à la messe; nouvelle qui fut moins estrange, comme préveuë par plusieurs, et entr'autres par la Roche-Chandieu[2], qui depuis languit jusques à la mort de desplaisir. Mais encor, pour faire avaler plus doucement cette nouveauté, il n'y avoit province

1. Renaud II de Beaune de Semblançay, archevêque de Bourges de 1580 à 1602.
2. Antoine de la Roche-Chandieu, mort à Genève en 1591.

en France où l'on n'eust dépesché des émissaires bien garnis d'instructions, pour réveiller les principaux des provinces à nouvelles espérances, leur monstrer combien estoit redoutable le tiers parti, défendre aux ministres de nommer révolte cet accident, faire prescher quelques-uns que la guerre excède tous autres maux et d'autres à dire en secret que cette messe pourroit estre la ruine du pape et mesmes de la messe avec le temps. D'autres, qui voyoyent rendre tant de villes, et par là r'entroyent en leurs maisons, laissoyent eschaper ces mots : « Voilà bonne messe, puis qu'elle nous met chez nous. » Mais les plus délicats articles de ces émissaires estoyent de représenter par tout le roi, disant avec souspirs et larmes : « Mes amis, je me pers pour vous. Je suis de la religion comme vous ; je sens le zèle de Moïse et de sainct Paul, car je me fais anathème pour sauver l'Église de Dieu. » D'autre costé, les compositeurs de religion poussoyent avant leurs opinions, ne les communiquans pas toutes à tous, mais les mesnageant envers chacun selon qu'ils connoissoyent son inclination ; et, avec la crainte de retomber aux misères passées, ils en explanoyent le fossé qui est entre les deux professions, et la cadence de toutes ces choses tombant tousjours à destruire parmi les réformez tout ordre et police différente de l'Estat.

Et ainsi le roi, faisant profession de la religion romaine, demeuroit seul protecteur de la Réforme, et n'y avoit plus que des fascheux ou fols, comme on les appelloit, qui raisonnoyent ainsi : que la mesme suite d'affaires, les mesmes impressions, promesses et menaces qui avoyent poussé le roi au panchant et puis au précipice de sa conscience le pousseroyent aussi au panchant des promesses et puis au précipice de la persécution. Ces esprits furent fortifiez par les vanteries des courtisans et mesmes de ceux qui, venans d'Italie avec le duc de Nevers, parloyent à l'oreille de dix-huict articles promis au pape, selon lesquels les huguenots ne devoyent pas beaucoup durer. Parmi toutes ces choses, les esprits que nous avons ci-dessus alléguez aprenoyent à quelques-uns tels langages : « Nous voilà au plus misérable estat que nous ayons esté depuis les feux, car nous n'avions point encor esté sans protecteur ou sans l'usage de nos assemblées pour nos affaires et leur direction. A cette fois, nous voyons que nostre protecteur est demeuré à la porte du temple Sainct-Denis. Celle de tous bien-faits et de tous honneurs nous est fermée; la clef en est attachée avec celle de Rome. Nous nous ruinons entièrement aux guerres pour le service du roi, et n'y a point pour nous ni d'utilité pour nos labeurs ni d'honneurs pour nos périls, qui sont les deux monnoyes de la sueur et du sang. Nous vivons sous le bénéfice d'une trefve, trefve qui présuppose différence de parti, et que ceux, avec lesquels nous l'avons, sont nos ennemis. Et cependant nous n'avons aucune voix pour parler en corps, r'entrer en amitié et demander la paix. » Plusieurs tenoyent ce langage; nul ne voyoit de remèdes ni de chemin à telles difficultez. Ces voix estoyent estouffées, sur tout par les grands et ceux que la cour daignoit repaistre d'espérances; et n'y avoit aucun qui voulust mettre la main à une besongne odieuse au roi pour sa jalousie, au conseil pour ses espérances, à la noblesse pour son authorité et au peuple pour son repos.

Ce que nous venons de voir et ce que vous connoistrez après, faisant voir à l'œil la grande décadence d'un parti, doit aussi faire désirer de connoistre le démeslement de tant de filets, principalement à ceux qui sont joints en cause. Quant aux autres, à qui telles affaires ne plaisent pas, dès le tiltre de mon chapitre, je leur ai donné congé pour jouer du poulse et chercher ailleurs matière qu'ils ayent plus à cœur.

Il fut convoqué un synode[1] à Sainct-Maixant en Poictou, auquel s'acheminans le ministre Esnart[2] et un gentil-homme du pays[3]. Après plusieurs propos sur la ruine du parti et la difficulté de donner aux remèdes leur premier mouvement, ils se touchent à la main et se voüent d'y faire un effort, non sans avoir bien espluché leur impuissance; mais ils s'échauffèrent par leurs mutuels souspirs. Ces deux ayans choisi en la compagnie huict des plus avisez et hardis, le gentilhomme leur donne à souper en une chambre secrette; et, leur repas ayans esté plein de propos sur leurs nécessitez, ils s'enferment pour taster les remèdes. Après la prière faite, deux ministres et un autre se séparent, ayans remonstré premièrement la périlleuse besongne, à laquelle ils s'atachoyent, et le peu d'apparence que la France fust esmeuë par personnes de si peu d'authorité. Les cinq qui demeurèrent, assavoir deux gentils-hommes, dont l'un estoit La Valière,

---

1. Le synode de Saint-Maixent (Deux-Sèvres) fut convoqué en 1593 (*Hist. des assemblées politiques des réformés de France*, par Léonce Anquez, p. 57).

2. Louis Esnard, ministre protestant de Fontenay, délégué au synode national de Montpellier en 1598.

3. D'Aubigné lui-même.

les ministres Esnart et L'Oiseau[1] et Chalmot[2], président des éleus à la Rochelle, se touchent à la main et résolvent premièrement de mesnager, parmi les plus fermes de l'assemblée, que la province envoiroit vers les autres de la France, les prier de faire une députation vers le roi, à temps qu'ils leur nommoyent, pour demander à Sa Majesté l'ordre qu'il lui plairoit estre observé parmi eux en leur façon de vivre; qu'il lui pleust leur ordonner de se trouver ensemble pour recevoir cet ordre tout à la fois, et, pour le tiers, qu'il pleust aussi à Sa Majesté de changer leur trefve en une paix.

Cela réussit si bien que les députez se trouvèrent tous à la fois près du roi à Mante[3], où Rotan se fit députer et choisir, pour une dispute notable, contre du Perron. Or avoit-il promis de faire une prévarication subtile, de laquelle estant sur le poinct, il avint que quelque gloire ou quelque crainte le fit tellement chanceler qu'il aima mieux feindre une maladie. Fut mis en sa place le ministre Beraud[4], de Montauban. Leur dispute fut aiguë, d'une part et d'autre, sur la

---

1. Probablement François Oiseau, ministre de l'église réformée de Nantes depuis 1563 ou 1564, mort après 1623 (Haag).

2. Jean Chalmot, s. du Breuil, député des fidèles de la Rochelle au synode national de Saumur en 1596 (Haag).

3. L'assemblée de Mantes fut convoquée par Henri IV lui-même au mois de mai 1593. Transférée à Meulan du 23 au 24 décembre, elle fut ensuite rétablie à Mantes, où elle siégea jusqu'au 24 janvier suivant (*Hist. des assemblées politiques des réformés de France,* par Léonce Anquez, p. 57 et 59).

4. Michel Beraud, pasteur et professeur de théologie à Montauban, auteur de plusieurs ouvrages de controverse, vivait encore en 1626 (Haag).

suffisance ou insuffisance de l'Escriture et les termes de l'épistre à Timothée. Sur ce point, cette conférence fut rompuë par la défence des ecclésiastiques.

Cependant les refformez, sous permission du roi, en termes généraux et non exprès, assignèrent une assemblée générale pour leurs affaires à Saincte-Foi[1], à la mi-mai, en l'an 1594, ayans trouvé par les plaintes de tous costez occasions suffisantes pour oser cette nouveauté.

A Saincte-Foi, s'estans trouvez de toutes les parts du royaume trente députez au retour du synode national tenu à Montauban, on leut au commencement, pour faire les ouvertures, plusieurs lettres et plaintes de seigneurs, gouverneurs et communautez. Et puis furent mis sur table trois mémoires de personnes qui avoyent accoustumé de mettre la main aux affaires du parti, sur le moyen de le redresser et conserver. Le plus grand de ces mémoires vous fera foi de la consternation où estoyent réduits les réformez. Il venoit d'un des plus vieux, renommez et expérimentez capitaines qui fussent parmi eux, général d'une province, et qui plusieurs fois avoit acquis la haine du roi de Navarre pour son trop de zèle aux affaires du parti. Voici la somme de son instruction.

Premièrement, il supplioit la compagnie de supprimer ses avis et qu'il n'en fust jamais parlé après qu'elle les auroit entendus pour en faire son profit, pour le danger auquel telle hardiesse le mettoit, et qu'il subsissoit de bon cœur, puisque c'estoit pour Dieu. Il estoit donc d'avis, pour la direction des affaires,

---

1. Sainte-Foy (Lot-et-Garonne).

qu'on entretînt à la cour un personnage notable de Languedoc et de Dauphiné, un de Guienne, un de devers la rivière de Loire et un pour le reste de la France ; que ces quatre personnes fidèles et de peu d'importance se tinssent près d'un secrétaire d'estat, lors réformé, pour lui donner les plaintes nécessaires et recevoir par sa bouche les volontez du roi ; qu'aux événements ils assemblassent en forme de conseil les ministres de l'église de Paris, les seigneurs qui seroyent à la cour pour leurs affaires et quelque valet de chambre du roi ; qu'on fist une levée de deniers par les provinces pour donner une pension de quatre ou cinq mille escus au secrétaire. Et qui voudroit faire un trait plus hardi et de plus grand effect, c'estoit d'en donner une de dix mille à la duchesse de Beaufort, amie du roi, qui estoit de la religion en son âme, tesmoin qu'elle ne se confioit en aucuns de ses domestiques s'il ne faisoit profession de la religion.

Cet eschantillon suffira pour monstrer l'estat de la pièce ; et ces avis, avec plus longs discours estans leus, un de la compagnie[1] opina à son tour qu'on octroyast à l'autheur du mémoire le secret qu'il demandoit au commencement et qu'il n'en fust jamais parlé. Ce qu'estant approuvé, on passa aux autres plus utiles, et le plus petit de tous estant suivi après trois semaines de débats et d'oppositions, principalement par ceux du Languedoc, desquels les conditions estoyent en meilleur estat pour avoir gardé la possession des assemblées par forme d'estats. Enfin, le résultat de plusieurs séances fut aux articles suivans.

1. D'Aubigné lui-même.

Chapitre XII.

Ordre nouveau pour les réformez après la mutation du roi.

1. Qu'il y ait une assemblée générale des églises réformées, composée du nombre de dix personnes au plus, laquelle s'assemblera une ou deux fois l'an, selon les nécessitez des affaires, en lieu seur et commode ; et, à la fin de chasque assemblée, on demeurera d'accord du temps et lieu de la suivante. La première est convoquée à Saumur, au retour des députez, qui iront en cour, avec authorité d'ordonner pour le général tout ce que le temps requerra.

2. Les députez de ladite assemblée générale au nombre de dix : pour Bretagne et Normandie, un ; pour Picardie, Champagne, Sedan et pays messin, un ; pour l'Isle-de-France et pays chartrin, Dunois, Berri et Orléans, un ; pour Tourenne, Anjou, le Maine, le Perche, Vendosmois et Loudunois, un ; pour Xainctonge, Aunix, ville et gouvernement de la Rochelle et Angoumois, un ; pour le haut et bas Poictou, avec le Chastelleraudois, un ; pour Bourgongne, Lionnois, Provence et Dauphiné, un ; pour le bas Languedoc, avec la basse Auvergne et haute Guienne, un ; pour Gascongne, Bourdelois, Agenois, Périgort et Limousin, un.

3. On dressera pareillement dix conseils particuliers par les provinces, à sçavoir autant qu'il y doit avoir de députez pour envoyer en l'assemblée générale. Si quelques-uns, pour leur commodité et plus

grande union, se veulent joindre ensemble en envoyant néantmoins à l'assemblée générale autant de personnes qu'on a spécifié ci-dessus, et si quelques provinces trouvoyent de l'incommodité à un département, faict ci-dessus, elles s'en pourront accorder ensemble et rapporteront le fait à l'assemblée générale de Saumur, afin qu'il soit approuvé.

4. Pour les dix députez de l'assemblée générale, il y aura quatre gentilshommes, deux ministres et quatre du tiers estat. Et la province qui aura choisi une année un ministre, l'année suivante, eslira un gentilhomme ou un du tiers estat et au contraire.

5. Pour la première élection, a esté avisé qu'il sera tiré au sort du personnage que doit fournir chasque province. Et, après l'invocation du nom de Dieu, le sort ayant esté jetté, est escheu à la Bretagne et Normandie un du tiers estat; à la Picardie, Champagne, Sedan et pays messin, un du tiers estat; à l'Isle-de-France, pays chartrin, Dunois, Berri et Orléans, un ministre; à la Tourenne, Anjou, Maine, Vandosmois, Perche et Loudunois, un gentilhomme; à la Bourgongne, Lionnois, Provence et Dauphiné, un gentilhomme; au bas Languedoc, Vivarets et Auvergne, un du tiers estat; à la Xainctonge, Aunix, ville et gouvernement de la Rochelle et Angoumois, un du tiers estat; haut et bas Poictou avec le Chastelleraudois, un gentilhomme; au haut Languedoc, haute Auvergne, haute Guienne, un gentilhomme; à la Gascongne, Condomois et Bazadois, un ministre.

6. Ceux qui auront esté éleus pour assister à la première assemblée générale, à la fin de l'année, et à la dernière séance, feront élection de cinq d'entr'eux,

pour demeurer à ladite charge encores six mois ensuivant. Et, s'ils ne s'en peuvent accorder, sera faite ladite élection au sort, en y gardant la proportion des qualitez, suivant le nombre ci-dessus spécifié, afin que chascune province soit avertie par l'assemblée générale d'envoyer un personnage de qualité, qui sera déclarée ès élections suivantes. De six mois en six mois, les cinq députez plus anciens sortiront de charge et on en subrogera cinq autres en leur place, ayant tousjours esgard à la mesme proportion, tant des personnes que des qualitez.

7. En cas d'absence de quelques-uns d'entre les députez, la plus grande partie représentera tout le corps de ladite assemblée; ce qui aura lieu pareillement pour les conseils particuliers des provinces.

8. En l'assemblée générale seront choisis, du corps d'icelle, un pour modérer et conduire les actions, un autre pour recueillir les actes, lesquels signeront tant lesdits actes que toutes les dépesches. Celui qui aura la charge de recueillir les actes sera changé ou confirmé d'an en an, et, sa charge estant expirée, il sera tenu de mettre tous ses actes avec inventaire entre les mains de celui qui sera subrogé en sa place.

9. Pour dresser les conseils particuliers des provinces, que le nombre des conseillers soit de cinq ou de sept pour le plus, choisis, autant que faire se pourra, d'entre la noblesse, les pasteurs et ceux du tiers estat, et, pour présider en chascun desdits conseils, sera esleu par le conseil mesme, et, du nombre desdits conseillers, l'un des plus notables, soit en aage, dextérité, expérience et autres qualitez, tant acquises que naturelles; qu'il y ait un pasteur pour le moins en

chascun desdits conseils, pareillement un des gouverneurs commandant en une place de la province.

10. Est laissé à la liberté de chascune province d'élire un pour recueillir les actes ou du corps du conseil ou bien d'ailleurs, comme aussi de les confirmer, changer d'an en an, à la condition que les actes seront mis avec inventaire entre les mains de celui qui succédera en sa place. Si ledit secrétaire est du conseil, il y aura voix délibérative, autrement non; mais il prestera au conseil serment de fidélité.

11. Est laissé pareillement à la liberté de chascune province d'aviser s'il est requis de dresser un conseil particulier en chasque colloque, selon la nécessité des affaires.

12. Les actes et dépesches des conseils particuliers seront signez par celui qui conduira l'action, tout ainsi qu'il a esté déclaré ci-dessus, des actes et dépesches de l'assemblée générale.

13. Que, si ausdits conseils particuliers, comme aussi à l'assemblée générale, se présentoit personnages confidens, ayans qualitez de ducs ou lieutenans généraux, leur sera donné séance et voix délibérative, comme aussi à toutes autres personnes que lesdits conseils jugeront estre expédient, sans toutesfois changer le nombre ci-dessus establi pour la conduite de l'action.

14. Est laissé à la liberté de chacune province de changer ou confirmer d'an en an les députez des conseils d'icelle, et, en cas de changement, d'y retenir ceux qu'elle voudra, moyennant que, par le premier changement, ce petit nombre sorte et le plus grand demeure et qu'on ait tousjours esgard de propor-

tion des qualitez des personnes qui y demeureront.

15. Quant à l'estat et entretenement des députez pour l'assemblée générale et de ceux qui seront éleus par les conseils particuliers, une chacune province y aura esgard et s'en accordera comme elle verra estre à faire.

16. La charge des conseils particuliers des provinces sera de recevoir les avis pour les distribuer et les digérer, de les faire rapporter à la cour, de regarder aux remèdes, en cas qu'il n'y fust donné ordre par le conseil du roi, de considérer s'il est nécessaire d'avertir l'assemblée générale, de pourvoir à réconcilier toutes les querelles d'importance qui pourroyent sourdre en chascune province, de faire des départemens des deniers qu'il faudra esgaler pour les nécessitez d'icelle, d'avoir l'œil au nombre des gens de guerre, tant de pied que de cheval, aux munitions et autres choses requises pour nostre commune conservation; en somme de faire tout le devoir de général.

17. Pour authoriser lesdits conseils, les églises seront averties de porter l'honneur et respect à ceux qui seront éleus, lequel leur est deu, comme estans establis pour le bon repos et conservation d'icelles, suivant la saincte union jurée entre nous et les gouverneurs. Et tous les particuliers promettront de se soumettre à l'avis dudit conseil, comme aussi ceux qui seront choisis pour ledit conseil promettront de s'acquiter de leur charge; à quoi les uns et les autres s'aquitteront réciproquement et par serment. Et le mesme serment sera presté par un chascun des députez à l'assemblée générale lors de son élection.

18. Pour la première élection, tant des conseils par-

ticuliers que des députez pour l'assemblée générale, se trouveront trois des trois qualitez de chacun colloque, afin d'en faire l'élection en l'assemblée de toute la province dans la fin du mois de septembre prochain, au lieu dont les députez de chascune province demeureront d'accord avant se départir de ceste présente assemblée.

19. Sera pourveu à ce que les gouvernemens, mis entre les mains des gentilshommes et autres de la religion réformée, ne leur soyent ostez pour les bailler à gens de la religion contraire; et ce par très humbles remonstrances à Sa Majesté et en s'opposant aux desseins de ceux qui voudroyent violer sa bonne volonté envers nous, en haine de la religion. Et, quant aux gouvernemens qui viendront à vacquer, les lieutenans, estans de la religion, garderont les places jusques à ce qu'il y soit pourveu par le conseil de la province. Et, au cas que les lieutenans ne fussent de la religion, les églises voisines y donneront ordre par le conseil de toute la province, et feront en sorte que nul d'autre religion ne soit receu audit gouvernement qu'au préalable nous n'ayons obtenu response aux cahiers. Et procureront cependant d'avertir Sa Majesté du bon devoir qu'on fait à garder les places qu'il lui auroit pleu leur commettre, afin que le tout soit par elle avoué.

20. Les gouverneurs et capitaines, commandans en chefs aux places tenues sous l'obéyssance du roi par ceux de la religion, seront avertis de ne souffrir aucunes de leurs garnisons et pareillement de ne recevoir aucun soldat qui ne soit de la religion et qui n'ait bon tesmoignage. Et, s'ils en ont d'autres, ils

s'en déferont promptement, et, cas avenant que, sans le consentement desdites églises et devant qu'elles puissent jouyr du bénéfice de la paix, on face des retrenchemens desdites places et garnisons, lesdits gouverneurs et capitaines, commandans en chefs, poursuivront, par les voyes ci-après mentionnées, leurs payemens à la raison de l'estat et règlement dernier fait en cour au mois de janvier 1594.

21. Quant au payement des garnisons requises pour la conservation des places tenues par ceux de la religion, on pressera l'exécution de l'article 98 du cayer de Mante; le contenu duquel sera soigneusement pratiqué. Et, suivant icelui, les gouverneurs particuliers et les capitaines commandans en chefs pourront faire arrest et détention des deniers du tablier[1], élection ou recepte de leurs dites places, esquelles y aura tablier, élection ou recepte jusques à la concurrence de la somme portée par les estats desdites garnisons, le temps et espace de deux mois. Et, pour le regard des villes et places où il n'y a tablier, élection ou recepte, lesdits gouverneurs ou capitaines, commandans en chefs, pourront arrester les tailles, taillon et autres deniers qu'on lève sur lesdits lieux et empescher le desplacement, à la charge de n'excéder leur estat et de suivre les règlemens ordonnez pour leurs monstres des gens de guerre, jusques à ce qu'autrement en ait esté ordonné. Et, s'il survient quelques différens entre les gouverneurs et capitaines commandans en chefs, à raison desdits deniers, le conseil de la province y pourvoira.

1. *Tablier,* office notarial à la nomination du roi.

22. Si, à l'occasion de l'arrest et retention desdits deniers, quelqu'un desdits gouverneurs et capitaines, commandans en chefs, estoyent recherchez, les églises desdites places et autres voisines se joindront auxdits gouverneurs et capitaines pour empescher qu'il ne leur en avienne aucun inconvénient.

23. Quant aux garnisons qui ont esté ostées et retranchées depuis la tresve, et qu'il y ait apparence de guerre, les habitans desdites villes et places donneront ordre, par l'avis du conseil de la province, à y mettre lesdites garnisons.

24. Pour faire fonds, afin de pourvoir aux plus urgentes nécessitez, les gouverneurs et capitaines, tenans des places pour la seureté des églises réformées, en attendant que Dieu ait donné d'autres moyens auxdites églises, seront exhortez et sommez de voüer à la cause la dixiesme partie de l'entretenement qu'ils reçoivent de Sa Majesté, et les capitaines d'y appliquer de quinze payes de soldats une; comme aussi les gentilshommes et autres qui possèdent des bénéfices d'y employer le sixiesme ou septiesme denier desdits revenus des bénéfices; et finalement que les plus aisez et plus zélez des particuliers soyent exhortez par les ministres et consistoires de s'eslargir à donner quelque notable somme; de manière qu'on face un département pour esgaler, s'il est possible, sur toutes les églises jusques à la somme de quarante-cinq mille escus. L'esgalement sera faict pour le présent, sans tirer à conséquence de la somme de cinq mille escus sur chacune desdites provinces, comme elles sont spécifiées ci-dessus; fors pour le regard des provinces de delà Loire,

lesquelles ne contribueront que chacune deux mille cinq cents escus.

25. Que si les gouverneurs et capitaines, commandans en chefs ou autres personnes, de leur propre mouvement, vouloyent avancer quelque notable somme, pour en faire fonds, elle sera mise en dépost, à profit de ceux qui l'auront avancée, jusques à ce qu'il convienne l'employer. Et, estant employée, sera remboursée des premiers et plus clairs deniers que pourront avoir lesdites églises réformées; mais ceux qui donneront libéralement et gratuitement ne devront en demander aucun remboursement.

26. Quant à la distribution des finances, les conseils particuliers des provinces pourvoiront à ce qui concernera les deniers recueillis en leur province, et l'assemblée générale aura esgard surtout à ce qui aura esté dépensé par les provinces pour les affaires nécessaires d'icelles; en fera rendre compte et disposera du fonds, qui en restera, au bien général des églises; sauf à suivre par après le règlement, qui pourra estre dressé si la nécessité le requiert.

27. Pour entretenir les intelligences entre les églises réformées de ce royaume et faire courir les avertissemens, sera suivi l'ordre dressé à Mante; et, pour le mutuel secours qu'il faudra en une juste défense de province à province et de ville à ville, l'assemblée générale et les conseils particuliers des provinces y pourvoiront.

28. Et, d'autant que le principal moyen de conserver la pureté de la vraye religion despend de l'entretenement des pasteurs, collèges et escoliers, l'assemblée générale de Saumur pourvoira à ce qui est

nécessaire pour ledit entretenement; et sera l'avis de ladite assemblée effectué par les conseils particuliers des provinces, au cas que les députez, qui iront en cour, n'en rapportassent les permissions requises et duement expédiées.

Et, pour articles secrets, entr'eux résolurent ceux qui s'ensuivent.

1. Sur ce qui a esté proposé si on doit récuser les cours de parlements de ce royaume, a esté avisé que requeste sera attachée au cayer des plaintes et doléances des églises, portant brefve déclaration des torts et griefs que font lesdits parlements à ceux de la religion, afin qu'il plaise à Sa Majesté octroyer ausdits de la religion des chambres mi-parties par tous les parlements, hormis celui de Dauphiné, avec interdiction de connoistre des causes des susdits de la religion, jusques à l'establissement desdites chambres; et, au cas qu'on ne les puisse obtenir, seront proposées causes de récusations contre lesdits parlements et de mesmes contre les présidiaux et autres juges royaux. Pour ces causes, dont la connoissance leur est attribuée en dernier ressort par les ordonnances, tant ès causes civiles que criminelles, les députez des provinces seront tenus de faire approuver et avouer lesdites élections, chascun pour son regard, et en tout ce que faire se pourra.

2. Attendu l'extrême affliction des églises réformées de ce royaume, a esté avisé qu'on suppliera, par devers la Majesté de la roine d'Angleterre et Messieurs des Estats du Pays-Bas, de vouloir favoriser, par leur intercession envers le roi, nostre Sire, les très humbles requestes et supplications que nous lui

présentons, et seront nosdites lettres communiquées par les députez, qui iront en cour, à M. de B.[1] et à M. du Plessis.

3. Lettres seront escrites à tous les grands et notables de ce royaume, faisans profession de la religion, de la part de la compagnie, pour les confirmer en ce qui est de la vraye piété et les exhorter à l'observation de l'union des églises et à ce que la liberté de la pure religion soit conservée en France.

4. Veu la conséquence du rapport qui pourra estre fait par les députez qui vont en cour, a esté avisé que, par la première assemblée générale convoquée à Saumur, chascune province, suivant le département qui en a esté fait et dessus, envoyera, pour cette fois seulement, un autre député, outre celui qu'elle doit choisir, pour se tenir d'ordinaire à ladite assemblée générale, en ayant esgard à la proportion des qualitez, portées par le susdit règlement, afin que ladite assemblée générale ait plus d'authorité pour les matières qui y seront traitées. Et, au cas que tout le nombre des députez ne s'y pust trouver, ce néantmoins l'authorité demeurera à ceux qui se trouveront, pourveu qu'ils soyent plus de la moitié; et le jour, pour entrer en conférence, est assigné au premier de décembre prochain.

5. Sur l'instance qu'on fait en plusieurs villes et places, tenues par ceux de la religion, à ce que la messe, qui en avoit esté bannie, y soit remise, a esté avisé que les gouverneurs et magistrats desdites villes et places remonstreront aux commissaires, députez

---

1. Le maréchal de Biron.

par ceux de la religion pour cet effet, que la messe doit estre restablie aux villes et places où elle estoit auparavant cette dernière guerre. Et, quant aux lieux où le service de la religion réformée auroit esté remis par surprise, si on estime l'oster sans sédition, il sera expédient de ce faire.

6. Pour ce qui concerne l'admission des officiers papistes à l'exercice de leurs charges ès villes tenues par ceux de la religion, il a esté remis d'en aviser au retour les députez qui vont en cour, sinon qu'on voulust s'opposer à leur réception par quelques fautes notables qui seront en leurs personnes.

7. Pour tesmoigner de plus en plus l'affection que toutes les églises ont à l'entretien de l'union, qu'icelles ont jurée, rien ne sera fait, par aucune province, au préjudice du général; et ceux qui entreprendront quelque chose de leur mouvement particulier, soit en la poursuite de nos justes requestes et demandes des églises qu'autres affaires quelconques, en seront désavouez, comme déserteurs de ladite union.

8. Les provinces de Xainctonge, Aunix et gouvernement de la Rochelle, Angoumois et bas Poictou, Touraine, Anjou, le Maine, le Perche, Vandomois et Loudunois, faisans voir plus de facilité, par s'estre jointes ensemble pour en faire un seul conseil provincial, suivant le règlement qu'ils en ont dressé, leur avis a esté approuvé et confirmé le dernier de juin 1594.

Il estoit besoin, parmi tant d'autres excellentes affaires, que l'on seust comment le parti réformé avoit subsisté en une si grande mutation, et ce chapitre seul en raconte jusques au coin de la paix, qu'obtiendront les refformez quand non seulement les provinces et les grands, mais les moindres chasteaux des liguez et encores les Espagnols auront fait leur accord. Nous ajoutons seulement que, le pas de cette première assemblée estant franchi, le roi, voyant qu'il n'y avoit plus d'apparence à sa protection et que mesme le titre, bien que ruineux aux réformez, en offensoit les catholiques, voulut que si après les assemblées obtinssent un brevet et eussent, pour principale occasion, l'élection de quelques députez en cour.

Chapitre XIII.

La Fère[1] investie; paix des ducs de Mayenne et de Nemours; Thoulouze rendue; maladie[2] du roi à Traveci[3]; reddition de la Fère.

Vous avez sçeu comment le vis-séneschal de Montélimart[4], ayant tué Piène[5], s'estoit rendu maistre de la Fère, avec promesse d'en estre comte. Cette place estant désormais la plus avancée vers Paris, le roi, accourant de Lyon trop tard pour la défense des frontières, en voulut entreprendre le siège[6]. L'archiduc[7]

1. La Fère (Aisne).
2. Var. de l'édit. de 1620 : « ... *Toulouse rendue*. Prise de Marseille : *Reddition*... »
3. Travecy (Aisne).
4. Montélimar (Drôme). Le vice-sénéchal de cette ville était Colas, qui s'arrogeait le titre de comte de la Fère (De Thou, liv. CXVI).
5. Charles de Halwin de Piennes.
6. Le roi investit la Fère au commencement de novembre 1595. Justin de Nassau, fils naturel de Guillaume, prince d'Orange, lui amena douze compagnies; l'Écosse lui envoya deux mille soldats et l'Angleterre quatre mille (De Thou, liv. CXIII).
7. Albert, archiduc d'Autriche.

ayant failli une fois à y jetter des hommes[1], et ses gens ayans esté contraints de prendre la route et de laisser leurs vivres et quelques hommes sur la place à la seconde, et auparavant que la place fust investie par le haut de la rivière[2], huit cents Espagnols, conduits par Alvarez-Auzorio[3] et favorisez de cavalerie jusques au village de Traveci, coulèrent par le milieu du marais dedans la ville. Ce fut pourquoi, en cet endroit mesmes, fust basti un fort de six petites poinctes, et le roi prit son logis à Traveci. Or, n'ayant point délibéré de forcer la ville par batterie ni par assauts, et puis ayant basti deux grands forts, un à chasque porte, son principal dessein fut d'une nouvelle invention que lui fournit Beringhen : ce fut d'arrester la rivière au-dessous de la ville, par une chaussée qui baissast les terriers d'une part et d'autre, avec telle force qu'elle pust renvoyer toute l'eau submerger la ville[4]. Ce fut une entreprise qui ne sentoit ni un roi ni un royaume abatu de tant d'incommoditez. Ce qui s'y fit encores de plus ingénieux et de mesme inventeur, fut un pont d'espines, liées ensemble, sur lequel nous passions l'Oise à cheval fort aisément et mesmes l'artillerie. Ce pont devoit, sur la fin, estre abrié de terre, quand la besongne eust esté à son dernier point.

1. Cette première tentative ne réussit qu'à faire arriver dans la ville des vivres pour deux mois.
2. L'Oise.
3. Alvarez Osorio, gouverneur de la Fère.
4. Les assiégés avaient pris leurs mesures pour que cette inondation ne causât aucun dégât; d'ailleurs, les travaux avaient été si mal exécutés que la chaussée se rompit; les eaux enveloppèrent les lansquenets de l'armée du roi, qui furent obligés, pour se sauver, d'abandonner leurs bagages (De Thou, liv. CXVI).

avons laissée commencée, ayant fait refouler la rivière d'Oise dedans la ville de la Fère, elle pourrit tous les magasins[1] qu'ils tenoyent dans le bas. Le roi[2], la voyant à sa perfection, dit en secret à Montigni[3] : « Si j'en avois fait autant devant la Rochelle et devant Marseille, lors je serois roi absolu de France. » Enfin, les incommoditez de l'eau et quelques autres manquements firent que le vis-séneschal, gouverneur, et Alvarez-Auzorio, espagnol, qui les commandoit, après un siège de cinq mois, capitulèrent à honnorable composition ; et fut conduite la garnison jusques à deux lieuës de Chasteau-Cambrésis[4].

Chapitre XIV.

Fin des petites guerres de Champagne; reprise de celles d'Auvergne.

Vous aurez un chapitre pour l'achèvement des affaires de Champagne, et, par contagion, des desseins

---

1. De Thou, au contre de d'Aubigné, dit que l'inondation de l'Oise ne fit aucun mal à la ville (liv. CXVI).

2. Le passage suivant jusqu'à ces mots : *le vice-sénéchal...*, manque à l'édit. de 1620.

3. Louis de Rochechouart, seigneur de Brosse et de Montigny, fils aîné de François de Rochechouart et d'Anne de Bérulle. Il servit avec fidélité le roi de Navarre et plus tard Henri IV, et mourut en 1627 (*Lettres de Henri IV*, t. II, p. 422, note).

4. Le siège de la Fère avait duré sept mois. La ville, investie au commencement de novembre 1595, ne se rendit que le 22 mai 1596 (*Hist. de France*, par Matthieu, t. II, p. 225). Dès le 16 mai, des négociations avaient été entamées par Demetrix Capusamati, officier albanais, au nom de Colas, vice-sénéchal de Montélimar (De Thou, liv. CXVI). Le 15 avril 1596, le roi avait confié la direction du siège au duc de Montmorency.

hazardeux et de mesme temps un trait de Auvergne, qui tient compagnie au premier.

Marlet ayant succédé à la charge de Viliers et commandant au fort de Mareuil[1], Vignoles[2] y fit un dessein, sur ce que deux mousquetaires de sa compagnie ayans esté pris, et l'un venant au bout de trois semaines solliciter leur rançon, raporta l'estat de cette place, la forme des gardes et toutes les particularitez, si judicieusement qu'il se fit ouïr et croire, et sur son rapport, tellement qu'il ne fallut plus attendre que le temps, qui estoit quand les eaux seroyent desbordées et hors de chantier.

Les premières crues ayans donc haussé la rivière[3] de douze pieds, Vignoles fit mener trois grands bateaux, garnis à loisir de toutes choses nécessaires, l'un desquels il remplit de gens de guerre; puis ordonna trois lieutenans de gens de pied avec chacun une eschelle, chacun six hommes armez et dix harquebusiers; sur tout cela encor un capitaine, avec pareil troupe pour assister celui de ses compagnons qu'il connoistroit en avoir le plus besoin et pour courre à l'eschelle qu'il verroit la plus combatue. Dans le bateau devoit demeurer un homme de commandement avec quarante mousquetaires pour faire tirer incessamment au rempart, qui estoit sans parapet. Pour commander à tout ce qui estoit dans le bateau, fut

1. Mareuil (Marne).
2. Benjamin de Vignolles, seigneur de Vignolles, fils de Paris de Vignolles et de Jacqueline de Constant, était chevalier de l'ordre du roi et maître d'hôtel du comte de Soissons (*Lettres de Henri IV*, t. I, p. 586, note).
3. La Marne.

Cette grande machine, qui estoit de près d'un quart de lieuë de long, nous donnera bien loisir de parler d'autre chose, comme du traité de paix[1] que le duc de Mayenne avoit fait commencer par Chanvalon[2] et suivre par le président Janin[3] et le jeune Desportes. Ce traité, désiré d'une part et d'autre, fut bien tost conclud avec beaucoup d'articles[4] différens des autres édits ; comme on lui laissa pour villes de seuretez Soissons, Châlons et le Seurre[5], avec esloignement de tout exercice de religion reffornée à deux lieuës, tous escrits diffamatoires supprimez et la mort du marquis de Maignelai[6] abolie, la somme de trente-cinq mille escus accordée en don[7] ; et, outre cela, le roi se charge des arrérages deus aux estrangers.

1. Cette négociation avait été précédée d'une trêve. On conserve dans le fonds français (vol. 3991, f. 161) l'instruction de Mayenne au s. de Belin, chargé d'en négocier la prolongation.

2. Jacques de Harlay, seigneur de Champvallon, gouverneur de Sens, troisième fils de Louis de Harlay et de Germaine Cœur, chambellan du duc de Lorraine, mort le 3 avril 1630.

3. Négociation du président Jeannin au nom de Mayenne ; propositions de Mayenne et réponses du roi, 1594, f. fr., vol. 2751, f. 190 et 196 ; 15591, pièces 81 et 82.

4. Édit général d'amnistie à l'occasion de la soumission de Mayenne, 24 janvier 1596, publié par Isambert, t. XV, p. 104. — Articles secrets accordés par le roi au duc de Mayenne et acte du parlement relatif à la soumission de ce seigneur (f. fr., vol. 2751, f. 280, 286 à 297). M. Herelle a publié dans *la Réforme et la Ligue en Champagne*, t. II, p. 590, la liste des sommes payées, à l'occasion de leur soumission, aux ducs de Guise et de Mayenne.

5. Seurre (Côte-d'Or).

6. Florimond de Halwin, marquis de Maignelai, tué à la Fère en 1592.

7. Les *Mémoires de la Ligue* (t. VI, p. 347) ont réimprimé l'édit ordonné par le roi en conséquence de la soumission de Mayenne. Le parlement fit quelques difficultés pour enregistrer cet acte. Voyez les pièces du f. fr., vol. 2751, f. 290, 4019, f. 367 et 376.

A cette paix joignit la sienne le duc de Nemours[1], tant pour lui que pour son frère le marquis de Sainct-Sorlin[2]. En cet édict, il y a de notable la paix que fait le duc de Ferrare[3] avec celle de son neveu, qui mourut sur le point de sa paix, abatu, comme quelques-uns ont voulu, de desplaisirs, conceus au mauvais succez de ses desseins.

Nous joindrons à cette mort celle du duc de Nevers[4], prince qui, en sa jeunesse, emportoit le prix aux exercices de son siècle, depuis bon capitaine et bon conseiller, meilleur François que les François mesmes et ferme en ses délibérations; ce que dessus, au commencement de 1596.

Toulouze[5], craignant que la condition des derniers rendus fust pire que les autres, mit en avant son traitté[6] par les intelligences de leur chef, de la maison

---

1. Henri, duc de Nemours, frère utérin du duc de Mayenne, se soumit à la sollicitation d'Anne d'Este, sa mère, et accepta le traité de Folembrai.

2. Charles-Emmanuel, marquis de Saint-Sorlin.

3. Alphonse, duc de Ferrare, frère d'Anne d'Este et oncle maternel de Henri, duc de Nemours. L'édit qu'il obtint en sa faveur fut enregistré au parlement le 31 mai 1596 (De Thou, liv. CXV).

4. Ludovic de Gonzague, duc de Nevers, mourut à Nesle de la dysenterie le 22 octobre 1595. Il était né le 18 septembre 1539. On conserve dans le fonds français, vol. 4683, f. 1 et suiv., diverses pièces sur les obsèques de ce seigneur, datées des 5 et 7 décembre 1595.

5. Le roi avait adressé, le 30 avril 1595, aux habitants de Toulouse et du Languedoc, une lettre comminatoire pour les dissuader de prendre part à la révolte (*Lettres de Henri IV,* t. IV, p. 348).

6. On conserve dans le fonds français (vol. 3584, f. 25) une « Relation par MM. Jehan de Luis, de Rochemore et de Girard de ce qui s'est passé en l'exécution du traité de Toulouse accordé par S. M. à M. le duc de Joyeuse. Du 1ᵉʳ mars au 9 avril 1596 »

de Joyeuse[1]. Cettui-ci, autrefois appelé le Bouchage, avoit passé du cabinet au monastère[2], pour quelques desplaisirs qu'il avoit receus en la familière fréquentation d'Henri III.

Depuis, deux de ses frères[3] estans morts à Coutras, le troisiesme noyé à Villemur[4], il prit dispence du pape[5] pour retourner (comme ils disent) au monde, fut chef de la Ligue au haut Languedoc. Rien ne lui succédant, il aida à faire la paix de Thoulouse, par laquelle l'exercice des refformez fut renvoyé à quatre lieuës[6], le reste comme les autres. Lui s'en revint à la cour, faillit à mourir des mesmes desplaisirs que le duc de Nemours; puis, ayant esté excessif en despenses, il les redoubla avec les voluptez vicieuses que Paris lui fournissoit, jusques à un jour qu'ayant

(Copie du temps). Les articles accordés par le roi au duc de Joyeuse ont été imprimés dans l'*Histoire du Languedoc*, t. V, Preuves, col. 328.

1. Henri, comte du Bouchage, duc de Joyeuse, maréchal de France, né en 1567, mort à Rivoli (Piémont) le 27 septembre 1608.

2. Henri, duc de Joyeuse, s'était fait Capucin sous le nom de P. Ange à la mort de sa femme, survenue en 1587.

3. Anne, duc de Joyeuse, amiral de France, né en 1561, tué à la bataille de Coutras le 20 octobre 1587. Claude de Joyeuse, seigneur de Saint-Sauveur, frère du précédent.

4. Antoine-Scipion de Joyeuse, grand prieur de Toulouse, s'était noyé dans le Tarn après le combat de Villemur (20 octobre 1592).

5. Ce ne fut qu'au mois de juin 1594 que le pape Clément VIII, à la sollicitation du cardinal de Joyeuse, accorda la dispense en faveur du P. Ange. Pour la demander, Guillaume Maran, professeur de droit à Toulouse, s'était embarqué pour Rome, mais il avait été pris par les pirates algériens (*Hist. de Languedoc*, t. V, p. 461).

6. La négociation, déjà fort avancée par le duc de Joyeuse, fut heureusement terminée par Jean de Lévis, vicomte de Mirepoix (*Hist. de Languedoc*, t. V, p. 478).

de toutes ces choses fait son caresme prenant (comme il disoit), la nuict, il se dérobe des siens, gagne le couvent des Capussins[1], reprend le nom de Père Ange et l'habit, dans lequel il finit ses jours quelque temps après. Toutes ces dernières paix furent dépeschées au mois de janvier à Folambrai[2].

Le roi fut attaqué à Traveci d'une grande maladie, de laquelle pensant mourir, il fit appeller un de ses anciens serviteurs[3], qu'il estimoit capable de respondre à une difficile question. Après plusieurs larmes et longues prières à Dieu, il le conjura de lui dire sur son âme et comme devant Dieu si son changement de religion estoit péché contre le Sainct-Esprit. Le gentilhomme, s'excusant d'une matière si difficile sur la profession des armes, s'offrit à cercher un ministre et le mener vers le roi; ce que ce prince ayant refusé, il lui mit devant les yeux les quatre degrez de ce péché, afin que lui-mesmes print droit sur toutes ses actions. Celui qui fit cette response estoit le mesme qui, au mesme siège, dit au roi (ce qu'ont rapporté les autres historiens sur le propos de sa lèvre percée) : « Sire, Dieu, que vous n'avez encores délaissé et offensé que des lèvres, s'est contenté de les percer; mais, quand le cœur le renoncera, il percera le cœur. » Je sçai que cet article sera de mauvais goust à plusieurs, mais je le dois à la postérité.

Au commencement de mai, la chaussée que nous

1. Il reprit l'habit de moine au couvent des Capucins, à Paris.
2. L'édit général d'amnistie, à l'occasion de la soumission du duc de Mayenne et de ses adhérents, porte la date de janvier 1596 et est imprimé dans le *Recueil des anciennes lois* d'Isambert, t. XV, p. 104.
3. D'Aubigné lui-même.

avons laissée commencée, ayant fait refouler la rivière d'Oise dedans la ville de la Fère, elle pourrit tous les magasins[1] qu'ils tenoyent dans le bas. Le roi[2], la voyant à sa perfection, dit en secret à Montigni[3] : « Si j'en avois fait autant devant la Rochelle et devant Marseille, lors je serois roi absolu de France. » Enfin, les incommoditez de l'eau et quelques autres manquements firent que le vis-séneschal, gouverneur, et Alvarez-Auzorio, espagnol, qui les commandoit, après un siège de cinq mois, capitulèrent à honnorable composition; et fut conduite la garnison jusques à deux lieuës de Chasteau-Cambrésis[4].

Chapitre XIV.

Fin des petites guerres de Champagne; reprise de celles d'Auvergne.

Vous aurez un chapitre pour l'achèvement des affaires de Champagne, et, par contagion, des desseins

---

1. De Thou, au contre de d'Aubigné, dit que l'inondation de l'Oise ne fit aucun mal à la ville (liv. CXVI).

2. Le passage suivant jusqu'à ces mots : *le vice-sénéchal...*, manque à l'édit. de 1620.

3. Louis de Rochechouart, seigneur de Brosse et de Montigny, fils aîné de François de Rochechouart et d'Anne de Bérulle. Il servit avec fidélité le roi de Navarre et plus tard Henri IV, et mourut en 1627 (*Lettres de Henri IV*, t. II, p. 422, note).

4. Le siège de la Fère avait duré sept mois. La ville, investie au commencement de novembre 1595, ne se rendit que le 22 mai 1596 (*Hist. de France,* par Matthieu, t. II, p. 225). Dès le 16 mai, des négociations avaient été entamées par Demetrix Capusamati, officier albanais, au nom de Colas, vice-sénéchal de Montélimar (De Thou, liv. CXVI). Le 15 avril 1596, le roi avait confié la direction du siège au duc de Montmorency.

hazardeux et de mesme temps un trait de Auvergne, qui tient compagnie au premier.

Marlet ayant succédé à la charge de Viliers et commandant au fort de Mareuil[1], Vignoles[2] y fit un dessein, sur ce que deux mousquetaires de sa compagnie ayans esté pris, et l'un venant au bout de trois semaines solliciter leur rançon, raporta l'estat de cette place, la forme des gardes et toutes les particularitez, si judicieusement qu'il se fit ouïr et croire, et sur son rapport, tellement qu'il ne fallut plus attendre que le temps, qui estoit quand les eaux seroyent desbordées et hors de chantier.

Les premières crues ayans donc haussé la rivière[3] de douze pieds, Vignoles fit mener trois grands bateaux, garnis à loisir de toutes choses nécessaires, l'un desquels il remplit de gens de guerre; puis ordonna trois lieutenans de gens de pied avec chacun une eschelle, chacun six hommes armez et dix harquebusiers; sur tout cela encor un capitaine, avec pareil troupe pour assister celui de ses compagnons qu'il connoistroit en avoir le plus besoin et pour courre à l'eschelle qu'il verroit la plus combatue. Dans le bateau devoit demeurer un homme de commandement avec quarante mousquetaires pour faire tirer incessamment au rempart, qui estoit sans parapet. Pour commander à tout ce qui estoit dans le bateau, fut

---

1. Mareuil (Marne).
2. Benjamin de Vignolles, seigneur de Vignolles, fils de Paris de Vignolles et de Jacqueline de Constant, était chevalier de l'ordre du roi et maître d'hôtel du comte de Soissons (*Lettres de Henri IV,* t. I, p. 586, note).
3. La Marne.

mis le capitaine Anchez, sergent-major, qui seul savoit le dessein de son chef. Le bateau ainsi rempli, il fait couvrir de planches et de poinçons vuides, comme si c'eust esté vin, sans oublier huict bons soldats, bateliers de Dordongne et de Garonne, habillez à la mode du pays. Sur le midi, Vignoles se jette dans les autres bateaux, qu'il remplit de six vingts hommes armez et trois cents harquebusiers ou mousquetaires, fait prendre le devant au premier bateau, à une heure après midi, et lui le suit de mille pas.

Avant deux heures, ce premier bateau descouvert, fut respondu au *qui va là* que c'estoyent vivres qu'on menoit à Paris et qu'on fist venir le receveur en diligence pour prendre son droit. Le soldat quitta sa faction pour avertir le receveur. Les basteliers furent diligens à joindre le rempart, et les compagnons, ayans jetté planches et poinçons dans l'eau au lieu de courir à leurs eschelles et à l'ordre qu'ils avoyent, se prenent aux ouzières[1], que les pluyes avoyent desgarnies de gasons; et, par ce moyen, montèrent si dispostement qu'en un moment il y eut quarante ou cinquante hommes sur le rempart, sans alarme, laquelle ils portèrent avec la mort au premier corps de garde. Les autres prenent telle espouvante que les uns, baissans le pont et les autres se jettans à la nage, jouèrent à sauve qui peut. Sur quoi le gouverneur, venant d'un festin, s'essuya la bouche de son gouvernement.

Deux mois après, Sainct-Paul, qui ne pouvoit abandonner cette rivière, se saisit de Chastillon-sur-Marne

1. *Ouzières*, plantations d'osiers.

pour en faire un autre Mareuil, la fortifia avec la despense et la diligence qu'il put, et mit dedans la Coste, un de ses meilleurs capitaines de chevaux-légers. A un mois de là, Vignoles, revenant avec sa compagnie d'assister le duc de Bouillon aux occasions qui se marquent en leur place, trouva à son retour incommode le voisinage de Chastillon. Il ramassa ce qu'il put dans le pays, arrive au poinct du jour sur la contre-escarpe, fait porter et planter le plus d'eschelles qu'il put, sans autre ordre que là où l'œil jugeroit, pose des pétards à chacune des portes. Quelques eschelles réussirent. Ceux du dedans viennent aux mains, tuent près de quarante hommes des attaquans, la résolution desquels vainquit tout. La place emportée, il y eut quelque cent vingt hommes tuez, huict cents prisonniers, entre ceux-là le gouverneur. La place fut rasée à la requeste du pays.

L'année d'après, qui estoit 1595, le baron de Conac[1], lieutenant sous Poncenac au gouvernement de Soissons, surprit le fort de Mareuil[2] entre les mains du capitaine Anchez, quelque bonne garde qu'il y fist. Cetui-ci, prisonnier de Conac, ayant remarqué un

---

1. Le baron de Conan, souvent cité par M. Herelle dans *la Réforme et la Ligue en Champagne,* capitaine ligueur, est appelé le baron de Conac dans une pièce du temps (*Mémoires de la Ligue,* t. VI, p. 281) dont d'Aubigné s'est inspiré dans ce récit. Il avait été fait prisonnier à la suite d'un combat livré le 15 février 1595 près de Villers-Cotterets.

2. La ville et le château de Mareuil, surpris en octobre 1594 par les ligueurs, furent repris en novembre par l'armée royale et les fortifications furent rasées par ordre du roi au mois de mai 1595 (Herelle, *la Réforme et la Ligue en Champagne,* t. II, p. 571 et suiv.).

mesnage de soldats sans ordre, le dégast des magasins, surtout des moulins et farines et autres vivres qui se vendoyent, en donna avis à Vignoles, qui, sur cette confiance, avertit tous les serviteurs du roi du pays, et, sans les attendre, n'ayant que sa compagnie de gens d'armes et celles de sa garnison, investit Mareuil et s'y loge, n'estant guères plus fort que la garnison. Trois jours après, ayant desjà receu quelques-uns de ses amis, Pontenac envoya soixante salades pour, sous leur faveur, faire entrer cinq cents hommes de pied dans la place. Vignoles, ayant laissé à ses barricades ce qu'il faloit pour les garder à la veuë de la place, marcha au combat que la cavallerie refusa; l'infanterie l'accepta par force. Ceux-là, meslez dans l'obscur de leur salve, eurent bientost le ventre au soleil, horsmis quelques soldats et capitaines prisonniers. Dans le cinquiesme jour, le siège se trouvant renforcé jusques à quatre mille hommes et cinq cents bons chevaux, on lui amena quelque pièce d'Espernai, qui ne battit que les défenses. Le désordre que nous avons dit y mit la faim et la fin au siège, d'où sortit la garnison dans le quinziesme jour avec honnorable capitulation. Les paix générales qui se firent, comme vous verrez, arrestèrent le cours de telles gentiles actions, tant de l'un que de l'autre parti.

Vous aurez pu remarquer comment, voulant entrer aux affaires d'Auvergne, une feuille de copie perdue en a trenché le discours. Je le reprens en ce lieu assez à propos pour la continuation des entreprises qui sont hors du commun, à la charge d'y observer l'ordre quand nous y remettrons la main.

Donc Randan[1], possédant la pluspart de l'Auvergne[2], s'estant donné à lui tant de places qu'il n'y en avoit plus que deux qui ne fussent en son obéyssance par toute la Limagne; encor les tenoit-il bloquées[3]. Il n'eut pas plustost nouvelles comment ceux d'Yssoire avoyent appelé Millaut[4], pour, sous lui, se donner au service du roi, qu'il délibéra d'y faire un effort avant qu'elle fust fortifiée. Millaut, ayant à faire la guerre ailleurs, avoit laissé les compagnies d'Aviérac, et en tout quelque deux cents hommes d'estrangers. Randan, n'ayant pas encores en estat le canon qu'il avoit fait fondre à Rion[5], se résolut d'essayer la surprise et le pétard. Donc, ayant donné à Aunac rendé-vous à Sainct-Heran et à Chasteau-Crou, il part à six heures du soir; mais les mauvais chemins ne lui permirent d'estre à la veue de la ville qu'au poinct du jour. Contre l'avis des siens, il mena descharger ses pétards à l'abri d'une muraille, fit conduire le capitaine La Croix, son pétardier, par Chalus et Sainct-Marc, qui avoyent chascun quinze hommes choisis. Lui, avec cent cinquante gentilshommes armez à preuve, suit les premiers, laisse ce qui demeuroit à cheval au commandement du Mayet et charge

1. Jehan de la Rochefoucault, comte de Randan, gouverneur d'Auvergne.
2. Cédant aux sollicitations de son frère, François de la Rochefoucault, évêque de Clermont, Jean de la Rochefoucault, gouverneur d'Auvergne, avait pris parti pour la Ligue (De Thou, liv. XCV).
3. Le comte de Randan avait mis le siège devant les châteaux du Mas et de Saint-Just.
4. Yves d'Alègre, baron de Millaud.
5. Le gouverneur d'Auvergne avait fait de Riom (Puy-de-Dôme) sa place d'armes (De Thou, liv. XCV).

de faire haster l'infanterie qui estoit sur les dents.

Il y avoit au ravelin et à la muraille de la ville deux barrières, deux ponts-levis et deux portes à percer. Le premier pétard à la barrière du ravelin fut posé sans estre veu, quoi qu'il fist grand jour; ayant fait bon effect et donné l'alarme à la courtine, garnie à la merci des harquebusades, qui tuèrent quelques soldats. Le second pétard et l'esquipage, pour passer, joua son jeu; et à ce bruit accourut Sainct-Héran et ceux qui estoyent derrière. La Croix marche froidement à la seconde barrière, laquelle il mit en pièces pour espargner son troisiesme pétard, lequel, comme il falut porter au grand pont-levis, trouva que sa fusée estoit tombée en rompant la barrière. Il se résolut de la refaire, non seulement à la merci des harquebusades, mais des coups de pierre qui l'accabloyent, ce qu'il fit; et cela donna loisir à ceux d'Yssoire de barriquer derrière le pont et de crever la voute pour assommer ceux qui passeroyent. Mais La Croix, porté deux fois par terre de coups de quartiers et, à la seconde, son casque jetté hors de la teste d'un coup, tout blessé se releva, ramasse et raccommode son pétard, le plante au pont-levis, le jette au dedans et la porte quant et quand. Là se présentèrent force hommes armez de la ville, soit à la rue, soit au-dessus, pour accabler. Nonobstant, Randan ne demeura guère à se jetter sur l'amas de bois et de pierre, et, après quelque deffense à coups de halebardes, cette noblesse, s'entrepoussant, gagne la rue, où le capitaine Bussi[1] rendit beaucoup de combat.

---

1. Le capitaine Bussy fut tué dans ce combat.

Frédeville se saisit d'une tour, où il fut pris à discrétion et sauvé[1].

Randan, possédant la plus grande partie de l'Auvergne, ne parloit plus que d'employer son artillerie à parachever le reste, et ainsi, s'estant fortifié et laissé passer le plus fascheux de l'hyver, au mesme temps et jour de la bataille d'Yvri[2], se mit en la campagne avec près de quatre mille hommes de pied et six cents bonnes salades, la pluspart gentilshommes, pour venir délivrer Yssoire, que les comtes de Curton[3], Restignac[4] et Chaseron avoyent investie. Je suis bien marri que je n'ai pu recouvrer mémoires pour vous donner, avec toutes particularitez, un notable combat, lequel je vous promets à l'autre édition, s'il ne tient qu'à faire un voyage au pays; peut-estre que ceux qui ont part à cette gloire ou leurs enfans s'efforceront d'aider mon honorable désir. Ce que je puis maintenant, c'est que Chaseron, quelque charge qu'il eust du roi, fut longtemps sans oser mettre le nez à la campagne, et n'eust jamais pu faire son gros sans mille cinq cents hommes de pied, qui lui vindrent des bords des Sévènes. Et puis, ayant commencé un corps, les fréquentes nouvelles des prospéritez du roi donnèrent moyen aux comtes de Curton et de Restignac de se joindre avec huict vingts salades. Estans tous ensemble, ils se trouvèrent environ quatre mille hommes de pied

---

1. Frédeville capitula le 10 avril 1589 (De Thou, liv. XCV).
2. La bataille d'Ivry, 14 mars 1590.
3. François de Chabannes, marquis de Curton, fils de Joachim de Chabannes.
4. Messillac de Rastignac, gouverneur d'Auvergne pour le roi (*Hist. de Languedoc*, t. V, p. 419).

et quatre cent cinquante chevaux. Chappes, qui avoit fait venir les Sévenots, leur servit de mareschal de camp, si bien qu'en espérance que Montigné leur envoyeroit des hommes de Berri, ils osèrent penser au recouvrement d'Yssoire. Cette ville fut cause que, les uns marchans pour eux, les autres contre, le quatorziesme de mars 1590, tout se rencontra près de la ville. Les troupes royales passèrent sur le ventre aux autres, et y mourut sur la place près de deux mille hommes, sans ce que les paysans du pays assommèrent, accoustumez à ce gibbier par les accidens passez [1].

Encore ne puis-je laisser Yssoire, sans vous conter une tragédie, pour leçon utile aux jeunes gouverneurs. C'est que Millaut, se laissant posséder à l'amour de la dame d'Estrée, l'emmena en son gouvernement, et, bien qu'il fust pourveu d'esprit et de courage outre le commun, il se laissa tellement maistriser à cette femme qu'elle, pour saouler son avarice, le poussa à plusieurs exactions qui mirent le peuple à la révolte; si bien que les habitans, désespérez par les ruines, perdirent tout respect, et, entrez un matin dans le logis de leur gouverneur et les trouvans l'un et l'autre en mesme lict, les poignardèrent tous deux [2].

Le siège [3] de la Fère, par sa lenteur, nous donne

1. D'Aubigné donne la date de ce combat, 14 mars 1590. Cette date est confirmée par Imberdis.
2. Yves d'Alègre de Millaud et Françoise Babou de la Bourdaisière, dame d'Estrées, furent assassinés à Issoire le 8 janvier 1592. Imberdis, dans son *Histoire des guerres religieuses en Auvergne*, t. II, p. 409, raconte avec détails cet événement.
3. La fin du chap. XIV se trouve placée, dans l'édit. de 1620, au chap. XII.

encor moyen de savoir comment Marseille revint à son premier devoir. Cette ville, de l'importance que chascun sçait, estoit lors tyrannisée par deux de ses habitans, hommes puissans en créance, habiles et courageux; l'un nommé Charles Casaut[1] et l'autre Louys d'Aix. Avec eux traitoit le roi d'Espagne par l'entremise de Charles Doria[2], Gennois, et le négoce estoit prest de rendre la ville espagnole, quand le duc de Guise fut dépesché en son gouvernement de Provence, auquel il estoit traversé par les prétentions du duc d'Espernon. Telles brouilleries sembloyent favoriser le dessein tant qu'elles dureroyent, et, d'ailleurs, l'approche de ce prince donnoit envie de haster l'affaire, quand un habitant de marque, nommé Pierre de Liberta[3], prit intelligence avec le duc, lors estant à Aix, où donnant du soupçon, il s'esloigna vers Toulon, et rendit cet esloignement utile par la prise des villes de Hieres, Sainct-Tropets et Draguignan. Et puis, ne se donnant pas loisir d'emporter les chasteaux, il les laisse bloquez et va feindre d'assiéger le fort de la Garde, retourne à Toulon; là trie son infanterie, en fait couler la meilleure part par Cadière et Sainct-Julien[4] pour les embusquer la nuict à la veuë de Marseille, du costé de la porte Réale.

Le dessein de Liberta estoit d'entreprendre sur la vie de ceux que nous avons nommez, sur une cous-

---

1. Charles Cazaux était alors consul de Marseille.
2. Charles Doria, fils de Jean-André Doria, prince de Melfe.
3. Pierre Libertat, Corse établi à Marseille, devait son nom, d'après de Thou, à ce que ses ancêtres avaient autrefois soustrait la ville de Calvi à la tyrannie des Génois (De Thou, liv. CXVI).
4. Cadières (Var); Saint-Jullien (Bouches-du-Rhône).

tume qu'ils avoyent de sortir tous les matins pour faire une espèce de descouverte; que là-dessus on donneroit pour signal le lèvement du petit pont.

Le jour de l'exécution, qui fut le dix-septiesme de février[1], Louys d'Aix[2] sortit le premier, et Casaut, venant après lui pour le suivre, fut enfermé entre les deux portes et là tué par Pierre et Barthélemi Libertas frères, non sans résistence et mort des mousquetaires qui le suivoyent[3]. Là Manon, qui menoit les premières forces du dehors, averti par le signal et les sentinelles qu'il avoit posées, fait donner trente salades à Louis d'Aix, qui se défendoit si bien avec ses mousquets qu'il gagna le bord de la mer et, par un bateau, la ville, et, de mesme temps, ceux qui avoyent charge du canon tousjours prests sur les murailles en envoyèrent plusieurs volées; ce qui fit que quelques capitaines des troupes pensèrent à quitter la besongne. Mais le Guisard y résista fermement et receut aussitost les capitaines Jean, Lotan et L'Impérial, qui l'asseurèrent de la mort de Casaut[4]. Lors, sans autre cérémonie, il fit tout marcher vers la porte Réale, où il estoit temps d'arriver, car Louis d'Aix et le fils[5] du

1. Suivant de Thou, le jour de l'exécution de ce projet avait été fixé au 18 février 1596 (liv. CXVI).
2. Louis d'Aix était viguier de la ville de Marseille en 1596. Le roi, pour récompenser Pierre Libertat de son dévouement, lui conféra cette charge aussitôt après que le duc de Guise eut occupé Marseille (De Thou, liv. CXVI).
3. Barthélemy Libertat est cité comme capitaine dans une lettre de Henri IV, datée du 23 janvier 1597 et adressée à Pierre Libertat, frère du précédent (*Lettres de Henri IV*, t. IV, p. 675).
4. De Thou confirme le récit de d'Aubigné touchant la mort de Charles Cazaux (De Thou, liv. CXVI).
5. Fabio Cazaux.

consul mort avoyent mis la ville en armes et, avec les plustost prests, estoyent aux mains contre Liberta.

Le dedans et le dehors ayans fait leur devoir et vaincu, tout marcha en gros jusques à l'hostel de ville, à l'entour de laquelle ils trouvèrent trois corps, un de cinq cens hommes, l'autre de mille et le tiers de quatre cents. Cela n'attendit que les harquebuzades pour se rompre. A cette déroute, Louïs d'Aix gagne le fort de Sainct-Victor, Fabio Casaut celui de la Garde[1]. Dorie[2], qui avoit amené dans ses galères douze cents Espagnols, qui estoyent dans le port attendans l'heure de l'exécution, fit sa retraite à travers les forts de Sainct-Jean, Teste de More et de Yf, partisans du roi. Mais, sur l'incertitude de ce qui se passoit, il n'y eut que le dernier qui leur donna quelques canonnades. Des Espagnols qui estoyent à terre, il en fut tué quelque cent par le baron d'Ussel et les gardes du duc avant qu'ils eussent regagné les vaisseaux. Les forts furent rendus par ceux qui s'y estoyent retirez au commencement de mars[3].

Chapitre XV.

Combat du marquis de Varembon[4] ; assemblée de Rouen ; esmotion des Croquans.

Après le siège de la Fère, le mareschal de Biron mena les troupes en Artois, y prit le chasteau de

1. Notre-Dame-de-la-Garde.
2. Doria.
3. Louis d'Aix et Fabio Cazaux évacuèrent leurs postes le 3 mars 1596 et se retirèrent à Gênes (De Thou, liv. CXVI).
4. Marc de Rie, marquis de Varambon.

Ymbercourt. Sur quoi le marquis de Varembon amassa ce qu'il avoit de forces, et, venant pour secourir ce chasteau, trouva en son chemin les François plus forts qu'il n'avoit estimé; ce qu'ayant jugé à leur veue, il fit tourner visage à son infanterie et gagner les bois, qui lui firent grand bien. Mais lui, voulant faire sa retraite de bonne grâce, ce qui ne se fait plus par la cavalerie devant les mauvais garçons, le mareschal fit si bien engager la retraite du marquis par ses coureurs, que lui l'estima obligé à prendre la querelle pour les siens. Les royaux, qui ne vouloyent que cela, meslèrent si brusquement à tout que le marquis fut porté par terre, quatre de ses drappeaux empoignez et lui quitte pour une grosse rançon[1].

Parmi le ravage que firent les François, le mareschal essaya[2] quelques entreprises, qui ne réussirent pas, et puis vint faire une course devant Bapausme et Teroüenne[3], où il se passa quelque escarmouche[4], mais tout à la faveur des coups de canon.

1. Le marquis de Varambon perdit deux cents hommes dans ce combat; lui-même fut fait prisonnier et dut payer pour sa rançon la somme de 60,000 florins.
2. Var. de l'édit. de 1620 : « ... *essaya* une entreprise sur la principale ville, et, nonobstant que les Arthésiens fussent sur leurs armes, trois pétards jouèrent et le quatrième achevait la besogne sans qu'un quartier de pierre rompit la planche, et envoia pétardier et pétard dans les fossez; l'un et l'autre retirez dans les troupes, qui firent sur la contr'escarpe une trop longue pause pour le profit de plusieurs. Cette course fut suivie d'une autre *devant Bapausme...* »
3. Bapaume et Thérouanne (Pas-de-Calais).
4. Charles de Croy, duc d'Arschot, avait succédé au marquis de Varambon dans le commandement des troupes du cardinal Albert. Le duc d'Arschot continua les hostilités du côté de Bapaume, Courcelles, Aire et Thérouanne.

Cependant, le roi avoit envoyé le duc de Bouillon au Païs-Bas[1] pour y confirmer l'alliance avec les Hollandois, et après, avec la roine d'Angleterre[2], par les députez qu'elle fit trouver à la Haye. Particulièrement, le but de ce traité[3] estoit pour engager la roine à quelques entreprises contre l'Espagne, comme de fait il en succéda quelque chose après ; et cependant le conseil de France, le roi n'en sachant rien au commencement, prenoit l'esclat de cette union pour pratiquer entre les Espagnols quelque réconciliation. Richardot[4] en donna l'avis à Londres, ce qui empescha de plus grands effects et mit toutes ces testes en garde l'une devant l'autre.

L'année suivante 1597, le roi convoqua à Rouen

---

1. Les négociations avec la Hollande, entamées par l'ambassadeur de Henri IV, Paul Chouart de Buzenval, furent continuées par le duc de Bouillon (De Thou, liv. CXVI).

2. Le 5 octobre 1595, le roi avait envoyé le secrétaire d'état Lomenie en Angleterre avec une instruction qui est conservée dans le vol. 23519 du fonds français, f. 258, et une lettre adressée à la reine d'Angleterre (*Lettres de Henri IV*, t. IV, p. 417). Cette négociation a été racontée par M. Gaillard (*Notices et extraits des mss. de la bibl. du roi*, t. II). L'année suivante, le roi envoya Bouillon et Sancy à la reine Élisabeth. L'instruction du roi, datée du 12 avril 1596, est conservée dans le vol. 3463 du fonds français, f. 99. On trouve dans le même fonds (vol. 15970, f. 43) une relation très détaillée de cette ambassade. M. Gaillard a raconté cette seconde négociation (*loc. cit.*), mais ne paraît pas avoir connu ces documents.

3. Le traité conclu entre la France et l'Angleterre fut ratifié à Melun par le roi le 29 août 1596.

4. Jean Richardot, neveu de François Richardot, célèbre diplomate, mort à l'âge de quatre-vingts ans le 3 septembre 1609. M. Gachard a publié dans *la Bibliothèque nationale à Paris*, t. I, p. 411, et ailleurs, plusieurs lettres de ce personnage relatives à ces négociations.

une assemblée[1] de celles qu'on appelle petits Estats, desquels on a discouru à plaisir. Ce que j'en veux dire maintenant est que les rois usent de telles sortes d'assemblées quand celle des Estats généraux leur est longue, difficile ou suspecte. Les troubles, qui n'estoyent pas encores esteints par la France, ne permettoyent pas une plus grande convocation, et puis les cœurs des peuples n'estoyent pas apprivoisez ni ployez à l'obéyssance, comme il parut par les émotions des Croquans, desquels nous parlerons, après vous avoir dit que le but principal de ces petits Estats estant de trouver de l'argent pour soustenir la guerre d'Espagne, il en fut proposé et arresté diverses inventions. La pancharte[2] en fut la principale, très mal receuë en divers endroits du royaume, et surtout à Poictiers, où le conseiller d'Amours[3], commissaire pour l'establir, courut risque de la vie et receut divers affronts. La recherche de telles émotions estant difficile et dangereuse, l'impunité fit souvenir les autres villes de

1. L'ouverture de cette assemblée eut lieu le 4 novembre 1596 à Rouen, où le roi s'était rendu le 20 du mois précédent. Sa déclaration est dans les *Mémoires de la Ligue,* t. VI, p. 364. Plusieurs pièces relatives à cette réunion ont été imprimées dans la *Collection des états généraux,* t. XVI, p. 20 et suiv. On en conserve un recueil plus complet dans le vol. 16265 du fonds français. Voyez les *Mémoires du président Groulard,* du parlement de Rouen, dans la Coll. Petitot, t. XLIX, et le Journal de ce même magistrat, tout spécial au voyage du roi à Rouen, dans le vol. 15534 du fonds français, f. 459.

2. *Pancarte,* affiche contenant l'énumération de droits fiscaux à payer.

3. Louis d'Amours, attaché à la maison du roi de Navarre, à l'époque de la bataille de Coutras, ministre protestant auprès de Catherine de Bourbon, puis ministre à Châtellerault, mort avant 1609.

maintenir leur droit, si bien que cette pancharte, après avoir esté receuë en plusieurs villes, en fut chassée entièrement.

De mesmes occasions ou approchantes estoit née l'émotion ou la petite guerre des Croquans[1], ainsi nommez, pource que la première bande, qui prit les armes, fut d'une paroisse nommée Croc-de-Limousin, vers Sainct-Yrié-la-Perche[2]. Ceux-là, incontinent suivis des paroisses prochaines, s'estendirent bientost par tout le Périgort, le Querci, l'Agenez et en un coin de l'Angoumois, si bien qu'en peu de jours ils se trouvèrent à quelques monstres aprochans de quinze mille hommes, sans ceux que l'esloignement ou les affaires empeschoyent ailleurs. Ces communes n'estoyent point armées de perches brûlées, comme au temps passé, mais estoyent presque tous harquebusiers, mousquetaires et picquiers. La veue de leurs forces les amena bientost aux insolences et leur fit faire trop de sorte d'ennemis; car, n'en ayant voulu du commencement qu'aux maltautiers et officiers du roi, ils monstrèrent inimitié aux gouverneurs des places, aux soldats des garnisons et enfin à tous leurs gentilshommes, lesquels, sans cela, pour le sentiment des subsides, se rendoyent leurs partisans. Ils en veindrent à piller quelques maisons nobles; mesmes, ayans pris quelques soldats, ils leur faisoyent porter le mousquet et la

---

1. Ces troubles eurent pour cause, d'après de Thou, les exactions et les crimes commis par les soldats dans le Périgord, le Limousin et le Poitou. On conserve dans la Coll. Dupuy, vol. 744, fol. 147, une copie de l'appel aux armes adressé au peuple de Guyenne par les Croquants sous la date du 2 juin 1594.

2. Saint-Yrieix-la-Perche (Haute-Vienne).

quaisse, en revanche d'avoir esté employez à cela; et firent ce trait de honte à un gentilhomme, qui leur commença la guerre, y employant tous ses parents et amis.

Comme cette ligue estoit en sa fleur et alloit s'estendre en Xainctonge et Poictou, un petit homme de Périgueux, qui estoit fort avancé en leurs factions, veint secrettement trouver le roi et lui promettre que, s'il lui vouloit faire quelque bien et honneur, lui seul mettroit à rien toutes ces bandes. Le roi, qui en rioit au commencement et nous disoit qu'il en vouloit estre comme d'un fort juste parti, ayant appris à l'apréhender, promit à cet homme quelque bien et de le faire maire de Périgueux, comme de fait il le fut depuis. Cettui-çi s'en veint trouver les bandes, plus nombreuses que jamais. A son arrivée, il pratique trois ou quatre prestres pour lui aider, et, pource que le tiers de ces troupes estoit de réformez, il fit courir divers bruits : premièrement, que les huguenots vouloyent rompre les images et piller les temples ; en après, si les ministres les menaçoyent, qu'ils les quitteroyent là ; et puis que, s'ils arrivoyent d'estre défaits, on les traitteroit comme huguenots, desquels on ne prendroit pas un à merci ; que leur nom empeschoit beaucoup de gens de se joindre à eux et enfin qu'il n'appartenoit qu'aux bons catholiques d'estre réformateurs de l'Estat. Telles semences ayant pris quelques racines, un dimanche qu'on vouloit faire monstre générale, nostre petit homme, asseuré de estre maintenu par plusieurs de leurs capitaines, fait naistre des voix en divers endroits des bandes, qui crioyent : *Tiers Estat, purement catholique, à part.*

Cela s'eschaufa tellement que les gagnez, ayans fait porter leur drapeau au delà d'un petit ruisselet, tous les catholiques le passèrent, au nombre de trente-quatre ou trente-cinq mille, et les réformez ne demeurèrent que quinze ou seize mille, se trouvans bien estonnez, et, après plusieurs remonstrances faites aux autres, furent contraints de prendre quartier à part. Encor, dit-on, que les prestres sollicitoyent les séparez de sauter au collet de la petite troupe, ce qui se fut fait sans qu'ils les connoissoyent plus soldats et beaucoup mieux armez qu'eux.

Abin[1], lieutenant de roi en la marche de Limousin, avoit desjà, par commandement du roi, mis ensemble trois cents chevaux et de six à sept cents harquebusiers à cheval avec deux mille fantassins. Six jours après leur séparation, comme ils marchoyent à une lande, ils descouvrirent les coureurs d'Abin, qui estoyent soixante salades menées par son fils, et quelques quarante carrabins par Bertigni, capitaine des gardes d'Abin. Ce peuple, commandé par plusieurs et n'obéissans à aucun, eut pour premier remède de faire un grand bataillon, mais bataillon de parade et non de combat. Comme ils commençoyent à le former, la multitude, qui avoit descouvert le reste des forces, s'escria qu'il falloit gagner un bois prochain. Et, comme les uns couroyent pour le bataillon, les

---

1. Jean de Chasteigner, s. d'Abin et de La Roche-Posay, ne se mit pas seul en campagne pour réprimer ces soulèvements. Jean de Sourches de Malicorne, gouverneur du Poitou, et Henri, vicomte de Bourdeille, gouverneur du Périgord, pacifièrent les provinces où ces troubles avaient pris naissance (De Thou, liv. CVII).

autres au bois, Abin, qui avoit galopé jusqu'à son filz, ayant bien reconnu cette confusion et ne la voulant pas pardonner, lui commande de donner. Il prend donc la charge, et ses carrabins à la main gauche, le favorisant d'un salve, vont affronter les mousquets qui avoyent fait front du bataillon. Les Croquans, qui eurent plus de courage, tirèrent et sans passer l'œil à la mire; pourtant presque tous firent haut. Mais, de si peu qui portèrent, une mousquetade donna dans la teste au jeune d'Abin, de qui la mort fit divers effects : l'un, d'eschauffer la noblesse à mesler, et l'autre, d'effrayer cette populace, comme coulpable de ce qu'elle avoit désiré. Les premiers de cette grosse troupe ne rechargent point, ceux de derrière les quitent; le reste de la cavallerie accourt, rompt et poursuit par tout, et en peu de temps fait boucherie d'environ quatre mille hommes. Ce qu'ils laissèrent sauver, estans las de tuer, après avoir erré par les forests, se rendit chascun en son pays. Abin, soit du deuil de la mort de son fils, soit de son action, comme quelques-uns ont voulu, et pour avoir veu sa probité et douceur engagée à son contre-cœur, n'eut joye jusques à sa mort, qui fut à peu de temps de là.

Les autres Croquans, dejettez par ceux-là, se reserrèrent et continuèrent leurs assemblées et monstres qu'ils faisoyent les dimanches. Et, pource que c'estoit en mesme temps que l'assemblée de Saincte-Foi tenoit, ils députèrent vers elle quelques-uns de leurs principaux capitaines, qui, premier qu'avoir déclaré de quelle part ils venoyent, furent ouys, comme particuliers et porteurs d'avis. Mais, ayans déclaré qu'ils estoyent là pour demander conseil et confort, la compagnie les pria de se retirer et refusa de traiter avec eux. Mais quelques particuliers les escoutèrent, leur donnèrent avis de ne se retirer pas sur leur perte, mais multiplier leur nombre et leur ordre pour obtenir oubliance et faire qu'on ne les recherchast plus. Eux donc, s'estans reconfirmez ensemble et augmentez par quelques catholiques qu'ils recevoyent à regret, firent par divers dimanches leurs monstres, en s'approchans tousjours de l'Agenois. Si bien qu'ayans assigné une de leur reveue auprès de Pene[1], Monluc, lieutenant de roi, qui avoit amassé trois cents gentilshommes et quelques gens de pied contre eux, leur mande qu'ils ne fissent point leurs piaffes à trois lieues d'Agen et que cela l'obligeroit contre sa volonté à les aller charger. Ils respondirent que, pour rembourser sa bonne affection vers eux, ils s'accommoderoyent à lui et qu'ils viendroyent faire leurs monstres au dimanche prochain dedans la prée d'Agen; de quoi Monluc et sa noblesse virent le passetemps. Enfin, l'on publia quelques patentes du roi avec défenses de les recercher. Puis les édicts, qui les blessoyent le plus, furent sursis et la pancharte ne se resveilla à Poictiers que quelques temps après. Et ce peuple se retire et est laissé en paix, mesmement le médecin Boissonnade, qui avoit esté leur général, exerça depuis son estat à Bordeaux[2].

1. Penne (Lot-et-Garonne).
2. La révolte des Croquants de Guyenne et de Périgord date de l'année 1594. Le chanoine Jean Tarde, dans sa *Chronique*, la raconte sommairement, p. 325 et suiv.; mais l'éditeur a ajouté à ce récit (p. 394 et suiv.) une série de notes, de pièces et de documents.

Chapitre XVI.

Divers combats arrivez sur le temps que le duc de Mayene composa ès deux années que nous traittons à présent.

Au commencement de l'année 1595, ce qui restoit de villes à la Ligue faisoyent la guerre comme par acquit. La plus forte garnison qui fust vers Paris estoit celle de Soissons, où commandoit Poncenat. Pour les arrester, on fortifia la garnison de Crespi en Valois[1], où estoyent les compagnies de Mouci[2], Gadancour, de Douville et de Baine. Ceux-là estoyent tous les jours à veuë de Soissons. A la mi-février, Poncenat eut envie de leur donner une serrade, fit embusquer avant jour deux cents salades dans une grand'sence[3], nommée la Folie, et un peu plus d'harquebusiers dans le bois qui est tout contre, tout cela à demie lieue de Crespi. Il arriva que, Douville s'en voulant retourner avec trente salades en sa garnison de Veilli et estant venu frapper droit à l'embuscade, les premiers, peu patiens, au lieu de le laisser passer, l'attaquèrent en front et toute la troupe le pressa jusques dedans le fauxbourg de Crespi. L'alarme mit la garnison à cheval. Lors Bellefont et Conan commencèrent leur retraite au bois de Tiler, où ils avoyent laissé leurs harquebusiers. Mais quelques chevaux frais les ayant meslez avant qu'estre au bois, Gadancourt, qui menoit les coureurs, perça tellement les liguez que l'embuscade

---

1. Crépy-en-Valois (Oise).
2. Le Bouthillier, s. de Moussy.
3. *Sence* ou *cense*, métairie.

leur fut inutile. Moussi, avec quarante salades, ayant rallié les trente de Douville, n'eut peine que de poursuivre l'estonnement qu'avoit donné Gadancourt. A la veuë de Viliers-Coterez[1], qui tenoit pour les fuyars, ils prenent résolution et rendent combat. Mais, quoi que les royaux ne fussent que la moitié des autres, ils maintindrent leur avantage et poursuivirent leur victoire jusques à la barrière du chasteau. Les royaux, ayans perdu à ce combat deux gentilshommes[2] et quatre soldats, laissent sur la place cinquante morts, entre ceux-là Bellefont, Le Bua, les officiers des compagnies de chevaux-légers, quatorze portans tiltre de capitaine.

Presque de mesme pays est l'affaire de Villefranche-sur-Meuze[3], où commandoit Trémelet avec trois compagnies de gens de pied et une de gens d'armes. Il y avoit en ce pays un capitaine Gaucher, grand coureur, hazardeux en ses courses, et qui, n'ayant pas esté propre à s'avancer en honneur par le vrai mestier du soldat, s'estoit rendu plus redouté et renommé qu'honoré par les prises hazardeuses qu'il faisoit. Ce notable bandeur avoit une invention que j'ai estimée devoir estre descrite pour faire voir comment ce siècle, remarquable par les valeurs qu'il a produites, l'est aussi par les diaboliques inventions que ces courages de fer ont mises en usage. Pour ce que cet ingénieux se trouvoit parfois surchargé de prisonniers, qui le contraignoyent de retourner au logis premier que

---

1. Villers-Cotterets (Aisne).
2. Ces deux gentilshommes étaient Du Lis et de la Roche (De Thou, liv. CXII).
3. Villefranche-sur-Meuse (Meuse).

d'avoir mis à fin son projet, il inventa une sorte de cadenats, faits en forme de poires; aussi les appeloit-il poires d'angoisses. Il faisoit ouvrir les dents à ses prisonniers, et, leur ayant fait retirer sous le palais cette machine avant retirer une clef qui estoit dedans, il en faisoit un tour qui grossissoit le morceau d'un travers de doigt, et par ainsi ne pouvoit plus sortir de la bouche que par l'aide de la mesme clef. Cela fait, il disoit au prisonier : « Allez vous rendre en tel lieu ou bien vous résolvez de mourir de faim. » Ces misérables n'estoyent point seulement contraints d'aller passer le guichet où il leur estoit commandé, mais de prier Dieu pour la santé et pour l'heureux retour de leur maître, qui, en se perdant et la clef avec soi, perdoit aussi sans remède ceux qui l'attendoyent au logis.

Ce Gaucher donc, que vous connoissez maintenant, ayant pratiqué quelques soldats de la garnison de Villefranche, après que ces compagnons eurent demandé leur leçon à leur gouverneur[1], ils promettent, prenent argent et donnent jour pour l'assignation au troisiesme d'aoust[2], à la nuict du dimanche au lundi. Ce fut à Trémelet à cercher chez ses voisins des hommes, lesquels il eut du comte de Grandpré[3], gouverneur de quelques frontières, entre autres de Mouzon[4], d'Estivaut, qui commandoit à Sedan, et de Rumeni[5], le plus esloigné, qui, partant de Mauber-Fontaine[6],

1. Le capitaine Tremelet, gouverneur de Soissons.
2. De Thou donne la même date (liv. CIX).
3. Claude de Joyeuse, comte de Grand-Pré.
4. Mousson (Meurthe).
5. Louis de Mailly de Rusménil, gouverneur de Maubert-Fontaine.
6. Maubert-Fontaine (Ardennes).

prit les troupes des autres garnisons ; desquelles partie entra de nuict dans Villefranche, l'autre partie et toute la cavalerie s'embusqua dans un bois à propos, près du chemin où devoit passer Le Gaucher ; lequel ne faillit pas aussi à marcher, à faire mettre pied à terre à tous les siens à mille cinq cents pas de la ville, et quant et quand faire avancer un lieutenant, confident de ceux de l'intelligence. Cettui-ci, avec quarante hommes, devoit saisir un coin, où il y avoit deux bonnes tours et un canon qu'ils devoyent tourner vers le logis du gouverneur, et, au bruit de la volée, qui servoit aussi pour Rumeni, tout devoit marcher. C'est ce qui avint, car, les quarante bien receus et enfermez, la canonnade se tire. Le Gaucher vint au fossé, mais non des premiers. On lui fait une entrée à la mode de Bourges ou de Montargis. Rumeni arrive et, à la lueur des feux d'artifice, la charge se fait de tous costez. Le Gaucher, de qui l'augure n'avoit pas esté gauche, donne des derniers et un cheval à son cul, sur lequel il monta si à propos que, de cinq cents hommes qu'il avoit menez à l'entreprise, il ne s'en sauva pas cinquante en l'obscur de la nuict ; tout le reste morts ou prisonniers [1].

Chapitre XVII.

Surprise d'Amiens et commencement du siège.

On estoit à Rouen, sur la fin des petits Estats, et à en faire valoir les résolutions, comme aussi au traité

---

1. Les *Mémoires de la Ligue* (t. VI, p. 498) contiennent une pièce relative à ce fait d'armes.

de paix, quand le roi eut la nouvelle[1] que l'Espagnol avoit emporté Amiens, de la façon que vous entendrez.

Hernan Teillo de Porto-Carreiro[2], duquel vous avez veu le nom à la guerre de Grenade[3], estant souvent dans Amiens, quand la ville estoit de la Ligue, et voyant qu'elle y alloit perdre son crédit, s'estoit employé à la bien reconnoistre, à y faire quelques amis des plus bigots qu'il put choisir, comme le Majeur. Depuis, y faisant plusieurs voyages, habillé en diverses manières de religieux, des ecclésiastiques, et de ses yeux apprenant tous les jours l'estat de la ville et surtout des gardes, fait son dessein[4]; met ensemble quatre mil hommes de pied et cinq cents chevaux. Avec cela, il prend logis à six lieuës d'Amiens, qui estoit où les troupes espagnoles pouvoyent s'approcher sans alarmer la ville. De là, il part au soir, arrive à un quart de lieuë de la porte de Montrescu au poinct du jour, qui estoit l'onziesme de

1. Henri IV reçut la nouvelle de la prise d'Amiens à son retour de Rouen. Il se rendit aussitôt à Corbie en passant par Beauvais et Montdidier et donna immédiatement ses ordres pour rassembler des troupes (De Thou, liv. CXVIII). Les *Mémoires de la Ligue* contiennent (t. VI, p. 87) une relation du temps, datée du 11 mars 1597, de la prise d'Amiens par les Espagnols.

2. Dom Ferdinand Tello de Porto-Carrero, gouverneur de Dourlans. Les *Mémoires de la Ligue* (t. VI, p. 503 et 505) contiennent plusieurs pièces, émanées de ce capitaine, dans lesquelles il se qualifie de commandant d'Amiens.

3. La guerre de Grenade eut lieu en 1570. Voyez le tome III, p. 226.

4. D'après de Thou, l'idée de cette entreprise reviendrait à un certain Dumoulin, habitant d'Amiens, qui, pour inconduite, avait été chassé de la ville (De Thou, liv. CXVIII).

mars; là garnit tous les chemins et sentiers de vedettes et sentinelles, si curieusement qu'il ne put passer aucun de ceux qui avoyent accoustumé d'attendre la porte à ouvrir pour le marché. En leur place, il fait arriver quelque trentaine de soldats, qu'il avoit fait desguiser en paysans, quelques-uns en femmes, et menoyent avec eux des charges de fruicts et après une charrette, qui, entr'autre chose, portoit un sac de noix descousu; cette charrette-là suivie de deux autres, accommodées comme vous verrez. Cela estant arrivé, cinq cents hommes[1] choisis demeurèrent à une mousquetade des premiers, cachez de quelques hayes.

La porte ouverte, cet équipage marche avec des hotteurs, qui portoyent des noix. Quelqu'un verse dans le corps de garde. Ceux d'Amiens se jettent aux noix et aux pommes en se mocquans des versez. Sept ou huict des plus officieux paysans, en leur reprochant leur larcin, se serrent pour relever la charrette, et tout à coup les uns tuent les amasseurs de noix, les autres saississent les armes. Ceux de la garde qui eschappent s'enfuyent dans la ville. La deuxiesme et troisiesme charrette estoyent menées de façon qu'il en demeuroit une sous le rasteau, à point nommé. Celui qui estoit sur le portail fait jouer ce rasteau, qui estoit fait à pilotis ou à orgues, si bien que, les costez fermez, les premiers exécuteurs passèrent entre les quatre roues; et ainsi faisoyent place au reste des Espagnols, desquels les cinq cents accoururent sur le

---

1. Il n'est question dans de Thou que de 200 arquebusiers, commandés par Dom Fernand de Deza et Inigo d'Otalora, envoyés par le sergent François de l'Arco et le capitaine La Croix (De Thou, liv. CXVIII).

signal. Et après que les premiers eurent gagné la tour, tué la sentinelle et relevé le rasteau, quelques gens de cheval, qui arrivèrent les premiers, mirent pied à terre, et habilement mettent deux de leurs charrettes debout, les poussent dans la ruë pour s'en avantager, s'ils eussent trouvé grand combat. Mais l'effroi porté par les fuyars leur servant plus que les charrettes, ils les quittent là pour gagner la tour du befroi et la maison de ville, où il n'y avoit point de vedette, par l'intelligence du Majeur; se mettent en bataille aux deux places, tout cela à l'heure du sermon et au feu des moines.

Le comte de Sainct-Paul[1], qui estoit lors dedans, n'eut loisir que de se lever et passer l'eau. Quelques gentilshommes se sont vantez d'avoir voulu r'allier pour combattre, mais nous leur avons ouy jetter et partager la honte les uns sur les autres, avec tant d'incertitude, que le desplaisir leur en demeura en gros, le dommage à la France et l'effroi à la Picardie et mesmes à Paris[2].

Entre les dommages qu'aporta cette place prise, il arriva que les restes de la Ligue et sur tous le duc de Mercœur[3] en prit occasion de discontinuer les traitez commencez.

Au bruit de la prise, la garnison de Corbie se mit promptement aux champs, sur le raport que ceux d'Amiens débatoyent leurs ruës, espérans joindre sept

1. François d'Orléans, comte de Saint-Paul.
2. Les Espagnols se rendirent maîtres d'Amiens le 11 mars 1597 (Damiens, *Mélanges hist. et crit.*, 1768, t. II, p. 3).
3. Philippe-Emmanuel de Lorraine, duc de Mercœur, gouverneur de Bretagne pour la Ligue.

ou huict cents Suisses logez à Bosme. Le jeune Sainct-Surin, enseigne de son frère, s'estant desrobé seul, picqua dans le plus proche fauxbourg, recouvre une eschelle, et, n'oyant aucun bruit, monte par elle dans la ville, et fut long temps par les ruës avant que croire que la ville fust prise. En fin arrivèrent à lui quelques Espagnols qui pilloyent. Il passe l'espée à travers le corps d'un picquier, et de sa picque en blesse son compagnon. Et, se voyant en danger, veint à la porte, de laquelle le verrouil estoit arresté d'un clou, qu'il arracha, et courut avertir ceux qui marchoyent de la facilité d'y servir le roi. Mais ce qu'il avoit fait apprit aux Espagnols de lever le pont, comme le trouvèrent ceux qui s'avancèrent à sa parole.

La résolution du roi fut remarquable, de tant plus forte que ses affaires estoyent lors mal disposées pour assiéger un tel morceau. Les grands qui estoyent près de lui, la gayeté que monstrèrent les Picards, l'intérest que les Parisiens prirent à se voir frontière et la souvenance des heureux exploits passez, tout cela fit résoudre le roi au siège d'Amiens, où l'Espagnol employa six mil hommes, garnis de trente pièces de batterie et d'autant de campagne. Le maréchal de Biron[1], un des principaux à donner le courage, n'ayant pas plus de gens de pied qu'il y en avoit en la ville, mais, sur la foi de six cents gentilshommes, qui se trouvèrent près, dans peu de temps alla, non investir, mais incommoder la place[2]. Cependant que le roi,

---

1. Le maréchal de Biron n'avait que 3,000 fantassins. Le roi, à peine arrivé à Corbie, lui donna l'ordre d'investir Amiens du côté de la Flandre.

2. Pendant ce temps, les Espagnols détournèrent le cours de

[1597] LIVRE QUATORZIÈME, CHAP. XVII. 133

devenu plus soigneux par son aage et par les défauts essayez, monstra qu'il n'estoit point seulement capitaine le cul sur la selle, mais aussi sur le tapis, establissant un ordre pour la durée de son armée, qu'il n'avoit jamais essayé, si bien qu'il mena (comme on disoit) un Paris devant Amiens. Les dames n'y furent pas oubliées[1], et là fut replaidée la mesme cause que Tacite raconte des armes romaines, si les femmes y sont supportables ou non.

Il y avoit deux entreprises sur le bureau, l'une pour Dourlans, l'autre pour Arras. Les troupes, qu'on ne présupposoit s'avancer que pour le siège, allèrent essayer la première ; mais, tout si mal reconnu et préparé, qu'il ne s'y fit rien digne d'estre dit[2]. L'autre[3] fut de marque, essayée le vendredi devant Pasques, d'un costé par escalades, d'autre par les pétards. Au premier dessein commandoit le duc d'Espernon, qui donna si brusquement que les siens gagnèrent le dessus d'une pièce destachée, avec tel effroi aux habitans, que le mareschal de Biron, qui donnoit par l'autre costé aux pétards, eut meilleur marché de la courtine au commencement. Le bruit que fit l'approche des troupes avoit mis tous les corps de garde en

la Somme, dont les eaux se déversèrent dans les fossés (De Thou, liv. CXVIII).

1. Gabrielle d'Estrées semble avoir assisté à ce siège. On conserve dans le vol. 3973, f. 15, du fonds français, une pièce satirique : « Les regrets et cris de la duchesse de Beaufort, divulgués en l'an 1597, lors de la prise d'Amiens, que le mauvais succès des affaires du roi sembloit menacer ladite duchesse d'une disgrâce. »

2. L'entreprise échoua faute d'échelles.

3. Var. de l'édit. de 1620 : « ... *l'autre,* dont nous avons dit un mot à la haste ci-dessus, *fut de marque...* »

armes; nonobstant lesquels, les pétardiers enfoncèrent tout ce qui fermoit le ravelin, firent trébucher pont-levis et portes; de là jettèrent leur planche, sur laquelle le troisiesme pétard passant, fut laissé tomber dans le fossé par un coup de quartier et suivi par son pétardier, celui de devant ayant emporté le bas de la herse et n'ayant pas esté appliqué assez haut, si bien que les pièces tombées avoyent fermé le passage. On chercha par tout un troisiesme pétard et ne s'en put trouver; le régiment de Navarre demeurant cependant sur la contr'escarpe et les autres régimens emplissans la grand ruë du fauxbourg à la merci des mousquetades et canonnades, avec une patience mortelle à beaucoup de gens. Enfin, manque d'un troisiesme coup de pétard, les habitans eurent loisir de retrancher la ruë et mesmes d'y amener deux canons de batterie, et le mareschal de Biron, qui se chauffa long temps en une maison, prit occasion de commander la retraite, après avoir dit, non sans jurer, qu'Arras estoit failli, faute d'un pétard, et par la chicheté qu'on observoit partout, hormis aux amours. Retournons au siège d'Amiens.

On fut tout le mois d'avril à faire marcher les compagnies[1], celui de mai à investir, et en juin commencèrent les approches, qui furent de dure digestion, pour y avoir dans la ville trente canons de batterie basse et autant pour les deffenses. Les tranchées du costé d'Artois estans diligemment commencées et avancées par l'ingénieux Hérard, les Espagnols, qui n'estoyent

---

1. On conserve dans le fonds français, vol. 3447, f. 49, un état des compagnies de gens de pied de l'armée royale sous les murs d'Amiens à la date du 20 juin 1597.

assiégez que de loin de deçà la Somme, venoyent recueillir des bleds et des fourrages. Et, pource que quelques compagnies de chevaux-légers royaux les défendoyent, il s'y fit plusieurs charges[1], à l'une desquelles le mareschal de Biron, estant à la tranchée de Flessan, vid malmener les chevaux-légers du mareschal d'Ornane, commandez par le capitaine Jean. Et mesmes le roi, un jour se promenant de ce costé-là, peu accompagné, avoit couru fortune et esté contraint de se relaisser[2] derrière des mazures. Ce capitaine, donc ayant délibéré de s'en venger le lendemain, et bien reconnu comment et jusques où les assiégez s'avançoyent, il veint passer la nuict sur le pont de bateaux fait à Longpré, suivi de trois cents chevaux, la pluspart de la cornette blanche; parmi ceux-là, plusieurs seigneurs, comme le duc de Rohan[3], le comte de Chomberg[4] et le baron de Termes[5]. Avec cela, il s'embusque dans un hameau abandonné, à la couver-

1. La garnison d'Amiens fit, en effet, plusieurs sorties. Celle du 24 mai 1597 fut dirigée par Porto-Carrero et le marquis de Monténégro. Les autres se produisirent vers la fin du mois de juin.

2. *Relaisser,* terme de chasse, s'abriter.

3. Henri I*er*, duc de Rohan, célèbre capitaine calviniste, né le 25 août 1579, mort à l'abbaye de Kœnigsfelden (canton d'Argovie) le 13 avril 1638. M. Auguste Langel a consacré un savant volume à l'histoire de ce capitaine.

4. Gaspard de Schomberg, second fils de Wolfgang de Schomberg, fut naturalisé Français par lettres de Charles IX en 1570. Il devint gouverneur de la Marche, puis comte de Nanteuil, et mourut d'une apoplexie le 17 mars 1599 (*Lettres de Henri IV,* t. II, p. 423, en note).

5. César-Auguste de Saint-Lary, baron de Thermes et de Montbar, grand prieur d'Auvergne, chevalier des ordres en 1619, mort d'une blessure reçue au siège de Clérac le 22 juillet 1624 (*Lettres de Henri IV,* t. IV, p. 364, note).

ture duquel, et d'une combe¹ qui y touchoit, il se teint clos et serré jusques au poinct que le roi lui devoit donner signal; à la veuë duquel, lui d'un costé devoit donner et Montigné partir de Montacheux avec deux cents chevaux, enfiler la contr'escarpe et venir faire un gros à la porte de Beauvois pour empescher toute retraite à la merci des mousquetades, et exempt des canonnades pour estre trop près. Cela bien concerté, le roi choisit, au quartier de Flessan, le corps de garde du capitaine Vandré; où, ayant apresté ce qu'il faloit, le jour levé, le roi, rendu au lieu, ne vid pas plustost jouer aux barres le capitaine Jean avec ceux de la ville, qui vouloyent continuer leur avantage, et l'autre commandé de les agacer, comme pour se venger du passé; quand tout fut bien eschauffé, le capitaine Jean amena ses poursuivans passer devant le hameau. Le roi fit mettre le feu au signal; le mareschal gagne l'entredeux de la ville; Montigné fait ce qui lui estoit ordonné. Et ainsi, la cavalerie espagnole chargée de tous costez et leur retraite bien fermée, pas un homme de cheval ne rentra dans la ville, sinon ceux qui, en se faisans gens de pied, se jettèrent dans le fossé; tout le reste fut pris ou tué.

Chapitre XVIII.

Progrez, fin et secours renvoyé du siège d'Amiens.
Sa reddition.

Au commencement d'aoust, les trenchées venant boire dans le fossé à main gauche du ravelin, le roi fit

---

1. *Combe*, vallon.

battre par trente-deux canons de quarante-cinq qu'il avoit au siège. Cette pièce estant foudroyée fut attaquée au commencement par une reconnoissance de brèche et puis pied à pied. Là fut tué Hernan Tille[1], le troisiesme de septembre, comme il avançoit la teste pour voir la ruine. Le lendemain, les capitaines assemblez éleurent pour leur chef le marquis de Montenaigre[2]. Cette mort, suivie de près par celle de Saint-Luc[3], tué d'une mousquetade par le mesme endroit que le chef espagnol; Sainct-Luc, di-je, qui avoit quitté l'excellence entre les courtisans pour la gagner entre les gens de guerre; envié des premiers, aimé des autres jusques à la mort et après elle regretté.

Le siège se poursuivit par mines, principalement plus pratiquées lors qu'elles n'avoyent esté en France; car tel en faisoit une qui sautoit d'une autre, préparée sous ses pieds. A ce jeu se perdirent force gens, et entr'eux La Limaille, qui lors commandoit le régiment de Navarre. Ce régiment, employé aux plus dures besongnes du siège et redouté par ceux de dedans, qui se retenoyent de sortir le jour qu'ils le savoyent en garde, pour avoir esté receues par ces Gascons deux ou trois fois fort rudement. Ils les appeloyent *Luteranes*, parce que c'estoit la vieille semence du roi de Navarre, bien qu'il y eust plusieurs catholiques parmi eux. Mais les assiégez desployoyent leurs insolences sur le régiment de Picardie, qu'ils appeloyent

---

1. De Thou confirme cette date (liv. CXVIII).

2. Jérôme Caraffe, marquis de Monténégro, commandait la cavalerie de la garnison espagnole.

3. François d'Espinai de Saint-Luc, grand maître de l'artillerie, tué le 5 septembre 1597.

les *Maheuris*. Il se fait de telles différences dans les longs sièges et bien souvent sans raison.

Un jeudi se fit la grand'sortie par la porte de Montrescu, au sortir de laquelle ils firent deux fronts. L'un enfila les trenchées du régiment de Picardie à gauche, l'autre à droite les trenchées de Flessan. Et pource qu'à quelqu'autres petites sorties, les soldats, de ce costé-là, avoyent esté frians de venir aux mains, ils firent faire mine de retraite à ceux qui donnoyent par la contr'escarpe. Et cependant emplirent le fossé et le firent dégorger si à propos qu'en donnant par la teste et par le flanc ils emportèrent tout ce quartier, jusques au corps de garde du capitaine Vaudré; tout cela exploité si courageusement que, sans la venuë des Anglois, ils alloyent baiser l'artillerie. A ce combat moururent près de mille hommes à esgale perte, et parmi cela Fouquerolles, sergent de bataille, et Montigné et Flessan[1], mestre de camp.

Peu de jours après la grand sortie, La Burlote[2] se trouva avant jour avec plus de huict cents chevaux en un lieu eslevé, à trois quarts de lieuë de la ville, lieu choisi pour, sous la courtine de quelque bois, voir le sit général de l'armée. Soit qu'il eust pensé à jetter dedans des siens, soit que ce fust une recognoissance pour un combat à venir, tant qu'y a qu'estant descouvert par les fourrageux, après cela par les carrabins, qui cherchèrent leur seurté le cul sur la selle, ce capitaine se trouva harcelé par ces gens, au prix qu'ils arrivoyent sans ordre et sans commande-

---

1. Dans une lettre du roi à M. de la Force, en date du 4 août 1597, on lit : Lessaux et Mortigny, mareschaux de camp (*Lettres de Henri IV*, t. IV, p. 819).

2. Claude de la Bourlotte.

ment. Encor vit-il marcher d'autres troupes de cavalerie avant prendre parti de retourner. Le mareschal de Biron, premier averti, n'attendit de former aucune troupe, mais, ayant donné l'avis au roi, courut où les carrabinades l'appelloyent; car dans la retraitte, que de loin que de près, cette cavallerie espagnole, qui marchoit serrée, fut tousjours abayée d'une escoupeterie, qui se renforçoit au pris que les plus diligens arrivoyent. Le mareschal, à la première veuë, ayant pris jugement sur leur dessein de retraite, ne se vid plutost soixante chevaux ensemble qu'il fit une charge dans le dernier gros; dans lequel, encor qu'il fist impression, il fut receu sans altérer l'ordre pour cette fois. Mais, avant que ceux de la retraite fussent à une lieuë de Dourlans, le mareschal ayant de quoi charger et en queuë et en flanc, cette troupe harassée de mauvais garçons perd sa contenance, et, aux despens des derniers, les premiers tirèrent de longue. Le pis aller des Espagnols fut que la première charge se fit le long d'un bois, dans lequel La Burlote se sauva, le reste congné jusques aux contr'escarpes de Dourlans. Là demeurèrent sur la place quelque cent morts et deux fois autant de prisonniers, deux cornettes et deux ou trois cents chevaux pris, qui moururent presque tous.

Le cardinal d'Austriche, qui, dès le commencement de l'année, préparoit une armée pour la Picardie, ayant receu ce qu'il attendoit du Liège et de la Westphalie, se voyant dix-huict mil hommes[1] et fort solli-

---

1. Le cardinal Albert avait passé la revue de ses troupes à Douai. Son armée comprenait 18,000 fantassins, 1,500 chevaux de cavalerie légère et 1,500 hommes d'armes.

cité par Montenaigre, marche et se veint camper à
Dourlans. De ce costé, le roi, ayant fait faire un grand
retrenchement, défendu par divers petits forts, qui
portoyent les noms de ceux qui les avoyent faits et
les vouloyent garder, comme Bourbon, Rohan et
d'autres, se prépara à attendre le cardinal. Cette
besongne mal-aisée à vaincre et la lenteur du secours
apprirent aux assiégez de capituler, ce qui se fit et
arresta à toutes les honorables conditions qu'on pust
rechercher.

La capitulation de la ville estant faite, sauf à la
condition d'un secours notable, comme par armée qui
leur pust jetter trois mil hommes[1] dans leurs murailles,
le cardinal fut résolu par son conseil d'amener l'armée du secours; de laquelle les premières nouvelles,
envoyées de Corbie, firent préparer le roi, mais un
peu lentement[2], pour avoir en vain attendu la mesme
chose quelques jours auparavant. Ses estradiots et
quelque espion, duquel il alla prendre la response lui-
mesmes à une lieuë de Dourlans, le firent en fin monter à cheval pour reconnoistre. Il prend donc le duc
de Monpensier, chef de l'avant-garde à Vignancourt,

1. Ce secours de 3,000 hommes (De Thou dit 2,000) ne pouvait
entrer librement dans la ville que durant les six jours de trêve
accordés suivant les clauses de la capitulation. Ce délai expiré,
le roi devait prendre possession de la ville (De Thou, liv. CXVIII).
Les *Mémoires de la Ligue* contiennent plusieurs pièces sur les
efforts des Espagnols pour repousser l'armée royale, t. VI, p. 503,
505, 508, 509, 515. Voyez aussi une relation du capitaine espagnol, Laurence Roderigo, datée du 27 août 1597, f. fr., vol. 4019,
f. 389, et les pièces qui suivent.

2. Le roi, persuadé que le cardinal Albert ne viendrait pas
l'attaquer, négligea de fortifier le village de Longpré et se mit en
garde uniquement contre les sorties des assiégés.

et à trois lieuës par delà descouvrit l'armée[1]. Le roi, s'estant fait voir, permit une légère escarmouche aux carrabins seulement pour se dérober sous la fumée, s'avançant à deux cents pas devant le duc de Monpensier pour voir à qui il avoit à faire, mais il n'en put apprendre les démarches, pource que l'estranger, croyant avoir toute l'armée sur les bras, planta le piquet.

Le cardinal n'avança en deux jours qu'à Vignancourt seulement, et de là en avant poussant avec le nez et à veuë l'avant-garde, qui faisoit la retraite, non sans le coup du pistolet. Toutes les contenances de combat que put y apporter le duc de Montpensier arrestoyent peu ou point les démarches, pource que le premier plat de cette armée estoit de sept mille Espagnols naturels; pour les charges de la cavallerie et à chasque moustache du front quatre canons, que deux troupes de cavalerie descouvroyent à propos, pour en payer ceux qui leur présentoyent le combat.

Je ne puis cacher que le roi, pour monstrer à ses capitaines combien il estoit juste aux mesures, le lundi matin se donna le plaisir de la chasse, tellement qu'il n'arriva aux affaires que nous vous présenterons qu'à trois ou quatre heures du soir. En son absence donc, sur les onze heures, parut l'armée, qui noircit un costeau front à front du camp royal, ayant à sa main droite la rivière. Le duc de Mayenne, assisté de ce qu'il put, jugea promptement le dessein de ses anciens compagnons estre de s'emparer de Longpré pour avoir le choix du deçà et du delà et faire passer

---

1. L'armée du cardinal se trouvait alors aux environs de l'abbaye de Bertincourt.

deux mil cinq cents hommes triez à la porte de Hotoi, et, du reste, ce qui seroit de leur mieux. Il fut salué promptement de six pièces bastardes par Born[1]. De cela et d'une escarmouche qu'il fit attaquer, il fit tourner les pensées des ennemis vers lui, leur présenta un grand bataillon de Suisses et à chaque main un gros de cavallerie. Puis, faisant fendre les Suisses les plus avancez qui descendoyent le costeau, furent si bien servis de canonnades qu'on leur fit repasser le haut pour estre à couvert. Tout d'un mesme temps, Vic, selon le commandement qu'il avoit, assisté de La Nouë et des restes de Montigni[2], Flessan et autres, vint passer sur le pont de Longpré pour entrer en garde le long de l'eau et avoir jalousie des divers passages de Somme. Le mareschal de Biron se veint joindre aux Suisses pour coucher à Longpré. Ce fut sur le point que le roi, y arrivant, emmena le duc de Mayenne pour faire reconnoistre leur place et leur devoir. Ainsi acheva la journée aux escarmouches et canonnades perpétuelles, l'une desquelles, pensant favoriser la compagnie du duc de Vandosme, donna au milieu.

Le lendemain, au poinct du jour, ceux qui gardoyent la rivière voyent que par un pont de bateaux il passoit une grande foule d'infanterie qui estoyent les Mutinades[3]. Ceux-ci, se voyans descouverts, vou-

---

1. Jean de Durfort, s. de Borne, avait été chargé du commandement de l'artillerie à la mort de François d'Espinai de Saint-Luc.

2. Dominique de Vic; Odet de la Noue; François de la Grange de Montigny, commandant des chevau-légers.

3. *Mutinades,* mutins, mot cité par La Curne Sainte-Palaye, probablement les enfants perdus.

lurent gagner une chapelle et un cimetière pour faire un corps et à sa faveur faire passer ce qu'ils aviseroyent. A la veuë de cela, un s'avance aux compagnons pour leur dire : « Vous me reprochiez cette nuict ma longueur; dépeschons ceux-ci et nous en serons. » Cela dit, il fait tout partir au combat par troupilles. Les Espagnols mirent au-devant d'eux une nuée de mousquetades et les plus fermes voulurent débattre les fossez de quelques mesnageries; mais ils furent tellement pressez de leur honneur qu'il falut passer le pont à confusion, dont il fut crevé par la foule. Soit dit en passant qu'une des épidémies de crainte que nous avons dépeintes ailleurs avoit saisi l'armée, en partie pour l'absence du roi. Les soldats, en estans guéris, avoyent repris le courage à l'extrémité, comme il avient en tel cas; et parut en ce que, dès le poinct du jour, on ne put contenir les troupes. Et y a apparence qu'il faloit marcher avec moins d'ordre; car, cependant qu'on dresse les formes, l'armée espagnole, qui avoit filé dès le poinct du jour du derrière, faisant sa retraite, avoit gagné quelque intervalle, sans recevoir autre dommage que trois volées de toute l'artillerie, qui fit son eschec dans les Mutinades.

Le secours renvoyé, le vingt-cinquiesme[1], s'exécuta la composition. Et sortirent par la porte de Montrescu dix-huict cents hommes de pied et cinq cents chevaux,

1. La trêve accordée pour six jours expirait le 25 septembre 1597. A cette date, la ville n'ayant pas reçu de troupes auxiliaires, Henri IV prit possession d'Amiens. Les *Mémoires de la Ligue* contiennent plusieurs relations du temps sur la prise d'Amiens, t. VI, p. 517, 519, 521, 522 et 529.

force blessez. Les enseignes mirent la pointe à terre, passant devant le roi, les capitaines les genoux avec admiration de ce prince, qui receut courtoisement le marquis[1]. Avant partir, le roi ordonna et esleva une citadelle, afin que les bourgeois ne dissent plus en leurs harangues *nostre ville*. Vic en fut gouverneur.

Le roi alla présenter la bataille à Dourlans, où estoit l'armée, et en alla faire encores autant devant Arras; où, ayant demeuré longtemps en ordre de combat, non sans quelques escarmouches, il fit tirer à travers la ville une volée de toute son artillerie. Et là se séparèrent les deux armées, tant la françoise[2], à cause de l'hyver, que l'autre, pour cela mesmes et pour les affaires du Pays-Bas que nous verrons. Et toutesfois, avant se retirer, La Burlote reprit Imbercourt.

Chapitre XIX.

Tour vers les parties méridionales de la France. Rencontre de Sainct-Yrier. Siège de Blaye. Entreprise d'Agen.

Il est temps de faire un tour vers les parties méridionales du royaume. Nous trouvons en chemin, en reprenant les premières années du département de ce livre, un eschec aux despens des royaux. Ceux qui

1. Le marquis de Monténégro. On conserve dans le fonds français, vol. 4744, f. 74, une copie des articles accordés par le roi au marquis de Monténégro, au sujet de la reddition d'Amiens. Cette pièce est datée du 19 septembre 1597.

2. L'armée française se retira à Pas (Somme), où le roi, le lendemain, fit maréchal de France Urbain de Laval Bois-Dauphin (De Thou, liv. CXVIII).

[1597] LIVRE QUATORZIÈME, CHAP. XIX. 145

ont escrit ont ignoré ou voulu taire de tels coups, et je les recherche pour rendre l'équité promise.

Pompadour[1], assisté de Sainct-Chamant[2], des Restignacs, de quatre cents harquebusiers d'autour de Limoge et de la Capelle-Biron et de son frère, et, ayant promesse de Mompesac[3], entreprit le siège de Sainct-Yrié-la-Perche[4], où Chambret[5] s'estoit jetté. Le duc de Ventadour[6] fit amas pour le secours, y employa le comte de la Rochefoucaut, Beaupré[7], la coste de Mézières et, à la faveur[8] du comte, force noblesse de Poictou, Angoumois et Xainctonge, desquels le rendé-vous fut à Sainct-Germain, auprès de Confoulant[9], où toutes les troupes, s'estans jointes, prirent logis à la Tour. Le jour d'après, la cavalerie, ayant

1. Louis de Pompadour et Desprez de Montpezat étaient gouverneurs pour la Ligue du Limousin, du Quercy et du Périgord (De Thou, liv. CI).

2. Saint-Chamant, s. du Péché, gouverneur de Château-Thierry.

3. Henri Desprez, marquis de Montpezat, second fils de Melchior Desprez et d'Henriette de Savoie, était frère du marquis de Villars et de la duchesse de Mayenne.

4. Le siège de Saint-Yrieix-la-Perche eut lieu en l'année 1591 (De Thou, liv. CI).

5. Louis de Pierrebuffière, seigneur de Chambert, Beaumont et Marillac, gentilhomme ordinaire de la chambre du roi, était fils de François de Pierrebuffière et de Jeanne de Pierrebuffière (*Lettres de Henri IV*, t. III, p. 705, en note).

6. Anne de Lévy de Ventadour, gouverneur de Limousin.

7. Christian de Choiseul, baron de Beaupré, fils de René de Choiseul et de dame Mahaut de Francières, mort le 3 mai 1593 en défendant pour le roi, contre la Ligue, le château de Montclair (*Lettres de Henri IV*, t. I, p. 322, en note).

8. Gabriel de Rie de la Coste de Mézières, gouverneur de la Marche.

9. Saint-Germain-les-Belles et Confolens (Haute-Vienne).

envoyé l'infanterie et son bagage à Bonneval[1], s'en alla passer à la veuë du siège. Sainct-Chamant, logé en lieu pour estre plustost à cheval, ralia, d'un grand effroi qui se mit à l'armée, quelques trois cents harquebusiers et quatre-vingts chevaux, et, en s'eschauffant sur le passage, fit une charge, où il fut receu et tué sur la place. Sur cette cheute, les siens prirent l'effroi et en firent telle part aux liguez que tout s'en alloit à vau de route et vouloyent jetter le canon dans un puits, sans l'arrivée de Mompezac avec six ou sept vingts gentilshommes. Cela rasseura tout, et les meilleurs, s'estans ralliez à lui, reconnurent que les royaux leur tournoyent l'eschine pour aller se joindre à leur reste, qui estoit à Bonneval. Sur cette connoissance, ils prenent ordre pour marcher après. Et le duc de Vantadour, ne voulant pas perdre sa prééminence en son gouvernement, voulut faire la retraite avec près de cent gentilshommes de Limousin.

Comme les troupes passoyent un mauvais chemin, elles virent venir à toute bride celle de retraite avec un cri que quatre cents harquebusiers gagnoyent le bout du chemin pour y enfermer tout. Cela fit que tous se hastèrent en espoir de faire ferme par-delà le mauvais passage. Les ennemis, ayans marqué ces diligences de dessus un haut, jugèrent de l'effroi, surtout quand ils virent force noblesse embourbée dans le marais, où les gens de pied et ceux qui voulurent mettre pied à terre en tuèrent plusieurs sans défense. Quelques-uns de la vieille nourriture du roi, entre ceux-là Sainct-Amant, se rallièrent en petit nombre et firent une charge aux plus avancez, entre lesquels ils

---

1. Bonneval (Haute-Vienne).

prirent le gouverneur de Périgueux huictiesme. Comme ils les démontoyent, arrive Mompezac avec son gros, qui accable Sainct-Amant, le prenant prisonnier, blessé en plusieurs lieux, et, le reconnoissant, le voulut tuer, sans le lieutenant de Pompadour, qui le sauva. Le comte de la Rochefoucaut, voyant son lieutenant engagé et tout en fuite, s'escria : « Il ne sera pas dit que j'aye fui avec ces armes dorées. » Il prit donc le combat, où il eut d'abordée son cheval tué sous lui, et, remonté par son escuyer, revint à la charge, où il se vid bientost abandonné de tous. Et lors il cria aux ennemis : « Je suis le comte de la Rochefoucaut, vingt mille escus sont bons. » Quelques fugitifs de Limoge respondirent qu'on ne sauvoyent point la vie aux huguenots; et, entre ceux-là, un nommé La Bisse le saisit et le poignarda. Et toutesfois la courtoisie, dont les royaux faisoyent profession, les perdit, pource qu'ayant pris le mesme jour le frère de la Capelle-Biron, ils l'avoyent laissé aller sur foi de cavallier, et les autres apprirent par lui les nouvelles qui les firent venir au combat.

Chambret, voyant son secours défait, rasseura ses compagnons, les fit résoudre à l'extrémité, et, après avoir enduré mille six cents coups de canon en une bicoque, qui n'avoit jamais esté estimée en devoir souffrir un, contraignit Pompadour à lever le siège[1] sur une nouvelle partie qui se faisoit pour y aller.

En suivant, non selon le temps, mais selon mon chemin, je veux dire un mot du siège de Blaye[2] par

1. Le siège de Saint-Yrieix-la-Perche n'avait duré que vingt jours (De Thou, liv. CI).
2. Le maréchal de Matignon assiégea la ville de Blaye le

le mareschal de Matignon. Nous n'avons pas beaucoup à apprendre en ce qui est du corps du siège, car ce ne fut qu'une ceinture à la place pour l'emporter par incommoditez, comme ne pouvant estre prise par effort; mais les branches de ce siège ont quelque chose qui veut estre dit, comme le ravitaillement que les Espagnols, par la sollicitation de Lansac[1], y amenèrent avec seize vaisseaux, qui, horsmis trois ou quatre, n'avoyent que nom de pataches[2]. Avec cela, la place fut rafraîchie d'hommes et de ce qui leur pleut.

Et, comme les vaisseaux de la coste eurent joint deux Holandois et que les Rochelois y eurent envoyé ce qu'ils avoyent de meilleur, le temps contraignit l'armée espagnole de relascher au bec d'Ambez, là où deux navires holandois et espagnols s'estans saisis, le plus foible fit sauter avec les poudres tous les deux, afin que la victoire de l'un fust empeschée par la mort de tous. La stupidité et le mespris de la renommée m'empesche pour cette fois de vous en donner les noms.

L'armée des François éleut pour amiral La Limaille, car c'estoit avant le siège d'Amiens, qui estoit, comme j'estime, le plus pauvre de tous les capitaines qui y avoyent contribué leurs vaisseaux, mais entendu au fait de la marine et homme de courage, comme nous vous l'avons fait voir en Oléron. Et, pource que six

---

21 décembre 1592 et fut obligé de lever le siège le 19 juillet 1593 (*Chronique de Cluseau*, t. I, p. 69 et suiv.). Le gouverneur de la place était Jean-Paul d'Esparbez de Lussan.

1. Guy de Saint-Gelais, s. de Lansac.
2. La flotte espagnole arriva au secours de Blaye le 17 juillet 1593.

ou sept vingts gentilshommes, entre ceux-là plusieurs
de bonne maison, s'estoyent jettez sur les vaisseaux
par honneur, ils ne pouvoyent souffrir celui qu'ils
estoyent contraints de rendre à un homme de moindre
condition qu'eux. De là naquirent plusieurs inventions
et reproches contre La Limaille; dont avint que l'armée espagnole, ayant pris son temps et passé à la
veuë de l'autre sans estre combatue, toute la noblesse
criant *Bataille*, l'amiral n'eut pas faute d'acusation. A
quoi s'ameuta aussi le mareschal de Matignon, si bien
que, plein de divers raports contre cet homme, il le
fit comparoistre à Rouan au conseil du roi. Ce prince
et ses amis lui firent dire qu'ils s'absentast, mais il
n'en voulut rien faire. Et, quant le mareschal eut fait
une furieuse harangue contre lui, concluant qu'il seroit
pendu ou qu'il falloit quitter le mestier, cettui-ci
demanda au roi s'il ne lui avoit pas commandé d'obéyr
absolument au mareschal. Cela estant concédé, il tire
deux lettres de sa pochette, lesquelles estans reconnues, on vid que la première lui défendoit tout combat avant l'arrivée du mareschal; la seconde, le mesme
avec menaces de mort; et puis, en excusant l'ennemi
de sa vie, il monstra par reigles de marine que ce
combat ne se pouvoit. Soit dit à la descharge de ce
pauvre capitaine, que nous venons de voir mourir à
Amiens, à un exemple des espines que trouvent en
leur chemin ceux que la vertu eslève par-dessus l'extraction, et à la bonne justice d'un roi, homme de
guerre, pource que, devant les princes ignorans du
mestier, peu de probité se sauve devant tels accusateurs.

Encores, devant la prise d'Amiens, s'estoit passé

dans Agen un accident notable par la prise de la ville, escalée et pétardée sur la reconnoissance et sous la conduite de Favas[1]; qui, ayant fait franchir la muraille aux siens, défait les corps de garde, gagné toutes les places, il fut aresté premièrement par une galerie percée et flanquée sur la porte du Pin. Le pillage de la ville, qui est belle et riche, lui ayant desbauché tous ses hommes, hormis quelque peu de gens de commandement, tant s'en faut qu'il lui restast de quoi forcer la petite citadelle, que les habitans, s'estans ralliez aux maisons plus prochaines et quelques-uns dans le fossé de dehors, firent un gros dans la rue proche de la porte que Favas n'osa halener. Quand le capitaine de la porte se vid si froidement attaqué et par si peu de gens, se voyant deux cents hommes contre vingt, il fit lascher le pied à Favas jusques dans la grande place, et là recueillit ceux qui avoyent gagné quelque temps ou qui s'estoyent cachez. Favas, n'ayant oublié rien de ce que pouvoit un capitaine en tel cas, fit assez ce ralier ceux que le danger avoit rendu obéyssant, en laissant perdre environ quarante des autres. A la retraite fut tué Sainct-Chamaran, séneschal du pays. Favas se retira, presque tousjours combatant, jusques à Lésignan[2].

1. Jean de Fabas ou Favas, baron d'Auros, maréchal de camp, fut nommé en 1605 gouverneur de la sénéchaussée d'Albret.
2. D'Aubigné se trompe. Il n'y eut point de surprise d'Agen à la date où nous sommes. L'auteur raconte ici une surprise de la ville qui eut lieu dans les premiers jours de janvier 1591 et où le capitaine Saint-Chamarand fut tué avec son fils. Ce fait d'armes a été le sujet d'une relation qui a été publiée par M. George Tholin dans *la Ville d'Agen pendant les guerres de religion au XVIe siècle*, chap. XVII. Le 20 avril 1594, les trois ordres de la ville d'Agen

Il n'y a rien entre la Provence et nous, qui nous arreste en chemin.

Chapitre XX.

*De Provence, Dauphiné et autres lieux voisins.
Prise du fort de Barraulx.*

Ayant la Provence, le duc d'Espernon, qui s'y establissoit, Lesdiguières, qui avoit employé ses forces à faire deux voyages les deux années passées de ce costé[1], voulut travailler du sien; et pourtant partit de Grenoble à la fin du mois de juin 1596[2] avec cinq mil hommes de pied et près de six cents chevaux[3] pour donner dans la Morienne[4]. Ce fut avec des peines indicibles qu'il put faire passer ses troupes au haut de la montagne, où il trouva pour rafraîchir ses gens harassez un corps de garde de quelques cinq cents hommes qui ne devoyent pas estre forcez aux avantages qu'ils gardoyent. Mais les cimes des rochers ayans esté gagnées par les costez hors de toute espé-

---

avaient décidé l'envoi d'une députation au roi pour lui apporter leur soumission.

1. Devenu gouverneur de Grenoble, dont il se rendit maître par trahison en 1591, Lesdiguières passa les années suivantes (1592 à 1598) à guerroyer avec succès, tantôt contre le duc de Savoie, tantôt contre les ligueurs de la Provence.

2. Cette campagne commença au mois de juin 1597, non en 1596, comme le dit d'Aubigné (De Thou, liv. CXIX).

3. Lesdiguières partit de Saint-Robert, près de Grenoble, avec 6,000 hommes et 500 chevaux le 20 juin 1597.

4. Le pays de Saint-Jean-de-Maurienne (Savoie). M. l'abbé Truchet a publié en 1887 une étude, *Saint-Jean-de-Maurienne au XVIe siècle*, où il a condensé, d'après les archives de cette ville, des détails nouveaux sur la guerre du duc de Savoie.

rance et après une grande estude du pays, et d'ailleurs estans hazardeusement pressez par le devant, les royaux mirent la main fort courageusement aux barricades, en renversèrent quelques-unes et prirent pied. Ayans chassé cette garde, sur laquelle dormoit le comte de Salines[1], lieutenant du duc de Savoye, il lui fallut quiter la Morienne, qui fut aussitost saisie. Il eut soin du chasteau de Sainct-Michel[2], où, s'estant avancé pour rasseurer la garnison, il rendit quelques légers combats, mais il fallut vuider, et de là en avançant prendre son partage au delà du mont Sénis, et ayans les siens, à la retraite, quitté la pluspart des armes et toutes les munitions. Les royaux fortifièrent les chasteaux Sainct-Jean et Sainct-Michel et accommodèrent quelque corps de garde sur le grand chemin qui va en Piémont.

Le duc de Savoye[3] n'eust pas plustost mis ensemble trois mil hommes de pied, la pluspart Italiens, et quelques six cents chevaux, que, passant par le val d'Oste[4], il gagna la Tarantaise[5], où le comte Martinangues avoit son armée, composée de six mil hommes

---

1. Sancho de Salinas, colonel de la cavalerie légère du duc de Savoie.

2. Saint-Michel-de-Maurienne (Savoie).

3. Charles-Emmanuel Ier, né le 12 janvier 1562, fils unique d'Emmanuel-Philibert, duc de Savoie, et de Marguerite de France, fille de François Ier, mort le 28 juillet 1630. Avant de commencer la guerre, le roi lui avait envoyé Sillery et Biron en négociation (Instruction de 1596; f. fr., vol. 3463, f. 90).

4. La vallée d'Aoste en Italie, près du Mont-Blanc, formée par le cours supérieur de la Dora-Baltea, affluent du Pô.

5. La Savoie portait autrefois le nom de *Forum Claudii*, puis celui de *Tarentasia*, qui sert encore à désigner le diocèse. La Tarentaise avait pour chef-lieu Moutiers (*Monasterium*).

de pied et de huict cents chevaux. Lesdiguières ne destourna point pour cela son dessein ; il y ajousta seulement d'emporter Aiguebelle[1] et de la fortifier, tant pour le passage que cette place donnoit aux vivres que pour celui qu'elle fermoit à tout ce qui pouvoit venir de la Savoye à la Morienne et à tout le pays conquis. Puis après, pour tenir ouverte l'intelligence de son armée et de Grenoble et en pouvoir tirer rafraichissemens d'hommes et de munitions, il partit, le seiziesme jour du mois de juillet, avec sa cavalerie et les régimens d'Auriac et de Fontcouverte pour joindre l'artillerie, qui lui venoit escortée par les compagnies de Grotes, Rival et Vedouze. Il donna ce rendé-vous à la Rochette, qui ne tenoit pas pour lui, mais, y arrivant des deux costez à la fois, les retrenchemens du bourg furent aisément quitez et, le lendemain, les soldats se rendirent à la veuë du canon, conduits jusques en lieu de seureté.

Après un couple de jours employez à racoutrer les chemins, l'armée royale prit par effroi le chasteau de Vilars, Salet fit son logis à Chamoux[2]. Cependant, la cavalerie investissoit Chamousset[3] et commençoit à s'avancer dans le pays pour prendre langue de l'armée, qui estoit logée pour lors à Miolans et à Sainct-Pierre-d'Albigni[4]. On apprit par des prisonniers que le duc venoit prendre le logis de Chamousset, et de mesme temps faisoit sur l'Isaire, de l'autre costé de

1. Aiguebelle (Savoie). Lesdiguières commença le siège de cette ville le 6 juillet 1597 (De Thou, liv. CXIX).
2. Chamoux (Savoie).
3. Chamousset (Savoie).
4. Miolan, Saint-Pierre d'Albigny (Savoie).

la rivière, un fort de trois angles, desjà en défense et levé de la hauteur d'une pique en la première nuict. Il falut consulter sur ce logis le mal qu'il faisoit à l'armée et la difficulté de l'emporter. Ce fut pourtant à quoi veint la résolution. Les forces du duc, estans logées sur l'autre costé de la rivière, avoyent quatre bastardes, desquelles ils flanquoyent à costé et en eschine les deux lattes du fort, qui estoit plein de six cents hommes triez par les bandes ; et, outre cela, la fleur des courtisans de Savoye s'y estoit jettée de gayeté de cœur. Nonobstant, deux mille harquebusiers, que Crespi[1] fit avancer, ne peurent souffrir plus de sept coups de canon, qui avoit marché avec eux, et ne virent pas plustost une égrignure à une des cornes, que gentilshommes, pied à terre parmi les gens de pied, y donnent, et par opiniastreté l'emportent, tuent ou font noyer quatre cents hommes, entre ceux-là le baron de Chauvirieu[2], le collonel Just prisonnier. Tout à la veuë de Son Altesse[3].

L'armée du roi avoit laissé la tour Charbonnière, assiégée de trois régiments. Cela se rendit au retour de ces troupes, qui, jointes, emportèrent de deux

---

1. Il s'agit ici, non de Crespi, mais de Charles de Blanchefort, seigneur de Créquy, fils d'Antoine de Blanchefort et de Chrétienne d'Aguerre, qui fit ses premières armes au siège de Laon en 1594 et termina glorieusement sa carrière militaire devant Brêmes, où il fut tué d'un coup de canon le 17 mars 1638. Plus loin (p. 159) d'Aubigné remet le nom de Créqui dans son texte.

2. Le baron de Chauvirey, Franc-Comtois (De Thou, liv. CXIX).

3. Le duc de Savoie était de l'autre côté de l'Isère avec 6,000 hommes et 800 chevaux ; il ne put empêcher la prise de Chamousset, dont la garnison capitula le 20 juillet 1597 (De Thou, liv. CXIX).

cents coups de canon l'Esguille[1], chasteau posé sur une croupe de rocher ; c'estoit ce qui restoit pour rendre la Morienne toute à un. Or, ce qui avoit empesché le duc d'essayer le dernier combat avec les royaux, c'est qu'il attendoit cinq mil hommes, moitié Suisses, le reste Néapolitains et Espagnols. Il n'eut pas plustost joint cela qu'il veint affronter l'armée royale logée au Molettes[2] et lui prit son quartier à Saincte-Hélaine[3], à une canonnade de là, un grand pré et un petit marais entre deux, où l'escarmouche s'attaqua dès le premier soir.

Le lendemain, le duc fit paroistre toute son armée dedans ce grand pré, où il estendit quinze mil hommes de pied et quinze cents chevaux. L'envie que l'autre armée prit d'en faire autant fut cause d'une escarmouche de cinq heures et de la mort de près de six cents hommes des deux costez[4], beaucoup moins des royaux, pource qu'ils passoyent la veuë à la mire, et les autres, hormis les Espagnols, tiroyent par acquit. Encor[5] faut-il marquer que, dès le soir avant l'escarmouche, le duc logeant à Sainct-Héleine, l'autre armée avoit tasté son logis, où il retourna le lendemain au commencement de l'escarmouche, faisant donner si

---

1. La garnison du fort de l'Éguille obligea le gouverneur Bay à capituler (De Thou, liv. CXIX).

2. Lesdiguières avait placé son infanterie aux Molettes et sa cavalerie à la Chapelle-Blanche. Lui-même avait pris son quartier aux Essals (Savoie) le 7 août 1597.

3. Sainte-Hélène (Savoie).

4. Combat et victoire de Lesdiguières sur l'armée savoyarde, près du ruisseau le Coisin, 8 août 1597.

5. La fin de l'alinéa et le commencement du suivant jusqu'à ces mots : « *Mais le lendemain...* » manquent à l'édition originale.

vertement sur le premier logis de l'infanterie et notamment au quartier de Rosans et du vicomte de Pasquières qu'il les emportoit sans la venue de Lesdiguières, qui, ayant veu le commencement du désordre, fit jetter ses gardes à pied suivies du régiment de Foncouverte. Ceux-là regagnèrent un petit ruisseau, duquel les ennemis s'estoyent saisis. Encor falut-il une bonne et rude charge que fit ce chef en pourpoint, son cheval tué entre ses jambes. Ce combat estoit favorisé de deux pièces de campagne que le duc fit loger à cinquante pas des retranchemens des royaux[1].

Le logis qui causa cette escarmouche fut trouvé fort dangereux et fort débatu au conseil, et tous acquiessoyent à lascher le pied dans un discours remarquable sur le poinct d'honneur. Mais, le lendemain, le duc, pensant faire venir ses gens aux mains, fit avancer trois mille harquebusiers et deux mille Suisses pour passer la queue du marais lors qu'ils feroyent tirer un coup de canon; mais ceux du roi, à ce mesme signal, par tout au combat, ne perdirent un pouce d'avantage, et n'y eut rien qui peust traverser le marais que le collonel Ambroise, sur les six heures du soir, qui fit passer cinq cents Espagnols naturels. Les gens de pied leur faisoyent place, quand La Baume[2] et Le Pouet les meslèrent et en firent demeurer cinquante et le reste repasser, la pluspart désarmez. Le duc de Savoye, ayant laissé à tous ces jeux bien qua-

1. Autre combat, autre victoire de Lesdiguières, dit combat des Molettes, 14 août 1597 (Roman, *Actes et corresp. de Lesdiguières*, t. I, p. 300).
2. Antoine d'Hostun, seigneur de la Baume, bailli des Baronnies, sénéchal de Lyon, maréchal de camp, mort en 1609 (Roman).

1597]   LIVRE QUATORZIÈME, CHAP. XX.   157

torze cents hommes, en emporta plus de huict cents blessez[1] et s'alla loger aux Barreaux[2], à l'entrée de la valée de Grisvaudan, et la royale se logea vis-à-vis à Pontcharra[3], la rivière d'Isaire entre deux.

Le duc eut encor deux afflictions en ses affaires, l'une une deffaite de la milice de Piémont en la valée de Pragela, que les garnisons royales, ramassées, chargèrent et en firent demeurer près de douze cents hommes, la pluspart noyez. L'autre fut une course de La Baume et de Sainct-Just, qui, avec deux cents carrabins, s'embusquèrent, avec grand péril de l'eau, en une isle avant jour. Sancho de Salines, collonel de la cavalerie légère du duc avec cinq cents maistres, passe à leur veuë. La Baume, les ayant laissé couler, pousse devant Sainct-Just avec quarante maistres et vingt[4] carrabins. Cettui-là, rafraîchi par Aramont, donne serré dans la grosse troupe où estoit Salines et l'emporte avec peu de combat. La première, qui estoit commandée par Évangéliste, n'attendit La Baume que du pistolet. Là furent tués deux cents hommes sur la place, six vingts prisonniers et tous les principaux, comme Salines avec son lieutenant, Parmenion, Jean Toc et le comte de Gatinari[5]. Entre les prison-

1. Ces divers combats eurent lieu vers le milieu du mois d'août 1597 (De Thou, liv. CXIX).
2. Le fort Barraux est situé en Savoie, tout près de l'Isère.
3. Pontcharra (Isère).
4. L'édit. de 1620 porte 200 carabins.
5. Don Parmenyon; don Johan Toc, beau-frère de Salinas, officiers espagnols; Philibert Mercurin-Arbosio, comte, puis marquis de Gattinara, capitaine, grand maître d'hôtel du duc de Savoie; tous cités par M. Roman, *Actes et correspondance de Lesdiguières*, t. I, *passim*.

niers, Évangéliste, Roario, Probio[1], tous ayans des compagnies de cavalerie. La perte du costé des François ne fut que de six hommes, tant a d'avantage celui qui surprend.

De là, le duc de Savoye alla dresser le fort de Barraux, duquel la prise a esté tant remarquée. Mais nous ne pouvons venir là que nous ne vous fassions voir premièrement les forces d'une part et d'autre hyverner et puis recueillir celles du duc les premières, pour prendre ses avantages à son tour dans la Morienne, avec la reprise des places qu'on avoit gagnées sur lui, presque toutes par capitulation. Ici, je me plains de tous les imprimeurs de mémoires, qui dérobent à la postérité et qui suppriment les heureuses et vertueuses actions, tant du prince, auquel nous avons maintenant affaire, comme aussi de tous les autres du contraire parti. En attendant que je les puisse mieux servir, s'ils se confient en moi, je vai relever une action fort notable, estant bien marri que je ne le puis faire avec plus de particularitez.

Le duc, picqué de l'année passée, mit sur pieds ses forces, dès la fin de février 1598, lui estant la diligence de tant plus utile que les neiges rendoyent les secours plus malaisez. Il assiégea Aiguebelle au commencement de mars[2] et la pressa furieusement. La place, ayant esté mise en bon estat, faisoit estimer à Lesdiguières qu'il auroit assez de temps pour le secours, auquel il s'achemina beaucoup plus foible que le duc. Il arriva à deux lieuës de la place le

1. Évangelista, Don Riario et Don Probio, capitaines de chevau-légers, cités par de Thou.
2. La même date est donnée par de Thou (liv. CXX).

propre jour qu'elle se rendit, qui fut par capitulation. Et est à remarquer que tous ceux de la garnison, ayans la vie sauve, furent retenus enfermez, et l'armée secourante se présentant, les Savoyars faisoyent fumer leurs trenchées et leur courtine de mousquetades et de coups de canon, ce qui donnoit asseurance à Créqui, menant la teste du secours; tellement que, contre l'avis de son beau-père[1], il s'avança de donner à un coin où la place le devoit favoriser. Les assiégeans font semblant de lui quitter la trenchée; et ce fut par où il s'engagea avec deux cents hommes des siens, dont la pluspart estoyent gentilshommes, où il beut premièrement ce que la courtine de la ville et le partage qu'on avoit fait aux trenchées lui pût envoyer. Et puis deux gros de piques et de mousquets, et de plus, la cavalerie lui coupèrent queuë, et tout le reste de l'armée, logé avantageusement, fit résoudre les forces royales à se retirer, demeurant Créqui et septante hommes de marque prisonniers et le reste de ce qui s'estoit avancé mort sur la place.

Ce fut de cet accident que sortit la querelle[2] d'entre le fils naturel de Savoye, Dom Philipin[3], et Créqui, et

1. Le beau-père de Créquy était le connétable de Lesdiguières. Charles de Blanchefort, seigneur de Créquy, avait épousé, en 1595, Madeleine de Bonne, fille aînée du connétable. Devenu veuf, il se remaria, en 1623, à Françoise de Bonne, sœur de Madeleine de Bonne (*Lettres de Henri IV*, t. IV, p. 1018, en note).

2. Lorsque Lesdiguières s'empara du fort de Chamousset (Savoie), Chauvirieu, gouverneur de la place, fut tué dans l'action, et l'écharpe qu'il portait tomba entre les mains de Créquy. Lorsque Philippin réclama le corps du gouverneur, Créquy lui offrit également l'écharpe du défunt. Philippin se crut offensé et résolut de se venger (De Thou, liv. CXXIII).

3. Philippin, fils naturel d'Emmanuel-Philibert, duc de Savoie,

dont, après quelques reproches sur la naissance dès la prison et depuis par plusieurs envois et deffis, les deux partis amenèrent leur champion en une isle et un pré fauché; lesquels, visitez par les parrins[1] et trouvez sans armes deffensives, furent laissez aller. Créqui versa le prince bastard par terre. L'un des partis emporta son mort[2], l'autre s'en retourne victorieux, quoique les Savoyars fissent un salve du bort, au regret des plus honnestes gens.

Pource que le duc avoit achevé son fort de Barraux, le 24 d'aoust de l'an 1597, il lui donna le nom de Sainct-Barthélemi et authorisa cette nomination de feux de joye, canonnades et artifices de feu, tout cela pour le rendre par le nom plus désagréable aux huguenots. Après cela, il avoit laissé dedans Bellegarde, avec sept compagnies et quelques gentilshommes apointez, tout bien garni de toutes sortes de munitions. Lesdiguières passa l'hyver à le faire bien reconnoistre. Entre ceux qu'il y avoit employez, un lui raporta qu'elle se pouvoit escaler à une tenaille que le roc fait faire à la main droite du coin, qui regarde vers Grenoble, et que, depuis cette tenaille, tout le long de la courtine, devers la rivière, il y avoit mesme facilité. Le plus fascheux estoit qu'il falloit éfleurer le coin du bastion pour entrer dans le fossé par une ouverture à la contr'escarpe, qui estoit le passage des hotteurs. Il y avoit d'ailleurs une muraille,

---

et de la fille de Martin Doria, général des galères de Savoie.

1. Le baron d'Attigny pour Créquy et La Buisse pour Philippin, bâtard de Savoie.

2. Le bâtard de Savoie mourut des suites de ses blessures. Ce duel eut lieu le 2 juin 1599, près de Quirieux, en Dauphiné.

[1597]   LIVRE QUATORZIÈME, CHAP. XX.   161

laissée au bout de la montée, derrière laquelle on pouvoit prendre haleine tout à couvert. Cela bien reconnu, Lesdiguières prépare trente eschelles, fait passer l'eau de l'autre costé à la pluspart de ses forces pour divertir les pensées[1], mais fit prendre de nuict le chemin contraire à ceux de qui il se vouloit servir, assavoir douze cents hommes de pied et deux cents salades, qui se rendirent à Lombin[2] le quinziesme de mars. Là, il partagea ses commandemens.

A Morges[3], qui menoit la teste, huict eschelles, chacune de dix hommes choisis, armez avec le pistolet et l'espée, hormis les deux eschelles de Montalquiers[4] et de Sainct-Bonnet[5], où donnoyent quatre harquebusiers, La Buisse et Sainct-Jeurs[6], joints à Morges, pour donner aux premières eschelles. La seconde troupe estoit commandée par Hercules[7], lieutenant des gens d'armes du chef, assisté de Montferrier.

1. Lesdiguières fit passer ses troupes sur le pont de l'Isère, à Grenoble, et, pour tromper l'ennemi, simula une marche du côté de Saint-Jean-de-Maurienne.
2. Lesdiguières rejoignit ses troupes à Lombin le 15 mars 1598 vers neuf heures du matin.
3. Abel de Bérenger de Morges, gouverneur de Barraux et de Grenoble, maréchal de camp, neveu de Lesdiguières (Roman, *Actes et correspondance de Lesdiguières*, t. I, *passim*).
4. François Philibert, s. de Montalquier, né à Gap vers 1545, capitaine des gardes de Lesdiguières, gouverneur des citadelles d'Embrun et de Puymore, mort en 1634 (Roman).
5. Probablement Henri de Chapponay, s. de Saint-Bonnet, contrôleur général des finances (Roman).
6. Marc-Antoine de Castellane, s. de Saint-Jurs, fils incestueux d'Honoré et de Blanche de Castellane (frère et sœur), chevalier des ordres du roi, maréchal de camp, gouverneur de Seyne et de Ries (Roman).
7. Hercule du Serre, gouverneur de la vallée de Mairia, mort en 1622 (Roman).

IX   11

Ceux-là plantoyent cinq eschelles, garnies d'hommes armez, et Rosans[1] une pour les harquebusiers choisis. Auriac[2] menoit la troisiesme, assisté de Beauveil et Du Buisson[3]. La dernière fut ordonné à Marvieu[4], assisté de Serre, et ceux-là avoyent un peu plus d'harquebusiers. Les capitaines Bimard et Suges portoyent deux pétards, l'un à la poterne et l'autre à la grande porte du devant. Du Favel eut une troupe pour alarmer par tous les endroits où on ne donnoit point. Le reste des gens de pied devoit demeurer à une mousquetade de la cavalerie et estre en garde à la plaine Champarillan, sur quelques avis de forces qui leur devoyent arriver de ce costé-là.

A l'entrée de la nuict, qu'on avoit attendue par une longue halte, il falut partager les hommes, les eschelles et les pétards, à quoi se passa jusques à dix heures. Cela se fit à un quart de lieuë du fort, le bagage laissé là. Les premiers arrivent à veuë de sentinelles à onze heures, et trouvèrent toute la garnison placée sur les courtines, bien avertie par l'honnesteté de Messieurs les valets, qui avoyent allumé pour leur commodité plus de cent feux à veuë du fort, pour avoir fait cette faute de n'avoir laissé quelques prévost ou archers avec ces galands ou pour les avoir fait demeurer trop près. Les capi-

---

1. Jean-Antoine d'Yze, seigneur de Rosans et de Miribel, gentilhomme de la chambre du roi, gouverneur d'Exilles (Roman).

2. Étienne de Bonne, s. d'Auriac, de la Rochette et de la Batie, vicomte de Tallard, mort vers 1630 (Roman).

3. Antoine du Buisson, s. de Montmaur, gentilhomme de la Valette, gouverneur de Provence (Roman).

4. De Marvieu, enseigne de la compagnie de Saint-Julien (De Thou).

taines de l'attaque, voyans que tout estoit bien préparé à les recevoir, prennent la main des guides, qui les devoyent mener, les r'asseurèrent, les font resouvenir de la leçon qu'ils avoyent prise sur le plan, et puis, ayans fait une courte prière à Dieu, marchent au pas, chascun à son département. Voilà la place toute en feu ; chascun prend le lieu désigné, horsmis ce qui tomba par terre ; ceux qui devoyent donner l'alarme firent leur charge bien chaudement ; les pétards jouèrent, où quant et quant se présenta nombre de picquiers. Mais le principal effect fut par les eschelles, desquelles quatre, estans renversées par terre, furent aussi tost replantées. En mesme temps tout vient aux mains sur le bord du parapet. Quelque désavantage que receussent ceux qui combatoyent dans une tenaille, tant des bastions que des guérites avancées, quelques pistolets firent donner du nez à terre aux défendeurs. Sur les corps desquels mirent le genouil et puis le pied les plus habiles à succéder (ayez ici regret, Dauphinois, de ne m'avoir donné le nom des premiers). Ceux-là, poussez par les seconds et les tiers, gagnent le dessus, font corps de dix ou douze, à l'ombre desquels la foule entra. Et ceux de dedans, à dix pas de la courtine, se r'allient près de deux cents, desquels en fut tué la moitié et le reste, mené battant jusques au terrin de l'autre costé, le sauta. C'est chose hors d'aparence que d'un combat où tout estoit tant préparé il n'en soit mort qu'un sergent et un ou deux soldats, qu'il n'y ait eu de blessez que Le Bisson[1] et quatre autres. De sept

---

1. Le s. du Buisson fut blessé à la mâchoire d'un coup de pistolet.

drapeaux qu'il y avoit, cinq furent envoyez au roi, les autres deux perdus; le gouverneur[1], quelques gentilshommes et soldats de marque prisonniers. On y trouva six canons, trois moyennes, deux cents quintaux de poudre et abondamment de toute autres sortes de munitions[2].

Les forces royales prennent haleine pour porter leur gayeté au delà des bornes de France, et nous la prenons aussi, pour vous faire voir au chapitre suivant combien vaudroyent les François, si, au lieu d'estre employez contre soi-mesme, ils l'estoyent sous de bons capitaines contre l'estranger.

Chapitre XXI.

De ce que fit l'armée royale[3] de là les monts.

Quand le duc d'Espernon se mit à travailler heureusement en la Provence, Lesdiguières et Alfonce Corse[4] approchèrent leurs forces de Lion, et, les affaires du duc de Nemours estans allées comme nous avons fait voir, les troupes demeurèrent quelque temps sans estre sur pieds, mais elles furent préparées à la mi-aoust de l'année 1597[5] pour marcher

---

1. Le gouverneur était Bellegarde.
2. Le fort des Barraux fut pris par Lesdiguières le 15 mars 1598. Les *Mémoires de la Ligue*, t. VI, p. 572, contiennent une relation de ce fait d'armes.
3. L'armée royale avait été divisée en deux corps; le premier, sous le commandement d'Ornano, devait opérer en Savoie; le second, conduit par Lesdiguières, devait porter la guerre au delà des Alpes (De Thou, liv. CIII).
4. Alphonse d'Ornano, fils aîné de Sanpietro d'Ornano, dit Corso.
5. D'Aubigné se trompe; les préparatifs de cette expédition

dès la fin du mois, n'y ayant pas moyen, mesmement cette année-là, d'agir plustost à cause des neiges. Il falut, à passer le mont Genèvre[1], employer le commencement de septembre[2], comme aussi à conjoindre les forces séparées.

L'armée[3], s'estant veuë en gros à Sezanne[4], se partagea pour trois entreprises qui estoyent sur le bureau ; l'une sur Pignerol[5], l'autre sur la Pérouse et l'autre pour Suze[6]. Des trois ne succéda que celle de la Pérouse, emportée par l'escalade d'entre le samedi et le dimanche vingt-septiesme[7] ; les eschelles posées à minuict par un endroit bien reconnu et mal gardé. Quant à Pignerol, de plusieurs eschelles qu'on y porta, il n'en fut présenté que deux au chasteau, dont l'une fut trouvée trop courte, l'autre renversée avec perte de deux bons soldats. Le chasteau est tellement eslevé sur la ville et logé en une roche si précipiteuse que, par la force et meurtricr commandement sur toutes les rues, il falut quitter tout et non sans perte. Ceux qui donnoyent à Suze, trouvans les

furent faits au mois d'août 1592 et non en l'année 1597 (De Thou, liv. CIII).

1. Le mont et col de Genèvre se trouvent dans les Alpes cottiennes, en face de Briançon.
2. Lesdiguières n'arriva dans la ville de Briançon que le 24 septembre et franchit immédiatement les Alpes ; les premiers jours de septembre ne furent donc employés qu'aux préparatifs du passage de l'armée effectué après le 24 septembre 1592.
3. Cette armée comprenait 600 chevaux et 3,500 hommes.
4. Sesanne, petite ville proche du mont Genèvre, en Lombardie.
5. Pignerol, près de la Cluzone, affluent du Pô.
6. Suze, ville située sur le cours supérieur de la Dora-Riparia, affluent du Pô.
7. Les troupes de Lesdiguières se rendirent maîtresses de la ville de Pérouse dans la nuit du 26 au 27 septembre 1592.

fauxbourgs gardez, ne peurent surprendre la ville, se contentèrent de forcer les gardes, piller et aller joindre le reste de l'armée à la Pérouse, où, la ville prise, le chasteau se défendoit.

Durant qu'on faisoit les approches, une partie de l'armée fit un logement à Auzasque, qui est un bourg, dont le chasteau ne se deffendit point; et cela fermoit un des chemins du secours et estoit à une lieuë de Pignerol; ce qui aida à faire capituler Francisque Cacherano, gouverneur de Pérouse, et qui rendit le chasteau le premier octobre[1]. La tour de Luserne, et, le jour d'après, le fort de Mirebouc[2] capitulèrent à la veuë du pétard, appréhendans ceste artillerie, peu cogneuë vers eux en ce temps-là. Si bien que le chemin de la Pérouse, en la plaine de Piémont, fut ouvert et facile par la vallée de Keiras, mesme pour le canon. L'armée estant avancée jusques à Briqueras[3], Lesdiguières sceut par des prisonniers que les Savoyars amassoyent un gros à Vigon, où il y avoit desjà de douze à treize mille fantassins retranchez, en y attendant le régiment de Purpurat[4], quatre cents chevaux et autre infanterie qui y marchoit. Il délibéra de faire en cet endroit le premier coup du voyage. Estant donc parti avant jour, il arrive à neuf heures à veuë[5], jette trois cents maistres pour coup-

1. Francisque Caquerano, gouverneur du château de Pérouse, capitula, d'après de Thou, le 30 septembre 1592 (liv. CIII).
2. Mirebouc, fort dans la province de Pignerol.
3. Briqueras, situé à l'entrée du Val-Bobio, est distant de Turin de seize milles d'Italie.
4. Gaspard Porporato, colonel de gens de pied au service du duc de Savoie, gouverneur de Pignerol.
5. Lesdiguières arriva en vue du Vigon le 3 octobre 1592.

per le retour aux ennemis, et, avec sept cents harquebusiers qui lui restoyent, emporta d'emblée les logemens qui estoyent hors le retranchement. Mais là il y eut plus de résistance, car on y fut aux mains deux heures, et en fin tout fut forcé et taillé en pièces, sauf quelques capitaines, qui demeurèrent prisonniers. La mort du collonel Branqueti, qui y commandoit, aida bien à l'estonnement. Dix drapeaux, qui y furent gagnez, furent envoyez au roi. Ses victorieux perdirent vingt-quatre hommes, parmi ceux-là six de commandement.

L'effroi de ce combat estonna tous les lieux foibles du pays, de façon que tout contribuoit à la nourriture de l'armée[1]. Le duc de Savoye, ayant lors ses forces en Provence, mit en avant un traité, par le comte de Morette, offrant de rendre au roi Berre, Salon de Craux, Grace et quelque bicoque de moindre conséquence autour d'Antibes[2], qu'il tenoit en Provence[3] pour lors. C'estoit seulement pour se donner le loisir de faire passer ses forces en Saluces ; ce qui ne fut pas empesché pour le désir et dessein que prit Lesdiguières de fortifier Briqueras[4], tant à cause de son assiette que de sa conséquence. A cela il ne fit pas seulement travailler les pionniers, mais

---

1. Le 1ᵉʳ novembre 1592, Lesdiguières rendit une ordonnance qui obligeait les sujets du duc de Savoie à prêter le serment de fidélité au roi et à fournir des vivres à son armée. M. l'abbé Truchet a publié (*Saint-Jean-de-Maurienne au XVIᵉ siècle*, p. 443 et suiv.) de curieux détails sur les réquisitions de l'armée royale.

2. Berre, Salon (Bouches-du-Rhône) ; Grasse, Antibes (Alpes-Maritimes).

3. Le duc de Savoie s'était emparé d'Antibes le 31 juillet 1592.

4. Lesdiguières travailla tout le mois d'octobre 1592 aux fortifications de Briqueras.

tous les soldats et les capitaines et gentilshommes plus apparens[1]. Par ainsi, Briqueras se trouva, dans trois semaines, fortifiée en exagone et tout en défense, tant la courtine que les bastions.

Son Altesse cependant ramassoit de tous costez ses gens et ses amis et les faisoit couler à Saluces par divers endroits. Les troupes de Provence repassèrent le col de Tende[2]. Amédée[3] quitta la Savoye, entre les mains du comte de Tréfort. De mesme quartier, Dom Olivarez recueillit les bandes, dont il menaçoit les Genevois. Le duché de Milan fut espuisé de ce qu'il avoit, et, joignant quelques forces du Montferrat, laissèrent à leur droite le Pau, et, par la tour Sainct-Georges, gagnèrent Saluce.

A la veuë de ces forces, Lesdiguières apprit, par les courses que ses gens faisoyent de tous costez, comment ceux de Dormesan[4], ayans promesse d'estre soustenus, se barriquoyent pour refuser la contribution à laquelle, comme tout ce pays, ce lieu s'estoit taxé. Le Pouet y fut dépesché avec deux cents chevaux, le régiment de Bernon et ceux de Languedoc. Il envoya les sommer, à quoi ils firent les mauvais au commencement. Mais, voyans les troupes disposées pour donner, l'effroi se mit parmi ceux du lieu, et les soldats, qui y estoyent accourus d'ailleurs,

---

1. Lesdiguières donnait l'exemple et travaillait lui-même aux fortifications de Briqueras (De Thou, liv. CIII).

2. Le col de Tende se trouve dans les Alpes-Maritimes.

3. Amédée de Savoie, fils naturel d'Emmanuel-Philibert, duc de Savoie, et de Lucrèce Proba, demoiselle de Turin. Il devint lieutenant général du duc de Savoie, son père, et mourut en 1610.

4. Orbassan, non loin de Briqueras.

estans foibles, seuls se rendirent à discrétion. Mais Briquemaut[1], ne voulant point user de la rigueur des termes, pour n'effaroucher pas le pays (ce qui eust accourci les vivres), il fit conduire les estrangers jusques à veuë de Rivalte et ne fit que repaistre deux heures sans piller.

L'artillerie de Lesdiguières estoit lors à Eschiles[2], conquise auparavant et qui estoit comme frontière vers Suze. Et fut chose merveilleuse comment de ce lieu on put faire gagner le canon jusques à la Pérouse, car, les chevaux ne pouvans prendre pied, il falut faire cette maneuvre avec les bras des hommes. Et là, ce chef fit servir à propos l'intérest du peuple, car chasque paroisse faisoit des efforts merveilleux pour se délivrer du train de ces machines et les mettre dans la borne de leurs voisins. Cela dura jusques au treiziesme jour que trois canons de basse batterie et deux de haute arrivèrent dans Briqueras. L'armée receut joye et le pays effroi, quand une volée de canonnade, entendue jusqu'à Turin, apprit au pays que l'artillerie, aux armes de la France, se promenoit. Le lendemain, on eut nouvelle tout à la fois que l'Altesse, avec son armée, campoit autour de Villefranche[3], que Gouvernet[4] et autres avoyent passé les

---

1. Le s. de Noyan-Briquemaut, porté dans l'état de la maison du roi de Navarre, pour l'année 1585, comme gentilhomme de la chambre, de service pendant le quartier de juillet (*Lettres de Henri IV,* t. II, p. 328, en note).

2. Exilles, situé sur le cours supérieur de la Dora-Riparia, en Italie.

3. Villefranche-sur-Mer (Alpes-Maritimes).

4. René de la Tour de Gouvernet, seigneur de la Chaud, commandant du château de Montélimar.

monts avec quatre cents salades et près de deux cents carrabins[1] et que le duc d'Espernon[2] les faisoit suivre par deux mille cinq cens hommes de pied et six vingts chevaux.

Tant pour amener le duc aux mains que comme pour l'envie qu'avoit Lesdiguières de planter dans Cavours[3] son nom sous l'enseigne de son roi, il chemina au partir de Briqueras[4], en ordre de combat, le dix-septiesme du mois. Gouvernet et le chevalier de Beons[5] menoyent, l'un deux cent cinquante chevaux et l'autre deux cents au cul des coureurs, et, de mesme front au milieu d'eux, Auriac, commandant un grand bataillon composé du régiment de Languedoc, de la Villette et de Mommarin et autres compagnies volontaires; cela faisant, avec trois cents enfans perdus, peu moins de quatre mille bons hommes, et ce nombre tenoit place d'avant-garde.

Pour la bataille, Lesdiguières, avec sa cornette blanche, sa compagnie de gens d'armes, celle de Morges et de Mures, faisans un gros de quatre cent cinquante salades, prenoit la droite d'un bataillon de

---

1. Les *argoulets*, dits *carabins*, cavaliers. Gouvernet traversa les Alpes au col de Genèvre pour rejoindre Lesdiguières avec 200 cavaliers et 100 arquebusiers à cheval. Il était suivi de près par le chevalier de Buons, qui en amenait autant.

2. Tandis que Gouvernet et le chevalier de Buons rejoignaient Lesdiguières, le duc d'Épernon reprenait les villes de Grasse et d'Antibes.

3. Cavours, sur la rivière de Pelles.

4. Lesdiguières partit de Briqueras le 17 novembre 1592.

5. Antoine de Pontevez, seigneur de Buons, chevalier de Malte, gouverneur de Grasse, fils de Gabriel de Pontevez, seigneur de Buons, et d'Anne Grimaud de Sades, dame d'Aiguières (*Lettres de Henri IV*, t. III, p. 579, en note).

quatre mille hommes, commandez par Prabaut, à la gauche de quoi estoyent les compagnies du Pouet, qui commandoit cette aile avec celle de Blaigneu, La Buisse et trois autres, faisans près de quatre cents chevaux.

En cet estat, on marche vers Cavours, petite ville qui se relève sur une racine de montagne d'un quart de lieuë sur la plaine, dans laquelle void de tous costez un petit rocher, où ceux de Raconis, seigneurs du lieu, faisoyent la retraite de leurs meubles plus précieux; la ville fortifiée de brique, et quoi que près des montagnes, hors de grand commandement.

Villefranche, où estoit le duc, n'estant qu'à deux lieuës de là, la besongne du siège n'estoit pas trop aisée, et pourtant cette affaire ne se devoit pas démesler à l'estourdie; et c'est pourquoi l'armée demeura en l'ordre que nous avons dit, cependant qu'une troupe de chevaux-légers, ayans donné aux portes de Villefranche, apprit que le duc s'estoit destourné à Vigon. Durant que l'artillerie venoit de Briqueras, on fit, à grande difficulté, le logis sur une petite croupe de roc, qui affrontoit de mesme hauteur une tour séparée du chasteau, nommé Bramesan[1], à quoi servirent de pionniers les gentilshommes et soldats qui, à force de sacs pleins de terre et de fumier, esplanèrent l'aproche. De là, quelque légère batterie, qui ne profita pas beaucoup, suffisante pourtant pour convier par son bruit un prince courageux comme le duc. Sur ce poinct, la tour, égrignée

---

1. La tour de Bremesan est bâtie sur un rocher, distant de cent pas de Cavours.

à coups de canon, fut emportée par le second effort, et on se logea dedans[1].

Le lendemain, les sentinelles ouyrent un grand salve d'harquebuserie devers Briqueras[2] et seut-on bien tost que le duc, parti de Vigon à jour couchant, y avoit esté ordonner une escalade si serrée que, les palissades rompuës, il avoit gagné le haut d'un bastion, d'où il avoit falu repousser les Espagnols à coups de main. Les soldats du dedans, ayans joué de la crosse après avoir tiré et l'ayant eschapé belle, firent demeurer sur la place les eschelles et les morts.

Sur l'opinion qu'eut Lesdiguières, qu'il feroit bon sur la retraite de gens qui auroyent failli, il laisse au siège Auriac, et, avec sa cavalerie et trois cens arquebusiers à cheval, se met aux trousses des entrepreneurs, desquels il trouva la retraite à un village nommé Grésillane[3], pays entrecoupé de tant de hayes, d'un ruisseau et d'une chaussée, qu'il n'y avoit nulle apparence de mal faire à des gens qui estoyent forts d'infanterie. Le mal des Savoyars fut, qu'en un tel pays, ils ne se peurent empescher de mesler quelque cavalerie à la queuë de leurs gens de pied. Les carrabins royaux donnèrent de chaleur de foye à ce qu'ils trouvèrent le dernier. Le Pouet[4], avec

---

1. La tour de Bremesan fut prise d'assaut le 21 novembre 1592.
2. Siège de Briqueras par le duc de Savoie, 22 novembre 1592.
3. Garzigliana, dans la province de Pignerol.
4. Louis de Marcel-Blayn, s. du Poet, Bary, Mornans et autres lieux, lieutenant général au marquisat de Saluces en 1593, tué en duel par Gouvernet en 1598. — Ou bien Louis de Marcel, neveu et héritier du précédent, capitaine de cinquante hommes d'armes (Roman).

son régiment de cavalerie, vid comment quelques lances voulurent gagner ces avanturiers. Cela lui donna moyen, à pareil avantage, de donner aux lanciers, ausquels il passa sur le ventre et prit prisonnier La Mante[1], qui les commandoit. Les arquebusiers françois, commandez de gagner le village, se mirent au pays plus descouvert à la poursuite et donnèrent occasion à une troupe de cavaliers savoyars de leur faire assez rudement gagner le bord du ruisseau. Et, sur cette retraite, Son Altesse fit refaire une charge en faveur de son infanterie, mais Lesdiguières recongna tout ce qui s'estoit avancé, leur fit gagner le village et les morts par ses gens de pied.

Le duc s'estant retiré à ses avantages, il falut retourner au siège de Cavours, où il y eut de la frayeur, sur ce que, voyant revenir les troupes, ils creurent qu'ils retournoyent de présenter une bataille refusée par le duc, et là-dessus escoutèrent à parlementer. Mais, s'estans r'asseurez, il fallut travailler à ce siège à bon escient. Entr'autres choses, on monta des pièces à force de bras et à cabestans sur une roche hors d'apparence. Il falut couvrir les denteleures des rochers de ponts et arrester l'artillerie pendante avec d'estranges moyens[2] pour faire reprendre les cabestans. En fin, ces pièces furent logées au premier de décembre, qui bâtirent une traverse qu'on avoit fait à l'entrée du chasteau.

---

1. Le chevalier de la Mante, capitaine de chevau-légers (De Thou, liv. CIII).

2. Établissement de l'artillerie sous les murs de Cavours, 26 novembre 1592.

Deux jours après, Son Altesse conduisit, jusques par deçà Vigon, cent cinquante hommes choisis, Espagnols ou Milanois, pour jetter dans la place, avec chascun quinze livres de farine; cela passa sans estre descouvert. Mais, comme ils furent à une poincte de roc, qu'ils estimoyent leur dernière difficulté, ils crièrent, de gayeté de cœur, *Vive Espagne*. Et lors les corps de garde françois, s'entresecourans, les meslèrent, en tuèrent sur la place soixante-six et prirent vingt-deux prisonniers; entre ceux-là, deux capitaines fort estimez. Il s'en sauva quelques-uns dans la montagne, et huict ou dix qui gagnèrent le fossé de la ville et ne servirent rien qu'à porter mauvaises nouvelles, sur lesquelles Hiérosme de Versel[1], gouverneur de Cavours, demanda à parlementer, et parmi cela courtoisie pour enterrer les morts du secours, ce qui leur fut accordé.

La reddition de la place fut plus tardive de beaucoup, pour la jalousie qui estoit entre Versel, gouverneur de la ville, et le comte de Luserne[2], qui l'estoit du chasteau, pource que le Savoyard voulut contraindre l'Espagnol d'en ouvrir les premiers propos. Tout fut en fin conclud le cinquiesme de décembre et en sortirent le lendemain, bien conduits jusques à la veuë de Vigon, où estoit le duc[3].

De mesme temps, le marquis de Tréfort[4] surprit

---

1. Hiérôme de Vercelle, gouverneur de Cavours.
2. Emmanuel de Savoie, comte de Luzerne (De Thou).
3. Prise de Cavours par l'armée royale, 6 décembre 1592.
4. Joachim de Rye, marquis de Treffort, lieutenant pour le duc de Savoie en Bresse et en Bugey (Roman). Il mourut subitement pendant le siège de Cavours au mois d'avril 1595.

par escalade Morestel[1] et taschoit à faire quelque siège pour faire diversion ; mais les forces du duc d'Espernon, qui estoyent de huict mil hommes de pied, huict cents chevaux et douze canons, l'arrestèrent. Par elles furent ostées au duc le reste des bicoques qu'il avoit laissé à l'entour d'Antibe.

Sur le poinct de la paix, Lesdiguières, ayant ramené ses forces et la venue de l'hyver et les neiges empeschant tout secours, le duc assiégea pied à pied Briqueras et Cavours[2] et les emporta par capitulation ; et de là envoya à Vervins[3] le marquis de Lulin[4] pour estre compris à la paix. Et cela nous mène jusques aux négociations et de là aux guerres de Savoye, descrites au livre suivant.

Chapitre XXII.

De la Bretagne[5].

Tout ainsi que le duc de Mercœur avoit abandonné son traitté commencé sur la prise d'Amiens, aussi sur la reddition, il le renoua. En cet endroit, il faut reprendre de plus haut l'estat de cette province.

1. Moretel (Isère).
2. Cavours avait alors pour gouverneur le s. de Baratier. Cette ville fut reprise par le duc de Savoie au mois d'avril 1595.
3. Vervins (Aisne).
4. Gaspard de Genève, marquis de Lullin et de Pancallier, fils aîné de Guy de Genève et de Catherine de Ray, représenta le duc de Savoie dans plusieurs grandes négociations auprès des cours de l'Europe et mourut le 23 juin 1619 (*Lettres de Henri IV,* t. IV, p. 1016, en note).
5. Henri de Bourbon, prince de Dombes, était gouverneur pour le roi de la province de Bretagne.

Après la desroute de Craon[1], le duc de Mercœur, ayant pris d'effroi Mayene et quelques autres bicoques d'alentour[2], poussa sa fortune au siège de Malestroit[3], qui, moins estonné pour estre plus esloigné, lui donna la peine de se battre aux approches, de faire batterie, bresche, et, après une grande reconnoissance, d'y donner un assaut, bien repoussé, et puis faire une capitulation telle que les assiégez voulurent, pour la presse que faisoyent les Espagnols, de s'aller rafraîchir.

Après la besongne faite, le duc de Mercœur, leur ayant laissé le chemin de Blavet, prit celui de Nantes. Saint-Laurens[4], demeuré au pays avec le reste de l'armée, voulant assiéger la tour de Cesson[5], sceut qu'un régiment des royaux malmené s'estoit retranché dans l'église de Sainct-Brieux, à veue de la tour. Il prit résolution d'attaquer l'une et l'autre. Sourdiac[6], ayant rallié la noblesse du pays et ce qu'il put des garnisons, marcha pour le secours de la tour, et puis, sachant le siège double, s'estima capable d'affronter une des deux parts. Sainct-Laurens, par un excez de galanterie, laisse ses deux sièges fournis et, ayant fait

1. Combat de Craon. Victoire du duc de Mercœur, 24 mai 1592. Voyez le tome VIII, p. 288.
2. Château-Gontier se rendit presque aussitôt après la défaite des royalistes sous les murs de Craon. Laval et Mayenne ouvrirent également leurs portes à Boisdauphin. Mayenne se soumit au roi au commencement de mars 1596 (Arrêt du 15 mars 1596; copie, f. fr., vol. 2751, f. 295).
3. La ville de Malestroit (Morbihan) avait pour gouverneur le s. de la Villevoisin.
4. D'Avaugour de Saint-Laurent, maréchal de camp de l'armée de la Ligue.
5. La tour de Sessons se trouve aux environs de Saint-Brieuc.
6. René de Rieux de Sourdeac, gouverneur de Brest.

un corps de cavalerie et d'infanterie, se met en ordre de combat et s'avance hors la mousquetade des assiégez. Sourdiac, voyant ce paquet, prit sa forme de celle des ennemis. Il n'y eut pas grandes recerches davantage ni d'une part ni d'autre; mais la cavalerie estant la première au combat, les gens de pied en prenent leur part, comme aussi ils la prirent de l'estonnement quand les liguez, après un long contraste, cédèrent à la résolution et opiniastreté des autres, faisans mieux que ne font ordinairement les bandes ramassées. Il y eut quelques quarante gentilshommes pris ou tuez[1], trois ou quatre cents hommes de pied sur la place. Les assiégeans, prenans droit sur ce qu'ils voyent, descampèrent vers Lambale[2], payèrent du bagage et du canon.

Le duc de Mercœur, ne voulant pas avoir le dernier, fit ralier ses forces avec Dom Jouan[3] et par lui assiégea la tour qu'il eut aisément par composition.

Le mareschal d'Aumont[4], estant dépesché pour relever les affaires de Bretagne, assiégea Morlez[5], qui, à la longue, se rendit au service du roi. Durant ce siège, La Tremblaye-Gresille[6] partit de l'armée pour une

1. Saint-Laurent fut fait prisonnier et conduit à Guingamp, d'où il s'échappa bientôt après.
2. Lamballe (Côtes-du-Nord).
3. Dom Juan d'Aquila, capitaine espagnol.
4. Jean d'Aumont, comte de Châteauroux, maréchal de France, gouverneur de Bretagne, tué au siège de Comper, près Rennes, en 1595. Voyez plus loin, p. 189.
5. Le maréchal d'Aumont mit le siège devant la ville de Morlaix et s'en rendit maître le 25 août 1594. Le gouverneur de la ville pour la Ligue était François de Carné, s. de Rosampoul. Le château de Morlaix tint encore pendant quelques jours.
6. René de la Grezille, s. de la Tremblaye.

entreprise qu'il avoit sur Guerrande[1], de laquelle le chemin estoit esclairé de plusieurs places liguées et d'ailleurs obligé dans le destroit de deux rivières, Loire à gauche et la Vilaine à droite. Comme La Tremblaye pensoit loger à Messillac, il trouve dans le pays l'effroi qu'y apportoit la compagnie du marquis de Belle-Isle[2], lors très forte, et que le peuple avoit pris pour l'armée mesme. Ce jeune capitaine tint conseil le cul sur la selle, et, contre l'avis des plus vieux, raisonna ainsi : « Si nous tournons visage, nous ne pouvons nous sauver à tirer de longue, harassez comme nous sommes; nous aurons les compagnies de chevaux-légers, qui auront leur département sur nostre chemin, ameutez et en ordre sur nos trousses, et à leur cul la cavalerie de l'armée. Mais, si nous donnons témérairement dedans le logis du général, deux cents harquebusiers et cent vingt maistres que nous avons, pour le moins y porterons-nous de la confusion, avantageuse aux plus foibles, et l'espérance du désespéré. Ceux qui n'y chercheront pas la mort ou la victoire, comme je ferai, s'eschaperont mieux à pièces descousues qu'apelans en gros tout à soi. Pour moi, le dernier avantage que j'y trouve, c'est d'y mourir sans avoir tourné le dos. » Les plus courageux consentent à cela par gayeté de cœur, les autres par compagnie. Ainsi, cent trente maistres du marquis, n'ayans qu'un pied à l'estrié, furent emportez sans ordre et avec peu de meurtre, mais avec quarante prisonniers, deux cents chevaux pris et un grand ati-

---

1. Guérande (Loire-Inférieure).
2. Charles de Gondi, marquis de Belle-Isle, fils d'Albert de Gondi, duc de Retz.

rail de bagage. La Tremblaye, apesanti de tout cela, sans repaistre ayant fait cinq lieues, en entreprit encor autant pour arriver à Guerrande un heure avant jour, et cela contre l'avis de ses capitaines, qui se voulurent contenter, jugeans bien que quelques eschapez auroyent porté l'alarme au dessein, ce qui estoit vrai ; si bien que le pétardier, ayant respondu au *qui va là* que c'estoit La Tremblaye, appliqua son pétard, mais une meurtrière l'emporta dans le fossé avec sa flesche, ce qui, avec la courtine bien garnie, apprit aux entrepreneurs leur chemin pour le retour.

La grande lassitude de La Tremblaye et des siens les contraignit de venir repaistre à Herbignac quatre ou cinq heures ; et de là vindrent mettre pied à terre à Guémené[1] et passèrent la nuict d'après à Bins. Le duc de Mercœur, ayant sceu que cette troupe estoit entrée dans ce sac de rivière, découpla sur leurs erres Sainct-Laurens, qui, fortifié de la garnison de Redon, arriva au poinct du jour à Bins, plus fort que les autres de cent harquebusiers seulement. Les royaux, soit pour leur harassement, soit pour estre prests de monter à cheval, estans sans garde, Sainct-Laurens fit son gros dans la hale et garnit les avenues avant l'alarme. Sur cet avantage, ayans fait donner les harquebusiers aux maisons, ils emportent tout sans résistance, horsmis Ravardière, qui, ayant rallié dans la basse cour de son logis et mis à cheval dix ou douze des plus diligens, se fit chemin à coups d'espée à travers la foule et à ceux qui l'osèrent suivre ; ce qui se sauva autrement fut par les portes de derrière. En tout furent perdu trente, que morts que prisonniers.

1. Herbignac, Guémené (Loire-Inférieure).

Ce nom de Tremblaye engage l'histoire à deux comptes particuliers de choses passées auparavant. Le premier est de lui, qui, prisonnier en une tour à Nantes, avoit en sa chambre le pertuis d'une basse fosse où estoit un cordelier, qui estoit accusé d'avoir voulu quitter le froc. Tremblaye estoit lors un des plus vicieux aux reniemens du nom de Dieu qui se pust trouver, si bien qu'il en estoit exécrable à ses compagnons. Ce cordelier, oyant un tel gergon[1] de la basse fosse en haut, crioit des remonstrances et puis des menaces à ces jureurs, qui, avec blasfèmes, lui reprochoyent qu'estant condamné à une rude mort il vouloit corriger leur vie. Par curiosité, Tremblaye eut envie de voir cet homme, et, quand les geôliers avoyent tout fermé pour le soir, il faisoit monter avec des linceux ce prescheur en la chambre. Cetui-là, mesprisant sa mort, fit tant par prières ardentes et par annoncer le jugement de Dieu qu'avant mourir il apprit à ce jeune homme à vivre en la religion réformée, où il a depuis persisté avec grand changement de langage et de mœurs.

L'autre est du capitaine La Pine, de mon régiment, qui faisoit la guerre sous La Tremblaye, avec autant d'heur en ses entreprises qu'il en avoit acquis la haine de la dame de Mercœur[2]. Cettui-ci, ayant eu sur les bras une partie de l'armée liguée, serré avec sa compagnie dans un cimetière, défait à plate couture et mené prisonnier à Nantes, fut présenté à la duchesse, par elle sollicité de changer de parti et de religion et

---

1. *Gergon,* jargon.
2. Le duc de Mercœur avait épousé, en juillet 1575, Marie de Luxembourg, duchesse de Penthièvre.

envoyé aux galères pour avoir respondu trop hautement aux promesses et menaces. Entre autres propos, il avint que cette dame irritée, lui ayant dit que Dieu ne le sauveroit jamais de ses mains, le prisonnier répliqua qu'il tenoit sa délivrance toute asseurée, puisqu'elle avoit ainsi mesprisé celui qui donne la liberté. La Pine donc, mené dans la galère et estant vestu superbement, donna en entrant de son regard une espérance imaginaire à tous les forçats ; pour à quoi remédier et complaire à la duchesse, le Grec, qui estoit comite[1], le battoit outre mesure, et néantmoins ce misérable, parmi les coups, disoit au Grec qu'il ne mourroit jamais d'autre main que de la sienne. Les capitaines de la galère une nuict, ayans préparé leurs soldats, firent crier : « Debout, debout, La Pine est sauvé. » A ce cri, toute la chiorme s'esleva et puis le Grec et ceux qui lui aidèrent coupèrent quelques bras qu'ils firent baisser à tous les forçats et jetter les corps dans la mer. La Pine et ceux qui estoyent près de lui, pour ne s'estre point levez, furent exempts de la batterie. Cela n'empescha point ce courageux de gagner l'amitié d'un forçat, qui estoit derrière son banc, d'un trompette anglois et d'un charpentier provençal. Ce dernier l'accommoda d'une enferge[2] plus large que la sienne et à travers laquelle il pouvoit passer le talon ; ce fer estant mis entre les mains du forçat de derrière, La Pine trouva moyen de mettre plusieurs bas de chausses sur la jambe qu'il avoit libre et puis, ayant demandé d'estre changé, le forçat de derrière laissa habilement choir en l'eau la première enferge

1. *Comite,* chef du service des galères.
2. *Enferge,* chaine.

qu'on lui avoit donnée à garder, escamotant l'autre en sa place; celui qui l'apliquoit n'ayant point oublié à taster du doigt si elle seroit assez. La nuict venue et les choses superflues ayans esté ostées, La Pine arrache son pied, le charpentier lui apporte une espée, lui se contente de sa hache et lors le galand debout s'en va droit à la poupe, où couchoyent sur deux relaiz dix hommes, entre ceux-là le Grec, qui fut tué le premier, et les neuf autres par les trois. La Pine, ayant tué le Grec, commence à crier : « La Pine est sauvé, debout compagnons ! » Mais toute la chiorme mit la teste entre les genoux, à cause qu'ils se souvenoyent de la première fraude, horsmis le capitaine La Rivière et un sergent de La Pine, qui, ayans reconnu la voix, firent lever les compagnons. Ceux-là prenoyent par les jambes ceux de prouë qui couroyent à l'alarme. Les capitaines et soldats montèrent lors de la chambre de poupe, si serrez que les trois ne purent empescher que quelques-uns ne gagnassent le tillac. Deux saisissent à la fois La Pine, desquels il en tue un entre ses jambes, et puis, trouvant place à son espée, il perce d'un mesme coup celui de devant; et le Provençal, qui le venoit assister, ayant fait beau meurtre de sa hache, l'Anglois seul, pour son second, lui aida si bien qu'il ne monta plus personne de la chambre. Ce fut lors que La Pine remonstra aux compagnons que leur liberté estoit de n'avoir pas sitost liberté, et à grand peine leur persuada de couper les câbles et voguer jusques hors la rivière de Loire, où tous furent deschaînez. Et ainsi La Réale, galéace à double chiorme, vint entre mes mains et d'ellés en celles des Rochelois.

Presqu'au mesme temps, Sainct-Laurens ayans fait

surprendre Moncontour[1], il ne resta qu'un petit chasteau de quatre tourelles, dedans lequel se sauvèrent peu de gens, pource que les preneurs coupèrent le chemin. La Tremblaye, qui en estoit gouverneur, estoit allé à une entreprise sur Conquernau[2], estant averti de sa perte, trouve moyen de regagner son chasteau. Sainct-Laurens, sachant que le marquis de Koakim[3] venoit au secours, laisse la place serrée de cinq cents hommes, et, avec quinze cents et trois cents chevaux qui lui restoyent, va au-devant de ses ennemis, logez à Loudéac, où, arrivé au poinct du jour, il partage sa cavalerie aux chemins et aux avenuës pour empescher les raliemens. Le baron de Maulac[4], qui commandoit l'infanterie, soustint de si bonne grâce les premiers fantassins de Sainct-Laurens, qu'il donna moyen à son général de sauter le cul sur la selle et de tirer proffit de la prévoyance du soir; c'est qu'il s'estoit fait des ouvertures nouvelles pour sortir avec la lance sur la cuisse. Par ce moyen, lorsque toute l'infanterie de Sainct-Laurens, donnant à la foule, contraignit Maulac au partage, Sainct-Laurens void le marquis en estat de combat, et, avec grande peine, ralia les divers gros qu'il avoit faits, à qui il falut le mesme loisir qu'il faloit à l'autre pour prendre l'ordre du combat. Les deux troupes, estans bien préparées, n'en firent point à deux fois, meslent, ralient, remeslent, et, enfin, les plus opiniastres, qui

1. D'Avaugour de Saint-Laurent s'empara de la ville de Moncontour (Côtes-du-Nord) au mois de mars 1591 (De Thou, liv. CII).
2. Concarneau (Finistère).
3. Jean, marquis de Coëtquin, beau-père de Saint-Laurent.
4. Sébastien de Rosmadec, baron de Moleac, colonel d'un régiment de gens de pied.

furent ceux du marquis, l'emportèrent. Ce qui fit que la poursuite et la tuerie de la cavalerie ne fut pas grande, c'est qu'il fallut donner à dos de ceux qui malmenoyent le baron de Maulac; lui, se voyant assisté, prit part à la bonne fortune des siens, et ainsi fut mis en pièces l'infanterie de Sainct-Laurens[1].

Le mesme eut encores sur les doigts sous le mareschal de Brissac[2], maintenant le peuple du pays et les parroisses barricadées à l'entour de Renes pour deffendre leur pain. Le duc de Mercœur s'estant approché à Chasteaubriant[3], son mareschal de camp mit ensemble avec sa compagnie celle de Toulot, Plumaudan, l'Aubetière, fils de Fons-le-Bon, Sans-Souci et Champ-Gaillard, le régiment de Trémereuc et deux cents harquebusiers triez en la garnison de Dinan, et puis joignit le baron de Camorre. Avec tout cela, il voulut aller loger à Messac[4]. Mais, y ayans seu leurs ennemis logez, ils se résolurent de prendre parti à Maure[5]; de quoi estant averti La Tremblaye par un estradiot des siens, qui seul de six s'estoit sauvé en allant prendre langue, La Troche, La Courbe[6], Tenie[7],

---

1. Victoire des royalistes près de Loudeac, dans le diocèse de Saint-Brieuc, mars 1591.

2. Charles de Cossé, maréchal de France, fils de Charles de Cossé, maréchal de France, mort à Brissac en juin 1621.

3. Dom Juan d'Aquila, ayant fait d'inutiles instances auprès du duc de Mercœur pour secourir les assiégés, était parti lui-même à la tête de 4,000 Espagnols (De Thou, liv. CXI).

4. Messac (Ille-et-Vilaine).

5. Maure-de-Bretagne (Ille-et-Vilaine).

6. La Courbe, l'un des maréchaux de camp de la Ligue, fut tué au combat de Châteauneuf (Ille-et-Vilaine) en 1595.

7. Le s. de Tenye, colonel d'un régiment de huit compagnies

Beaumont, La Pommerai et autres capitaines, s'estans joints à La Tremblaye, résolurent de donner une camisade à Maure. Mais, trouvans Sainct-Laurens deslogé, ils se mettent sur la piste, sans changer l'ordre qu'ils avoyent pris pour donner au bourg. Ils ne demeurent guères à trouver, dans le chemin du bois de la Roche[1], le régiment de Trémereuc, à qui son frère avoit donné la retraite, qu'il démesla d'assez bonne grâce une lieuë et demie, estant tousjours attaqué. Enfin ses soldats, estans contraints d'abandonner à la retraite les blessez et les morts, entre ceux-là le capitaine Hil, prirent un champ bien fossoyé, où ils se résolurent au combat. Là, ils furent enfoncez à cheval et à pied, avec une si gaye résolution que, Trémereuc estant pris, Pommerai de Dinan et La Vieuville, capitaines, avec près de deux cents hommes, tuez à la poursuite et au champ, le reste se jetta dans le bois à la merci des paysans.

Nous avons encor un autre exploict entre les mesmes chefs, que nous ajousterons ici, bien qu'en diférente saison. Sainct-Laurens ayant retrenché ses troupes à Sainct-Siriac[2], qui est sur la rivière de Dinan, ceux de Sainct-Malo fournirent à La Tremblaye deux galiottes, qui, ayans donné quelques volées aux barricades, La Tremblaye, suivi de huict cents hommes, fait son attaque, force et mène si rudement que, de deux cent cinquante hommes que Sainct-Laurens avoit

---

de gens de pied, chacune de cinquante hommes (Barthélemy, *Documents sur la Ligue en Bretagne*, p. 187).

1. La Roche (Ille-et-Vilaine).
2. La garnison était commandée par Thomas Praxède.

mis en ce fort, il ne s'en sauva un seul qui ne fust tué sur le champ ou pendu.

De là avint encor que, Sainct-Laurens voulant laisser le siège du Plessis-Bertrand[1], les assiégeans lui vont dresser une embuscade sur son chemin. Ayant bien joué, il y demeura deux cents morts des liguez, plus de soixante prisonniers; entre ceux-là, les capitaines Toulot, son frère, Fontaines, le gouverneur de Lambale, et le fils de Fons-le-Bon. Cette pièce est postérieure à celles qui suivent, mais elle s'est avancée par occasion.

Chapitre XXIII.

Reste de la guerre de Bretagne.

Blavet, bien fortifié, fit envie aux Espagnols d'avoir part à l'autre havre de Bretagne le plus estimé, à savoir la grande baye de Brest[2]. Et pourtant avoyent basti un fort à Crodon[3], opposite à Brest, l'avoyent fait carré[4], bien flanqué de bastions réguliers, un peu

---

1. La Tremblaye assiégea le Plessis-Bertrand en 1597 et fut tué sous les murs de cette place. Brumensany, gouverneur de Châtillon, lui succéda au commandement de l'armée. Ce fut lui qui infligea à Avaugour de Saint-Laurent, gouverneur de Dinan, le sanglant échec dont il est ici fait mention. Les *Mémoires de la Ligue* (t. VI, p. 513 et 496) contiennent deux récits du temps sur ce combat. Cf. la relation conservée dans le f. fr., vol. 15591, pièce 89.

2. Cette baie porte aujourd'hui le nom de goulet; elle est située en avant de la rade de Brest.

3. De Thou fait la description de ce fort, bâti par les Espagnols (liv. CXI).

4. De Thou dit que ce fort était triangulaire.

mal fossoyez pour la dureté du roc, où il estoit assis. Là dedans avoyent esté mis quatre cents Espagnols naturels, commandez par dom Gabriel, lequel, ayant eu loisir de mettre tout en défense et de se meubler de toute sorte de magasins, fut averti par le duc de Mercœur comment, par la solicitation de Rennes, le mareschal d'Aumont se préparoit pour le venir assiéger[1]. Cettui-ci, à veuë des escharpes blanches, fit planter deux potences, et, à une d'elles, fit pendre deux gentilshommes françois, pour lesquels le mareschal d'Aumont avoit envoyé son trompette plusieurs fois. Cela fait, il demande aux compagnons s'ils devineroyent pour qui estoit l'autre. Après un silence : « C'est, dit-il, tant que je vivrai pour le premier qui reculera, et quand je serai mort avec les vaillans sur la bresche, pour oster aux François la peine d'en planter une autre pour les veillaques[2]. »

La première difficulté qui se trouva en ce siège fut aux approches pour la dureté qui se trouvoit à creuser les trenchées, où il falut prendre le large pour hausser le jet et le tenir espaix, estans ceux de dedans assez bien servis d'artillerie. Dans dix jours, la bresche fut faitte. Le premier assaut bien repoussé par les piques espagnoles, le mareschal d'Aumont le fit redonner sur la nouvelle du secours proche[3]. A cetui-là, les François gagnèrent le dessus de la

1. Le siège de Crodon commença en octobre 1594 et la batterie dans les premiers jours de novembre. Le fort fut pris par le maréchal d'Aumont le 17 novembre.
2. *Veillaques*, vilains.
3. Le *secours proche* était le corps d'armée espagnol commandé par don Juan d'Aquila.

bresche. Mais un fort petit retranchement où il se faloit jetter en désordre, et par conséquent courir une fortune hors d'apparence, renvoya les assaillans pour la seconde fois[1], tellement que, tout estant désespéré et le mareschal d'Aumont mouillant sa barbe blanche de larmes, Rommegou, Xainctongeois, neveu de celui qui nous a fait savoir de ses nouvelles au premier tome, demande que l'on redonne encores et promet de s'y jetter. On regagne donc le haut de la bresche, et là ce jeune homme, n'ayant pas encores vingt ans, tire promesse d'estre suivi. Il se jette dans le retranchement. Son lieutenant, son enseigne et son sergent lui tiennent compagnie au saut et deux de ceux-là à la mort. Cet exemple fit suivre tant de gens que les Espagnols ne peurent parer le coup; tout fut tué dans la place, hormis deux soldats qui, de là à deux jours, furent trouvez blessez et cachez dans les fentes du rocher au bord de la mer.

De là, le secours s'estant retiré, l'armée se trouva encor assez gaye pour aller assiéger Kimperkorantin[2] et Corlez[3]. Et, pource que je n'ai rien ni de l'une ni

1. Cette attaque eut lieu le 17 nov. 1594 (De Thou, liv. CXI).
2. D'Aubigné se trompe. Quimper s'était détaché de la Ligue avant le siège du fort de Crodon. Après la prise de ce fort, le maréchal d'Aumont se retira à Quimper, où il chargea Antoine Dupré, maître de camp, de bâtir une citadelle (De Thou, liv. CXI). La ville de Quimper-Corentin avait capitulé le 11 octobre 1594 (Articles accordés aux habitants de Quimper-Corentin par le duc d'Aumont; copie, f. fr., vol. 3991, f. 84). Aussitôt installé, le maréchal d'Aumont avait accordé une « surcéance d'armes » aux villes voisines en attendant les ordres du roi (ibid., f. 88).
3. Jean du Mas de Monmartin, gouverneur de Vitré, assiégea et prit Corlay (Côtes-du-Nord) vers le milieu de l'année 1594.

de l'autre qui ne soit fort ordinaire, vous saurez seulement que l'une ne cousta qu'aux approches, la dernière endura deux attaques et se rendirent à une armée si harassée et si mal servie de vivres, pour le désordre du pays, qu'ils pouvoyent dire : « Rendez-vous, ou nous nous en irons. »

Au partir de là, tous les mestres de camp et capitaines, qui s'attendoyent de mener leurs hommes en lieux de rafraîchissemens, furent bien estonnez quand, après avoir rejetté les prières du pays et les remonstrances du parlement de Rennes, qui vouloyent assiéger Comper[1], il veint une requeste de la dame de Laval[2], à laquelle ce vieil chevalier[3] accorda par amour ce qu'il avoit refusé à tout autre par devoir, lui criant dans le conseil les grandes ruines[4] que cette place apportoit au pays et les mesmes raisons qu'il avoit rejettées auparavant. Les gens de guerre, connoissans bien que ce n'estoit pas un morceau pour une armée desjà ruinée, firent courir parmi eux un équivoque un peu gaillard sur le nom de la place et sur ce qui perdoit l'armée. Ce vieillard, faisant litière des siens, la fit aussi de sa vie, qu'il sacrifia à son amour; car, ayant receu une harquebusade dans les jointures du bras, on l'emporta à

Fontenelle, qui commandait la place, se rendit à l'arrivée du maréchal d'Aumont et fut remplacé par le s. de la Mouche (De Thou, liv. CXI).

1. Comper, à quatre lieues de Rennes.

2. Anne d'Alègre, veuve du comte de Laval, également recherchée en mariage par Saint-Luc et le maréchal d'Aumont (De Thou, liv. CXIII).

3. Le *vieux chevalier* est le maréchal d'Aumont.

4. Ces *grandes ruines* étaient le résultat des excursions dirigées par Michel La Vallée-Pique-Mouche, gouverneur de Comper.

Rennes[1], où il mourut peu de jours après[2]. En lui fleurissoyent toutes les parties de chevalier, aussi estoit-il nommé par les gens de guerre *le vieil Gaulois*.

L'amour ne menoit plus l'armée, et dom Jouan marchant droit au secours avec trois mille cinq cents Espagnols et deux mille hommes de guerre, ramassez des garnisons, tous ceux de l'armée furent bien aises de prendre cette occasion pour lever le siège[3] et s'aller rafraîchir, non sans besoin.

Encor que Comper ne fust qu'un chasteau, il y avoit trois compagnies de gens de pied et deux de cavalerie qui n'oublièrent pas à faire dans le pays toutes les insolences que font ordinairement ceux qui ont repoussé leur siège. Un gentilhomme du pays, nommé d'Andigné-Meneuf[4], y dressa une entreprise, qui vaut la peine d'estre déduite, pource que celles qui sont traversées instruisent nos capitaines à une sage et utile opiniastreté[5].

Ce gentilhomme, par le moyen d'un passeport qu'il avoit obtenu du duc de Mercœur, veint visiter un sien parent, nommé La Chasse-d'Andigné, qui tenoit sa maison en neutralité, à deux lieuës de Comper. Quel-

---

1. Le maréchal d'Aumont avait été d'abord transporté à Montfort auprès de la comtesse de Laval.

2. Le maréchal d'Aumont mourut le 19 août 1595, à Rennes.

3. Saint-Luc avait pris le commandement de l'armée après que le maréchal d'Aumont eut été blessé; mais, apprenant que des troupes espagnoles venaient au secours de Comper, il leva le siège et ramena son armée à Montfort.

4. Les d'Andigné-Meneuf, gentilshommes bretons, étaient deux frères et tous deux poètes, d'après de Thou.

5. Prise du château de Comper par l'armée royale, 10 octobre 1595.

qu'un de la garnison, qui fréquentoit là dedans, convia cettui-ci à visiter la place. Cela accepté, d'Andigné veint à Comper, où il vid un capitaine gourmander à outrance son sergent, nommé Prehavet; et encor que la querelle fut par l'yvrongnerie, cet homme fit paroistre que le vin ne lui faisoit rien oublier. Ce que bien remarqué par d'Andigné, il prie le sergent de le venir conduire jusques à La Chasse, et voulut par ce voyage divertir son desplaisir. Cela se fit, et le gentilhomme, estant hors des dangers du raport, entreteint au commencement le sergent, comme pour lui faire oublier son injure, quelque grande qu'elle fust. Mais, ayant tasté la dureté de ce cœur, il le poussa ouvertement à la vengeance, et, y meslant de plus l'espoir des récompenses, se fit l'entreprise; pour laquelle il fut dit que le frère aisné d'Andigné, appelé Meneuf, qui avoit une compagnie dans Laval, en tireroit les meilleurs soldats, lesquels, feignans venir des troupes de Bois-Dauphin, se présenteroyent à Comper, comme cerchant parti en leur parti, et que le sergent s'entremettroit pour les faire recevoir. Cela succède si bien qu'en peu de temps douze de ces compagnons estans receus à la garnison, Prehavet sollicite l'exécution, craignant d'estre descouvert. Cet affaire communiqué à Sainct-Luc, car c'estoit auparavant[1] le siège de Cambrai[2], où il mourut[3], il voulut lui donner des forces, l'armée estant demeurée

1. La place de Comper fut prise au commencement de novembre 1595 (De Thou, liv. CXIII).
2. Le siège de Cambrai avait commencé le 13 août 1595. La prise de Comper est donc postérieure à ce siège.
3. D'Aubigné se trompe. François d'Espinay de Saint-Luc fut tué au siège d'Amiens le 5 sept. 1597.

entre ses mains. D'Andigné eut crainte de la compagnie de plus grand que soi, aimant mieux se servir des deux frères Malaguets, l'un homme de cheval, l'autre enseigne de gens de pied. Tout cela ensemble fit soixante hommes, qui se rendirent à La Chasse de nuict et tous à pied. Là dedans ils se logent si discrettement en quelques chambres que nul ne les savoit, fors le maistre de la maison et celui qui les nourrissoit. Là encores, en mesme temps, vindrent de Comper deux soldats de l'intelligence, avec lesquels fut arresté que le lendemain avant jour tous les compagnons se rendroyent en une forest à deux mille pas du chasteau, et que tous ceux de l'intelligence se trouveroyent à la porte, horsmis deux, qui iroyent à la forest faire partir une vingtaine pour convier ceux de dedans à l'escarmouche, laquelle s'estant eschaufée, les douze tueroyent ce qui seroit à la porte et s'en rendroyent les maistres.

Tout se conduisit ainsi; mais, sur le point d'envoyer à l'embuscade pour la faire partir, le nez saigna de telle façon à ceux du dedans que d'Andigné demeure jusques à midi sans nouvelles, ce qui lui fit craindre, avec raison, que tout fust descouvert, et que ceux de la garnison fissent leur amas pour les venir charger dans le bois. Et pourtant on concluoit à la retraite, sans les deux Malaguets, qui, avec grande peine, firent résoudre à attendre la nuict, mesmes pour la seureté de leur retour, ne voulans aussi rompre le dessein. Sur le soir, deux de l'intelligence viennent au bois, font entendre aux attendans que l'entreprise ne se pouvoit exécuter en la forme proposée si on n'envoyoit dans la place un homme de marque, auquel les douze pussent obéir. Cela estant comme impossible, voilà d'Andigné aux reproches de la lascheté et sur le poinct de rompre tout, sans les deux frères qui, racommodans toute chose, firent résoudre de retourner à La Chasse, et que le lendemain, qui estoit le dimanche, ceux de l'intelligence envoyeroyent vers eux pour délibérer tout de nouveau. Trois donc y viennent le lendemain, avec lesquels fut conclud que, le lundi matin, la troupe estant derechef logée dans la forest, quelqu'un de l'intelligence viendroit donner avis de l'estat de la place, et qu'alors avec eux partiroit Le Verger-Malaguet, ayant six desguisez comme lui en païsans, garnis de pistolets et poignards, et portans le gason sur le col; qu'ainsi ils se mesleroyent avec les vrais paysans, qui alloyent à la maneuvre. En mesme temps, après que la sentinelle, qui estoit dans un arbre, auroit veu les déguisez approcher du chasteau, le gros commenceroit à paroistre et par conséquent l'alarme à se donner, et qu'alors Le Verger se jetteroit brusquement dans la porte, où il seroit attendu par le sergent Prehavet et les douze de l'intelligence, afin que tout ensemble fit devoir d'asseurer l'entrée à leur gros.

Selon ce projet, la troupe entre en embuscade le lundi matin sans estre découverte. Il fut haute heure avant que l'un des douze les veint appeller, pource que le cœur de la pluspart devenoit foye, quand c'estoit à lance baisser. Enfin, un des meilleurs, nommé La Fleur, dit aux autres : « Je m'en vai de ce pas quérir Le Verger et l'asseurerai que vous estes tous à la porte, l'attendant en bonne dévotion, comme il a esté promis; qui manquera ne sera jamais autre que poltron. » La Fleur, arrivé à l'embuscade hors d'haleine, pour s'estre escarté, dit aux compagnons : « La place est nostre, la pluspart de la garnison est absente, » ce qui estoit en partie vrai, en partie de l'instruction du Verger, qui aussi tost part avec six, très bien desguisez. Comme ils furent à mi-chemin du chasteau, Malaguet prit envie de suivre son frère avec sept ou huict, adjoustant au dessein qu'ils porteroyent des manteaux, leurs armes dessous, et qu'ainsi ils seroyent pris pour soldats de la garnison se promenans. D'Andigné consent à cette nouveauté et promet de suivre. Le sergent, doutant de l'entreprise sur la froideur des compagnons, va au-devant des deux frères, outrepasse Le Verger, ne le pouvant reconnoistre, s'avance jusques à Malaguet, qui se tire à part pour ouyr seul l'effroi que sa mine portoit : « Il n'y a, dit-il, pas le tiers de vos soldats qui ayent osé demeurer à la porte, mais sont tous dehors. » Malaguet, voyant son frère près de la porte, respond qu'on ne s'en pouvoit plus desdire et qu'il allast faire haster d'Andigné. A l'instant, Le Verger et les siens, ayans posé leurs gasons près de la porte, s'élancent dedans, crians : *Tue, tue, et vive le roi*. Le corps de garde, avec peu ou point de combat, s'enfuit dans la cour du chasteau. Le Verger demeure à la porte et ne vit venir à soi des douze que trois hommes qui eussent du houx au chapeau (car c'étoit la marque). Ceux du corps de garde, n'estans point poursuivis, prenent résolution de regagner leur place. Le Verger fait la moitié du chemin, et, les ayant batus, revient trouver son frère, arrivant à la porte lui neufiesme, qui fut d'avis de monter à la herse, de peur qu'on l'abatist; y trouva des gens qui avoyent desjà demi-coupé le câble ; ceux-là fuyans en la chambre du gouverneur. Malaguet les y suit ; là, la porte enfonsée, fut tué ou estropié cinq ou six hommes. Cependant, Le Pin, cornette du gouverneur, qui avoit fait un r'alliement, donne la teste baissée à la porte. Le Verger, voyant venir cette trouppe plus forte que la sienne, fit deux pas hors la porte. Puis, comme ayant veu le gros qui ne venoit point, dit à ses compagnons : « Allons compagnons, que nostre gros qui vient n'ait pas l'honneur de commencer ce combat. » Cela dit, il fait une partie du chemin. La meslée se fit à coup de main. Le Verger y fut blessé de neuf coups sans estre hors de combat, et presque pareil heur arrivant aux siens, ils défont la troupe du r'alliement, comme Malaguet arrivoit au secours de son frère. La porte estant abandonnée par Le Verger pour aller au combat, La Fosse, lieutenant du gouverneur, qui estoit allé trouver le duc de Mercœur, ayant r'allié dans les chambres tout ce qui pût venir à lui, se vint jetter à la porte et n'eut que le loisir de la fermer, que d'Andigné, qui arrivoit, se trouva visage de bois, ce qui donna un grand estonnement aux siens. Mais les deux frères, résolus à la nécessité, vienent aux mains. La Fosse, s'avançant, reconnoist Malaguet comme ayant esté son prisonnier ; ils s'appellent tous deux par leur nom et se joignent comme en duel. Malaguet reçoit un petit coup à la gorge, donne à l'autre à travers le corps. Ce chef achevé par un coup d'espée d'un soldat, les siens prenent estonnement ; un desquels ouvrit la porte pour se sauver, et d'Andigné, qui, estant avec sa troupe sur le pont, l'avoit empesché d'estre levé, se jetta par ce moyen dans la porte. Et lors, y ayant desjà au dedans dix-sept de la garnison morts et d'avantage de blessez, il n'y eut plus de résistance. Ce fut à qui sauteroit dans les fossez ou qui seroit si heureux d'estre prisonnier, qui furent au nombre de cinquante-cinq, bien contez à la prison. Les seize des deux troupes qui avoyent exécuté, presque tous blessez et nul mort.

C'est le dernier affaire que nous vous pouvons donner de la Bretagne et qui mit Renes et le pays d'alentour en repos et en regret de la mort de Tremblaye-Grésille, tué au siège du Plessis-Bertran, duquel nous avons parlé ci-dessus.

Chapitre XXIV.

Négoce avec les voisins.

Achevant le terme de nostre quatriesme livre, nous avons à dire de l'Alemagne comment, sur la décadence de la Ligue, le roi fit esteindre par ses agens les correspondances que quelques princes allemans avoyent avec les liguez françois, comme estans coupées les racines sur lesquelles telle intelligence estoit appuyée. Encor, pour réconcilier à Henri IV les Allemans, qui avoyent esté partisans de ses ennemis, servit de beaucoup la retraite que fit le prince d'Anhalt[1], lui plein d'honneur et d'expérience acquise avec un si grand capitaine, et en une si chaude guerre que la françoise, d'où il rapporta playes honorables et reçeues en bon lieu, et puis jamais bandes estrangères

---

1. Jean-George, prince d'Anhalt, né le 9 mars 1567, mort en 1618.

ne s'en retournèrent ni si peu endommagées ni avec tant de contentement que celles-là.

Les Suisses en pouvant dire autant, il ne resta en leur païs rien aliéné du roi que quelques-uns des petits quantons, obligez auparavant au duc de Savoye et de Milan, et qui le servirent aux occasions que nous avons descrites.

Nous n'avons à dire de Genève que l'assistance[1] qu'ils donnoyent aux affaires du roi et du royaume, tant d'hommes que de moyens, estans lors recherchée par tout, et notamment par Lesdiguières, pour la réputation que les dernières guerres leur avoyent acquise d'estre des plus déterminez soldats de la chrestienté.

Nous cueillerons en passant la haine que conceut dès ce temps-là Padouë contre les Jésuites et le décret[2] du sénat de Venise contre eux.

Le duc de Terra-Nova[3], vice-roi de Milan, dès auparavant la déclaration de guerre entre les deux rois[4], assista Sainct-Sorlin[5] contre Lion, et notamment de la levée de douze cents Suisses, qui furent employez comme nous avons dit ci-dessus.

1. Un traité d'alliance avait été conclu entre la France et la république de Genève le 8 mai 1579.
2. Les Jésuites avaient fondé à Padoue des écoles qui rivalisaient avec l'Université. Les professeurs de cette Université portèrent leurs plaintes au sénat de Venise, qui rendit en leur faveur un décret contre les Jésuites (De Thou, liv. C).
3. Charles d'Aragon, duc de Terra-Nova, gouverneur du Milanais.
4. Henri IV avait déclaré la guerre à Philippe II, roi d'Espagne, le 17 janvier 1595.
5. Henri de Savoye, marquis de Saint-Sorlin.

A Rome, le duc de Nevers[1], renvoyé pour la première fois[2] avec quelques honnestetez seulement, trouva en s'en retournant le cardinal de Joyeuse[3] et le baron de Séneçai[4], courans pour la Ligue. Mais le pape, ayant tourné en justice les prospéritez du roi, et l'Italie, enclinant à la félicité de la France, crioient *Viva qui vince*, horsmis les partisans espagnols, qui opéroyent tousjours par les secrets desseins d'Aquaviva[5] et de ses assistans. Et, pource qu'il n'y en avoit aucun pour la France, le roi fut conseillé d'y en mettre un, de quoi il vint enfin à bout, aussi bien que d'un pape[6], qui ne lui dura que dix jours, avec beaucoup de despense et peu d'utilité[7], dont un des siens print la hardiesse de lui dire qu'il avoit mal employé quatre cens mille escus.

Je ne saurois mieux vous rendre compte du soin que les Italiens avoyent de toute l'Europe qu'en vous

1. Louis de Gonzague, duc de Nevers.
2. Cette première ambassade du duc de Nevers auprès du pape remplit les trois derniers mois de l'année 1593 et le mois de janvier 1594.
3. François, fils de Guillaume, vicomte de Joyeuse, maréchal de France, né le 24 juin 1562, successivement archevêque de Narbonne, cardinal (1583), archevêque de Toulouse, puis de Rouen, mort le 27 août 1615.
4. Le cardinal de Joyeuse et Claude de Beauffremont, baron de Sénecey, avaient été députés à Rome par le duc de Mayenne.
5. Octavio Aquaviva, septième fils de Jean-Jérôme d'Aquaviva d'Aragon et de Marguerite Pia, nommé cardinal par le pape Grégoire XIV, remplit plusieurs charges importantes auprès des papes Sixte V, Grégoire XIV, Innocent IX, Clément VIII, Léon XI et Paul V, et mourut archevêque de Naples le 15 déc. 1612 (*Lettres de Henri IV,* t. IV, p. 473, en note).
6. Urbain VII, élu pape le 15 sept. 1590, mort le 27 sept.
7. La fin de l'alinéa manque à l'édit. de 1620.

déduisant comment, lors qu'il y avoit à Paris une assemblée de doctes que le duc de Bouillon y entretenoit pour défendre la créance de Madame[1], il y arriva un homme de bonne marque, qui se nommoit Brocardo Baronio[2], neveu du cardinal[3] de mesme nom. On lui donna pour commissaires à l'ouïr un gentilhomme avec le ministre Fuger. Il leur conta comment, estant escholier à Padouë, il avoit mis le nez en l'institution de Calvin, où, sentant qu'il prenoit trop de goust pour ses affaires temporelles pour estouffer ses pensées, il hasta son retour à Rome. Aussitost, par la faveur de son oncle, il fut mis de la compagnie qu'on appelle *Propagation de la fe*. Ce terme estant nouveau aux auditeurs, il leur expliqua que c'estoit une compagnie de vingt-deux conseillers, onze fournis par divers princes; les autres furent appelez par lui *Papæ mancipia*. Il fut choisi avec sept de cette troupe pour aider au procez du petit capussin, tant renommé au commencement pour ses sermons et saincteté de vie à Rome, et depuis pour avoir maintenu au pape, en face, qu'il estoit l'antéchrist. La vie, les responses et le mespris de la mort de cet homme, un autre prisonnier de trois ans et trois Anglois, qui peu auparavant estoyent morts, deux de nuict et le troisiesme promené sur un âne par les rues de Rome et consommé par six torches en feu avec des propos esmerveillables. Tels exemples avoyent trouvé du feu sous les cendres de Padouë et les condamnez avoyent fait

---

1. Catherine de Bourbon, sœur de Henri IV.
2. L'édit. de 1620 porte Gaspard Borromeo.
3. César Baronius, l'auteur des *Annales ecclésiastiques*, né le 30 octobre 1538, mort le 30 juin 1607.

le procez à leur juge; dont il avint que, Brocard estant choisi pour l'un des trois que cette congrégation envoyoit tous les ans en trois départemens de l'Europe pour cet effect, ayant toutes ses dépesches et l'or qu'il pouvoit porter, vint à lui un sien familier pour, à la façon de Rome, se conjouïr de son exaltation. Et, comme les charleries de cet harangueur desplaisoyent à Brocard, il lui eschapa : *Fusse bono, se non fusse contra Christo*.

Demie heure après, il receut d'un cardinal ami un billet pour le faire sauver et monter sur un coursier de Naples, qu'on lui envoyoit avec un sac d'or, qu'il n'accepta pas. Lui donc s'estant sauvé en Dauphiné, Lesdiguières le fit conduire par un consul de Briançon au lieu où il rendoit ce compte, pour lequel vérifier il mit sur table les originaux de ses commissions, lettres d'envoi au roi d'Espagne, à l'archevesque de Tolède et autres pièces authentiques pour justifier ses propos. Il apprit à ses auditeurs comment, en contrepétant l'ordonnance des réformez à Saincte-Foi, la congrégation avoit correspondance avec dix conseils establis en dix contraires départemens, monstra les entretiens qu'avoyent ces conseils et en un seul d'eux un cardinal pour chef, un duc et pair pour adjoint, avec seize mille ducats de pension pour le premier et quinze pour l'autre. Ceux-là formoyent les instructions des royaumes à Rome, rendans compte tous les ans des affaires et personnes notables, avec une estrange curiosité, recevant aussi ce qu'ils avoyent à faire par deux extraits liez à part, sur l'un desquels il y avoit escrit : *Artes pacis*, et sur l'autre : *Artes belli*. Le premier des deux fit esmerveiller les auditeurs du

[1597]   LIVRE QUATORZIÈME, CHAP. XXIV.   201

soin et de la prudence qui y paroissoit, mais en l'autre se descouvroit une grande ignorance de la guerre. En tout se voyoit de merveilleuses inventions pour esteindre les particuliers, qui n'avoyent point le costé descouvert à la corruption. Estant[1] requis par les auditeurs de leur monstrer les mémoires des pays sur lesquels devoit tomber le premier orage, il respondit : *Ergo a Rhetis inchoandum.* Et là-dessus leur fit voir les fondemens de ce qui est avenu depuis tant en la Valteline qu'ès Grisons, et mesmes, avec quelques obscuritez, le dessein du duc de Savoye, où trempa depuis le dernier mareschal de Biron. Voilà comment on se mesloit à Rome des affaires des François.

Vous voyez ce que l'Espagne contribuoit à ce même soin par ce que la Ligue en monstroit, laquelle, ayant fait voir sa décadence, le mariage qu'on préparoit de l'infante[2] avec le roi électif[3] de France fut transféré à l'archiduc Albert[4].

Le roi d'Angleterre et l'Escosse n'avoyent rien avec nous que les renouvellemens d'amitié et assistance qui paroissoyent en leur endroit. Le mesme pouvons-nous dire des Holandois, mais avec plus estroites correspondances, comme, quand les *mutinades* se voulurent donner au roi, il les renvoya au comte Maurice[5],

1. La suite de l'alinéa, jusqu'à ces mots : *Et voilà comment...*, manque à l'édit. de 1620.
2. Isabelle-Claire-Eugénie, née en 1566, fille de Philippe II, roi d'Espagne, et d'Élisabeth de France, morte en 1633.
3. D'Aubigné désigne sous ce titre le roi catholique que la Ligue vouloit élire.
4. Le mariage d'Isabelle-Claire-Eugénie avec Albert, archiduc d'Autriche, fils de l'empereur Maximilien II et de Marie d'Autriche, eut lieu en 1598.
5. Maurice de Nassau, prince d'Orange, gouverneur des Pro-

disant que leur service estoit là plus à propos et autant utile au roi qu'en la France mesme. Il est temps de tourner nostre prouë vers le soleil levant.

Chapitre XXV.

De l'Orient.

Teffembach[1], en suivant l'heur et les conquestes des chrestiens, assiégea Zaduvam[2], ville fortifiée à la moderne, et qui lui bailloit grande peine à cause des eaux[3]. Il eut bientost sur les bras le bacha de Bude[4], qui se vint camper à veuë des chrestiens, la rivière de Save[5] entre deux. Or, Teffembach la passa[6] et fut chargé par les Turcs[7], n'ayant pas passé la moitié. Mais cette partie se roidit de façon au combat qu'elle rompit tout ce qui lui vint sur les bras, mit

vinces-Unies à la mort de son père, Guillaume, en 1584, mort à la Haye le 23 avril 1625.

1. Christophle, baron de Tieffenbach, gouverneur de Cassovie.
2. Cette ville ne se nomme pas Zaduwam, mais Hatwan. Le récit de de Thou, que d'Aubigné copie en ce passage, ne laisse aucun doute (liv. CX). Le baron de Tieffenbach assiégea la ville de Hatwan le 16 avril 1594.
3. Hatwan est située sur la Zagiwa, au delà du Danube, à six lieues de Pest.
4. Le bacha de Bude, accompagné du beglierbey de Roumélie, c'est-à-dire de la Grèce, arrivait à la tête de 13,000 hommes (De Thou, liv. CX).
5. La Save, affluent de droite du Danube, se jette dans ce dernier à Belgrade. Ce n'est pas évidemment de la Save qu'il s'agit, mais plutôt de la Zagiwa, qui passe par Hatwan et se déverse dans la Theiss, affluent du Danube.
6. Tieffenbach avait laissé le siège d'Hatwan et se présentait à la tête de 10,000 hommes pour combattre les Turcs.
7. Ce combat eut lieu le 1er mars 1594.

en fuite le bacha, blessé de trois playes, comme aussi le beglierbei[1], et demeurèrent sur la place l'Aga Temesech, le gouverneur de Pesth, le vaivode de Nograde et deux cheaoux qui estoyent venus de la porte du sultan. Cette victoire fit recouvrer Jasprin et Zabot.

A cette prospérité, ceux d'autour de Bellegrade, qu'on appelle Glires, se révoltèrent contre le Turc et, se voyant vingt mille hommes ensemble, donnèrent la teste baissée où campoit le bacha de Themiswar[2], le desfont, prenent quelque place où ils tuent tout. Le bacha sauvé à la fuite rallia les garnisons du païs et revint au combat, où il mourut avec trois chefs de marque; et les Glires emportèrent d'effroi Versets et Lut[3], qu'ils garnirent avec Bossat et Hohat, et puis s'allièrent avec Teffembach pour continuer le siège de Zaduvam que les deffaites n'avoyent point esbranlée. La force de cette place fit que les assiégeans eurent recours à la soif, et puis, ayant nouvelle d'un convoi, l'allèrent combattre, mais n'en deffirent qu'une partie, pource que, les Hongres ayans paru avant que les Turcs fussent dans la plaine, ils se servirent des lieux avantageux pour leur retraite. Les assiégez demandent secours et les assiégeans quelques rafraîchissemens à l'archiduc[4]. Les Turcs obtinrent, les chrestiens n'eurent que des paroles. Le secours qui venoit de Bude

1. Belgrade, au confluent de la Save et du Danube.
2. Temeswar, au nord de Belgrade.
3. Versetz ou Verschitz, en Hongrie; Luttmansburg, en Hongrie.
4. Maximilien, archiduc d'Autriche, fils de l'empereur Maximilien II, empereur, grand maître de l'ordre teutonique, élu roi de Pologne en 1587, mort en 1618 à l'âge de soixante ans.

fut desfait par Teffembach, quoi qu'il fut foible. Mais, sachant la grande armée qu'amenoit Sinan[1], après avoir donné un assaut, il lui falut quitter le siège, et les Glires, refusez de secours par l'archiduc, se remirent de nouveau en la servitude turquesque.

De mesme temps, Sigismond Batori[2], neveu du roi de Pologne, s'estoit eslevé contre le Turc. La pluspart de son peuple, ne pouvant rien espérer de cette révolte, trafiqua avec les ennemis la ruine de leur chef et, sur des lettres contrefaites, faillirent à le faire prendre par les Tartares. Mais il se trouva au rendé-vous plus accompagné qu'on n'avoit estimé, et lors les infidèles, changeans leur ruse en guerre ouverte, éleurent pour chef Baltazar Batori[3], cousin de Sigismond, qui, secouru par les Rasciens[4], fait mettre bas aux conjurez. Et, les ayant tous fait venir à Clausembourg[5], horsmis le cardinal Batori[6] et son frère[7], désespérez de pardon, il en fit descapiter et escarteler jusques à quatorze et estrangler son cousin en prison, et, deschargé de ce fardeau, va assiéger

1. Sinan, Albanais d'origine, occupa sous le règne d'Amurath la charge de grand vizir. Il fut disgracié, puis réintégré en ses fonctions et créé généralissime de l'armée de Hongrie. Il mourut au mois de mai 1596, à Belgrade, à l'âge de quatre-vingt-quatre ans.

2. Sigismond Bathori, prince de Transylvanie, fils de Christophe Bathori, frère d'Étienne Bathori, élu roi de Pologne en 1571.

3. Balthasar Bathori, oncle de Sigismond Bathori.

4. Les Rasciens sont les habitants de la Rascie, aujourd'hui Servie. De Thou les confond avec les Roxolans qui habitaient la Mésie supérieure (liv. CX).

5. Coloszvar, au nord-ouest de la Transylvanie.

6. André Bathori, cousin de Sigismond Bathori, cardinal en 1584, assassiné en 1599, à l'âge de trente-trois ans.

7. Probablement Étienne Bathori, cousin de Sigismond Bathori.

Themiswar¹, prit plusieurs navires Turcs sur le Danube. Mais il lui falut quiter le siège pour la grande foule des Tartares², qui se joignit aux Turcs. Ceux-là prirent Visit³ et la ville de Carrolstat, mais non pas le chasteau.

Souvenez-vous d'un Pierre⁴, frère d'Inovie, autrement Yvon⁵, successeur de son frère, à la Valachie. Cettui-là fut dépossédé pour ses vices et un Alexandre⁶ mis en sa place, duquel les vices surpassèrent tous les premiers. A ce que nous avons touché ci-dessus faut adjouster qu'Alexandre estant appelé et pendu à Constantinople, le peuple obtint d'avoir un Michel, qui, estant receu palatin de la Valaquie, se bande avec celui de la Moldavie, les Cossaques et les Poulonnois, contre le Turc, lorsqu'il vid les troupes de l'empereur avoir pris en Hongrie Vicegrade⁷ et en Croacie Cristouïs⁸.

1. Sigismond Bathori assiégea Temeswar le 15 mai 1596 (De Thou, liv. CXV).
2. Ces Tartares, venus de la mer Noire, parurent en vue de Temeswar le 25 mai 1596 au nombre de 40,000. Après un combat sanglant, ne voyant pas arriver les secours que l'empereur lui avait promis, Sigismond leva le siège et battit en retraite (De Thou, liv. CXV).
3. Viske ou Wiska en Hongrie.
4. Pierre, frère d'Ivon, avait été créé vayvode de Valachie par le sultan Selim.
5. Jean (Ivon ou Iwan), vayvode de Valachie sous le règne du sultan Selim. Voyez l'histoire de ce personnage et le récit de ses entreprises dans de Thou (liv. LVIII).
6. Alexandre était le frère de Podikone, qui avait détrôné Pierre, vayvode de Valachie (De Thou, liv. LXXIX).
7. L'attaque des fortifications de Vizzegrad commença le 17 septembre 1595, avec une batterie de huit canons; la reddition de la place suivit de près cette vigoureuse offensive (De Thou, liv. CXIV).
8. Christowitz en Croatie.

En mesme temps les janissaires, faute de payement, conjurèrent contre la vie d'Amurath[1], enfonsent le serrail jusques au corps de garde des Capigi, tuent le bacha de la porte. On les appaisa par la mort de quelques thrésoriers innocens et par leur solde qu'ils receurent.

Mais ce fut bien pis quand un janissaire, dans le Baghestan, qui est le marché et lieu qu'ils estiment sacré, tua un marchand qui refusa sa fausse monnoye, car lors les janissaires allèrent demander la vie de l'empereur pour sa trahison et les falut apointer par la mort d'autres thrésoriers et quantité de thrésors, sans lesquels ils faisoyent mourir l'empereur.

Amurat, outre le mauvais succès des guerres esloignées et les mutineries de la cour, fut abbatu de plusieurs desplaisirs domestiques, desquels nous en déduirons un. Entre plusieurs concubines, desquelles on dit qu'il a eu cent deux enfans, il avoit renoncé à toutes, pour l'amour particulier qu'il porta à une chrestienne de l'isle de Corfou, nommée Hasachi. Il tint celle-là comme femme[2], en eut quatorze enfans, qui tous, fors un, moururent au berceau. Sur quoi les Talismans lui conseillèrent de se servir d'une autre. Il changea premièrement pour une sœur de cette-ci, vefve du bacha Mahomet. De celle-là, il s'adonna à tant d'autres que l'amour d'Hasachi se perdit dans le

---

1. Amurath III, fils de Selim II, régna de la fin de l'année 1574 au 18 janvier 1595.

2. Durant trente-deux ans, Amurath garda cette femme, mais il ne voulut jamais l'honorer du titre d'épouse, craignant l'accomplissement d'une prédiction qui le menaçait d'une mort prochaine s'il se mariait (De Thou, liv. CXIV).

change. Les sultanes et toutes les autres concubines ne perdirent pas temps quand elles la virent disgratiée, jettent en l'esprit d'Amurat que ce violent amour avoit esté embrasé par philtres et enchantemens. Il n'y eut rien de médiocre entre l'amour et la haine. Ce barbare, pour faire mourir sa bien-aimée, l'accusa de sorcelerie, fit gehenner toutes les servantes, soit de Hasachi, soit des autres sultanes; mais il n'y en eut une seule qui, dans les tourmens, ne la maintint innocente. La pluspart disoyent qu'il ne faloit point de magie où il y avoit tant de beauté, que ses yeux estoyent magiciens et ses autres perfections charmes efficacieux. La constance de ces filles et les reproches que quelques-unes des plus hardies firent à Amurat le poussa dans la honte, et d'elle au premier amour. Ce grand prince voulut expier son offense par recherches et humbles soumissions, par présens sans nombre, soit pour Hasachi ou pour ceux qui ne l'avoyent point abandonnée en sa défaveur. Mais elle, modestement insolente, fit la froide, remonstra que celui qui l'avoit déshonorée ne pouvoit plus aimer un cœur tant offensé, et qu'elle aussi ne pouvoit espérer d'un second amour que le soupçon de nouveaux charmes et nouvelles accusations. C'estoit ce qu'il faloit pour embraser Amurat et parvenir aux desseins de Roxolane, de laquelle l'histoire, ayant esté bien luë par Amurat, l'affermit au perpétuel refus de la liberté, quoi qu'elle y employast son fils Mahomet, aisné d'Amurat, et son successeur à l'Empire. Ce prince donc, mirouer de toute inconstance, tesmoin de ce que vous avez leu de Sinan Bacha et de celui de Bude et des grands qu'il bannit ou fit mourir au milieu de ses plus grandes faveurs, enfin, accablé de brouilleries, qui ne le souffroyent pas respirer, il mourut d'apoplexie, comme on dit, en l'an, selon l'aire des Turcs, 1004, et, selon la nostre, 1595[1]. Prince pie à sa mode, hardi entrepreneur par les vies d'autrui, chiche de la siene, en la bouche et pensée duquel nul des siens n'a peu trouver de fermeté.

En sa place fut éleu empereur Mahomet[2], duquel la première action fut de faire estrangler vingt-un[3] de ses frères et faire jetter en la mer dix femmes de son père qu'il estimoit enceintes. Les janissaires, pour cet acte et n'avoir pas esté appellez à l'élection, firent deux émeutes l'une sur l'autre : la première, que les bachats appaisèrent par présens ; l'autre, en se servans des plus affidez pour mener le canon par les ruës contre les plus insolens. Ce prince voulut partager l'estat de grand visir d'entre Sinan et Ferhaut[4], afin de fuir l'absoluë authorité d'un et opposer la jalousie des deux pour empescher une machination

1. Amurath mourut le 18 janvier 1595.
2. Mahomet III, fils et successeur d'Amurath III, régna de 1595 à 1603. Au commencement de l'année 1597, Henri IV renouvela l'alliance avec ce prince. Une copie de la confirmation du traité, datée du 25 février 1597, est conservée dans le fonds français (vol. 3653, f. 1).
3. Ce chiffre est presque exact, d'après de Thou. Mahomet III fit étrangler ses dix-neuf frères (De Thou, liv. CXIV).
4. Le bacha Ferhat, natif d'Oronico en Albanie (De Thou, liv. CXIV), rival secret de Sinan, obtint la disgrâce de ce dernier en 1591, sous le règne d'Amurath. Rétabli dans sa charge de grand vizir par le sultan Amurath, Sinan fit ses efforts pour perdre son adversaire dans l'esprit de Mahomet III ; Ferhat fut rappelé et tué à Constantinople par ordre du successeur d'Amurath en 1595.

contre lui. Mais leur discorde lui faisoit du mal en tant de façons qu'il fut contraint d'apprendre ses affaires et en diriger lui-mesme les principaux mouvemens.

Sur cette mort, le Transsylvain[1], avec la Ligue que nous avons notée, ne voulut pas perdre temps et, par son lieutenant George Barbeli, força Bokcia et Varsok[2], puis lui-mesmes print Totvaragde[3] et Fatsat[4]. D'autre costé, les Turcs des garnisons ramassées prirent Jofe[5] et les paysans du pays deffirent le convoi et par là contraignirent l'armée de se retirer avec dommage. Et de mesmes fut deffait le secours que le bacha de Thémiswar amenoit. Il y perdit les gouverneurs de Czanade et Giule[6], dont avint que Barbeli, ayant assiégé Lipe[7], ceux de Giule, pour la perte qu'ils avoyent faite, ne les peurent secourir; et pourtant ils composèrent, après avoir soustenu un furieux assaut. Du vent de cette bonne pièce, Vilagosvat, Canad, Nadlac, Solimos, Fellax, Panerte, Sire et Arade furent abandonnées des Turcs et vindrent au pouvoir de Barbeli.

Cela fut cause que Sinan, qui profitoit à Constanti-

1. Sigismond Bathori, prince de Transylvanie.
2. Bokzia et Warsocz dans la Basse-Hongrie (De Thou, liv. CXIV).
3. Totwaradge fut emporté par un détachement de troupes d'élite parti d'Alba-Julia sur l'ordre de Sigismond Bathori.
4. Fatsad se rendit presque sans résistance.
5. La ville de Joffy fut brûlée par les Turcs.
6. Seuls les gouverneurs de Giula et de Chonad furent gardés prisonniers, les autres furent massacrés.
7. Ces exploits de l'armée de Sigismond eurent lieu en 1595. Lippa, sur le Mérisch, après avoir été pendant trente-trois ans sous la domination turque, fut saccagée par les troupes du prince de Transylvanie le 28 août 1595.

nople au mestier de courtisan, le quitta à regret pour amener une armée, équipée à la faveur, voulant, comme il disoit, regagner la Valaquie au grand seigneur[1].

Michel[2], nouveau palatin, seur d'abordée que l'armée avoit passé le Danube sur un pont de bois, et n'ayant point de quoi l'affronter, il se réduisit à jetter ses forces dans les places qui faisoyent frontière, et lui, avec six mille hommes, se retrencha dans un marais, d'où il empiéta une grande chaussée sur le chemin de l'armée. Sinan fut une après-disnée à envisager ce petit troupeau, mesprisé des siens, admiré de lui. Le combat, remis au lendemain, fut soustenu par les Valaques jusqu'à la soirée que les Turcs, voulans quitter la besongne, furent meslez par les chrestiens et y perdirent près de deux mille hommes, dix-sept enseignes, et entre autres la Verde, sacrée à Mahomet, et Sinan, dans la troupe des fuïars, tomba d'un pont en la bourbe et fit perdre beaucoup d'hommes, cependant qu'on le retiroit[3].

Sinan, s'estant esloigné, receut nouvelles forces. Michel n'attendit pas cela, mais fortifié de ce que Sigismond avoit envoyé à la haste, les Turcs laschèrent encor une fois le pied. De là à quelque temps, les Moldaves, après avoir accoisé les Cicules[4], qui sont

1. Sinan, après avoir relevé les fortifications de Nicopolis, se mit à la tête d'une armée pour secourir la ville de Lippa, dont il ignorait la capitulation. Informé de la reddition de cette place, il fit passer une partie de ses troupes en Moldavie et en Valachie.
2. Michel, prince valaque, fils du palatin de Valachie, tour à tour ami et ennemi du sultan, mort dans un combat livré aux Impériaux le 1er août 1601 (De Thou, liv. CXIV et CXXVI).
3. Ce combat eut lieu le 6 sept. 1595.
4. Les Sicules ou Szeklers, habitants de la Transylvanie orientale.

païsans courageux, se joignent au Transsylvain, font armée de vingt-cinq mille hommes de pied[1]. Celle des Turcs, plus grande, s'estonna tellement que, se dissipant, Sigismond assiège à leurs trousses Tergoviste[2], métropolitaine de la Valaquie, et battit la ville et le chasteau tout à la fois. Là dedans commandoit Assam Bacha, sanjac de la contrée, fils du grand vizir Mahomet. Sur la fin de l'année, les bresches ayans ouvert la veuë des maisons, les assiégeans envoyèrent dans la ville une si grande quantité de feux artificiels qu'elle y mit le feu, l'assaut et l'escalade présentez en mesme temps. Les Turcs, cuidans gagner par la poterne du chasteau une montagne, furent descouverts et mis en pièces par les Cicules. Assam Bacha, Hali Bacha[3] et Mechmet-bei demeurèrent prisonniers[4]. A cette nouvelle, Sinan mit le feu dans Bocareste[5] et y laissa des mines pour faire sauter Sigismond. Mais lui, instruit par son prisonnier Assam, poursuivit le fuïard jusqu'au fort Sainct-George[6], qui est en une isle du Danube, fit rendre quelque combat à forcer deux ponts défendus par trois jours. Les chrestiens encor

1. Les troupes de Sigismond et celles des Cicules formaient une armée de plus de 60,000 hommes.
2. Tergowisch, capitale de la Valachie.
3. Ali Pacha, interrogé par Sigismond Bathori, donna quelques indications sur l'état de l'armée de Sinan, puis offrit une forte somme pour sa rançon, qui ne fut point acceptée; Piccolomini avait intérêt à retenir prisonnier ce personnage pour assurer sa propre mise en liberté s'il tombait un jour entre les mains des Turcs.
4. La prise de Tergowisch eut lieu le 18 octobre 1595.
5. Buckereste est un château situé sur l'Argis, distant d'une journée de Tergowisch, où s'était retiré Sinan après avoir confié la défense de Tergowisch à Ali Pacha.
6. De Thou appelle ce fort Giorgin.

emportèrent le fort principal, faute de poudre, et Sinan quitta la Transsylvanie, Valaquie et Moldavie, les laissant avec perte de vingt-cinq mil hommes des siens et de trente-six pièces de canon[1].

Encor le chrestien, triomphant de ces choses dans Albejule, seut comme une branche de son armée avoit emporté Gennen et Vilagasmar.

Telles prospéritez eschauffèrent la chrestienté à faire une armée notable[2], où le pape[3] contribua mille chevaux et douze mille hommes de pied, Florence cinq cens chevaux et trois mille fantassins, Mantouë[4] mille mousquetaires, Viterbe cinq cens chevaux, Ferrare mille cinq cens harquebusiers, Tirol quatre mille piétons, Bavière trois mille, Bohême et Silézie douze mille et quatre mille cinq cens chevaux, l'Asachie[5] mille piétons et cinq cens chevaux, Austrie[6] six mille et deux mille chevaux, la Hongrie mille cinq cens chevaux et la Franconie mille, la Saxe mille huit cens chevaux, la Suève[7] quatre mille harquebusiers et autant de la part d'aucunes villes impériales; Charles[8], comte de Mansfeld, général[9].

1. Ce combat eut lieu le 28 octobre 1595.
2. Cette armée notable dont parle d'Aubigné ne fut organisée complètement que le 18 août 1595, sous les murs de Gran, où les troupes italiennes firent leur jonction avec l'armée impériale (De Thou, liv. CXIV).
3. Clément VIII.
4. Vincent de Gonzague, duc de Mantoue et de Monferrat, né le 21 sept. 1562, mort le 18 février 1612. Parti comme volontaire dans l'expédition contre les Turcs, il arriva le 23 août 1595 à Prague auprès de l'empereur.
5. Asachie, Alsace. — 6. Austrie, Autriche. — 7. Suève, Souabe.
8. Charles, comte de Mansfeld, fils de Pierre-Ernest de Mansfeld, l'un des plus grands capitaines de son temps, mourut à Comar le 14 août 1595.
9. Le comte de Mansfeld, arrivé à Prague le 14 mars 1595,

Son premier exploict fut de feindre le siège de Tottis et, ayant passé le Danube, venir investir et assiéger Strigonie[1]. Le comte se résolut à cela sur ce qu'il apprit des prisonniers que le baron d'Ordep, menant les coureurs de l'armée, avoit pris près de Bude. De ces prisonniers, il en fit hacher un à coups de rasoir devant les autres et aprit beaucoup de secrets par une cruauté qu'il n'avoit jamais exercée et la pratiqua en la guerre contre les Turcs. La haute ville de Strigonie fut abandonnée, mais non la basse, fortifiée à la moderne et garnie de ce qu'il y falloit, après que les avenues contre le secours furent bien retrenchées et que le comte eut logé cinq cens harquebusiers dans une petite isle vis-à-vis du chasteau. Tous ces préparatifs avancez de la fin de juin jusqu'à la mi-juillet. En ce temps, après une grande batterie, se donna un assaut général, qui emporta fossé, muraille et rempart. Mais les attaquans, arrestez par un grand retranchement plein d'eau, eurent sur leur retraite les Turcs à dos, qui, ayans tué les plus tardifs, poursuivent jusques dans la petite isle retranchée et mettent les cinq cens qui la gardoyent le ventre au soleil. Après une seconde batterie, un autre assaut eut le mesme événement, et, dans l'espouvente du retour, les Bohémiens quittèrent un fort qu'ils repri-

---

reçut le commandement de l'armée impériale, non des troupes italiennes, qui devaient se mettre en marche plus tard sous la conduite de François Aldobrandini, neveu du pape (De Thou, liv. CXIV).

1. C'est vers la fin de juin ou le commencement du mois de juillet 1595 que le comte de Mansfeld vint mettre le siège devant la ville de Strigonie, également appelée Gran (De Thou, liv. CXIV).

rent quant et quant. Durant cet assaut, un Walon monta sur le haut de Strigonie pour emporter un drapeau qu'il partageoit à coups d'espée quand il fut renversé de quatre playes. Comme il se traînoit pour le retour, un Turc s'approche le cimeterre à la main. Lui, qui avoit rechargé, attend sur un genou de dix pas, tuë le Turc et se traîna pour lui couper la teste de son cimeterre qu'il apporta comme il put, de quoi il receut honneur public et récompense du général.

Les assiégez firent une sortie pour favoriser deux galères que le bacha de Bude envoyoit chargées de vivres, mais ils furent repoussez à mousquetades et les vaisseaux à coups de canon. Le secours paroissant trop difficile, Mahomet lève une armée sous la charge du beglierbei de la Grèce, assisté de plusieurs bachas. Cependant qu'elle se lève et marche, le baron d'Ordep assiège et emporte Kekerem par feu et le comte de Serin, Bebert, près de Zighet, par assaut. A l'arrivée turquesque, le bacha de Bellegrade attira les chrestiens du siège, qui deffendoyent le bestail, en une embuscade, où il en fut tué quatre cens.

Il falut venir à la bataille, à laquelle les Turcs se présentèrent et vindrent cercher l'armée chrestienne, qui, pour l'incommodité des lieux, estoit divisée en trois. Jean de Médicis[1] commandoit l'avant-garde, le comte la bataille, presqu'aussi avancée, et le baron d'Ordep, avec ses forces et celles de Swarsembourg, gardoit les avenuës des montagnes. Le bacha de Bude, attaqué furieusement, soustint le premier effort. Les

---

1. Jean de Médicis, fils naturel de Cosme de Médicis et d'Éléonore Albizzi, né en 1567, s'illustra dans les guerres de Hongrie et mourut en 1624.

Turcs, voyans que dix-huit canons logez à leur droite, pour tirer trop haut, n'avoyent point fait de bresche dans le bataillon ennemi, mais au contraire se voyant meslez et les premiers rangs rompus, se laissèrent pousser deux cens pas en arrière ; et lors Jean de Médicis, avec ceux de Tirol, monta au-dessus de l'artillerie ennemie, puis, se jettant à droite, la saisit et tourna la bouche vers le gros du beglierbei. Les Turcs n'en attendirent pas la seconde volée que le général, qui estoit en lieu haut hors du combat sur le premier esbranlement des siens, mit tout à sauve qui peut. Le baron d'Ordep et son compagnon firent le principal meurtre et en eussent fait d'avantage sans la nuit qui survint. Il demeura sur la place quatorze mille Turcs, vingt-sept enseignes et vingt-neuf canons, qui furent adjoustez aux plates-formes de Strigonie[1]. Le comte, ayant fait rendre grâces à l'armée et aux villes chrestiennes ou de trop de labeurs ou d'une excessive joye, comme quelques-uns ont voulu, mourut dans deux jours. Et fut éleu en sa place dom Juan de Médicis[2], qui, ayant fait doubler les batteries et quitter la basse ville, pressa le chasteau et puis l'armée refortifiée de l'archiduc Mathias[3]. Strigonie se rendit sans avoir autres armes que l'espée[4].

1. Le beglierbey de l'Anatolie avait été chargé de la défense de cette place.
2. Le comte de Mansfeld, avant de se retirer à Comar, avait remis le commandement de l'armée au marquis de Burgau, non à Jean de Médicis, comme le dit d'Aubigné (De Thou, liv. CXIV).
3. L'archiduc Mathias, plus tard empereur d'Autriche, né en 1557, mort en 1619.
4. La citadelle de Gran capitula le 2 septembre 1595.

On ordonna à Aldobrandin une partie de l'armée, qui assiégea Vizegrade, laquelle, après deux assauts, fut rendue par sa garnison à capitulation du baston blanc. Tout cela achevé dans la mi-septembre, comme aussi d'autre costé Vorzen fut quittée.

Le comte de Herbesting et Nadafti, ayant fait dix mille hommes en Styrie, assiégèrent et prirent Babotch et Sainct-Martin[1], et en cette dernière trente-six canons portans les marques de l'Empire, avec la défaite d'un convoi.

Encor faut-il faire voir en mesmes jours comment Zamoski[2], chancelier de Pologne, défit Cherei-Cam[3], prince des Tartares, venu pour establir vaivode en Heleicie[4] Aemet, lequel vaincu demanda paix, l'espée nue et les mains jointes à la tartaresque. De mesme le Poulonnois instala dans la Moldavie Jérémie[5] et fit fuir Estienne[6] en Constantinople, où, pour certains crimes, il fut empalé vif. Je ne vous amuserai point ni aux comettes[7] qui parurent sur les années ni aux monstres naiz en Alemagne et à Florence, sur lesquels il y a plus à causer qu'à instruire.

Mieux vaut poursuivre comment Mahomet envoya

---

1. Nadafdi s'empara de Saint-Martin au mois de juillet 1595.
2. Jean-Savius Zamoyski, chancelier de Pologne, né le 1er avril 1541 à Skokow, dans la terre de Chelm, grand chancelier de Pologne et général des armées de ce royaume, plus tard grand chancelier de Transylvanie, mort le 3 juin 1605 à Zamosc.
3. Probablement Cazichieri, cam des petits Tartares.
4. Le mot *Heleicie* semble désigner la Valachie.
5. Jérémie Mogila.
6. Étienne Roswan avait été établi vayvode de Moldavie par Sigismond Bathori en remplacement d'Aaron.
7. L'apparition d'une comète, lors de la prise de Tergowisch par Sigismond, est également rapportée dans de Thou comme légendaire.

Ferrhat essayer s'il seroit mieux en la place de Sinan, qui emmena avec soi à Constantinople nombre de prisonniers pour envoyer les plus vigoureux aux galères et donner spectacle au peuple des autres par une estrange mort. C'est qu'il les faisoit jetter sur des pieux ferrez, et, sans autre aide à la mort, languir en cet estat tant qu'ils pouvoyent. Comme on en despouilloit un pour estre jetté, il se trouva une fille à laquelle on demanda si elle ne servoit point selon son sexe à quelque soldat. Elle respondit que ce sexe n'avoit esté cognu d'homme vivant à l'armée et qu'elle ne s'estoit déguisée que pour venger la mort des siens. On demande à ses compagnons mourans ce qui en estoit ; ils le jurèrent ainsi et dirent choses notables du courage de cette fille. Sultan Mahomet la voulut voir, fit préparer des foüets pour voir ce qu'elle diroit. Elle demanda la mort et dit à l'empereur que, depuis qu'elle avoit tiré solde, elle n'avoit fait action que de soldat et qu'elle avoit desjà vengé la mort des siens par celle de dix Turcs qu'elle avoit tuez de sa main en combat. Mahomet la fit vestir richement, promener par Constantinople et puis la donna à la sultane pour un agréable présent.

Après que Mahomet eut passé sa cholère sur les chrestiens de son obéïssance, lesquels il banissoit des principaux lieux, Ferrhat faisant sa monstre devant Constantinople de cent soixante mille hommes de guerre et de trente-trois canons, nouvelles vindrent comment les Glires, assistez des pastres de Bulgarie, avoyent pris la ville de Sofie[1], à sept lieuës de Cons-

---

1. La ville de Sophie fut saccagée par 2,000 Heiducs ou Rasciens en 1595.

tantinople, et, l'ayant pillée, s'estoyent retirez aux montagnes. Au premier campement de Ferrhat, pour mauvais commencement de son emploi, on lui coupa les cordes de ses tentes, on encloüa son artillerie pour faire connoistre comment les gens de guerre ne l'avoyent pas à cœur. Quelques-uns en soupçonnoyent le bacha Sigale, son envieux, les autres les janissaires, voulans contraindre l'empereur[1] de mener lui-mesmes ses armées et estre spectateur de leur vertu. Mais plus ouvertement parut son ennemi Sinan, qui l'accusa de la perte de Simile[2], sur le fleuve Nester, de Teynie et enfin de Nipolis[3]. Mais Ferrhat avoit bien plus à dire contre l'autre, comme des pertes que nous avons spécifiées, où les défauts du chef paroissoyent bien plus à clair, et, partant, se fiant en la vérité de ses accusations, ne les appuyoit point de faveurs nécessaires comme l'autre, qui, rusé courtisan, accabla ce soldat par entremises des juges corrompus, des concubines et sur tous des talismans et prestres de toutes sortes. Et, ainsi assisté, il fit estrangler Ferrhat[4] et demeura seul grand vizir de l'Empire.

Ce fut lors que les garnisons de Lippe et de Genne[5]

1. Le sultan qui régnait alors était Mahomet III.
2. Smil tomba au pouvoir de Michel, vayvode de Valachie, en 1595.
3. Les Heiducs, après avoir massacré 2,000 Turcs dans la ville de Nicopolis, pillèrent cette place et y mirent le feu. Ce hardi coup de main fut exécuté au mois de juillet 1595 (De Thou, liv. CXIV).
4. Le rappel de Ferhat, les accusations dont il fut l'objet et les circonstances de sa mort sont différemment rapportés dans de Thou (liv. CXIV).
5. L'armée de Sigismond s'était emparée de la ville et du château de Jennen le 24 octobre 1595.

guettèrent le bacha de Themiswar se retirant à Belgrade avec ses richesses, combatirent son escorte, partagèrent deux cent mille escus et envoyèrent sa teste à Sigismond pour son droit d'amirauté.

Les Heiducques, qui sont gens de pied de Croavie, emportèrent par surprise Clissa[1], en Dalmacie, et le gouverneur de Styrie[2] y fit entrer de nuict quatre mille hommes. Les preneurs firent semblant de n'en vouloir que le butin et ne l'esquiper point pour un siège. Sur tel advertissement, le bacha de Bosnie la vint assiéger et les compagnons, faisans les foibles, composèrent à vingt mille ducats pour ouvrir leurs portes. Les ayans reçeus, ils laissent entrer les Turcs, qui disoyent l'un à l'autre : « Il faut avoir les vingt mille ducats. » Mais une herse estant tombée, ce qui estoit entré fut mis en pièces et une grande sortie sur le reste fit un merveilleux eschec sur les Turcs. Il arriva au mesme temps un grand renfort au bacha, par le moyen duquel il s'opiniastra au siège. A leur arrivée, les assiégez firent une brave sortie, si bien que les Turcs quittèrent leurs têtes et, soustenus par troupes fraisches, revindrent au combat sur les chrestiens desbandez au pillage, les meslent de façon que, de deux mille qui estoyent sortis, il n'en rentra point trente dans la place[3]. Les voilà à l'estonnement et à parlementer. Quelque irrité que fust le bacha, il les envoya vie et bagues sauve.

1. Clissa, ville très forte située sur le golfe Adriatique, tomba au pouvoir des habitants de Segna, qui s'en emparèrent par surprise le 5 avril 1596.
2. Le s. de Leucowitz.
3. Ce combat eut lieu le 27 mai 1596.

Le baron d'Ordep, estant averti d'une grande assemblée que les Turcs faisoyent à Sambuk, voulut y avoir voix délibérative. Il équipe six canons montez à double et les mène haut le pied aussi viste que ses hommes, arrive au poinct du jour devant Sambuk, sans tranchée ni gabions bat le portail et, sans laisser prendre asseurance dès qu'il void un trou, fait donner l'assaut, emporte la ville, la pille, la brûle et gagne des richesses infinies à son parti[1].

Les Turcs, s'estans reserrez par tant d'affronts, défirent la garnison de Lipe, qui estoit sans ordre autour de Themiswar, et de là, ayans emporté et pillé l'isle de Maresquie, où ils laissèrent quelques forts, ils assiègent Lipe. Barbeli estoit dedans, qui, n'espérant point de secours à propos, fit pointer toute son artillerie et ses pierriers dans la venuë de la porte, et puis, feignant une sortie, attira les Turcs à les recongner ; ce qu'ils firent si furieusement que, la fougade ayant mis en pièces tout ce qui donnoit à la teste, la seconde troupe des Turcs ne laissa pas de passer sur le ventre des morts pour emporter tout ; ce qu'ils faisoyent en une meslée de neuf heures. Mais tout à coup ils quittèrent le combat, le siège, leur canon et leur bagage pour courir ailleurs. C'estoit que les garnisons des chrestiens avoyent pillé les fauxbourgs de Themiswar[2] et puis y avoyent mis le feu. Les Turcs, le voyans de Lipe, tant il estoit grand, pensèrent que la

---

1. Un combat très vif eut lieu près de Samboka le 9 avril 1596, mais l'historien de Thou ne parle ni de la prise ni de l'incendie de cette ville.

2. C'est le gouverneur de Lugas qui avait dirigé cette entreprise sur la ville de Themeswar.

ville se partageoit par embrasement et quittèrent tout pour aller au secours.

Il y avoit lors deux armées chrestiennes, l'une en la haute Hongrie, sous Maximilian[1], l'autre en Transsylvanie, sous Sigismond. La première, par la sollicitation de Teuffembach, repoussé autresfois de Zaduvan, la vint assiéger avec vingt pièces de grosse batterie[2]. Au commencement du siège, le baron d'Ordep trouva moyen de mettre en feu les fortifications que les Turcs avoyent faites, les deux tiers de chevrons et de soliveaux et le tiers de terre. Ils battent la place par les quatre coins, à l'un desquels il arriva qu'un Centom, prestre de Mahomet, du haut d'une tour, se mit à faire des imprécations, par lesquelles il espéroit rendre inutiles les efforts de leurs ennemis, comme un Cordelier à l'assaut de la Rochelle et un moine à Coutras et un autre à Yvri. Un canonnier fit sauter le pignon de la tour et le prestre tout à coup. La ville sommée avec des responses glorieuses, l'assaut fut donné par les quatre coins[3], et, après un opiniastré combat, tout fut passé dedans au fil de l'espée[4], horsmis un caporal janissaire, qui fut gardé pour apprendre des nouvelles, et cela achevé au mois de septembre 1597.

1. L'archiduc Maximilien fut nommé généralissime le 18 juillet 1596.
2. La reprise du siège de Hatwan eut lieu le 15 août 1596.
3. L'assaut, préparé par Jean Albert de Sprintzestein, intendant des armuriers, fut donné le 3 sept. 1596 et non 1597.
4. Les Turcs furent massacrés sans distinction d'âge ni de sexe. Les soldats de l'armée victorieuse, en particulier les Flamands, qui avaient perdu leur colonel, se montrèrent impitoyables.

D'autre costé, Sigismond envoya à la guerre Herbestat et Leukouiti[1], sur le poinct que les Turcs, ayans tasté Petrinie, vindrent au-devant de ces deux capitaines et les faillirent à surprendre. Mais leur résolution leur donna la victoire sur six mille hommes, qui furent presque tous tuez ou noyez.

De là, les chrestiens passent le Danube et trouvent auprès de Sissek huict mille chevaux et six mille hommes de pied turcs, qui commencèrent le combat; mais, bien soustenu, se rompirent et payèrent des gens de pied. Là fut tué le père du chef, nommé Serdar.

Sigismond, ayant assiégé Themiswar, sceut que vingt mille Tartares dégastoyent son païs et avoyent desjà pris quelques places; il lui falut quitter le siège pour les regagner. Les Tartares, pour en secourir une, vindrent au combat et furent mis en route avec peu de morts.

Tant de succès aux chrestiens mirent Constantinople en rumeur contre Mahomet. Quelques-uns de leurs prophètes faisoyent courir par le peuple que ce nom pourroit estre fatal à la perte de leur Empire, comme il avoit esté heureux à le conquérir. Les murmures des janissaires et puis de tout le peuple contraignit leur empereur à mener lui-mesme une armée[2]; laquelle, pour estre digne d'un tel chef, fut composée de deux cent mille hommes combatans. Le bacha Sigale mena devant cinquante mille hommes pour fer-

---

1. Eberstein et Leucowitz.
2. Mahomet partit de Constantinople le 20 juin 1596 (De Thou, liv. CXV).

mer les passages de Transsylvanie et venir en Hongrie ; où il vint assiéger Agria[1], ville très forte ; aussi avoit-il pour batterie trois cents canons. Teuffembach avoit mis dedans Tressins, et y mena depuis deux renforts, l'un de trois mille hommes, sous Jean-Jacques de Tierra, la plupart Italiens, et, outre cela, y en fit couler encor, acompagnez de quelques Alemans. Theuffembach se retrancha sur un rocher eslevé, d'où ses canons, à toute volée, pouvoyent tirer jusques à l'armée. Mais elle, tournant le nez vers lui, le fit changer de place. Les Turcs firent avec leurs approches cinq cavaliers, tellement eslevez et garnis d'artillerie, que les Agrians, ne pouvans fournir à enterrer leurs morts, quittèrent la ville pour se retirer en la forteresse, qui estoit la haute partie, fortifiée avec grand artifice et labeur. Les Turcs, possesseurs de la ville, dressèrent leur batterie au grand bastion, y donnent douze assauts en vain, le treiziesme l'emporta. Comme les Turcs s'y accommodoyent, une sortie des assiégez les deslogea et tua quatre cents hommes sur la place. Là-dessus, la garnison sommée fut muette, tant pour leur résolution qu'à cause d'un gibet[2] planté pour le premier qui ouvriroit la bouche pour la composition. Les bachas remuèrent toutes pierres, afin que leur empereur ne receut pas affront à sa première besongne. Il offre paix à Sigismond, qui la refuse, et solicite Maximilian de se joindre au secours, et, tout d'un temps, s'employent à miner et à com-

---

1. Agria, sur la Vizze, entre le Danube et la Theiss.
2. Ce gibet avait été dressé par le comte de Terzki, le premier sur la brèche au siège de Hatwan.

bler le fossé de fascines. Les chrestiens sortent pardessus, font reculer au commencement et puis fuir ce qui estoit aux trenchées ; parmi ceux-là Hibraim, bacha[1], qui y perdit son turban. Là-dessus recommencèrent les grandes batteries, et, en suite d'elles, furent donnez quatre assauts repoussez ; mais le cinquiesme emporta le vieux chasteau, et huit cents hommes pris et massacrez dedans, leurs testes portées à Mahomet. Le nouveau chasteau se trouva plus propre pour les mines, par lesquelles ils firent sauter tant de chrestiens, que les Italiens les premiers menacèrent les chefs que, si on ne traitoit pour tous, ils traitcroyent pour eux, comme ils firent. Et, ayans fait une capitulation par une mine, sortirent par elle deux cent cinquante hommes, qui se révoltèrent à la foi de Mahomet. Le reste de la garnison traita maugré les remonstrances de Treskins et Kinkins, Alemans, et de Noarion et Collerane, collonels italiens, lesquels quatre ils saisirent et vendirent aux ennemis ; de quoi esmeus, les janissaires leur rompirent la foi publique et les passèrent au fil de l'espée[2], estans desjà à une lieuë d'Agria. Encor faut-il savoir que Mahomet fit déchirer l'Aga des janissaires pour avoir souffert qu'on violast sa foi.

Cela fut achevé au commencement d'octobre 1597[3], qui est le mois des batailles ; au vingtiesme duquel l'archiduc Maximilian se trouva sur le bord du Danube, à

---

1. Ibrahim, bacha, était le cousin du bacha de la mer Hali. Le titre de bacha de la mer équivalait à celui d'amiral.
2. Ce massacre de la garnison eut lieu le 13 octobre 1596.
3. Lisez 1596.

Kerest, avec trente-deux mille chevaux, vingt-huict mille hommes de pied et six vingts canons. A l'abord de la rivière, les chrestiens chargèrent quelques Turcs et Tartares qui, avec vingt pièces de canon, estoyent logez au bord du fleuve pour faciliter le passage à la grande armée; cela fut deffait, vingt canons et deux enseignes colonnelles prises.

Le vingt-quatriesme du mois, les Turcs, résolus à franchir la rivière, font couler, dans un vieil temple ruiné, vingt-quatre canons gardez par des janissaires. Mais les chrestiens, ne voulans pas laisser à leurs ennemis l'honneur de passer[1], donnent à ce temple, emportent les janissaires et le canon, et, usans de la frayeur que leur audace apporta, donnent à travers les guez dedans l'armée, en défont ce qui servoit d'avant-garde, gagnent cent vingts pièces d'artillerie et contraignent Mahomet et Hibraïm de se sauver dans Agria. L'archiduc voulut, à cause de la nuict, faire sonner la retraite; mais Sigismond et le baron d'Ordep l'envoyèrent prier qu'il leur permist l'usage de leur victoire. Et là-dessus donnent dans tout le reste de l'armée, la percent et la rompent, et, en pensant n'y avoir plus rien à vaincre, se mettent au pillage contre la défence qu'ils avoyent receuë et le serment presté avant le combat. Sur ce poinct arrivoit Cigale à l'armée, venant d'une expédition. A lui se joignent les janissaires, qui s'estoyent r'alliez au fonds du camp. Dedans le parc qu'ils font au logis du grand seigneur, ils en tirent le reste de leur artillerie, marchent serrez dans la confusion des chrestiens pil-

---

1. Déjà 4,000 Tartares et 6,000 Turcs avaient franchi la rivière le 26 octobre 1596 (De Thou, liv. CXV).

lans, et, sans combat, renversent la victoire de leur costé. Les chefs chrestiens n'oublièrent rien pour relever les courages des leurs ; mais telles reprises ne sont communes qu'aux Turcs, qui perdirent, en tout ce que nous avons déduit, deux bachats, douze beis et près de quinze mille hommes. Les autres y en laissèrent vingt mille, et, entre ceux-là, Pretipek[1], mareschal de camp, Erneste et Auguste, enfans du duc d'Holsace, le général des reistres de Saxe, Pomméranie et Brandbourg, nommé Venceslaüs, et celui de la cavallerie de l'empereur, avec le drapeau général, Ranchivag, qui estoit de Sueve[2], Pletemberg[3], de ceux de Bavière, Breistchivert, tous les chefs de la cavallerie italienne, qui vengèrent leur mort. L'archiduc[4] se retira à Cassovie. Sigismond, Atogai et le baron d'Ordep furent les derniers qui abandonnèrent l'artillerie et le champ ; et Barbeili, le premier qui, ayant ramassé ce qu'il put, donna sur l'armée, comme elle marchoit en mauvais ordre, deffit de sept à huict mille hommes, parmi lesquels il trouva la pluspart du bagage conquis à la bataille. Mahomet, plein de gloire, s'en retourne à Constantinople, et là, il mit Hibraïm-bacha[5], en la place de Sinam, mort à Bellegrade[6], et en fit son grand visir.

1. Le colonel Petripeki.
2. Suève, Souabe.
3. Plettemberg, général des Bavarois.
4. Maximilien, archiduc d'Autriche, fils de l'empereur Maximilien II, grand maître de l'ordre teutonique, élu roi de Pologne en 1587, mort en 1618.
5. Ibrahim avait épousé l'une des filles du sultan Amurath. Il ne garda pas longtemps la dignité de grand vizir, qui fut bientôt accordée à Mahomet, bacha (De Thou, liv. CXV).
6. Sinan mourut à Belgrade au mois de mai 1596.

Au mesme temps de ces choses, le palatin de Moldavie avoit assiégé Nicopolis et pris les dehors. Le sanjac, qui estoit dedans, lui envoyoit force riches présens, avec promesse de faire sa paix s'il le vouloit désassiéger. Cestui-ci, sachant les choses avenues et qu'il avoit pour voisine cette grande armée, qui, par ses rafraîchissements, estoit encor de deux cent mille hommes, feignit faire par courtoisie ce qu'il faisoit par terreur. En levant le siège, et son armée marchant vers la Moldavie, il apprit que force cavallerie turquesque ravageoit son païs. Comme il estoit à la teste avec six de ses amis, il descouvre une grosse troupe, qu'il charge lui septiesme, en tue quatorze de sa main et puis deffit le reste avec ses troupes. Cela estant compté à Mahomet, il lui envoya par un chaoux[1] l'enseigne de vaivode, s'il vouloit estre son vassal, ce que le palatin, destitué de tout secours des chrestiens, accepta et demeura en paix jusques à ce que les Turcs le voulurent contraindre à faire la guerre pour eux. Nous ne pouvons entamer cela pour cette heure ni mordre plus avant dans l'an 1598.

Chapitre XXVI.

Du Midi.

Sortans de la Turquie, nous portons en Italie les premiers heureux succez des chrestiens, que nous vous avons fait voir, et par là une gayeté de cœur, qui fit contribuer le pape et les potentats aux forces que

---

1. Chiaoux, espèce d'huissier.

nous avons désignées. Cela se fit sur l'entrée de Clément VIII, lequel prit le soin des affaires d'Orient, notamment d'empescher les haines ouvertes du roi de Poulongne et de Sigismond Batori, prince de la Transsylvanie, et encor de ce dernier avec le cardinal Batori, son cousin germain, qui l'avoit trahi au plus fort de ses affaires contre les Turcs, de manière qu'il avoit failli à mettre en ruine tous les progrez de la chrestienté. Le pape donc, se doutant que les chrestiens pourroyent garder un sac de telle playe, retira le cardinal à Rome, après une feinte réconciliation.

Du temps de ce pontificat mourut le duc de Ferrare[1], prince aimé et libéral, digne de régner en guerre et en paix. Et, pource qu'il décéda sans héritiers, conceus en mariage légitime, dom Cesaré[2], son fils naturel, ayant au poing un testament du duc, qui l'ordonnoit son héritier, se saisit de toutes les places appartenantes au défunct. Cetui-ci, désiré du peuple pour la courtoisie et sa valeur, fut un temps estimé duc de Ferrare. Mais Clément VIII entreprit contre lui après qu'il eut tasté les volontez des potentats, qui donnoyent la justice au plus fort, et notamment celle du grand duc de Toscane[3], mémoratif des anciennes querelles, et d'ailleurs aimant mieux avoir pour voisin puissant un prestre qu'un capitaine, comme il disoit. Mais ce qui affoiblit le plus dom Cesaré, fut que la

---

1. Alphonse II, duc de Ferrare, fils d'Hercule II et de Renée de France, mourut vers la fin du mois de septembre 1597.

2. César d'Este était fils d'Alphonse d'Este, oncle d'Alphonse, duc de Ferrare, et de Julie de la Rovère. Il n'était donc pas fils naturel du duc de Ferrare.

3. Ferdinand de Médicis, fils de Cosme Ier de Médicis et d'Éléonore de Tolède, mort le 22 février 1608.

maison de Guise, en qui plus il devoit espérer, estoit lors accablée des victoires d'Henri le Grand et hors d'estat de pouvoir secourir ses amis. Et nostre roi sceut bien faire valoir ce bienfait envers Clément VIII, lors qu'il obtint sa bénédiction.

Le pontife donc arma[1] et se fit assister de la pluspart de ses voisins à contre-cœur. Dom Cesaré mit aussi quelque troupe aux champs, lesquelles, à la venue de l'armée papale, il retira dans ses garnisons. Le crédit que la maison de Ferrare avoit dans le consistoire excita les cardinaux à semer quelques propos d'accord, et mesmes l'authorité du roi d'Espagne y fut employée par le cardinal Borromeo[2]. Tout cela n'émouvoit point Clément, sans la considération des fortes places et du ferme courage auquel il avoit à faire. Surtout il craignit que la longueur d'un siège donnast moyen à ceux de Guise d'achever leur démeslement et mettre leur main redoutée sur ce différent. Cela fit faire l'accord[3], par lequel dom Cesaré rendit Ferrare au patrimoine Sainct-Pierre, et lui fut contenté de quelques pièces notables, et surtout de Modena, érigée en duché.

1. Clément VIII envoya quatre régiments et un corps de cavalerie commencer la guerre du côté de Bologne sous la conduite de Cajetan.

2. Frédéric Borromée, cardinal, archevêque de Milan, fils puîné du comte Jules-César Borromée et de Véronique Trivulce, mort en 1632.

3. Ces différends au sujet de la succession de Ferrare prirent fin au mois de janvier 1597. Aux termes de l'accord entre Clément VIII et César d'Este, le cardinal Aldobrandin, légat du pape, ne devait prendre possession de Ferrare que le 30 décembre de la même année; César d'Este restait en possession des domaines qui ne relevaient pas du saint-siège (De Thou, liv. CXIX).

Autant à regret que Clément accepta cette paix, il receut Henri IV à réconciliation[1], par les cérémonies curieusement inventées à ceste occasion. C'est qu'il fut dressé un haut eschafaut en place publique à Rome. Là-dessus furent envoyez les cardinaux Du Perron et Ossat, lesquels, s'estans traînez de genoux, se couchèrent de leur long, la face en bas, et, comme l'on dit, à bé-chevet. Après les réquisitions des supplians, représentans le roi de France, le pape, d'un siège éminent, fit lever son pénitencier[2], assis plus bas; et puis on commença le pseaume *Miserere mei*, *etc.*, à chaque couplet duquel le pénitencier donna d'un baston le long de la teste et de l'espaule aux deux cardinaux, à chacun son coup, jusques au dernier mot, qui est *vitulos*[3]. Ces cérémonies s'interprétèrent diversement, selon les conoissances et passions des religions, car les uns attribuoyent cela à grande repentance et humilité, adjoustans que la puissance des papes sur les rois et les royaumes ne peut estre trop authorisée ni par cérémonies trop excellentes;

1. Après de longues négociations, dirigées d'abord par le duc de Nevers (Mémoires du 2 janvier 1594; minute, f. fr., vol. 3991, f. 158), puis par les cardinaux du Perron (Instructions du 9 mai 1595, f. fr., vol. 3474, f. 1, et 4766, f. 200) et d'Ossat (Procuration du 10 mai 1595, f. fr., vol. 4016, f. 127), l'absolution du roi de France fut enfin accordée dans le consistoire du 30 août 1595, et la cérémonie de l'absolution fut célébrée le 17 septembre (Recueil de pièces du temps, f. fr., vol. 15591, pièce 70). — Autre cérémonie à la même occasion, célébrée le 22 sept. 1595 (f. fr., vol. 4016, f. 163). Une pièce du temps nous apprend que le roi d'Espagne avait fait une opposition acharnée à l'absolution (f. fr., vol. 15591, pièce 69).

2. Le cardinal de San-Severino.

3. Tunc acceptabis sacrificium justitiae, oblationes et holocausta, tunc imponent super altare tuum vitulos.

les autres disoyent que c'estoit imprudence et bassesse, que la pantoufle par là se descrotoit sur les fleurs de lis et que cet orgueil donnoit au pape la souveraineté gagnée, ne pouvant ce nom de souverain convenir aux princes qui reconnoissent quelque authorité entre leur teste et le ciel.

Et mesmes quelques-uns alléguoyent une histoire d'un roi d'Angleterre[1], qui, pour la mort du cordelier Thomas[2], estant allé demander pénitence à Rome, le pape[3] le fit deschausser et fouetter nud par les moines de la secte du mort[4].

Clément laissa dire ce qu'on vouloit, fit ce qui lui estoit avantageux et puis s'entremit[5] de la paix des deux rois à Vervins[6], quoi qu'il sentit le roi d'Espagne mal content de lui pour s'estre fait arbitre et avoir quitté par crainte l'estat de partisan espagnol.

Des forces que le pape avoit amassées pour la guerre de Ferrare, les meilleurs hommes se donnèrent à divers embarquemens que faisoit tant la milice du duc de Florence à la Galinare qu'autres capitaines à Messine pour les entreprises, desquelles vous verrez le succez au livre suivant.

Quant aux autres affaires de l'Afrique, je ne m'ex-

---

1. Henri II, roi d'Angleterre de 1154 à 1189.
2. Thomas Becket, né à Londres en 1117 ou 1119, chancelier du royaume d'Angleterre, archevêque de Cantorbéry, assassiné, par ordre de Henri II, dans son église le 29 décembre 1170.
3. Alexandre III, successeur du pape Adrien IV en 1159.
4. Légende sans aucun fondement.
5. Le légat du pape en France, chargé de négocier la paix entre les rois de France et d'Espagne, était le cardinal Alexandre de Médicis, dit le cardinal de Florence.
6. Le traité de Vervins fut conclu le 2 mai 1598 entre les rois de France et d'Espagne.

cuse plus sur le repos des rois de Fez et de Marroque[1], mais sur la difficulté des mémoires[2], ausant pourtant vous promettre d'amander ce défaut de tout mon pouvoir à un autre impression.

Allons en Occident, qui nous sera un peu plus libéral.

Chapitre XXVII.

De l'Occident.

Sarragoce, par son exemple, ayant mis à néant non seulement les privilèges d'Arragon, mais tous autres de quelque endroit des Espagnes qu'ils fussent, le roi Philippes se vid absolu monarque depuis les Pirénées jusques à la mer, et, son esprit n'estant plus distrait aux affaires du dedans, il l'employa à celles du dehors, premièrement de la France, comme nous vous faisons voir en son lieu. Telles distractions facilitèrent l'affront que receut l'Espagne, tel que nous l'allons déduire. C'est que la reine Élizabeth, se voyant paisible dans l'Irlande, fut induite par le comte d'Essex[3] à faire voir ses forces aux Espagnols. Pour ce faire, elle mit ensemble seize de ses grands navires de guerre, quarante autres particuliers et cinquante navires marchands, chargez de vivres et de soldats. L'amiral

---

1. D'Aubigné ne mentionne pas une grande bataille qui fut livrée près de Fez, le 12 mai 1596, entre le fils aîné du roi de Maroc, Muley Scheick, et Muley Nasser, shérif. On conserve de ce combat une relation rédigée par un s. Pierre Traillant, un des officiers de Muley Hamed (f. fr., vol. 3603, f. 94).

2. La fin de l'alinéa et les trois alinéas suivants sont placés, dans l'édit. de 1620, dans le chapitre du *Septentrion*.

3. Robert d'Évreux, comte d'Essex.

Havart[1], son neveu, Thomas et Valter Rawlegh[2] eurent les charges de la marine ; mais le commandement des gens de guerre fut au comte d'Essex, auquel on donna François Veer pour mareschal de camp, George Carowe avec cinq régimens, qui faisoyent six mille hommes de pied ; cela encor augmenté par le comte Louis de Nassau[3], qui embarqua mille gentilshommes volontaires, quinze cents Flamens, sous le collonel Methkerke ; encor le prince de Portugal[4] voulut estre de la partie. Tout cela mené par quatre-vingt navires de guerre et six de charge, que commandoit Warmont, amiral d'Holande.

Cet amas, estant parti de Plemouth le 13 juin, fait voile vers la baye de Calis[5], en Andelousie, et apprit, par un marchand irlandois, que là il y avoit cinquante-sept grands navires, vingt galères, deux grandes galéaces, quatre grands biscains, quatre levantisques, trois carraques d'Italie, force galions et frégates, tout préparé à revenir vers Calis pour prendre revanche du passé. Ces deux armées estans à veuë l'une de l'autre, Walter Rawlegh eut commandement d'aller engager le combat. Mais les Espagnols, n'estans point préparez à cela ou n'ayans pas leur équipage à bord, firent voile vers Porto-Real, où la pluspart de leurs navires eschouèrent ; et tout cela estant suivi de près, ce fut à qui se jetteroit dedans

1. Charles Howard, grand amiral d'Angleterre.
2. Walter Raleigh.
3. Louis de Nassau, frère cadet du prince d'Orange.
4. Emmanuel Ier, prince de Portugal, vice-roi des Indes, mort à Bruxelles le 22 juin 1628, âgé d'environ soixante-dix ans.
5. Le comte d'Essex arriva dans la baie de Cadix vers la fin de juin 1596.

les barquettes ou qui, à la nage, gagneroit terre. A ce jeu, il y eut force hommes noyez et plusieurs vaisseaux de ceux qui ne s'eschouèrent point pris et bruslez ; les galions de Sainct-Mathieu et Sainct-André, de chacun mille tonneaux, emmenez ; deux navires du Levant bruslez. Les gallions de Sainct-Philippes et Sainct-Thomas, les deux faisans trois mille tonneaux, sautèrent de leurs poudres mesmes. Les galères se sauvèrent au pont de Huarc.

Le comte d'Essex, voyant la dissipation de cette armée, résolut, contre l'opinion de l'amiral Havart, de faire descente en l'isle de Calis, laquelle n'est divisée du continent de l'Andelousie que par un canal, où est ce pont qui avoit servi de barrière aux galères ; et cet estroit est gardable en accommodant le *Castillo*, qui est au bout. Les Hollandois et Zélandois, descendus les premiers, prirent d'abordée le fort de Puntal et y plantèrent leurs drapeaux. Toute l'armée estant descendue, le comte mena l'avant-garde. Et n'eurent guères cheminé qu'ils virent venir à eux quelques cavalliers, qui s'appellent de Xerez. L'amas en avoit esté fait à Medina Sidonia, qui est en terre ferme, à la première veuë de la flote. A cela s'estans joints six cents hommes de la ville, ils firent quelque contenance de combatre. Mais le comte d'Essex, ayant destaché le comte Louis de Nassau avec quatre cents corcelets et six cents mousquetaires, fit bien tost perdre leur bonne grâce et se renfermer dans Calis. Une partie de ceux-là voulurent faire ferme sur un grand boulevart destaché, où le temps avoit fait ruine. Le comte Louis, ayant bien reconnu l'accez, y donne serré, et, ceux du bouloüart quittans d'effroi, passe à travers le fossé de la ville pour s'y retirer par un endroit que depuis peu l'on faisoit racoutrer. Tels guides mal payez et bien suivis, les Hollandois, ayans trouvé la muraille sans corridor, se laissèrent couler le long de leurs picques et ne se virent plustost soixante ensemble qu'ils donnent à la porte, s'y font faire place et l'ouvrent à leur général, qui, ayant sa troupe avancée en cet endroit, la fit donner par la grand'rue, et congna tout ce qui se deffendoit, jusques aux chasteaux, l'un nommé Castillo Sainct-Philipes et l'autre Castillo Vechio. Cependant, les habitants, qui n'avoyent seu prendre cette route, ne faisoyent autre défense que de jetter force pierres dans les rues, du dessus de leurs maisons; mais ils demandèrent composition quand ils virent la maison de ville et la place du marché saisies; ceux des chasteaux firent de mesme. Après un grand pillage ils tombèrent d'accord à minuict avec le comte d'Essex que tous ensemble payeroyent cent vingt mille ducats de rançon et bailleroyent, pour ostage de leur promesse, quarante des plus riches de leur ville entre les mains des Anglois.

Le comte d'Essex, le mareschal Veer et les meilleurs capitaines de l'armée commencèrent à crier qu'il falloit garder la ville et l'isle, qu'ils les deffendroyent contre toutes les forces d'Espagne avec trois mille hommes de pied et la moitié de la noblesse qui estoit là; que par là ils feroyent un service signalé, non seulement à leur souveraine, mais à tous les ennemis des Castillans, destournans en cet endroit toutes les guerres de l'Europe et piquans au cœur un royaume qui en fait tant battre d'autres pour soi.

L'amiral Havart oposa à cela la difficulté de munitionner les forces qu'on y lairroit; à quoi Veer prit sur sa foi la difficulté qu'il y auroit et qu'il tireroit des Pays-Bas toutes leurs nécessitez. Mais enfin, tous les gens de marine espousans l'opinion de leur amiral, il falut quitter et s'embarquer le 15 juillet[1], amenans les principaux galions du roi, cent quarante canons armez pour six mille hommes, tirez de l'arcenal de Calis, sans oublier les quarante ostages pour la rançon des bourgeois. Avant de partir, le comte créa de sa propre authorité environ cinquante chevaliers, choisis d'entre ceux qui avoyent le mieux fait, tant à l'attaque des vaisseaux qu'à la prise de la ville; entre ceux-là le comte Louis de Nassau et l'amiral de Warmont. Ce qui, n'estant pas aprouvé par Havart, fut nuisible au cómte; car l'amiral en abreuva le conseil d'Angleterre, estant arrivé le premier, pource que le comte, faisant la retraite, avoit laissé la flote de nuict, principalement pour la crainte de perdre les deux galions. Tout cela fut achevé dans la moitié de l'an 1598.

L'Espagnol, trouvant plus de résistance qu'il ne s'estoit proposé, eut tel desplaisir de ses mauvais succès qu'il voulut mettre toute pierre en œuvre. Il avoit tousjours blasmé et fait déclamer par les siens, principalement à Rome, contre tous ceux qui faisoyent paix ou alliance avec les Turcs, lui n'ayant point employé de gens à sa solde à l'armée, dont vous avez veu les parcelles. Il se promit que cela pourroit estre une occasion pour entrer en traité avec

---

1. Suivant de Thou, le retour des Anglais s'effectua dans les premiers jours de septembre 1596 et non 1598 (liv. CXVI).

Amurat. Il pratiqua, par le renvoi de quelques esclaves délivrez, un commencement de propos avec Sinan, bacha, et commençoit à avancer son affaire quand on seut par quelques marchands, qui trafiquoyent aux Indes orientales, ce qui suit.

Quatre navires espagnols estoyent abordez au golfe de Savra[1], y avoyent deschargé grand nombre de canons, d'armes et mesmes quelques hommes que le roi de Perse avoit envoyé des Georgiens, lors unis à lui, qui avoyent receu cet équipage en Kusistan, l'avoyent monté le long du fleuve Tiritiri[2]. Cela rompit le parlement, avec la souvenance de ce que je vous vai conter. C'est que, quelques années auparavant, le mesme roi d'Espagne avoit tesmoigné ce désir par la voye de Jean Mariana[3], Milanois, lequel, ayant esté pris par les Turcs à la Goulette, trouva moyen de se rendre agréable, premièrement par la musique et puis par autres gentillesses à Mahomet, lors grand vizir. Cettui-ci donc fut renvoyé par le roi d'Espagne avec lettres de remerciement pour sa liberté et charge de taster quel il y feroit pour dom Philippes à mettre sus un traité de paix. Mariana, ayant eu favorable response, retourne vers son maistre avec lettre de créance, pour traiter d'une bonne et entière paix, et, en attendant qu'elle peust se parachever, il avoit charge de proposer une tresve par mer et par terre et raporter passeports et saufconduits pour toutes sortes d'agents et ambassadeurs. Cela fut négotié et accordé à Constantinople, avec response du grand vizir, que

1. *Savra*, golfe persique ? — 2. *Tiritiri*, le Tigre ?
3. Ce Jean Mariana ne doit pas être confondu avec le célèbre auteur de l'*Histoire d'Espagne*, publiée à Tolède en 1592.

telle affaire valoit bien que le roi d'Espagne dépeschast vers le grand Seigneur un ambassadeur exprès et un homme d'authorité ; ce que Mariana promit, en monstrant qu'il avoit ce pouvoir par ses instructions.

Il ne fut pas plustost arrivé à Madrit qu'il fit le troisiesme voyage pour donner asseurance au grand vizir que l'ambassadeur d'Espagne estoit arrivé à Naples, où, estant détenu de quelque maladie, il l'estoit venu avertir pour traiter des commencemens de la tresve. Cependant, sur cette asseurance, on envoye un chaoux de Constantinople à Raguse, avec charge expresse de faire marcher des janissaires pour la seureté de l'ambassadeur et lui faire rendre beaucoup d'honneur dans toutes les terres d'Amurat. Le chaoux attendit un an entier à Raguse et enfin, s'y ennuyant, s'en retourna et Mariana avec lui, farci d'excuses, qui ne furent point bien receuës au commencement par le grand vizir, et Mariana menacé comme affronteur. On a soupçonné qu'il avoit noüé toutes ces longueurs d'ambassades pour en faire tomber la charge en ses mains, et, de fait, il joüa si bien du plat de la langue d'une part et d'autre qu'il reçeut lettres et commissions du roi d'Espagne, par lesquelles il estoit déclaré ambassadeur ordinaire à la Porte du grand seigneur pour traitter de tresve et de paix. Alors, il négocia ouvertement, prenant avec le nom la suite et les authoritez d'ambassadeur, fourni de la maison d'Amurat des vivres et autres choses que reçoivent les ambassadeurs ordinairement.

Mariana, sachant que l'ambassadeur d'Angleterre à la Porte avoit fait recevoir par les hasçares[1] et ports

---

1. *Hasçares*, havres.

de mer des consuls pour les marchands anglois, et qu'au lieu de trafiquer en Levant, sous la bannière de France, comme ils avoyent accoustumé, ils marcheroyent sous la leur aussi bien que les Vénitiens, Mariana impétroit cela quand Amurat se laissa mourir, et puis les succez de la guerre n'estans pas favorables aux Turcs, l'Espagnol laissa périr cette négociation ; soit dit à la descharge de ceux qui ont esté contraints par les infidélitez de leurs partisans de traiter en Orient, surtout pour les Vénitiens.

Chapitre XXVIII.

Du Septentrion.

En l'an 1595, la ressource des Irlandois que nous avons promise fut telle que les Anglois, ayans fait passer près de six mille hommes et assiégé un fort qu'O-Néal[1] avoit accommodé dans le marais d'Ulster[2], le peuple du pays força les tranchées du camp, tua près de deux mille Anglois sur la place et mit tout le reste à vau de route. Et de là s'estendirent en la province de Connagh[3] jusques en l'an 1597, que la roine, ayant envoyé une autre armée plus forte sous Jean Norrishé, qui se vint joindre à Henri Walop, mareschal d'Angleterre, en Irlande, O-Néal et les siens présentèrent bataille, accablèrent les Anglois de leur foule. Ils tuèrent près de trois mille hommes, et parmi ceux-là le mareschal Walop. Le général de l'armée, s'estant sauvé en la province de Monster[4], y mourut

1. O-Néal s'était emparé de la province d'Ulster en 1567.
2. La province d'Ulster, nord de l'Irlande.
3. La province de Connaught, nord-ouest de l'Irlande.
4. La province de Munster, sud de l'Irlande.

peu après de ses playes. La pluspart se sauvèrent dans les églises, où ils receurent capitulation de la vie, à la charge de ne porter jamais les armes contre les Irlandois.

Après ces choses, Burrhus fut fait lieutenant général en la place de Norrishé. Cettui-là, fortifié plus que les autres, ayant ramassé toutes les garnisons, surprit la province d'Ulster, et, suivi des païsans des autres provinces pour couper les bleds, entra du long du fleuve noir qu'on appelle en langue du pays Abhondubh. Il fit le dégast avec telle diligence que le païs fut ruiné premier que le prince O-Néal fust à cheval. Il arma bientost après et défit plusieurs troupes angloises esparses. Mais sur tout eut soin de cercher celles où commandoit le comte de Kildare, Irlandois, pource qu'il estoit défectueux à son païs. Il le porta par terre à un combat, et, estant relevé par les siens, il alla mourir de ses blessures en la ville de Drohetat. De là en avant les misères commencèrent à ruiner les Irlandois. Ceux qui se sentirent irréconciliables se jettèrent dans des vaisseaux après la mort du prince O-Néal pour venir en France et en Espagne, et, sans actions qui vaillent plus la peine de nostre histoire, laissèrent leur royaume paisible à la roine Élizabet. Nonobstant les autres brouilleries inutiles du comté de Tiron, cette roine, voulant arrester les courses des Espagnols vers l'Irlande, fit armer pour l'exécution de ce que vous avez veu au chapitre précédent.

En la place du duc de Parme[1] mort, le roi d'Es-

---

1. Alexandre Farnèse, duc de Parme et de Plaisance, né en 1544, mort le 11 décembre 1592.

pagne éleut pour le Païs-Bas l'archiduc Ernest[1], lors empesché en Orient, comme nous avons dit. Son administration commença avec l'an 1594. Il entra au Païs-Bas le 17 janvier et le dernier du mois fit une très magnifique entrée à Bruxelles[2]. Le comte Charles de Mansfeld lui quitta sa place quand il eust monstré sa commission aux Estats du païs, assemblez pour cet effect[3]. A son arrivée, ceux de Grœningue entreprirent sur Delphiel[4], et, par le moyen des glaces, gagnèrent une digue qui menoit dans le fort, une palissade entre deux. Ils l'abbatirent et estoyent bien cent cinquante entrez quand la garnison cut l'alarme. Mais ceux de dedans allèrent au combat comme désespérez, et, à la faveur d'un navire des Estats qui flanquoit l'embouchure, repoussèrent les entrepreneurs avec perte de quatre-vingts hommes, eux de seize.

Peu de jours après, le prince Maurice[5], fortifié de deux régimens nouveaux, s'avança vers Gueldres, et, ayant failli quelque entreprise sur Bolduc, se mit le long des rivières pour empescher les passages de Frise, et l'archiduc divisa ses forces en deux armées : l'une, que le comte de Mansfeld devoit mener aux frontières de France, et l'autre, pour empescher le passage du prince en Brabant[6].

1. L'archiduc Ernest, frère de l'empereur Rodolphe.
2. Cette date est exacte.
3. Le comte de Mansfeld avait été chargé de l'administration des Pays-Bas en attendant l'arrivée de l'archiduc Ernest.
4. L'attaque de la ville de Delfzyl eut lieu pendant la nuit du 12 février 1594 (De Thou, liv. CIX).
5. Maurice de Nassau, fils de Guillaume d'Orange et d'Anne de Saxe.
6. Sur les conseils du pape et de Montpezat, Philippe II avait

Sur ce temps fut pris un curé[1] que le comte de Barlemont[2] avoit dépesché pour assassiner le prince Maurice, son jeune frère, ou, à deffaut de ceux-là, Saincte-Aldegonde[3], et fut mis à quatre quartiers[4]; dont l'archiduc s'excusa par escrits publics et par l'envoi de deux docteurs. A quoi aussi respondirent les Estats avec plusieurs remonstrances et désir de paix.

Cowerden estant bloquée par Verdugo, le prince s'en aproche. A son haleine les blocus furent quittez[5] et l'appétit lui prit d'assiéger Grœningue[6], contre l'opinion d'aucuns capitaines, pour estre la ville grande, forte, populeuse et enlacée de tànt de rivières qu'il estoit impossible de l'investir. Il commença donc cet ouvrage par six grands forts, en chacun desquels il mettoit dix compagnies et autant de canons. Le reste de l'armée campoit du costé d'Occident, estimé le plus de la ville, à cause de deux grands ravelins bien accompagnez de casemates. La batterie commença de cinq pièces à la tour du Drentelaer[7], et puis contre le ravelin de Ooster-Poort de douze, contre la

---

envoyé ces deux armées pour appuyer la Ligue en France. Celle du comte de Mansfeld marcha vers Landrecy et de là vint camper sur le plateau de Thiérache (De Thou, liv. CIX).

1. Michel Remichon, curé de Boissière.
2. Le comte Floris de Barlaimont.
3. Sainte-Aldegonde, conseiller d'état.
4. Remichon fut arrêté à Bréda le 12 mars 1594 et conduit à la Haye. Soumis à la question, il avoua son dessein criminel et fut exécuté le 30 juin.
5. Verdugo se retira de devant Cœvorden vers le milieu de mai 1594.
6. Maurice de Nassau, après avoir fourni de vivres la ville de Cœvorden, vint camper auprès de Groningue le 20 mai 1594.
7. Drentelaar.

Heeréport de six, contre le Pas-d'Asne et quelqu'autres pour les défenses. Les Grœningeois n'avoyent point d'estranger, mais tenoyent quelques compagnies dans un village bien circuit d'eaux, gardé par le fort d'Auwerderzier[1]. Le comte Guillaume, à la fin de mai, l'assiégea et l'emporta d'assaut; le lieutenant de Lankama[2] qui y commandoit et les siens tuez, horsmis quelques-uns, qui passèrent à la nage[3].

La ville, serrée de plus près et sommée, respondit qu'elle y penseroit dans un an. Là-dessus, les batteries que nous avons désignées firent bresche, et, les maisons estant à descouvert, plusieurs bales rouges y furent jettées, qui mirent en peine les assiégez. Ils ne laissèrent pas de faire des sorties sur les Anglois et Escossois, avec meurtre d'une part et d'autre, ce qu'ils ne peurent plus faire quand les tranchées se furent jointes; et lors on ajousta aux batteries les mines. Les bourgeois ouvrirent le parlement, durant lequel les partisans d'Espagne firent entrer Lankama avec les cinq compagnies retranchées, comme nous avons dit. Le prince pourtant laissa retourner ceux qui traittoyent, les tenans pour innocens. Et puis, le 15 de juillet, la mine du grand ravelin estant preste, il y fit faire une petite bresche, à laquelle on présenta l'assaut. Et comme les assiégez eurent empli le tout pour le défendre, la mine joüa et fit sauter grande quantité de leurs meilleurs hommes. Et lors l'assaut se donna non à la bresche, mais à la mine. Ainsi le ravelin fut gagné. Les bourgeois, estonnez et avertis que, parmi les

1. Auwaardeziel.
2. George Lankema, lieutenant de Verdugo.
3. Le massacre de la garnison de ce fort eut lieu le 29 mai 1594.

pompes de l'archiduc à Anvers[1], on avoit parlé d'envoyer le comte de Fuentes à leurs secours et que, faute d'argent, il estoit demeuré[2], demandèrent capitulation, et l'obtindrent honorable pour eux et pour leurs estrangers ; tout cela achevé le 22 de juillet[3]. Le prince Maurice ayant, dès la fin d'octobre, mis les compagnies aux garnisons et trié ceux qu'il envoyoit en France, il y eut encor sur sa personne un assassin dépesché qui fut puni de mort à Bergopson[4].

L'hyver fut grand, et les Estats craignoyent une descente de l'armée en Hollande, mais la division qui se mit entre les Italiens et Espagnols[5] empescha cela.

C'est de ce temps que les Hollandois entreprirent la descouverte du nord et d'un passage jusqu'à la Chine, sur le dessein d'un gentil-homme normand, nommé Moucheron[6], réfugié pour la religion au Pays-Bas. Les principales villes, ayant pris à cœur son invention, y fournirent trois navires bien équipez[7]. Comme ils furent à l'endroit de Pechora, ils trouvèrent des mariniers,

1. L'archiduc était entré à Anvers le 14 juin 1594.
2. Le comte de Fuentes avait reçu de l'archiduc l'ordre de secourir Groningue, mais il se refusait à marcher, faute d'argent et de troupes.
3. Cette date est exacte.
4. Pierre du Four, l'un des gardes du prince Maurice de Nassau, soudoyé, disait-il, par l'archiduc Ernest, pour attenter aux jours du prince, fut exécuté à Berghe le 17 nov. 1594.
5. Les troupes italiennes, mécontentes de ce qu'elles ne recevaient pas régulièrement leur paye, se révoltèrent et se séparèrent des Espagnols le 27 juillet 1594.
6. Balthasar de Moucheron était de la maison de Boulai-Moucheron, en Normandie.
7. Ces vaisseaux, commandés par Guillaume Barentson, Corneille Cornelissen et Hebrand Terkale, partirent de l'ile de Texel le 5 juin 1594.

qui les asseurèrent de leur passage, pourveu que les navires peussent endurer les coups des glaces et des baleines, qui se trouvent là en grande quantité. Ils passèrent Nova-Zembla[1], et, par là, entrèrent en la mer de Tartarie. Au milieu du destroit ils trouvèrent, sur une pointe, de trois à quatre cens statues de bois, faites en formes d'hommes et de femmes, les unes armées, les autres sans armes. Il y en avoit à deux testes, ou les ayans l'une auprès de l'autre, ou l'une sur l'autre. Il y avoit aussi des doubles visages et des femmes à quatre mamelles. Et pourtant ils nommèrent le lieu, la pointe des idoles. Ils eurent aussi rencontre de plusieurs hommes sauvages et sans raison. Et puis prirent leur retour en Hollande[2], n'ayant pas charge d'aller plus avant.

La prise de Huic[3], au Liège, par Herauguière[4], est la première pièce de l'an 1595. Elle fut prise par quelques eschelles de cordes jettées à une fenestre du chasteau. La seconde, la mort de l'archiduc[5], qui se trouva accablé de desplaisirs[6].

De mesme temps, le prince Maurice faillit Bruges, pour n'avoir peu ses troupes estre guidées par l'obs-

[1]. La Nouvelle-Zemble, au nord de la Russie, dont elle est séparée par l'océan Glacial arctique.

[2]. Le retour à Amsterdam eut lieu le 16 sept. 1594.

[3]. La prise de Huy (sur la Meuse, entre Namur et Liège) eut lieu le 1er février 1595.

[4]. Charles de la Héraugière.

[5]. L'archiduc Ernest, gouverneur des Pays-Bas, mourut le 20 février 1595.

[6]. Les nouvelles des entreprises du duc de Bouillon dans le Luxembourg, de Tremblecourt et d'Assonville dans la Franche-Comté attristèrent les derniers jours de l'archiduc (De Thou, liv. CXII).

curité de la nuict. Il fit aussi quelques approches à Grosle[1], qu'il quitta pour poursuivre Mondragon[2], venu au secours. Et puis le comte Philippes de Nassau[3], estant venu à la guerre avec défense de combattre que le prince ne fust joint à eux; la chaleur de deux compagnies Espagnoles, qu'il deffit, l'engagea dans le gros de Mondragon. Le jeune comte de Solmes[4] et lui, faisant la retraite, soustindrent plus de combat qu'on n'eust peu estimer par raison. Enfin, leurs chevaux abatus, ils furent amenés fort blessez à Berk[5], où Mondragon fit venir les chirurgiens du prince, et, les deux estans morts, leurs corps furent renvoyez avec tout honneur. Erneste de Nassau, pris en même combat, fut traitté par le mesme bien courtoisement[6]. Cet échec fit retirer le prince et arresta pour l'heure ses desseins.

Le comte de Fuentes, sur la mort de l'archiduc, essaya de faire entrer les Espagnols dans Bruxelles, Malines et Villevorde, mais, en estant refusé, il permit aux bandes de piller le plat pays, de quoi les villes irritées envoyèrent en Zélande de demander d'estre reçeuës à quelque traité d'accord entre le roi d'Espagne et les Païs-Bas. Le prince respondit pour tous que, s'ils parloyent d'un traité du pays avec eux, ils y escouteroyent volontiers, mais non pas avec le roi

---

1. Maurice assiégea Grolle avant le 2 sept. 1595.

2. Mondragon était gouverneur d'Anvers.

3. Philippe de Nassau, général de cavalerie et gouverneur de Nimègue, frère cadet de Maurice.

4. Ernest, comte de Solms, fut tué dans ce combat, livré le 2 sept. 1595.

5. Rhinberg.

6. Ernest-Casimir, frère de Philippe de Nassau, paya pour sa rançon 10,000 écus.

d'Espagne, leur ennemi mortel. Les députez, estans obligez de traiter en son nom, s'en retournèrent, empeschez d'accepter le traité des provinces par les Espagnols et les espagnolisez de leur pays.

L'Hérauguière ayant surpris Lieres[1] par l'escalade[2], la garnison s'opiniastra à une porte[3], receut secours d'Anvers, et les soldats, acharnez au pillage, ne pouvans estre retirez par leurs capitaines, qui se retirent, moururent au nombre de cinq cens.

En la place d'Erneste, arrive le cardinal Albert d'Austriche[4], qui vint commencer son gouvernement avec l'année 1597, amenant avec soi l'aisné de la maison d'Orange, qui avoit esté prisonnier en Espagne plus de vingt ans. Ce cardinal, que le peuple avoit long temps désiré, pensant que sa condition n'estoit propre que pour la paix, les trompa bien, quand cet homme de crosse, après ses exécutions de frontières de France, ayant fait semblant de passer en Brabant, tourna court pour le siège de Hulst[5], commençant par le passage de La Burlotte[6], au travers du canal, qui retranche le territoire de Hulst. Ceux de la ville permirent à La Burlotte de faire un logement, et puis, le voulant attaquer, ils furent receus avec perte. Ce collonel, enflé de cela, attaque la petite Rape[7], où il n'y avoit que trente

1. Lières (Pas-de-Calais).
2. Cette entreprise eut lieu le 13 octobre 1595, vers onze heures du soir.
3. Alonzo de Luna, gouverneur de Lières, avait retiré ses troupes à la porte d'Ypres et s'y était retranché.
4. Le cardinal Albert arriva à Bruxelles le 11 février 1596.
5. C'est après le 6 juillet 1596 que le cardinal investit la ville d'Hulst.
6. Claude de la Bourlotte.
7. La ville d'Hulst était protégée par plusieurs forts, entre

hommes, et l'emporta facilement. Il y avoit encores deux forts, l'un nommé Moerwoert et l'autre de Nassau, sur le bord du canal et des tranchées des forts à la ville. Le prince Maurice courut à Hulst et donna au comte de Solms[1] hommes et munitions pour se deffendre. A leur arrivée, La Burlotte voulut emporter la tranchée qui joint les forts à la ville, perdit trente hommes au premier essai. Le lendemain, la tranchée fut encores essayée en vain, et puis on adjousta la nuict une petite demie lune, et cela servit de façon que, l'Espagnol ayant passé avec peine et péril neuf pièces, et en ayant batu les deux forts, que nous avons nommez, et les navires des Estats qui favorisoyent, tout cela fut inutile.

Les assiégez, de leur costé, logèrent six pièces, tant pour regagner la petite Rape que pour empescher le passage de l'eau, et c'est à quoi fut la dispute des uns et des autres. A la mi-juillet, quatre compagnies de chevaux légers partirent de Bergopsoon, entrèrent par Campen au territoire de Hulst, chargèrent et deffirent trois cens Espagnols, bruslèrent trois moulins pour incommoder l'armée et se retirèrent. La nuict d'après, les Espagnols vindrent premièrement gagner la contr'escarpe de la grand'tranchée, et puis, y ayant fait pose d'une heure, avec grand perte d'hommes, ils se jettèrent dans cette tranchée et en chassèrent tout ce qui y estoit. Puis l'Espagnol, suivant sa pointe, tourna ses neufs canons à battre le fort de Moerwoert, et, la bresche n'estant qu'à demie,

autres par le fort de Moer et le fort de la Rape (De Thou, liv. CXVII).

1. Éverard, comte de Solms.

ceux de dedans s'espouvantèrent, de façon qu'ils contraignirent leur chef de se rendre à composition. Lors il falut travailler aux approches de la ville. Le comte de Solmes fut blessé, du commencement, par les batteries en ruine, dans laquelle le plus seur estoit près les remparts. Les assiégez firent trois mines, pour la commodité des sorties, à la première desquelles ils enfilèrent la tranchée plus de deux cents pas, et puis, les forces recueillies, les plus pressants receurent grand dommage des mousquetaires de la contr'escarpe et du canon. Pirom[1] qui, en absence du comte de Solmes, commandoit aux régimens d'Aiguemont[2], Hectink, de l'amiral de Ziricxée[3] et au sien, fut blessé et emporté par les vaisseaux, qui alloyent et venoyent, en despit de l'artillerie logée pour les empescher.

Tout le reste de juillet fut employé en batterie et, le second jour d'aoust, après que quatorze pièces eurent joué contre le ravelin, à six heures du soir, il y fut donné un assaut fort opiniastré et de grande perte aux attaquans, qui enfin gagnèrent; mais, s'y pensans loger, les mines firent tout sauter. En ces attaques, l'armée perdit plus de huict cents hommes : entre ceux-là Rosne[4], faict redoutable par son mespris, et presque tous les capitaines de La Burlote. La colère des chefs s'eschauffa, de façon qu'ils redoublèrent quatre assauts en vingt-quatre heures. Le cinquième fut donné, encor plus grand que les autres, à la porte des Beguines; et, cela estant failli, joüa une

1. Jean Piron, colonel de gens de pied.
2. Jean d'Egmond.
3. Dorp, amiral de Ziriczée.
4. Chrétien de Savigny de Rosne.

mine qui fit sauter quelques-uns des assiégez. Et puis il y eut un grand combat pour jouir de l'ouvrage de la mine ou de l'empescher. Tout cela estant repoussé, les assiégez receurent le colonnel Dort, pour commander en la place des blessez.

Deux jours après, sur une attaque légère qu'on fit au ravelin, ceux qui l'avoyent en garde firent semblant de le quitter, et, l'ayant laissé prendre, firent sauter les preneurs. A la moitié du mois, les assiégez, faisans un petit pont de deux chalupes, se cachèrent derrière le chantier du canal et attendirent sur le midi pour marcher, en bon ordre, droit aux tranchées que leurs ennemis quittèrent pour se retirer au port d'Absdal, où estoit l'artillerie qui batoit le fort de Nassau ; mais Absdal fut enlevé, les Espagnols chassez, l'artillerie encloüée, cent des meilleurs hommes, qui s'opiniastrèrent, tuez et trois capitaines pris. Au secours de ce fort vindrent huict compagnies de gens de pied et deux de cavallerie. Tout cela ayant esté receu vigoureusement et contraint à la retraite, la foule brisa leur pont ; et s'en sauva peu, car mesme on les tuoit à la nage. Les exécuteurs, avec perte de dix morts ou blessez, revindrent au mesme ordre qu'ils estoyent sortis. Il y eut encor quelque combat, mais peu d'hommes pour la mine que les assiégez avoyent fait sous le ravelin ; ceux qui la vouloyent éventer ou estouper furent bruslez.

Enfin, Hulst ayant quarante toises de bresche, son principal ravelin gagné, les mines et sapes prestes en divers endroits, capitula à la plus honorable composition, le dix-huictiesme d'aoust 1596. Je n'ai pas escrit cet affaire, en la briefveté que j'observe aux estrangers, pource que c'est avec Zyrixzée le second chef-d'œuvre des Espagnols.

Il ne se fit rien de marque jusques à la fin de l'année, sinon que le cardinal, ayant perdu plus de deux mille hommes devant Hulst, refit son armée à Tournehout[1], se confiant surtout aux quatre principaux régimens, et les remit en tel estat, qu'en celui du marquis de Trehuic il y avoit plus de cinq cents appointez et en ceux du comte de Sults, La Burlote et Hachincourt, en chascun quatre cents. Il y avoit encores trois régimens assez beaux. Tout cela, avec deux mille chevaux, en faisoit dix-huit mille, bien accommodez d'artillerie et de munitions.

Le prince Maurice voulut donner les estrenes au cardinal, et pourtant fit, au commencement de janvier, rendre à Geertuidemberg[2] le comte de Solmes, le chevalier Veer, et depuis Sidnei[3]; d'autre costé, le comte de Hohenloo[4]. Tout cela, avec troupes choisies, marcha jour et nuict jusques à Ravels-Petit[5], qui est à une lieuë de Tournehout. De quoi, le comte de Varax[6], frère du marquis de Varembon, qui commandoit lors l'armée, estant averti, les meilleurs de

1. Le commandement général des troupes nouvelles fut donné au comte de Varax, frère du comte de Varambon.
2. Le prince Maurice, accompagné du comte de Solms, de François Veer et de Philippe, comte de Hohenlohe, arriva à Gertruidemberg le 21 janvier 1597.
3. Robert Sidney, gouverneur de Flessingue.
4. Philippe, comte de Hohenlohe, fils de Louis Casimir, comte de Hohenlohe, et d'Anne, fille d'Othon, comte de Solms-Laubach, né le 17 février 1550, servit avec distinction en Hollande pendant trente-quatre ans et mourut à Isselstein le 5 mars 1606.
5. Revel-Petit.
6. Marc de Rye, comte de Varax.

ses capitaines lui conseillèrent d'aller au combat avec ses hommes frais, contre ceux qui estoyent mouillez et harassez, bien garni d'artillerie, contre deux canons et quelques moyennes (car l'avertissement portoit cela). Ce conseil fut refusé, et la résolution de se retirer à Herental prise.

A la pointe du jour, le prince, arrivé à Tournehout, voulut employer du temps pour disposer l'ordre de l'attaque; mais ses coureurs lui ayant appris qu'il n'y avoit personne au logis, il ne fit que recommander à ses gens de pied la diligence, et lui, avec toute sa cavalerie, se met aux trousses de ses ennemis. Il n'eut pas fait un quart de lieuë, qu'il arrive à un gué fort long et fascheux, dans lequel la cavalerie ne pouvoit passer qu'à la file et l'infanterie sur une petite planche. Au bout de cela un bois, dans lequel s'estoyent logez quelques Espagnols, par commandement de leur chef. Promptement, le chevalier Veer, avec deux cents mousquetaires et les gardes du prince, eut commandement de donner au bois. Ceux qui estoyent dedans, voyans des mousquetaires, creurent avoir toute l'infanterie sur les bras, et, par le derrière du bois, gagnèrent le haut. Et puis la cavalerie commença à passer, à s'attendre et à reprendre quelque forme, qui fut telle.

Le prince donna au comte d'Hohenloo six troupes de cavalerie, d'environ six vingts chevaux, pour, au grand trot, gagner par les brandes le costé de l'armée, qui marchoit, et ne l'enfoncer point que la queuë ne fust attaquée par le prince, qui, avec six pareilles troupes, se mit sur leurs erres. La mesme longueur du passage donna moyen au comte de

Varax de chasser devant soi son charroi, accompagné de quelques régimens walons et allemans. Mais il fit sa retraite des quatre principaux qu'il faisoit marcher, celui du comte de Hult, le premier, Hachincourt après, La Burlote le troisiesme et les Néapolitains les derniers. Entre les régimens, il garda des espaces de cent pas pour faire des charges de sa cavallerie. Le comte de Varax estoit au premier entre deux, ayant avec soi Joan de Cordua et Alonce Dragon; au milieu, Nicolas Baste[1] et ses cinq compagnies; au dernier, Grobendonc, commandant quatre cornettes de Walons. Tout cela marchoit avec tel regret de se retirer et avec tel *gravedat* qu'à une lieuë du passage ils virent à leur droite le comte de Hohenloo avec sa troupe, le comte de Solmes avec la sienne et puis les quatre autres qui marchoyent pour s'avancer autant que la teste des Espagnols. Mais, avant estre parvenus jusques-là, ils virent sur la queuë le chevalier Veer et Sidnei, qui avoyent congné Grobendonc entre un bois et la suite de l'armée, et, qu'en mesme temps que Sidnei avoit fait cette charge, le chevalier enfonsoit les picques de retraite. La cavalerie de la droite, voyant cela, sans s'estendre d'avantage, fit sa charge par les flancs. George Baste, ayant un peu fait de bonne mine par son espace, le repassa et cercha le chemin de Herental. C'est chose estrange comment cette infanterie, tant estimée et si bien couverte de longs bois et de corcelets, fut meslée tant aisément. Les plus avancez rompirent compagnie et se servirent des bois; non

---

1. Nicolas Basta, officier albanais.

pas le comte de Varax, qui vint prendre sa part du combat, où il fut tué par un gen-d'arme, qui, le voyant simplement habillé, ne le prit que pour un soldat italien, et en fut bien marri après. On dit que ce qui fit faire si peu de résistance aux piquiers est que la cavallerie du prince, à l'imitation des François, avoit quitté les lances et avoyent presque tous des carrabines, desquelles, avant tirer le pistolet, ils avoyent abatu la pluspart des piquiers de la longueur de leur bois. Il mourut sur la place plus de deux mille hommes; fut pris trente-sept enseignes de gens de pied et une cornette seulement, avec six cents prisonniers, regrettans sur tout le jeune comte de Mansfeld. On asseure que le prince Maurice n'y perdit que neuf hommes, entre ceux-là un capitaine de cavallerie, nommé Dounck[1]. La poursuite de cette victoire s'estant faite jusques à la veuë de Herental, le prince revint coucher à Tournehout, assiège le chasteau, qui, après trois volées de canon, se rendit et eut honneste composition.

Il se présente à nous deux entreprises dignes d'estre comptées, encor que l'une ni l'autre n'ayent succédé; la première fut sur Steenwik[2], auprès de Owerissel. Les Espagnols se donnèrent un rendé-vous au Ham, d'où ils partirent à soleil couchant, portans avec eux des ponts légers, propres à passer les canaux, sans estre obligez à traverser les villages, et,

1. Bataille de Tournhouut, gagnée par Maurice de Nassau sur les Espagnols le 24 janvier 1597. On trouve dans les *Mémoires de la Ligue* (t. VI, p. 658) une relation du temps sur cette bataille.
2. L'entreprise des Hollandais sur Steenwic eut lieu le 16 mars 1597.

par ce moyen, sans estre descouverts. Ils arrivent vers la minuict auprès de la ville et mirent sur le ventre, dans les jardins, quelques hommes choisis, tout contre ce qu'ils appellent Rondeel. Là, ils attendent la lune à coucher. Aussi tost ils vont présenter à jeu descouvert une escalade vers l'Oninghepoorte, et en font autant à celle de l'hospital. Cependant, ceux que nous avons laissez sur le ventre se coulent dans le fossé de la ville, garnis de congnées, de scies et autres choses propres pour mettre bas la palissade devers le nord, n'y ayant que cela à faire pour entrer du cimetière au rempart. Le capitaine Zanthen, qui, avec trois cents hommes, avoit la pointe de cet affaire, gagna le rempart, et n'y fut guères que les deux corps de garde des deux costez, s'estans r'alliez au premier cri de la sentinelle, accreus encor de quelques bourgeois, qui, demi-vestus, se jettèrent à l'alarme, ne donnassent la teste baissée à Zanthen et ne le poussassent jusques à la troupe qu'il soustenoit, menée par Malagamba, aussi tost renforcée du capitaine Herman[1]. Ces deux, avec six cents hommes par les deux costez, prindrent le combat, qui fut de trois quarts d'heure. Mais ceux de la ville, faisans de nécessité courage, se batirent si opiniastrément qu'ils poussèrent les surprenans dans le fossé, et la résolution d'emporter les morts en augmenta le nombre, qu'on dit avoir empli dix-sept chariots; et est notable qu'ils furent moins soigneux d'emporter leurs eschelles, haches et autres instrumens.

1. Herman van Ens.

Plus heureuse ne fut l'entreprise du prince sur Venloo; elle consistoit en deux navires, desquels le plus petit, mené par le capitaine Mathis[1], gagna bien le quai et la porte; mais le second ne pouvant arriver à temps, les bourgeois accourus les chassèrent, favorisez de force mousquetades que tirèrent les navires du port. Le capitaine et la moitié des siens y donnèrent; les Anglois r'apportèrent le lieutenant estropié.

Le roi d'Espagne prit lors un merveilleux désir de faire venir les Estats à composition. Pour cet effet, il fit jouer les ressorts de plusieurs princes, marcher un ambassadeur de Poulongne[2] et un agent de l'empereur[3]; l'un et l'autre meslans avec leurs douces persuasions d'accord quelques menaces de la part de leurs maistres. Les envoyez furent reçeus honorablement; mais leur response fut simple, assavoir qu'ils estoyent confédérez avec le roi de France et la roine d'Angleterre, sans lesquels ils ne pouvoyent rien commencer ni mesmes les convier d'y entendre, et, partant, ils prioyent Leurs Majestez de n'entreprendre point un affaire si difficile et les tenir pour excusez.

Il est temps de voir quel profit les Estats tirèrent du voyage du cardinal en France. C'est qu'à la fin de septembre ils eurent une armée sur pied, garnie de ce qu'il faloit; et, ayans délibéré d'oster aux Espa-

---

1. Mathias Helt.
2. Paul Dzjalinski, secrétaire de Sigismond, roi de Pologne, arriva en Hollande au commencement du mois de juillet 1597.
3. Charles Nutzel obtint une audience des États à la Haye le 10 juillet 1597 (De Thou, liv. CXIX).

gnols ce qu'ils avoyent sur le Rhin, ils accompagnèrent leur dessein de trois cent cinquante vaisseaux. Et, pource que Alpen¹ se trouvoit premièrement en leur chemin, ils l'emportèrent par capitulation, faite à la veuë du canon, le huictiesme d'aoust. Le mesme jour, l'armée de terre investit Rimberck². Les navires, arrivez le lendemain, saisirent tous ceux qui estoyent devant la ville, et une petite isle au milieu du Rhin, où il fut dressé une batterie; laquelle, secondée de celle des navires, ruina, en peu de temps, une grosse tour du logis de l'évesque, qui commandoit sur l'eau. A la mi-aoust, les approches et plates-formes pour trente-six canons estans prestes, la bresche se fit de là à deux jours. Mais, avant qu'elle fust en estat d'assaut, ceux de dedans, n'ayans monstré aucunes gaillardises par sorties et ne s'estans deffendus qu'à coups de canon, receurent la capitulation, aussi tost qu'on la leur présenta, avec toutes sortes de courtoisies et seuretez. Le capitaine Snater, qui commandoit dedans, fut depuis mal traité des Espagnols; lui s'excusant sur la frayeur de ses soldats et eux sur la sienne. Les paroles de deffi qu'il avoit envoyé au prince le déshonorèrent encor plus.

L'archevesque de Coulongne envoya demander Rimberck pour en faire une place neutre, mais il fut refusé et reproché d'avoir mal usé au passé de tels présens.

Il y avoit un fort sur le Rhin, basti par Camille

1. Bentink, gouverneur d'Alpen, capitula le 8 août 1597.
2. Rhinberg, dont Snatère était gouverneur, capitula le 19 août 1597 (De Thou, liv. CXIX).

Sachini et qui portoit son nom. La garnison, à la veuë de deux navires de guerre, le bruslèrent et y laissèrent quelque artillerie pour se retirer à Mœurs, où Camille commandoit. Cela achevé à la mi-aoust, le reste du mois s'employa à reconnoistre et investir Mœurs[1], qui, sans endurer un seul coup de canon, bien qu'il y eut huict cents estrangers dedans et qu'elle fust munie à plaisir, se rendit avec telle capitulation que Camille demanda jusques à emmener quelque canon.

Et ainsi le prince, ayant par la frayeur délivré la rivière du Rhin devant lui et ayant, par le moyen des garnisons laissées dans ses places, mis une barrière au-devant du secours espagnol, il fit passer son armée à Rimberck pour prendre le chemin de Grosle, qu'il avoit assiégée et quitée deux ans auparavant. Il fit aussi descendre ses navires de guerre et de munitions par le Rhin, à Ysseloort, et venir par la rivière d'Yssel jusques à Doesbourg, en la comté de Zurphen.

Il investit Grosle à la mi-septembre[2], où il trouva dix compagnies estrangères et trois cornettes de cavalerie, cela faisant douze cents hommes, sous la charge de Frédéric[3], frère du comte Herman, à qui le roi d'Espagne avoit donné la Frise en gouvernement. Le prince, s'estant premièrement campé avec les retranchemens accoustumez, travailla à destourner l'eau et puis à gagner les contr'escarpes pour jetter

1. Le prince Maurice investit la ville de Meurs le 26 août 1597.
2. Le prince Maurice mit le siège devant Grolle le 12 septembre 1597.
3. Frédéric, comte de Berg, commandant de Grolle.

les meilleures galeries qu'il eust encore essayées et par elles aller mordre jusques dans le rempart. Il favorisa ce labeur de vingt-quatre canons pour les deffences au commencement et puis pour la batterie basse. La muraille estant ouverte, le maistre des feux artificiels, nommé Bouvier, fit des siennes et mit le feu en beaucoup d'endroits. Huit mines aussi tost prestes, les galeries ayans passé le fossé et les compagnies rangées pour l'assaut, la ville fut sommée et bien tost après renduë, à la charge de ne porter les armes contre les Estats qu'au delà du Rhin et de la Meuze. Par la capitulation[1], les trois compagnies italienes devoyent quitter leurs chevaux ; le prince les redonna aux capitaines italiens et non au gouverneur, qui estoit son cousin germain.

De là marcha l'armée le premier d'octobre au chasteau de Brefort[2], situé en un grand marais et n'ayant que deux estroites avenues. Il y avoit dedans un Lorrain[3] avec trois cents harquebusiers seulement, qui estoit assez pour la petitesse du lieu. Il falut emplir le marais de fascines et de clayes par-dessus, et, à la portée du canon, fourcher les approches pour gagner les deux portes et planter à chascune dix canons en batterie. Cela fait, après trois volées de canon, le prince fait sommer les assiégez par deux fois ; eux respondent que leur place se mocquoit de tout effort, n'ayans pas le jugement de voir que ce qu'elle avoit de bon estoit vaincu par le labeur. Puis

1. Après six jours de siège, Grolle capitula le 18 sept. 1597.
2. Le château de Breefort, situé dans la province d'Over-Yssel, fut attaqué au commencement d'octobre 1597.
3. Damien Gardetta (De Thou, liv. CXIX).

que l'artillerie estoit en batterie, elle commença donc à neuf heures du matin, et, à trois heures après midi, eut fait le dégast que les grandes batteries font aux petites places. Voilà tout esplané et les ponts jettez; le gouverneur demande capitulation et en est refusé. Comme les soldats estoyent esbranlez pour l'assaut, les femmes se présentèrent à genoux sur la bresche, crians miséricorde. Mais desjà quelques volontaires avoyent gagné le coin de la bresche et reconnu qu'elle estoit habandonnée par les estrangers, qui avoyent gagné le chasteau, n'y ayant plus que quelques-uns du pays qui, par une mine de deffense sans effect, attirèrent sur eux la mort de soixante. Le prince se jetta à la bresche pour empescher le pillage; mais, ceux qui estoyent entrez ne purent obéir. Et avint qu'un soldat, cerchant dans la paille avec un flambeau, mit le feu dans une maison, et de là s'embrasa toute la ville, horsmis quatorze ou quinze logis. Ceux du chasteau, sans tirer, demandèrent la vie et l'obtindrent en demeurans prisonniers de guerre. Et ainsi, ayans laissé quelques principaux pour ostage de leur rançon, et elle estant envoyée en peu de jours, le prince la voulut partager lui-mesmes pour empescher le tort que les capitaines font communément aux soldats.

Enschede se trouve en chemin, qui, à la veuë de douze canons, composa aux armes et bagage, sans chariots, et à ne faire la guerre que delà la Meuse[1]. Oldenziel, qui avoit trois murailles et autant de fossez, fort peuplée, et six cents estrangers, furent plus longs

1. Enschede capitula le 17 octobre 1597.

à demander l'accord, laissèrent faire les approches[1], et puis les bourgeois persuadèrent les soldats d'accepter la capitulation d'Enschede. Avant la fin de ce siège, le comte George de Solmes, avec une partie de l'armée, investit Otmarsom, et, après trois volées de canon, leur fit la composition qui couroit lors. Goor abandonné fit place aux victorieux.

Il ne restoit pour rendre le païs d'Overyssel tout d'un parti et oster aux Espagnols tout accez en la Frize, et, en un mot, tout le delà du Rhin, que Linghen, ville et chasteaux-forts, et à quoi le prince estoit intéressé particulièrement, pource que les Estats généraux en avoyent fait don au prince d'Orange, en reconnoissance qu'ils tenoyent de lui leur liberté. Le prince donc, son héritier, investit Linghen comme sienc, logea sa cavalerie au large, comme estant sans crainte, son infanterie aux fauxbourgs, et cela à la fin d'octobre. Le comte Fédéric, ayant perdu Grosle, s'estoit jetté dedans, bien délibéré de la défendre, comme seul logis qui lui restoit de son gouvernement. En peu de temps, les contr'escarpes furent gagnées et percées par le bas, tant pour faire escouler l'eau des fossez que pour y dresser des galeries; desquelles les premières avancées furent vers le chasteau, où le canon de batterie trouva les défenses ostées par les bastardes, sa plate-forme et les embrazures faites, si bien qu'arrivés le premier de novembre, vingt-quatre canons jouèrent le second aux deux ravelins du chasteau. Le comte Fédéric avoit là dedans six cents hommes de pied, cent vingts gens d'armes,

1. Oldenzeel fut investie le 18 octobre 1597 par le prince Maurice.

dix canons sans les pièces de fer. Il fit venir le tout de la ville pour dresser une contre-batterie, fit des sorties, mais inutiles. Cela ne put empescher que trois galeries à un des ravelins et deux à l'autre ne passassent le fossé, et que, mordans au rempart, les sapes et mines ne commençassent. Le gouverneur, apréhendant les diligences de son cousin, fit parler de capitulation, qui lui fut octroyée[1], de tant plus honorable que la douceur du temps estoit monstrueuse.

Les traittez que le roi d'Espagne avoit fait proposer par l'empereur et le roi de Poulongne entrèrent encores en jeu par le roi de Dannemarc[2]. Les Estats généraux[3] ne respondirent pas briefvement à cette ambassade comme aux autres; mais on leur fit une longue déduction des diverses ouvertures de paix et toutes autres sortes de traitez ausquels le roi d'Espagne avoit employé plusieurs princes et personnes signalées, tousjours au dommage desdits Estats, en fraude et déshonneur de ceux qui s'en sont meslez; et, après les reconnoissances d'obligations au roi et à ses ambassadeurs de leur peine, il prièrent qu'on les tinst pour excusez d'entrer en aucun traité avec l'Espagnol.

Sans sortir des négociations, il y en eut une autre de ce temps-là, pour laquelle l'amirant d'Arragon fut envoyé vers l'empereur. C'estoit pour lui demander six choses : la vicomté ou vicariat de Besançon; qu'il

---

1. Linghen se rendit le 12 nov. 1597.
2. Christiern, roi de Danemark, avait envoyé en ambassade auprès des États Arnoult Witfeld et Chrétien Bernckar.
3. Les députés des États s'étaient assemblés à la Haye le 24 octobre 1597.

se déclarast contre ceux qui empeschoyent la paix des Estats; qu'il establist un gouverneur et un conseil au duché de Clèves; que la sentence contre la ville d'Aix-la-Chapelle soit mise à exécution[1]; qu'il pourvoye aux villes anciatiques contre les pirateries des Anglois. La dernière estoit qu'on fist lever sur les terres de l'empire six ou sept régimens à diverses fois pour faire la guerre au Païs-Bas. A toutes ces demandes, l'empereur trouva excuses, des prétextes et des alongemens; mal content, comme l'on disoit, pour le mariage de l'infante d'Espagne, que dès lors il revoit pour conclud avec le cardinal Albert, en faveur duquel il estimoit que ces demandes se faisoyent.

Durant ces traitez fut machiné encor un assassin contre le prince Maurice : c'estoit un Pierre Panne, d'Ype[2], incité à cela par un sien cousin[3], dépesché des Jésuites au commencement et puis par les provincial et recteur des Jésuites de Doüé, avec les persuasions que nous avons alléguées aux autres assassins, tant pour lui que pour ses enfans. Enfin, cet homme se confessa au provincial, eut absolution et receut le sacrement et ces paroles pour adieu : « Allez en paix, car vous irez comme un ange à la garde de Dieu. » Ayant donc reçeu argent, il vint en Zélande; et là, pris pour les propos qui sortoyent de sa bouche, il confesse l'en-

---

1. La chambre impériale de Spire, à la sollicitation de Guillaume de Saint-Clément, ambassadeur d'Espagne et de Mendoza, avait décrété la proscription en masse des habitants d'Aix-la-Chapelle, pour les punir d'avoir fait entrer dans leur ville des prédicateurs protestants (De Thou, liv. CXXI).
2. Pierre Panne d'Ypres.
3. Melchior-van-den-Walle, valet du collège des Jésuites de Douai.

treprise sans gesne, jure qu'il s'en estoit repenti, estant esloigné des Jésuites, promet, si on lui veut sauver la vie, d'en faire prendre; mais on ne laissa pas de le faire mourir d'une simple mort, et cela nous meine jusques au solstice de juin[1].

Les Estats de Hollande commencèrent de ce temps à entreprendre sur les païs esloignez, équipèrent premièrement quatre navires, du voyage desquels vous avez un livre particulier, traitèrent principalement à Bentam, et, ayant commencé leur voyage au terme de ce livre, furent de retour l'an 1597; et, en celle dont nous traittons, ils en refirent jusques à huict. Et, pour chose nouvelle, leurs grands navires avoyent une robe de plomb, contre le mal que les vers font aux longs voyages; une autre flotte encores sous Baltasar de Moucheron, duquel nous avons parlé; et cetui-là perdit un de ses navires en faisant un salve devant Calais. Une compagnie de marchands en dépescha cinq autres, qui prindrent la route du Brésil et du destroit de Magelan; et encores au mesme printemps, Cleerhagen partit avec cinq autres[2]; tout cela reconnoissant pour général Moucheron. Vous verrez ce qui leur arriva au chapitre d'Occident. Plusieurs autres navires partirent en mesme temps, ce qui soit dit pour monstrer la puissance à laquelle, en peu de temps, parvindrent les Estats, pource que tous ces embarquemens ne se firent point à moins de deux millions d'or.

[1]. Pierre Panne fut exécuté le 22 juin 1598.
[2]. Balthasar de Moucheron avait donné le commandement de ces cinq vaisseaux à Julien van Cleerhagen et à Gérard Stribos, qui entreprirent une expédition aux îles Açores (De Thou, liv. CXXI).

Il y eut une grande dissention entre la ville d'Emden et leur comte[1], qui leur demandoyt nouvelles contributions, et qui, pour porter le peuple à cela, avoit eu intelligence avec les Espagnols. Ceux de la ville, ayans surpris ceux qui menoyent l'affaire, en firent mourir deux[2], et le différent d'eux et des comtes demeura à Spire; vous verrez ailleurs le succez.

L'électeur de Coulongne[3] recommença à demander Rhimberk; et le prince Maurice considérant que ceste ville estoit de grands frais aux Estats, qu'il la falloit fortifier à double, l'électeur obtenoit ce qu'il avoit demandé, si le cardinal Albert y eust peu consentir. Mais les desseins que vous verrez exécuter à l'autre livre, concertez avec l'archiduc, empeschèrent cet affaire, et n'y eut rien de rendu neutre par le consentement des uns et des autres que Alpen et Meurs, l'une à la Palatine, vefve de Brederode[4], et l'autre à la comtesse de Meurs[5].

Aix-la-Chapelle ne fut pas si doucement traité, car la Chambre de Spire prononça le funeste arrest contre elle, apporté par un héraut impérial, exécutable par l'archevesque de Cologne et Trèves et par le duc de

---

1. Etzard II, comte d'Embden.
2. Jean Kemps et Jean Groenen eurent la tête tranchée au commencement de mai 1598.
3. Ernest de Bavière, électeur de Cologne et évêque de Liège.
4. Henri de Broderode, de l'illustre maison des comtes de Hollande, mort en Allemagne en 1567, avait épousé une dame de la maison des comtes de Meurs, qui épousa en secondes noces l'électeur palatin Frédéric.
5. Amélie, comtesse de Meurs, avait épousé en premières noces Philippe de Montmorency, comte de Horn, et plus tard le comte Adolphe de Newenar.

Juliers, assisté des forces du cardinal Albert. Ceux d'Aix, voyans d'un costé une armée de l'empereur, qu'on levoit pour la Hongrie, et de l'autre celle de l'amirant, telle que vous la verrez, et ne pouvans avoir recours à la force de leur ville, l'eurent à d'autres inutiles moyens; c'est qu'ils ostèrent de leur ville tout exercice de religion réformée et lutériene, et prièrent l'électeur de Cologne vouloir empescher ceux de Juliers et de Lembourg, qui desjà ravageoyent tout à l'entour d'Aix. Cela fut arresté quelque temps, et la ville reprenoit son ancien ordre, quand les magistrats, bannis pour leurs crimes, et en faveur desquels la Chambre avoit prononcé, s'estans faits les plus forts dans la ville par les compagnies du duc de Juliers, déposèrent ceux qui estoyent lors en authorité, leur donnèrent leurs maisons pour prisons; d'où les plus avisez se dérobèrent et ostèrent les refformez de tout estat, jusques à changer les sages-femmes, les médecins, les gardes des malades, et y mettant tout catholique, jusques au bourreau.

Estant conclud le mariage de la fille d'Espagne avec l'archiduc[1], les Estats furent assemblez à Bruxelles, au 15 d'aoust[2], pour aviser sur la donation des Païs-Bas à l'infante[3], qui comparut aux Estats par son

---

1. Isabelle-Claire-Eugénie et l'archiduc Albert.
2. Les députés des États se rassemblèrent le 14 août et non le 15, à Bruxelles, sous la présidence de Jean Richardot (De Thou, liv. CXXI).
3. Le roi d'Espagne avait signé, le 6 mai 1598, l'acte par lequel il accordait à sa fille, à l'occasion de son mariage, la souveraineté de la Bourgogne et des Pays-Bas. Cette pièce est publiée par M. Gachard, dans *Lettres de Philippe II à ses filles,* p. 49. L'archiduc Albert et la princesse Isabelle entrèrent à Bruxelles le 5 septembre (*Ibid.,* p. 53).

futur espoux le cardinal, fondé de procuration. Après de grands débats, de part et d'autre, tout fut accepté aux conditions de dix-sept articles, qui ne doivent point estre retenus.

1. Le premier contenoit l'agréation de la donation et transport des païs, ensemble du mariage de la princesse avec ledit cardinal.

2. Le second comment elle seroit reçeuë et le serment fait.

3. Que Son Altesse feroit apparoir dedans trois mois de la consommation de leur mariage.

4. Que le roi baillera acte que le douziesme article, couché audit transport, ne sera aucunement préjudiciable ausdits Païs-Bas.

5. Qu'on ostera toutes contributions, fourragement des soldats et autres charges, et que désormais Son Altesse se contentera de ses domaines.

6. Que les soldats estrangers demeureront désormais à la charge et sous la solde du roi, lesquels seront employez en campagne sur la frontière des ennemis.

7. Tous soldats alemans et naturels du païs seront entretenus et payez autant que faire se pourra, et le surplus sera payé pour le roi.

8. Que tous offices et gouvernemens des provinces, villes et forteresses seront gouvernez, et, pour le plus tard, dedans un an remis ès mains des seigneurs et naturels du païs.

9. Tous conseils extraordinaires seront remis au pied accoustumé, que aussi le grand conseil de Malines, comme celui de Brabant, et le conseil d'Estat seront redressez de gens naturels du païs.

10. Que toutes provinces, païs et villages seront entretenus et maintenus en leurs anciens privilèges, droits et franchises.

11. Que Sadite Altesse s'obligera de retourner en ce Pays-Bas dedans le mois de mai prochain venant.

12. Que Son Altesse commetra durant son absence un gouverneur esdits pays, qui soit de son sang, lequel soit tenu de jurer par serment tout ce que le roi aura juré.

13. Qu'il sera permis aux Estats généraux, par intervention de Son Altesse, d'entrer en communication avec ceux d'Hollande et Zélande sur le fait de la paix.

14. Et attendu que les pays sont pourveus de seigneurs naturels du pays, on en députera trois pour aller avec Son Altesse en Espagne et remercier le roi.

15. Que Son Altesse sera tenue d'entretenir tout ce que dessus, et, à son retour avec l'infante, faire le serment accoustumé en toutes les provinces.

16. Que tous gouverneurs, capitaines et gens de guerre n'attenteront rien de nouveau durant l'absence de Son Altesse.

17. Son Altesse, à son retour, sera tenue d'assembler les Estats généraux, pour, par ensemble, besongner au redressement des affaires du Païs-Bas.

Il a esté bon de faire voir par ces articles la perpétuelle tention des Estats et à secouer le joug espagnol et à la réconciliation avec les voisins.

Pour mettre à fin les choses commencées, le cardinal s'en va à Nostre-Dame de Hala[1], à laquelle il fit

---

1. L'ex-cardinal Albert se rendit en pèlerinage à Notre-Dame de Halle, à trois milles de Bruxelles, le 14 sept. 1598.

présent de son chapeau et de son habit rouge, qu'il déposa sur l'autel ; et là il déclara qu'il résignoit son archevesché de Tolède et l'estat de chef de l'inquisition, qui accompagne tousjours cet archevesché, réservant pourtant dessus cinquante mille ducats de pension, de trois cent mille qu'elle vaut. Cela fait, il prépare son voyage d'Espagne, nomme pour commander, en son absence, le cardinal André, son cousin, commet sur l'armée l'amiral d'Aragon et lui donne le comte Herman pour mareschal de camp. Il eut pour compagnie, à son voyage, le prince d'Orange, les comtes de Barlémont et de Sores, la comtesse de Mansfeld et autres seigneurs et dames du pays, et puis prit à Grats Maximiliane[1], fille de Charles d'Austriche[2], frère de l'empereur[3], fiancée du prince Philippes d'Espagne[4].

Est à noter que le roi Philipes et Charles avoyent espousé chascun leur niepce[5] et que de ces deux mariages sortoyent Philipes et Maximiliane, outre cela cousins germains.

L'archiduc et le prince d'Orange escrivirent lettres

---

1. Grégoire-Maximilienne, fille de Charles II d'Autriche et de Marie, fille d'Albert II, duc de Bavière, née en 1581, morte en 1586.

2. Charles II d'Autriche, fils de Ferdinand Ier, empéreur, né en 1540, mort le 3 août 1590.

3. Maximilien II, empereur, fils de Ferdinand Ier, né en 1527, élu roi des Romains en 1562, mort le 12 octobre 1576.

4. Philippe III, fils de Philippe II, roi d'Espagne, épousa, en 1599, Marguerite d'Autriche, fille de Charles, archiduc de Gratz, morte en 1611.

5. Anne, fille de Maximilien II et de Marie, sœur de Philippe II, avait épousé le frère de sa mère, en 1570, et Charles d'Autriche avait également épousé Marie, fille de sa sœur Anne et d'Albert, duc de Bavière.

aux Estats d'Holande pour les faire participans de cette rare bénédiction, et de tous costez on leur parloit d'une nouvelle félicité pour le pays; et cela tant demené que la roine d'Angleterre en eut jalousie, et en escrivit pour estre asseurée, et les esprits se confioyent de cette douceur. Quelques-uns corrompus pour y pousser les autres, quand on apporta des lettres, surprises en France, par lesquelles le roi Philippes donnoit bien d'autres instructions que de la paix; c'estoit les préparatifs d'une armée entre les mains de l'amirant, de laquelle vous verrez les effects au livre suivant. Par ce moyen, les Estats virent venir à eux toutes inventions espagnoles, les promesses générales d'une félicité nouvelle, les flatteries particulières au prince Maurice, par lesquelles le roi d'Espagne disoit que la vertu du prince, lui ayant été nuisible, ne laissoit pas de lui estre en admiration, que telle estime passoit en amitié, que c'estoit sa prudence de tirer profit de ce qui le ruinoit, en faisant d'ennemi ami le plus grand capitaine de la chrestienté, que s'ils s'acommodoyent, il se faisoit fort de rendre le prince généralissime des armes chrestienes contre les Turcs. Ce dernier poinct estoit dit de meilleure foi qu'aucun, car il eust bien désiré son ennemi en Hongrie, bien engagé. Toutes ces choses, avec les promesses aux particuliers, eschauffoyent quelques-uns par leur apparence, d'autres par leur infidélité.

Or, comme les conseils de plusieurs testes ont cet avantage qu'ils sont difficiles à tromper, pource que trop d'yeux et d'oreilles concertent un mesme poinct, aussi ont-ils le désavantage de ne pouvoir tromper, à cause que le secret, non plus que la diligence, n'est jamais de leur costé. Quelques-uns du conseil général vouloyent cacher les lettres surprises et feindre une telle attention aux cajoleries de leurs ennemis, pour faire convertir les dépesches de la grande armée, préparée en attentes et dilayemens. Mais quelqu'un de ce conseil manifesta les lettres, et, partant, les deux partis se préparèrent à la guerre, comme vous verrez ci-après.

La roine d'Angleterre fut lors asseurée que le traité de paix en Holande estoit pour néant.

Chapitre XXIX.

Dernière paix des liguez.

Bretagne fut la dernière des provinces qui composa comme prétendant quelque droit de souveraineté, et puis, ayant la mer favorable pour les intelligences estrangères par le moyen des Espagnols, plus facilement que les autres provinces. Les membres de ce canton, les plus avancez, furent les premiers à penser à eux, mesmement quand Sainct-Ofange[1] fut averti que le duc[2], son général, traitoit sourdement avec le roi, quoi qu'il n'espérast point pour lors composer à bon escient. Mais la feinte fut surprise sans feinte par ceux qui se craignoyent, nommément ceux de Rochefort, lesquels, outre les excez ordinaires à leur parti, en avoyent commis deux qui les dési-

---

1. Les deux Saint-Offanges, François de Hurtault et Amaury de la Houssaye, traitèrent le 1er mars 1598 avec le roi, à Chenonceaux, par l'entremise de Guillaume Fouquet de la Varane.
2. Le duc de Mercœur.

gnoyent plus de haine; l'un estoit une chambre criminelle, laquelle jugeoit et exécutoit au feu les prisonniers réformez, qui, ne pouvans payer grosse rançon, choisissoyent la mort plustost que la messe.

L'autre excez fut le massacre de la Chastaignerais[1]. La conscience, qui redoutoit telles choses, hasta de composer et se rendre. Mais il faut noter qu'il y avoit deux styles différents aux édicts, car les uns traitoyent par mutuelle conférence, les autres par requestes et suplications, aux articles desquels on mettoit *accordé*. En celui d'Hurtaut, de cette dernière condition, on lui octroye l'oubliance de ce qui s'est fait pour les finances des prises, fortifications et rasemens de maisons, des morts d'huguenots (car ce terme y est), quoi qu'il n'ait pas esté déféré aux appellations des hommes, femmes et enfans tuez à la Chastaignerais et puis des excez faits par tous les particuliers.

L'accord du Plessis de Cosme[2] suivit cetui-là et y adjousta lettre d'abolition, et cela achevé au commencement de mars 1598.

En mesme temps, le duc de Mercœur vid desmancher ses compagnons et sçeut que le roi, n'ayant plus à faire qu'à lui, venoit à Orléans. Il changea son traité d'apparence en un d'effect, envoye premièrement la duchesse sa femme, et, sur les promesses verbales qu'elle lui asseura avoir receuës du roi, joint aussi

1. Le s. de Saint-Offange, gouverneur de Rochefort, avait fait massacrer, trois ans auparavant, une foule de réformés paisibles qui se rendaient au prêche de La Chasteigneraye (De Thou, liv. CXX).

2. Les députés de Pierre le Cornu, s. du Plessis-le-Cosme, furent reçus à Thoury, en Beauce, le 21 février 1598.

LIVRE QUATORZIÈME, CHAP. XXIX.   273

que sur ce point-là survint la prise de Dinan[1], faite par ceux de Sainct-Malo, et les intelligences de cette ville, lassée de se voir sans trafic, les murmures des Nantois, que les craintes instruisoyent à leur devoir. Cela et autres accidens de telle sorte piquèrent le duc à s'aller jetter aux pieds du roi, arrivant dans Angers, et obtint le dernier édict de son parti[2].

Cet édict, après la clause pour la religion, esloignée de trois lieuës de Nantes, pourvoyoit comme les autres aux offenses générales, entr'autres d'avoir donné grâce et tenu des Estats. Le duc prend pour son particulier un respit d'un an à toutes ses debtes et fait abolir les offenses qui touchent les particuliers. Tout cela achevé, vérifié et émologué dans la fin du mois de mars 1598.

1. Le marquis de Coasquin, gouverneur de Saint-Malo, de concert avec le maréchal de Brissac, se rendit maître de Dinan le 5 février 1598. Les *Mémoires de la Ligue* (t. VI, p. 570) contiennent l'acte de capitulation de Dinan.

2. Le 28 octobre 1596, le roi avait rendu une ordonnance contre les ligueurs qui suivaient encore le duc de Mercœur en Bretagne (f. fr., vol. 4019, f. 382). En octobre 1597, le duc de Mercœur accepta une trêve avec les troupes royales (Pièce du 17 octobre, réimprimée dans les *Mémoires de la Ligue*, t. VI, p. 544). Enfin, le 2 mars 1598, Mercœur se soumit à Henri IV. On conserve dans le fonds français, vol. 4019, f. 399, une copie des articles secrets qui lui furent accordés. L'ordonnance rendue par le roi en raison de la soumission de ce prince est imprimée dans les *Mémoires de la Ligue,* t. VI, p. 578, et fut enregistrée au parlement le 26 mars suivant (De Thou, liv. CXX).

LES HISTOIRES
DU
SIEUR D'AUBIGNÉ

LIVRE QUINZIÈME
(LIVRE V DU TOME III DES ÉDITIONS DE 1620 ET DE 1626).

Chapitre I.

Estat[1] *des réformez.*

Nous avons laissé le parti réformé relevé par l'assemblée de Saincte-Foi et en estat de pouvoir parler par nous. Cette assemblée, qui l'avoit fait comme renaistre, fut suivie par une autre générale convoquée à Saumur[2], en laquelle on changea deux choses principalement. Une fut l'augmentation des provinces et l'autre que, sur la plainte des plus authorisez, disans qu'à la première on n'avoit pas assez respecté ceux qui ont seigneurie dans le parti, il y eut quelques clauses à leur contentement.

Dès lors, on députa vers le roi pour demander le

1. Var. de l'édit. de 1620 : « *Affaires des réformez.* »
2. L'assemblée des réformés, à Saumur, s'ouvrit le 22 février 1595 (*Hist. des assemblées polit. des réf. de France*, par Anquez, p. 68).

changement de tresve en paix et remonstrer que, durant les services notables des réformez, qui portoyent, par toutes les parts du royaume, les plus grands fardeaux de la guerre, il n'estoit pas raisonnable que, sous le règne d'Henri IV, on leur refusast la paix et les mesmes conditions accordées neuf fois par les rois, leurs persécuteurs, que par la trefve, de laquelle le nom seul faisoit présupposer, non seulement distinction à leur désavantage, mais encores inimitié et hostilité. Ils entroyent en une juste crainte que, travaillans pour ceux qui leur refusoyent la paix et qui chérissoyent le tiltre d'ennemi, ils les aprouvassent tels bien tost par effects.

Ces choses remoustrées au roi, il protestoit en secret de sa bonne volonté, et, en parlant à ceux qu'on lui envoyoit, usoit du terme de NOS ÉGLISES. Et, comme telles négociations commencèrent dès un an après son changement, tant que son affermissement fut douteux, il mettoit ses craintes pour excuses. Mais, estant affermi et perdant peu à peu le goust des réformez, il coucha de sa force pour menaces, et commença pourtant à traiter, asseurant les catholiques que la paix des réformez seroit la dernière de toutes.

Le chef de la Ligue, ayant fait la sienne, fut un des plus équitables conseillers pour l'avancement des traittez ; ce fut lui qui, dans le conseil, s'opposa à ceux qui traittoyent indignement la réputation des réformez, qui blasma le refus de la paix à ceux ausquels il attribuoit la ruine de son parti. Le roi ne fut pas marri d'avoir un autheur de telles qualitez pour la pacification qu'en effet il désiroit. Et lors, par sa permission, fut convoquée pour traiter à bon escient l'assemblée, qui, deux ans entiers, se vid premièrement à Chastelleraut, à Vandosme[1], à Saumur[2], et puis acheva la paix à Chastelleraut[3]. Ce fut à Vandosme qu'elle receut les premiers députez du roi, Vic[4], conseiller d'Estat, et Calignon[5], duquel nous avons parlé ci-devant, lors chancelier de Navarre. Vic fit une harangue à l'ouverture, admirée par les réformez pour une excellente construction de belles paroles, qui mesnageoyent les promesses et menaces, l'espoir et les craintes d'un artifice nompareil. Les choses ne firent que commencer en ce lieu, d'où quelque épidémie chassa la compagnie à Loudun[6], et d'où on partit encores pour la commodité

---

1. L'assemblée des protestants, à Vendôme, eut lieu vers la fin du mois d'octobre 1596 (Anquez, p. 71).

2. L'assemblée des protestants se transporta de Vendôme à Saumur le 5 mars 1597 (Anquez, p. 72).

3. L'assemblée de Châtellerault s'ouvrit le 16 juin 1597 (Anquez, p. 73). Elle formula des demandes, des plaintes, des réclamations nombreuses justifiées par l'éclat des services que le parti réformé avait rendus au Béarnais, dont le cahier est conservé en copie, datée du 6 décembre 1597, dans les V° de Colbert, vol. 178. Le roi y répondit le 7 février 1598. Cette réponse est conservée dans le fonds français, vol. 4047, f. 302 (copie). On peut comparer le récit de l'*Hist. univ.*, touchant l'assemblée de Châtellerault, avec celui des *Mémoires* ou *Journal de ma vie* de d'Aubigné (édit. Lalanne, 1854, p. 96 et 106).

4. Méry de Vic, conseiller d'État, souvent cité dans les *Lettres de Henri IV*.

5. Geofroi de Calignon, chancelier de Navarre, natif de Grenoble, mort en 1606. M. le comte Douglas a publié en 1874 la *Vie et poésies de Soffrey de Calignon*, Grenoble, 1874, in-4°, savant ouvrage qui fait connaître un des plus fidèles serviteurs de Henri IV.

6. Vic et Calignon se présentèrent à l'assemblée de Loudun le

des députez du roi venus à Saumur; c'estoit Chomberg[1], le président de Thou[2], le secrétaire Villeroi[3], qui ne s'y attachoyent pas tousjours, et puis le chancelier Calignon.

Je veux laisser à la mémoire une marque de fidèle partisan en la personne du duc de Thouars[4], autrement de La Trimouille, choisi avec Le Plessis[5], le ministre Chamier[6] et moi, pour contester sur le tapis les matières qui n'eussent peu, sans trop de confusion, estre digérées par le corps de l'assemblée, qui estoit lors de soixante-dix testes et quelquefois de quatre-vingts. Le comte de Chomberg et le président de Thou, estans arrivez les premiers, en attendant les autres deux, prièrent La Trimouille de faire un

22 juillet 1596. On conserve dans le fonds français (vol. 3463, f. 60) l'instruction que le roi leur donna en les envoyant à Loudun.

1. Gaspard de Schomberg, second fils de Wolfgang de Schomberg, naturalisé français en 1570, conseiller d'État, et, en 1594, comte de Nanteuil, mort le 17 mars 1599 (*Lettres de Henri IV*, t. II, p. 423, en note).

2. Jacques-Auguste de Thou, le plus grand des historiens français.

3. D'Aubigné oublie les s. d'Émery et de Vic. On conserve dans le fonds français l'instruction que le roi leur donna lors de leur premier voyage à Châtellerault, en date du 19 juillet 1597 (f. fr., vol. 4047, f. 272), et celle qu'ils reçurent lors de leur second voyage, 6 décembre 1597 (ibid., f. 289).

4. Claude, seigneur de la Trémoille, duc de Thouars, né en 1566, fils de Louis de la Trémoille et de Jeanne de Montmorency, fille du connétable, mort le 25 octobre 1604.

5. Du Plessis-Mornay. Les *Mémoires* de la dame de Mornay s'étendent longuement sur ces assemblées des églises protestantes.

6. Daniel Chamier, controversiste protestant, professeur de théologie à l'Académie de Montauban, tué au siège de cette ville le 17 octobre 1621. M. Charles Read a publié en 1858 le *Journal du voyage de Chamier à la cour*, en 1607.

tour d'allée avec eux, et le président, prenant la parole, dit ainsi[1] :

« Vous avez trop de jugement pour ne connoistre bien que, au poinct où les affaires sont et aux choses que nous vous avons concédées, que ce que vous pouvez désirer ne soit à son plus haut degré, et, si on ne recule plustost de vos demandes que d'avancer à vostre faveur, tenez-nous pour gens sans honneur. Donnez quelque foi aux personnes qui vous afferment cela. M. de Chomberg est luthérien et pas trop esloigné d'un bon huguenot. Pour moi vous connoissez mon âme et vous pouvez avoir seu comment, il y a deux cents ans, que les pupiles de la Trimouille ont eu ceux de Thou pour curateurs. Ne recevez point ce que nous voulons jetter en vostre sein comme d'ennemis. Le roi a seu que vous aviez envoyé quérir vostre cousin, le duc de Bouillon, pour la confection de la paix, et que, par déférence et bon naturel, vous lui quittiez le fruict de vostre labeur de deux ans. Nous ne voulons point vous céler que le roi ne soit irrité contre l'un et l'autre; mais il y met quelque différence, pour laquelle il choisit de vous savoir le gré de ce qui se passe; et encor souvenez-vous que vos concessions diminueront sous la gestion de ceux que vous cerchez. Arrestons les affaires en l'assiette où elles sont, et voici l'offre que nous avons à vous faire : c'est que vous choisissiez, entre vos confidens, dix mestres de camp et deux mareschaux de camp. Le roi donnera aux premiers mille escus à chacun,

---

1. Ce discours, que d'Aubigné prête au président de Thou, est de sa composition.

aux autres trois mille escus de pension, payables par vos mains, et à vous le reste de cent mille francs, à quoi se monte l'impost de Charante, qui se paye sous vostre chasteau de Taillebourg. Et afin que vous n'ayez à courtiser personne, on vous donnera un acquit patent de l'impost pour trente ans. En voyant la grandeur de l'offre, voyez-en la facilité et la seureté, et dites qu'outre ce qui vous touche, ce coup est plus avantageux pour vostre parti que dix bonnes places de seureté. »

La responce fut :

« Messieurs, je vous excuse, qui venez de travailler pour esteindre la Ligue, et, ayans trouvé un parti enflé d'intérests particuliers, ne l'avez plustost piqué au lieu plus sensible que vous l'avez réduit à néant. Pour vous monstrer qu'il n'y a rien de tel parmi nous, quand vous me donneriez la moitié du royaume, refusans à ces pauvres gens, qui sont à la salle, ce qui leur est nécessaire pour servir Dieu librement et seurement, vous n'auriez rien avancé; mais donnez-leur ces choses justes et nécessaires, et que le roi me face pendre à la porte de l'assemblée; vous aurez achevé, et nul ne s'esmouvra. » Le président, comme nous allions à la séance, me fit ce conte, en demandant si nous avions beaucoup de tels huguenots.

Telle estoit lors l'affection partisane, et puis, quand Amiens fust pris, il n'y eut pas faute de gens, irritez du refus de la paix, qui conseillèrent de trier les armes des réformez d'avec ceux qui la refusoyent. Quelques-uns furent d'avis de se loger à Tours et d'y faire avancer trois mille cinq cens hommes de pied qui s'avoüoyent à la Trimouille. Ceux-là alléguoyent qu'une requeste envoyée d'une si bonne ville trouveroit que le daté est efficacieux[1]. Mais le plus de voix et les plus saines réduisirent les autres à la patience, et falut aller poursuivre et achever le traité à Chastelleraut, où le duc de Bouillon se rendit, demeurans les gens de pied que nous avons spécifiez dans le Poictou.

Les traittez furent[2] encores retardez durant le siège d'Amiens, pour ce que le duc de Mercœur, ayant receu des espérances nouvelles sur la diversion des affaires du roi, esloigna l'accord qu'il avoit commencé. Et la paix des réformez estant condamnée de marcher après la dernière des liguez, le traité de Chastelleraut en esprouva quelque refroidissement. Et lorsque le roi, ayant pris Amiens, marcha pour Bretagne, comme le dernier livre vous a fait voir, lors les députez[3] des réformez eurent une crainte que le roi, par un caprice, portast à l'improviste sa personne à Chastelleraut; et en leur assemblée, il n'est pas à croire l'apréhension qu'ils en prindrent. Et ceux du roi eurent charge de presser les matières et conclurent à la paix, telle que vous la verrez à la fin du livre et du tome. Mais encor falut-il aller cercher l'agréation[4] du roi, lors à Nantes, triomphant et se voyant sans enne-

1. Cette phrase est ainsi présentée dans les deux éditions de d'Aubigné. Nous l'interprétons ainsi : ..... qu'une requête, datée de Tours, serait d'autant plus efficace qu'elle serait datée d'une ville où les réformés pouvaient faire avancer les 3,500 hommes de pied de la Trémoille.

2. Var. de l'édit. de 1620 : « *Les* affaires *furent...* »

3. La suite du récit jusqu'à ces mots : *du roi eurent charge*, manque à l'édit. de 1620.

4. *Agréation*, agrément.

mis. Là les choses concédées et arrestées furent repassées et diminuées par l'authorité du roi. Ce ne fut pas tout, car les parlemens se bandèrent contre la vérification, quoi que s'escriassent les sénateurs plus conscientieux, et notamment ceux qui, fugitifs à Tours, disoyent avoir veu de plus près la fidélité des réformez.

Les[1] soupplesses du roi, pour tenir en halène les réformez, ne prendront point ici leur place mal à propos. Premièrement, il gagna et dépescha par toutes les provinces de la France des hommes de toutes conditions instruits d'un pareil langage, qui preschoyent le roi, se faisant faire secrettement quelques presches et prières à l'huguenote, pleurant quand ils parloyent des églises, et, d'autre costé, le faisoyent voir absolu monarque, redoutable à toute l'Europe, et bien instruict aux infirmitez du parti. Ceux-là gagnoyent par tout compagnons pour fortifier ces choses et tenoyent le roi averti des capitaines, qui se gardoyent la créance des gens de guerre, et des ministres, qui preschoyent et sentoyent le vieil huguenot[2].

Envers ceux-là, le roi procéda d'une nouvelle façon : c'est que, par quelques gentilshommes qui retournoyent au païs, il leur mandoit, ou à leur consistoire, qu'ils avoyent blasphémé Sa Majesté. Sur tels reproches, les églises boursilloyent pour envoyer leurs pasteurs se purger de la calomnie. Après les avoir escoutez avec bon visage, on les remettoit en lieu secret pour achever leur propos, et là peu ou point se

---

1. Les alinéas suivants, jusqu'à *Durant ces ménagements...*, manquent à l'édit. de 1620.

2. En cette année 1598, le roi fit dresser un dénombrement des réformés de France. Voyez le *Bulletin de la Soc. de l'hist. du protestantisme français*, t. I, p. 123.

sauvoyent sans estre vaincus d'honnestetez et d'utilitez.

Sur tout ceste efficace parut ès ministres Rotan, Serres, Cahiers, Morlas et de Vaux[1]. Tout le secret de tels desseins, et notamment de la ruse de Mantes, déclairé par ce dernier, qui alla confesser sa prévarication à plusieurs personnes notables, avecques cris d'espouvantement ; et, pourtant, cottant pour marque que Dieu lui pardonneroit la prompte mort qu'il alloit recevoir en son lict ; ce qui arriva le premier dimanche qu'il prescha. A la promenade du soir, il dit adieu à tous ses parens et amis, prit sa femme par la main pour le mener au lict, à l'entrée duquel, après avoir prononcé quatre vers d'un pseaume, il rendit l'esprit. Quelques-uns m'ont dit que ces paroles furent :

Je sçai aussi que tu aimes, de faict,
Vraye équité dedans la conscience.
Ce que n'ay eu, moi, à qui tu as fait
Voir les secrets de ta grand' sapience.

Je n'ose asseurer ceste particularité, mais ouï bien le reste, pource qu'après avoir déposé sa confession et ses soupirs dans mon sein, il mit entre mes mains trois brevets, l'un de deux mil cinq cents escus, les autres deux un peu moindres, que j'ai rendus à ses héritiers.

Durant ces mesnagemens, les chaires, les escrits et les propos communs prononcèrent plusieurs reproches contre les réformez, et eux y respondirent par les mesmes voyes ; dequoi vous n'aurez pas désagréable de voir un tableau, principalement en un temps où nous n'avons point de coup d'espée à vous conter.

---

[1]. Jean-Baptiste Rotan, Jean Serres, Pierre-Victor Palma-Cayet, Bernard Morlaas, ministres protestants déjà cités.

Chapitre II.

Invectives contre les réformez et leurs responses.

Il y avoit moins de réformez au siège d'Amiens qu'aux autres armées du passé. Sur quoi on leur reprochoit la désertion de leur roi en une occasion pressante comme celle-là, et on disoit que, si le salut commun de la France ne les esmouvoit à prester leurs mains pour chasser l'estranger, que la personne du roi, leur bon et heureux chef d'autrefois, qui les avoit relevez d'un ruineux estat, leur devoit faire jetter en arrière tous empeschements pour le secourir à son besoin, et qu'il n'estoit pas temps de remuer les partialitez du royaume quand il estoit attaqué par le dehors.

Que traitter de paix avec son roi estoit un crime qui ne se devoit pardonner; que les choses extorquées seroyent une marque de félonnie à jamais.

Que les premiers de cette religion s'estoyent contentez de prescher en secret, n'ayans autres armes, quand on les faisoit mourir, que les prières pour ceux mesmes qui leur donnoyent la mort.

Qu'après les premières guerres, par la paix qu'ils obtindrent, ils ne demandèrent que la liberté de prescher publiquement, sans autre caution que la foi et parole du roi, et qu'aujourd'hui ils demandent plus de deux cents places de seureté, près de quatre mille hommes ès garnisons, et outre cela des chambres mi-parties, avec tant de parité que tout cela se peut appeler faire un Estat dans l'Estat.

Que c'estoit chose indigne de voir les réformez à

Chastelleraut quand il faloit estre à Amiens[1], et qu'au moins devoyent-ils, selon leur proportion, fournir à un affaire tant important à tous et n'en laisser l'honneur purement aux catholiques françois.

A quoi les réformez respondoyent, et par discours et par escrits, que tout ce que disoyent leurs adversaires en termes généraux n'estoit que trop vrai, que toutes différences qui faisoyent parti estoyent ruineuses en un Estat : les termes de guerre, de paix, de traité, d'envoi de tambours, de trompettes, de représailles et tout ce qui s'observe entre gens de diverses nations ; mais sur tout les demandes de pleiges à la foi royale et les places de seureté et d'ostage estoyent vocables ignominieux à la France et ruineux à l'Estat, et que, partant, les autheurs et causes de telles horreurs sont exécrables devant Dieu et punissables à jamais.

Que donc il faloit mettre le doigt de l'espreuve sur ceux-là pour exécuter sur eux la vengeance de Dieu, devant lequel ils ont à respondre de cinq cent mille morts par le cousteau, par le feu, par la faim, sans distinction de l'enfant, de la femme et du vieillard. Il est besoin, pour la connoissance de ceux-là, voir sans confusion et par ordre des temps et des causes la naissance et progrès de telles ruineuses[2] nouveautez.

Les archives des maisons de ville et les greffes des cours sont encor pleins des procès, arrests et sentences de sept ou huit mille âmes de tout sexe, aage

---

1. L'assemblée de Châtellerault s'ouvrit le 16 juin 1597 (*Hist. des assemblées politiques des réformés de France*, par Anquez, p. 68) et le siège d'Amiens, commencé dès les premiers jours d'avril 1597, ne fut terminé que le 25 septembre de la même année.

2. Var. de l'édit. de 1620 : « ... *et progrez* de telles confusions. »

et condition, traînez dans les feux, et toutes sortes de suplices exquis[1] pour avoir quitté les erreurs et suivi la vérité, défendue par toutes sortes d'escrits et de disputes au commencement, et puis seellée de leur sang ; si bien que les plus grands, lassez de l'espandre, ont voulu entrer en connoissance du vrai ou du faux pour vuider la question du juste ou de l'injuste, et cela fut fait au colloque de Poissi[2], duquel vous voyez le succez au deuxième livre de nostre premier tome.

La religion réformée de là fut tolérée par l'édict de janvier[3] et eut une paix gagnée par les morts sans revanche et par le sang des agneaux ; et ne se pouvoit telle paix appeller extorquée ni l'attribuer aux armes des subjects contre leur roi. Est à noter pour jamais que, tant qu'on a fait mourir les réformez par les formes de la justice, quelque inique et cruelle qu'elle fust, ils ont tendu les gorges et n'ont point eu de mains.

Mais, quand l'authorité publique, et le magistrat, lassé des feux, a jetté le cousteau ès mains des peuples, et, par les tumultes et grands massacres de France, a osté le visage vénérable de la justice et fait mourir au son des trompettes et des tambours le voisin par son voisin, qui a pu défendre aux misérables d'opposer les bras aux bras et le fer au fer, et prendre d'une fureur sans justice la contagion d'une juste fureur ?

On a dit que le tumulte d'Amboise[4] estoit auparavant les grands massacres. Aussi n'est-ce point aux

1. *Exquis*, raffinés.
2. Sur le colloque de Poissy, voyez le t. I, p. 309.
3. Édit du 17 janvier 1562.
4. Tumulte d'Amboise, mars 1560. Voyez le t. I, p. 256.

églises réformées à défendre cette action, qui estoit politique. En laquelle le premier prince[1] du sang et le premier officier[2] de la justice du royaume estoyent les principaux en intérests et authorité, sans faire profession de réformation.

Soit[3] encores bien pesé que nous avons eu plus d'édicts de pacification que de guerres, à cause que le premier, asçavoir l'édict de janvier, ne fut point acquis par armes, mais fut le fruict du colloque de Poissy ; si bien que la première prise des armes fut pour défendre le premier édict. Les seconds troubles eurent pour amorce le second édict violé ; les troisiesmes, le troisiesme ; et ainsi consécutivement jusques au dernier ; si bien que toutes les guerres, n'estans de nostre costé que deffenses contre la rupture de la paix, tous les édicts de paix n'ont esté que réparations à la rupture et confirmations du premier ; le tout pour deffendre l'authorité royale comme vrais François. Et cette authorité a parfait la justice, principalement lors qu'elle a esté conjoincte à la deffensive et à sa nécessité. Il reste de dire que ce premier édict est le seul qui a cette marque de loi fondamentale, qui a esté proposé, débatu, arresté en une solennelle, libre et pleine assemblée d'Estats[4]. Et est notable que, après la requeste présentée par l'amiral[5] principal officier de la

1. Antoine de Bourbon, roi de Navarre.
2. François Olivier, chancelier de France.
3. L'alinéa qui suit manque à l'édit. de 1620.
4. L'édit de janvier fut discuté et résolu par l'assemblée de Saint-Germain, ouverte le 3 janvier 1562. Nous avons présenté dans *Antoine de Bourbon et Jeanne d'Albret*, t. IV, p. 10 et suiv., le détail de cette délibération.
5. La célèbre requête de l'amiral Coligny fut présentée au roi le 21 août 1560 à l'assemblée de Fontainebleau.

couronne, la harangue du premier évesque[1] qui parla monstra que le clergé estoit lors disposé à désirer la réformation.

Voilà comment les armes reçcuës par force, et non cerchées, ont esté mises aux mains des réformez. Et ainsi on a fait les patiens défendeurs, la persécution guerre et les agneaux des lions. Jugent les plus estranges nations, lesquels, des uns et des autres, ont le crime de la guerre sur le front.

Mais, à cette guerre, on posa les armes au premier offre de la paix. Vous ne demandastes, disent-ils, que la foi du roi, et depuis vous avez appris à y joindre celle des estrangers. On respond que, si cette foi royale n'a point empesché les désordres que vous voyez depuis les premières jusques aux troisiesmes guerres, qui a invalidé cette foi, qui l'a enfrainte et qui lui a osté de son excellente vertu, ou ceux qui l'ont avilie pour tuer, ou ceux qui l'eussent voulu entière pour n'estre point mis à morceaux?

Voilà pourquoi il a falu joindre la parole des estrangers et la caution de tous les corps de France. Et puis, quand tant de seaux ont esté brisez par les massacres généraux de la Sainct-Barthélemi, ceux qui ont repris vie dans les cendres du parti, ne voyans plus de foi publique, ont demandé des places de refuge, d'ostages et de seureté, qui sont des noms fascheux, reprochables à ceux qui ont diffamé la France; mais sans fraude à ceux qui les doivent à la bénédiction de leurs armes et à leur nécessité.

---

1. Ce *premier évêque* est Jean de Monluc, évêque de Valence. Sa harangue fut prononcée devant l'assemblée de Fontainebleau le 21 août 1560.

Quant aux autres paritez, ausquelles on peut respondre : *Omnia dat qui justa negat*, elles sont de mesme estoffe. Et les mémoires et procédures de la ligue, les décrets de Rome et de la Sorbonne, et mesmes les sentences des Jésuites sur les poincts de conscience et les meurtres des rois, tout cela comparé à nos soumissions a monstré au jour qui essayoit de faire un Estat dans l'Estat.

Cet ancien Estat de France, plus de demi transformé en un nouveau, eut besoin de nous à Tours. On nous tendit des mains encores sales de nostre sang. Nous nous jettasmes au secours de nos ennemis, cachez contre les ennemis plus descouverts; nous sentions à nos eschines les espées et les halebardes rouillées de nos meurtres pour parer l'estomac à celles des liguez. Et, pour bien justifier le mot d'ennemis que nous secourions, il faut savoir que, dans le conseil où le roi délibéra d'appeler le roi de Navarre, d'O et ses partisans dirent plusieurs fois qu'ils aimoyent autant perdre la vie que de la devoir à leurs ennemis.

Le roi Henri quatriesme, parvenu à la couronne, fit voir aux réformez qu'estant leur roi et de leur profession, il ne faloit avec lui traité ni composition, mais confondre toutes les distinctions passées en l'Estat de la royauté, ce qui fut incontinent accepté, les chambres de justice cassées et l'ordre ancien par tout restabli.

Le roi mené par force à son changement, les réformez se remettent en leur distinction à grand regret; envoyent vers Sa Majesté pour changer leur trefve en paix. Ils furent receus du conseil avec rebuts, risées et mespris; de quoi on se repentit à la prise d'Amiens. Et lors on travailla à leur paix, condamnée à estre la dernière, et qui, accordée par les commissaires, fut retranchée par le roi.

Ceux qui traittoyent cette paix ne pouvoyent travailler à haster celle d'Espagne et celle de tous leurs ennemis mortels, et poursuivre, comme ils avoyent fait, l'union de leurs esgorgeurs aux despens de leur gorge, refusez d'avoir part à la tranquillité, sans trahir les biens et les vies que tant de familles affligées avoyent commises entre leurs mains.

Et encor ceux qui les accusent de n'avoir pas fourni au siège d'Amiens selon leur proportion sont mauvais arithméticiens ou ne se souviennent pas de s'estre vantez tant de fois qu'il y a mille catholiques en France contre un réformé. A ce compte, il n'eust falu que quinze des réformez en l'armée, de quinze mille qui y estoyent; mais il y en avoit plus de quinze cents des plus grands seigneurs du parti, et la besongne la plus difficile fut faite par le régiment de Navarre, duquel moururent plus de trois cents de ceux qu'on accuse et celui qui les commandoit.

Plusieurs raisons m'ont fait passer par-dessus tous respects pour appliquer ici cette response, qui peut estre soupçonnable par ma condition; mais je cautionnerai ce qui s'est dit du mauvais estat où estoyent les réformez (en laissant plusieurs autres escrits) par ce qu'en dit Baptiste Le Grain, maistre des requestes, au septiesme livre de sa *Décade*, imprimée avec privilège en l'honneur d'Henri le Grand[1].

« Le prince, dit-il en la page 348, est obligé de

---

1. Legrain, *Décade contenant la vie et gestes de Henry le Grand, roi de France et de Navarre*, in-4°. La première édition est de 1614.

traiter également ses sujets, les aimer et gratifier des charges publiques, bien que de différente opinion au fait de leur conscience. Et si la demeure des Juifs à Rome n'est incompatible avec celle des chrestiens, pour la gloire de Dieu ou quelqu'autre occasion que ce soit, de laquelle nous n'avons que faire, pourquoi celle des calvinistes, etc., le sera-elle en France pour la gloire de la religion catholique, le service du roi, le bien de l'Estat et la paix des subjets? »

Et plus bas :

« Que si ceux à qui la paix de France ennuye et desplaist veulent dire que les protestants ont trop de liberté en cet Estat, on leur respond qu'ils sont plus à l'estroit et plus subjects à la religion catholique que ne sont à Rome les Juifs et infidèles, lesquels ne sont astraints qu'une fois l'an à la religion chrestienne, estans seulement obligez à certain jour d'assister à la prédication d'un docteur chrestien. Encores il leur est permis de murmurer tout haut, grincer les dents, rouler les yeux en la teste et faire des grimaces quand ils entendent asseurer que le Christ est venu, et, qui pis est, qu'il a esté crucifié par leur nation. Là où les protestans de la France sont obligez plus de cent fois en l'an aux coustumes et observations de la religion catholique; car il leur est défendu de faire publiquement œuvres de leurs mains au jour des festes commandées; il leur est enjoint de fermer leurs boutiques en ces jours-là; n'osent exposer ni faire exposer en vente la chair et viandes deffendues durant la quarantaine, ni ès jours de vendredi, samedi, quatre-temps, vigiles, rogations et autres jusnes et abstinences prattiquées en la religion romaine; ils n'osent faire exercice de leur religion en la ville de Paris en quelque temps que ce soit, ni ès villes métropolitaines et maistresses des provinces et plusieurs autres villes; hors lesquelles ils sont contraints d'aller exercer leur religion, là où les Juifs font leur sabat et tiennent leur synagogue à Rome et autres terres papales, et leur est permis d'y exercer leur religion, impie et détestable, en pleine liberté; sans entrer en considération qu'ils peuvent tousjours séduire quelque chrestien, comme l'on veut, pour troubler nostre repos. Que nous considérions que les huguenots peuvent pervertir les catholiques, et que nous, enfans de l'Église, soyons plus sages que nos pères. Il n'est pas permis aux protestans d'avoir escoles, pour l'instruction de leur jeunesse en leur religion, là où les Juifs enseignent impunément leur créance en langue hébraïque à leurs femmes, enfans, serviteurs et servantes. Pourquoi donc les rois de France seront-ils contraints de faire la guerre aux protestans chrestiens, par ceux qui ne la font pas eux-mesmes aux ennemis du christianisme et les tolèrent? »

Le Grain s'estend puis après sur le moyen de descoudre le parti des réformez, confus parmi les catholiques, concluant ainsi : « Et, au contraire, l'évesque d'Amiens[1] et La Brosse[2], envoyez en Escosse par le roi François II, y perdirent la religion catholique par leurs violentes proscriptions et meurtres contre les protestans. Il a esté bon que ce catholique, sans y changer une syllabe, exposast les ruineuses conditions

1. Nicolas de Pellevé, évêque d'Amiens de 1552 à 1562.
2. Jean de la Brosse, lieutenant de la compagnie du duc de Guise, tué à la bataille de Dreux le 19 décembre 1562.

de paix que ne pouvoyent encore obtenir les réformez. »

Enfin, toutes choses estans comme concluës à Chastelleraut, les commissaires du roi pour la paix et les députez de l'assemblée vindrent trouver le roi à Blois, qui refusa de signer les conventions; et n'y voulut toucher qu'après avoir touché à la main du duc de Mercœur, au pont de Sez, suivant le serment qu'il en avoit fait auparavant. Je[1] ne puis laisser que le mesme respect fut rendu à Hurtault[2], commandant à Rochefort, à Plessis de Côme[3], de Cran et à Fontenelle de Douarnenez et à autres brigandeaux qui tenoyent les moindres bicocques, la plus part mis sur des rouës, pour justifier le titre que je leur donne. Et fut, selon la promesse, la paix des réformés postposée à tous les traitez honteux. Ce qui fut expliqué bien plus magnifiquement; car on dit aux députez que le roi, premier que signer, avoit voulu voir tout paisible, pour faire paroistre à un chascun qu'il n'y avoit eu nulle force ni contrainte en sa volonté, et que ce qu'il en avoit accordé n'estoit qu'avec la raison, estant roi paisible et absolu; pour tesmoignage authentique de quoi il retrencha ce qu'il lui plut des conventions promises et jurées à Chastelleraut. Les assemblées postérieures, ayans fait plaintes de ce retrenchement, obtindrent promesse de restablissement, mais ce poinct a esté tousjours sollicité en vain par les députez généraux. Vous lirez à la fin de ce tome quels sont les articles de cette dernière pacification[4].

1. Le passage suivant, jusqu'à : *Ce qui fut expliqué...,* manque à l'édit. de 1620.
2. François de Hurtault.
3. Pierre le Cornu, s. du Plessis-le-Cosme.
4. Édit de Nantes, 13 avril 1598. Voyez le chap. xx de ce livre.

Je me suis abstenu de faire voir les divers intérests que plusieurs, et des plus apparens, prindrent en ce traité, et selon lesquels on ouït les blasmes des personnes notables. N'estans point utiles au lecteur, je me contente de vous dire que le roi, quittant sa part du parti, ne l'avoit pas quitté des intelligences qu'il s'estoit réservées dedans. Là parurent plus qu'auparavant les corruptions de ceux qui espéroyent à la cour ou qui avoyent à craindre de la cour. Tous, pourtant, se joignirent aux choses principales, et, s'il faut en dire franchement, la frugalité et l'espargne du roi empeschèrent que pour lors les divisions qui se sont veuës depuis ne parurent pas. De cette assemblée sortit un livret de plaintes notables, qui se peut lire au sixiesme volume des *Mémoires de la Ligue*, page 463[1].

La cour de parlement, contre toute espérance, refusa d'émologuer l'édict, la pluralité offusquant en cela les sénateurs, qui avoyent à Tours et ailleurs senti le soulagement que leur avoyent porté les réformez, comme nous avons touché. Le parlement vint donc en corps et en fit au roi des remonstrances pleines d'aigreur, sur tout pour ne recevoir point les collègues que l'édict leur présentoit. Le roi leur respondit avec menaces, principalement contre les prescheurs séditieux qui les faisoyent discorder à sa volonté. Et puis, ayant esté doucement repris des séditions parisienes et des jugemens qui pourroyent venir de Rome, il respondit au premier poinct en ces termes : « Je ferai acourcir ceux qui s'eslèveront contre moi ; j'ai sauté des murailles, je franchirai bien les barricades. » Et

---

1. Dans l'édition de 1758 des *Mémoires de la Ligue*, ce recueil de plaintes des églises réformées commence à la page 418.

au second poinct : « Ne m'aléguez pas le respect du Sainct-Siège ; je le voi de plus près que vous, comme fils aisné de l'Église ; en cette qualité, ceux qui pensent estre bien avec le pape s'abusent. Et tous ces tonnerres, desquels on me menace, j'empescherai bien qu'ils ne viennent en orages ; ce sont nuages qui ne produiront que du vent. »

Chapitre III.

Le prince de Condé à la cour. Mort de la duchesse. Paix d'Espagne. Mariage de Madame. Prison de la roine de Navarre.

Il falut que la cour enregistrast l'édict[1], et la paix fut mieux receuë des peuples qu'on n'eust estimé ; mais sur tout pour l'opinion que les plus avisez tenoyent qu'elle estoit avantageuse aux catholiques et ruineuse aux réformez, d'entre lesquels les plus relevez portoyent durement les difficultez de parvenir aux charges du royaume. Un des premiers que cet esgard fit eschaper fut le président Canaye, autrement Fresne[2], salarié d'une ambassade à Venise[3]. Cestui-ci, pour donner de bons gages de son changement, vint un jour trouver

---

1. Le parlement de Paris ne consentit à enregistrer l'édit de Nantes que le 2 février 1599. Voyez le livre XX de ce livre. Le Parlement ne céda aux volontés du roi qu'après la nomination de Pomponne de Bellièvre à la chancellerie. Voyez la correspondance de ce personnage à cette date dans le vol. 15894 du fonds français.

2. Philippe Canaye, seigneur de Fresne.

3. Philippe Canaye a laissé trois volumes in-fol., intitulés : *Lettres et ambassades*, sur ses négociations à Venise et dans d'autres parties de l'Italie, pendant le règne de Henri IV.

le roi, lui dire comment il avoit fait une curieuse perquisition des affaires et personnes des réformez, que, si on vouloit lui ajouster foi, il mettroit ce parti à néant. Entre les autres moyens, il alléguoit la facilité de corrompre presque tous les hommes de bonne maison, si on lui vouloit mettre entre les mains une somme moindre que son bien, qui en respondroit. Qu'ayant destitué la populace de tous leurs hommes de marque, la confusion et le désordre mettoyent bien tost à rien tout le reste du parti. La response du roi, pour laquelle j'ai escrit ces choses, fut : « Monsieur le président, vous vous y prenez d'un mauvais moyen. La ressource des réformez après les massacres et quand tous leurs princes et seigneurs estoyent devant la Rochelle, les glorieux traittez que ces gens-là présentèrent au premier article de paix et les avantages que je leur ai fait perdre en faveur de la couronne, toutes ces choses m'ont apris que, s'il n'y avoit plus de gens de bonne maison parmi eux, il y en faudroit envoyer. »

Et, toutesfois, il n'observa pas cela en la personne du petit prince de Condé[1], lequel il envoya quérir enfant pour le faire nourrir à ses pieds, non sans murmure des réformez ; aux principaux desquels il fit connoistre que ses maladies, qui rendoyent beaucoup de choses incertaines, lui faisoyent approcher, pour le bien du royaume et d'eux-mesmes, son successeur.

Le roi acheva l'année à polir le royaume de tous les édicts qui confirmoyent la paix, soit pour la justice, soit pour les finances, lesquelles il mit ès mains

---

1. Henri II de Bourbon, prince de Condé, fils de Henri Ier de Bourbon, prince de Condé, né le 1er septembre 1588, mort le 26 déc. 1646.

du marquis de Rosni, depuis duc de Suilli, pource qu'il trouvoit en lui un esprit fort général et laborieux et une austérité naturelle qui, mesprisant les bonnes grâces de tous, portoit l'envie des refus, et par là fit la bourse du roi. A quoi le naturel du maistre tenoit bien sa partie, comme estant eschars[1] en toutes choses, hormis ce qui regardoit la duchesse de Beaufort[2]; non pas qu'elle n'usast très modestement du pouvoir qu'elle avoit sur le roi, mais ses proches n'y observoyent pas tant de médiocrité.

Cette occasion nous convie à traiter de cet amour autant que le respect et la bienséance nous permettent. On n'a guères veu d'amies de nos rois qui n'ayent attiré sur elles les haines des grands, ou en leur faisant perdre ce qu'elles désiroyent, ou en faisant défavoriser ceux qui ne les adoroyent pas, ou en espousant les intérests de leurs proches, leurs debtes, leurs récompenses et leurs vengeances. C'est une merveille comment cette femme, de laquelle l'extrême beauté ne sentoit rien de lascif, a pu vivre plustost en roine qu'en concubine tant d'années et avec si peu d'ennemis. Les nécessitez de l'Estat furent ses ennemies. Ce de quoi je laisse, comme en chose douteuse, à chascun son explication.

Soit assez de dire historiquement, et pour première pièce de l'année 1599, où nous entrons, nous trouvons cette duchesse, de laquelle le roi avoit de très

---

1. *Eschars, escars*, avare.
2. Gabrielle d'Estrées devint duchesse de Beaufort le 10 juillet 1597. En même temps le comté de Beaufort fut érigé en duché-pairie, en faveur de César de Vendôme (f. fr., vol. 3973, f. 4).

agréables enfans[1], estant allée le jeudi, qu'on appelle absolu, pour accomplir les cérémonies de cette journée, elle vint de Sainct-Anthoine, pour se rafraîchir, chez Zamet[2], où, ayant mangé d'un poncire[3], comme quelques-uns veulent, et les autres d'une salade, elle sentit quant et quand un tel feu au gosier, des trenchées à l'estomac si furieuses, qu'ayant passé le vendredi en douleurs horribles, le samedi au matin le mal la rendit hideuse et mesconnoissable à tous ses domestiques et parens, la teste tournée presque devant derrière. Le médecin La Rivière, ayant couru à cet accident avec autres médecins du roi, et n'ayant fait que trois pas en la chambre et de là ayant veu les accidents extraordinaires, s'en retourna, disant à ses compagnons, *Hic est manus Domini*. Il est à noter qu'estant sur le poinct de donner au roi un quatriesme enfant, elle prit congé de lui[4] comme preste de mourir, lui recommandant ses enfans, ses serviteurs et l'achèvement de Monceaux. Quelqu'un des siens lui demanda

1. César, duc de Vendôme ; Catherine-Henriette, légitimée de France, depuis duchesse d'Elbeuf, et Alexandre de Vendôme, grand prieur de France.
2. Sébastien Zamet, financier, né vers 1549 à Lucques, mort le 14 juillet 1614 à Paris.
3. Poncire, citron, peut-être orange.
4. La question de savoir si Gabrielle d'Estrées fut ou ne fut pas empoisonnée est très douteuse. D'Aubigné semble croire à ce crime ; les autres contemporains n'en disent pas un mot. A dater de la publication des *Économies royales de Sully* (1638), tous les historiens, s'appuyant sur une lettre de la Varane, croient à l'empoisonnement ; or, la lettre de la Varane n'est pas authentique. Cette thèse se trouve développée dans un intéressant article de M. Desclozeaux, publié par la *Revue historique* de mars 1887. Voyez aussi une savante étude de M. Loiseleur sur ce mystère historique. Gabrielle d'Estrées mourut le 10 avril 1599.

d'où venoyent tant de funestes propos. A ceux-là elle dit qu'un enchanteur l'avoit menacée de cette dernière grossesse et qu'un enfant l'empescheroit d'arriver où elle espéroit ; mais cette appréhension la prit dès le premier traitté du mariage de Florence, n'ayant point pris de crainte pour celui d'Espagne, qui se traitoit en mesme temps. Il me souvient que, le roi m'ayant donné à garder les deux premiers tableaux qu'il eut de ces princesses, il me permit de les montrer à la duchesse et prendre garde à ce qu'elle diroit. Son propos fut : « Je n'ai aucune crainte de cette noire, mais l'autre me meine jusques à la peur[1]. »

Nous ajousterons à cette mort celles de l'archevesque de Lyon[2] et le chancelier de Chiverni[3].

Chapitre IV.

Paix d'Espagne. Mariage de Madame avec le prince de Lorraine[4]. *De la reine Marguerite.*

Il est temps de marquer l'achèvement de la paix d'Espagne, plus facile qu'on n'avoit pensé au commencement, pour ce qu'aux premières entremises du cardinal de Florence[5], légat en France, le roi, voulant vivre en Espagnol avec les Espagnols, avoit déclaré

---

1. On conserve dans le fonds français, vol. 18529, f. 156, une relation du service funèbre qui fut solennellement célébré à Saint-Germain-l'Auxerrois, en l'honneur de Gabrielle d'Estrées.
2. Pierre IV d'Espinac, archevêque de Lyon de 1573 au 9 janvier 1599.
3. Philippe Hurault, comte de Chiverny, mourut le 29 juin 1599.
4. L'en-tête du chapitre manque à l'édit. de 1620.
5. Alexandre de Médicis.

ne vouloir entendre à aucun traité que le roi d'Espagne ne l'achetast de la reddition des frontières de Picardie. Mais enfin les sollicitations de Rome firent convenir les députez à Vervins, lieu qui avoit servi autresfois à conclurre la paix et où elle le fut encores, huict jours après jurée à Paris solennellement. Par cette paix, outre les articles communs, le roi Philippes rend Calais, Ardres, Monthulin, Dourlans, la Capelle et le Castelet dans deux mois et Blavet en Bretagne dans trois mois. Par autre article est dit que le duc de Savoye sera compris en la présente paix, rendant Berre[1] et quelque chasteau de peu d'importance, et les autres différens remis au jugement du pape, pour en prononcer dans un an. Les deux princes veulent employer en mesme traité chacun leurs partisans et confédérés. Le roi de France y nomme donc, si compris y veulent estre, le pape[2], l'empereur[3], les électeurs, les princes, villes, communautez et estats du Saint-empire; par spécial, le comte palatin, marquis de Brandebourg, duc de Wittemberg, lantgrave de Hessen, le marquis de Anspak, les comtes de Frise orientale, les villes maritimes, selon les anciennes alliances, le roi et le royaume d'Escosse, les rois de Poulongne, Dannemarc et Suède, le duc et seigneurie de Venise, les treize cantons des ligues de Suisse, les seigneurs des trois ligues grises, l'évesque et seigneurs du pays de Valais, l'abbé et ville de Saint-Gal, Tockembourc, Mülhausen, comté de Neuchastel et autres alliés et confédérez desdits sieurs des ligues, le

---

1. Le château de Berre (Bouches-du-Rhône).
2. Clément VIII, pape de 1592 à 1604.
3. Rodolphe, fils de l'empereur Maximilien.

duc de Lorraine, grand-duc de Toscane, le duc de Mantouë, la république de Lucques, les évesques et chapitre de Mets, Toul et Verdun, l'abbé de Gorze, les seigneurs de Sedan et le comte de la Mirande. Bien entendu toutesfois que le consentement que ledit sieur roi catholique donne à la compréhension des comtes de Frise orientale soit sans préjudice du droit que Sa Majesté catholique prétend sur les pays d'iceux, comme aussi demeurent réservez à l'encontre les défenses, droits et exceptions desdits comtes. Le tout avec déclaration que ledit sieur roi catholique ne pourra, directement ou indirectement, travailler par soi ou par autres aucuns de ceux qui, de la part dudit sieur roi très chrestien, ont ci-dessus esté compris. Et que, si ledit sieur roi catholique prétend aucune chose à l'encontre d'eux, il les pourra seulement poursuivre par droit par devant les juges compétans et non par la force en manière que ce soit.

Ce que dessus est porté par le trente-quatriesme article. Et par le suivant, le roi catholique requiert, pour les mesmes, les mesmes choses, y adjoustant les archiducs et en Italie la république de Gennes, le duc de Parme, le cardinal Farnaise, les ducs d'Urbin et de Salmonette, les comtes de Sala et Colormo, les chefs des maisons Colone et Ursini, les marquis de Final et de Massa, les sieurs de Monaco et de Piombin.

L'utilité que le lecteur peut prendre en cet article est de voir le soin des rois en leurs traitez et les rangs observez par eux[1].

---

1. Le traité de Vervins (2 mai 1598) est un des actes les plus importants de notre histoire diplomatique. Le texte de ce traité a été plusieurs fois imprimé et se trouve notamment à sa date

Le duc de Savoye[1] fit par apparence grand cas de cette paix et grande promesse de n'y contrevenir jamais. Toutesfois, aux premières demandes que le roi lui fit, il monstra une autre volonté, retenant contre la prière de ce prince la dame d'Entremont[2], vefve de l'amiral de Chastillon, prisonnière à Yvrée, sous une fausse accusation de magie, de quoi elle avoit esté déclarée innocente par le consistoire de Rome, et travaillant tousjours ceux de Genève par ses forces, ausquelles il ne donnoit point de congé, sinon vers la fin, qu'il les fit passer en Lombardie, à la requeste du roi.

Le mariage de Madame avec le prince de Lorraine, traitté de quelque temps auparavant, fut conclud. Il y eut de grandes controverses pour le fait de la religion et pour la manière des espousailles. Sur le premier point se firent plusieurs conférences et puis dis-

---

dans le *Corps diplomatique* de Dumont. Les documents qui se rattachent à cette grande négociation sont presque innombrables. Outre les recueils imprimés cités dans la *Bibl. hist. de la France,* nº 30318 et suiv., nous citerons seulement : f. fr., vol. 3464, f. 32 à 59, 3475, f. 1 et suiv., 3480, 3481, 3482, 3483, 10755, 15840, 15893, f. 442 à 480, 15894, f. 1 à 318, 18529, 23519, f. 280, 23515, Vᶜ de Colbert, vol. 318, 319 et 320. Pour les suites, les ratifications et l'exécution du traité, nous signalons : f. fr., vol. 3464, f. 80 à 102, 3467, f. 359, 4020, f. 97 à 203, coll. Moreau, vol. 723 et 746. On peut citer aussi plusieurs pièces du temps, dont les plus intéressantes ont été réimprimées dans les *Mémoires de la Ligue,* t. VI, p. 614 et suiv., et dans les *Archives curieuses* de Cimber et Danjou, t. XIII, p. 433.

1. Charles-Emmanuel Iᵉʳ, né le 12 janvier 1562, mort le 24 juillet 1630.
2. Jacqueline de Montbel, comtesse d'Entremonts, fille unique de Sébastien de Montbel et de Béatrix de Pacheco d'Ascalona, avait épousé l'amiral de Coligny en 1571.

putes entre l'évesque d'Évreux, depuis cardinal du Perron, et du Moulin, ministre de l'Église de Paris. A quoi fut adjoustée la conférence de plusieurs théologiens d'une part et d'autre. On n'oublia pas ce que peuvent les promesses et les menaces. Mais cette fille fut inflexible à tout et persévéra jusques à la mort. Pour l'autre poinct, le roi y remédia, faisant dans son cabinet accepter les promesses de présent par l'archevesque de Rouen[1], le mari les déposant entre ses mains en cette qualité. Mais elle, comme de son frère bastard, au partir du cabinet, elle s'en va au presche dans le Louvre, comme elle l'y a tousjours maintenu publiquement, et là fit publier la bénédiction nuptiale. Le duc de Bar[2] marcha de son costé à ses dévotions. Elle avoit esté pourchassée par tous les princes de la France, par les rois d'Espagne et d'Escosse[3] et autres estrangers. Mais sur tous l'Escossois, en faveur duquel la roine Elizabet escrivit que, si elle vouloit passer en son isle, dès son vivant elle seroit asseurée par pièces authentiques d'estre roine d'Angleterre après son décez. Henri III, à son retour de Poulongne, la désira grandement[4]. Mais la roine sa mère l'empescha sur la prédiction d'un devin italien, par lequel elle a tousjours tenu pour certain que Henri de Bourbon succéderoit à ses enfans. Et de là prit en haine cette

---

1. Charles III de Bourbon, archevêque de Rouen de 1594 à 1604.
2. Henri II, duc de Bar et de Lorraine, fils de Charles, duc de Lorraine, et de Claude de France, seconde fille de Henri II, roi de France, né le 8 nov. 1563, mort le 31 juillet 1614.
3. Jacques VI, roi d'Écosse, né le 19 juin 1566, couronné roi d'Angleterre le 25 juillet 1603, mort le 27 mars 1625.
4. Ce fait est certifié par Pierre Matthieu.

princesse, bien que sans raison. Avant partir de France, elle aida à composer de grandes plaintes des réformez sur le retranchement de l'édict à Nantes, et encor sur les inexécutions de ce qui estoit promis[1].

Les[2] réformez estoyent, en attendant, assemblez à Chastelleraut pour se plaindre des inexécutions, sous prétexte de changer les députez généraux en cour. Là se trouva le duc de Suilli et avec lui Parabère, et encor y fit-on dresser plusieurs pensionnaires réformez. Les deux premiers pensoyent que l'un ou l'autre présideroyent à ceste assemblée, par le privilège que leur donnoit l'assemblée de Saincte-Foi, portant que les ducs, gouverneurs et lieutenants de roi y auroient voix délibérative, sans autre élection. L'assemblée, pour éviter cela, changea la coustume et l'article, eslisant un président avant l'examen des lettres d'envois et pouvoirs. Et là dessus, envoyèrent au duc de Suilli la pluspart de l'assemblée, et par un gentil homme de la maison du roi prièrent le duc de les laisser en leur liberté; ce que lui receut doucement. Mais Parabère répliqua à un Pui Michel, portant la défense en termes plus durs, que sa qualité lui donnoit séance par l'article de Saincte-Foi. Le Provençal respondit : « Nous avons cassé l'article en vostre considération. »

---

1. Le contrat de mariage du duc de Bar et de Catherine de Bourbon fut signé le 5 août 1598 (*Lettres de Henri IV*, t. VIII, p. 715). On trouve une copie de cette pièce dans le vol. 2749, f. 225 du fonds français. Le mariage fut célébré le 27 janvier et le 2 février 1599, suivant la religion différente des deux époux (*Mémoires de la Force*, t. I, p. 119 et 304). En même temps le roi accorda à sa sœur le titre de *fille de France* (Copie de la déclaration du roi; f. fr., vol. 2746, f. 348).

2. Les deux alinéas suivants manquent à l'édit. de 1620.

Le duc de Bouillon[1], ayant envoyé à ceste assemblée pour lui prattiquer quelque résolution contre les menaces de la cour, eut pour réponse que, par la paix de Chastelleraut, il avoit énervé toutes les vigueurs du parti, fermé les voyes à telles délibérations, comme on lui avoit prédit, quand il faisoit le mal. Durant ceste assemblée se prattiquèrent plusieurs ruses d'un costé et quelque fermeté de l'autre. Sur la fin, le duc leur fit un rude et absolu commandement de se séparer dans le lendemain midi sans les consentements, desquels il avoit le pouvoir en sa pochette, voulant, ainsi qu'on dit, r'apporter du pain au logis. Il adjousta au commandement menaces d'employer l'autorité et les forces du roi. Mais, sur le soir, quelques-uns de l'assemblée ayant catéchisé Préau[2], gouverneur du lieu, Boisguérin[3], le prévost de Poictou et autres desquels le duc se faisoit fort, ceux-là ayants donné promesse d'obéir à l'assemblée, le duc, voyant tout affermi contre ses menaces et quelques résolutions qui le faschoyent, demanda audiance au matin et là satisfit à quelques particuliers qu'il avoit offensez. Et pour conclusion tira de sa pochette les brevets du roi pour la confection des choses demandées et continuation des places de seureté.

De ce pas marche le mariage de l'infante et de l'archiduc, mais cela est des voisins.

La cour de parlement prit lors les affaires du

---

1. Henri de la Tour d'Auvergne, vicomte de Turenne, duc de Bouillon.
2. Le s. de Préau, gouverneur de Châtellerault.
3. Claude du Perrier, seigneur de Boisguérin, capitaine (*Lettres de Henri IV*, t. III, p. 149, en note).

[1599] LIVRE QUINZIÈME, CHAP. IV. 305

royaume à cœur, et par une harangue bien préméditée que prononça la Guesle[1], procureur général, exhorta le roi à penser à un mariage, par lequel il pust donner à la France un dauphin[2] et une succession directe, pour éviter aux maux que les collatérales portent avec soi.

Contre cela se présentoyent de grandes difficultez, et sur toutes la rupture avec Marguerite de Valois[3], à quoi elle avoit refusé de condescendre en faveur de la duchesse de Beaufort; ce que j'eusse supprimé, si tous les livres privilégiez n'en estoyent pleins. Or ne pouvons-nous parler des affaires de cette roine et de ce qui s'offre maintenant qu'en les reprenant de plus haut, comme de sa fuite de la cour de Navarre[4], sur une frayeur, pour ce que la continuation d'une scandaleuse vie fit discontinuer la douceur de son mari. Elle se vid donc fugitive, défavorisée de frère et d'espoux et enfin prisonnière dans le château de Carlat[5]; où, en abordant, le capitaine de la place lui dit qu'elle estoit la bien venuë. A quoi il eut la response qu'il méritoit; et puis, voyant une fenestre grillée à neuf

1. Jacques de la Guesle, fils de Jean de la Guesle et de Marie Poiret, succéda à son père dans la charge de procureur général au parlement de Paris et mourut en 1612.
2. Ce désir se trouve exprimé par Henri IV lui-même dans une de ses lettres à Sillery en date du mois d'octobre 1598 (*Lettres de Henri IV*, t. V, p. 60).
3. Marguerite de Valois, sœur de Charles IX.
4. Marguerite quitta Nérac et se réfugia à Agen le 19 mars 1585. Sa domination à Agen dura du 15 mai au 25 septembre de la même année et fut marquée par des exactions multipliées. Voyez sur ce sujet une étude savante de M. Habasque, conseiller à la cour de Bordeaux, publiée dans le *Bulletin historique et philologique du Comité des travaux historiques*, 1890.
5. Marguerite, reine de Navarre, était arrivée à Carlat le 30 septembre 1585.

sur une roche précipiteuse de trente brasses, le capitaine s'excusa sur le commandement qu'il en avoit exprès du roi. Elle refusa de le croire, disant que son frère et son mari lui feroyent plustost ouvrir ce passage. De Carlat elle fut transférée à Usson[1], où commandoit le marquis de Canillac[2]. Cetui-ci, trop courtois pour un geôlier, se laissa prendre à sa prisonnière par les excellences de ses discours et se fit avec la place son partisan. Là elle se maintint sous quelque faveur de la Ligue jusques au point que, requise du consentement où nous estions, elle consent, et on sollicite et obtint à Rome en son nom la nullité de ce mariage et sa dissolution[3].

Aussi tost celui de Florence[4], encores traversé par les amours d'Henriette de Balsac[5], fille d'Antragues[6], et depuis faite marquise de Verneuil, fut aresté.

1. Marguerite de Navarre partit de Carlat (Cantal) le mardi 14 octobre 1586 et arriva le jeudi 13 novembre à Usson (Puy-de-Dôme). Elle devait y rester dix-huit ans et demi.

2. Jean Timoléon de Beaufort, marquis de Canillac, lieutenant de roi dans la haute Auvergne, un des amants de Marguerite de Navarre, mort en 1598. Voyez sur ce personnage Brantôme, t. VIII, p. 72.

3. Les négociations en vue du divorce entre le Béarnais et Marguerite de Valois, entamées au commencement de l'année 1593, se poursuivirent à Rome à partir du 16 septembre 1595. Suspendues par l'opposition de Marguerite, qui résista au divorce, tant qu'elle put redouter d'être remplacée par Gabrielle d'Estrées, elles furent reprises à la mort de cette dame, survenue le 10 avril 1599, et aboutirent à la dissolution du mariage, qui fut officiellement prononcée le 17 décembre 1599.

4. Il est ici question du mariage du roi Henri IV avec la princesse Marie de Médicis, fille du duc de Toscane et de Jeanne d'Autriche.

5. Henriette de Balzac, fille de François de Balzac, seigneur d'Entragues, et de Marie Touchet, morte en 1633.

6. François de Balzac, seigneur d'Entragues, de Marcoussy et

Chapitre V.

Remuement de Savoye[1]. *Voyage du duc.*

Avant[2] faire mourir entièrement la guerre en l'Europe occidentale, nous avons la demande du marquizat de Salusse, faitte par le roi au duc de Savoye sur les conséquences de l'édit de Vervins. D'un costé la difficulté de reconquérir un païs en telle situation et de l'autre les forces de France redoutables, pour estre deschargées de toute autre occupation, firent qu'il y eut traitté pour laisser ce marquizat à S. A. en payant certaines sommes, à la charge qu'un des enfants de Savoye le tiendroit à l'hommage du roi[3]. Le premier abouchement qui se fit pour cela estant rompu, il s'en fit un second, pour lequel le comte de Martinangue vint trouver au pont de Beauvoisin Silleri, depuis

du Bois-Malesherbes, fils de Guillaume de Balzac et de Louise d'Humières, père de la célèbre marquise de Verneuil (*Lettres de Henri IV*, t. V, p. 225, en note).

1. D'Aubigné, pour la rédaction de ce chapitre, s'est inspiré d'une pièce du temps, réimprimée dans les *Mémoires de la Ligue*, t. VI, p. 489.

2. Var. de l'édit. de 1620 : « Encor deux fumeaux de guerre, et puis elle est morte entièrement en l'Europe occidentale. C'est *la demande...* »

3. Le marquisat de Saluces relevait des dauphins de Viennois et plus tard des rois de France. Conquis par l'armée de François Ier en 1536, il fut reconquis en 1552 par les Impériaux et vendu à Charles IX par le marquis Jean-Louis de Saluces. Le duc de Savoie s'en empara en 1588, et, en 1601, Henri IV l'échangea contre la Bresse. Le traité d'échange est conservé en copie dans la collection Moreau, vol. 746, f. 227. La Bresse fut attribuée au ressort du parlement de Dijon (Ordonnance du roi, datée de mai 1601; coll. Moreau, vol. 746, f. 257).

chancelier de France. Le troisiesme abouchement fut à Suze, où le roi donna au duc la nomination des arbitres. Le duc, tirant tout en longueur, ne put enfin refuser le pape[1] pour juge, par devers lequel les tiltres d'une part et d'autre furent mis, ceux de Savoye en plus grand'quantité, ceux de France plus clairs.

Le duc, connoissant cela, tire toute chose en délais. Et puis, oyant de toutes parts estimer les courtoisies du roi, se résout de la venir recercher lui-mesmes, en demande la volonté de ce prince, qui, pour la première fois, s'excusa sur un voyage qu'il méditoit en Lorraine pour y conduire Madame, alléguant que de là il donneroit jusques à Lion, à l'approche de cette entre-veuë. Mais comme l'un choisissoit cette ville pour accourcir le traité et le retour et avec cela les négociations qu'il soupçonnoit sur plusieurs avis, l'autre, pour ces mesmes raisons, vouloit voir le roi dans sa gloire de Paris, où il avoit donné rendez-vous à quelques agens de l'archiduc d'Autriche[2]. Le duc emporta par menées qu'il verroit le roi à Paris, où il arriva à la fin de l'an 1599[3]. Il fut receu avec toutes sortes d'honneurs, parmi lesquels deux vieux conseillers d'Estat se firent autheurs d'un estrange conseil. C'estoit de retenir et violer le sauf-conduit à celui

---

1. Clément VIII.
2. Mathias, fils de Maximilien II, empereur, né en 1557, devint empereur à la mort de son frère, survenue le 10 janvier 1612, et mourut en 1619.
3. Le duc de Savoie arriva à Paris le 19 décembre 1599. Ne pouvant se plier à aucune règle dans sa manière de vivre, il n'accepta pas de logement au Louvre et se retira chez son cousin, le duc de Nemours. Voyez le *Journal de L'Estoile,* décembre 1599.

qu'ils disoyent avoir tant de fois faussé les communs accords à son profit. Par ce moyen, disoyent-ils, le roi pouvoit recouvrer le marquisat de Salusse, espargnant ses finances, le temps et les vies des soldats françois. Le roi respondit : « J'ai tiré de ma naissance et appris de ceux qui m'ont nourri que l'observation de la foi est plus utile que tout ce que la perfidie promettroit de profit. J'ai l'exemple du roi François, qui pouvoit par la tromperie retenir un plus friand morceau, assavoir Charles le Quint[1]. Que si le duc de Savoye a violé sa parole, l'imitation de la faute d'autrui n'est pas innocence, et un roi use bien de la perfidie de ses ennemis quand il la fait servir de lustre à sa foi. »

Il fait donc recevoir honorablement le duc par les villes[2] et puis par tous les corps de ville de Paris, le mène à Fontainebleau, le fait festiner par tous les princes, le mène à la chasse, lui donne le plaisir des balets, du concert de la musique des deux nations, comme ayant esté l'Italie espuisée des plus experts en cet art, lui fait voir l'excellence de son parlement, lui fait ouïr les plus diserts orateurs sur un procez choisi à propos et dans un siège honorable dressé pour lui

---

1. En 1539, Charles-Quint, allant à Gand, traversa la France. Il entra à Fontarabie le 26 novembre et le 1er janvier 1540 à Paris. Il se rencontra des conseillers, notamment, dit-on, la duchesse d'Estampes, qui engageaient François Ier à retenir l'empereur prisonnier; mais il ne semble pas que le roi ait seulement discuté cette trahison. Nous avons raconté le voyage de Charles-Quint en France, d'après des documents nouveaux, dans le *Mariage de Jeanne d'Albret*, p. 33 et suiv.

2. On conserve dans le fonds français, vol. 15894, f. 387, un discours que Bellièvre adressa au duc de Savoie à son passage à Lyon, qui est un résumé de la négociation (autog.).

en la chambre dorée. Plusieurs ont escrit au long ce plaidoyer. J'ayme mieux dire qu'il lui fit voir son arcenal, dès lors en excellent estat par les diligences du grand maistre Rosni, d'ici en avant duc de Suilli, sans oublier ni diminuer les millions d'or, qui dès lors, par l'espargne du mesme, faisoyent un fonds à la Bastille, chose inouïe de longtemps entre les princes françois.

D'autre costé, le duc faisoit jonchée d'or à la cour, employoit quatre cents mille escus en présents, qui cussent fait du mal s'il en eust obligé vingt mestres de camp et cent capitaines françois. Mais cela s'en alloit en valets de chambre et de garderobe, huissiers, bouffons, nains et fournisseurs de cartes. Il faisoit cercher par tout des trompes de chasse, les demandoit en don aux gentilshommes et puis les payoit plus que si elles eussent esté d'or. Un soir, jouant à la prime au cabinet de Fontainebleau, le roi, ayant cinquante-cinq, fist sa reste, qui estoit de quatre mille pistoles. Il la tint, et, ayant veu le jeu du roi, monstra le sien au duc de Guise et à moi, qui estoit un fredon de quatre cinq. Et aussi tost, comme ayant perdu, il les mesla, de quoi nous prismes hardiesse de supplier le roi qu'il ne jouast plus avec lui; et de fait il s'en abstint.

Les complaisances de ce prince passoyent la bienséance, ce que les uns attribuoyent à son naturel, les autres à l'espérance de faire ses affaires par là. Il y en avoit qui donnoyent ces excez à la crainte, veu mesmes les affaires périlleuses qu'il manioit, comme elles se descouvrirent en leur temps. Ce que j'ai dit m'oblige à vous en donner un exemple. Le duc de

Vandosme[1] estoit lors principal en faveur du roi, qui le nourrissoit en la connoissance des plus grands affaires du royaume. Le roi s'estant mis à le louër outre mesure, le duc respondit qu'il nourrissoit un de ses enfans curieusement pour lui pratiquer un jour l'honneur d'estre nourri près du duc de Vandosme.

Chapitre VI.

Commencement[2] des menées du mareschal de Biron[3].

Voici l'entrée de l'an 1600, que les deux souverains se donnent des estrennes précieuses. Le roi fait présent d'une enseigne de diamants où estoit son pourtrait, afin qu'en l'absence il n'oubliast à qui il avoit à faire. L'autre estréna d'un excellent vaze de cristal, que les courtisans accommodèrent à la fragilité de ses promesses. Et comme il prenoit l'occasion d'estendre ses libéralitez sous cette honorable coustume, le mareschal de Biron fut seul qui refusa quatre coursiers de Naples, fort estimez, disant tout haut à celui qui les avoit amenez, qu'il ne pouvoit rien accepter de ceux qui estoyent en mésintelligence avec son roi. Il

---

1. César, duc de Vendôme, fils naturel de Henri IV et de Gabrielle d'Estrées, né à Coucy (Aisne) en 1594, légitimé en 1595, reçut le duché de Vendôme en 1598 et mourut à Paris le 22 octobre 1665.
2. L'en-tête du chapitre manque à l'édit. de 1620.
3. Charles de Gontaut, duc de Biron, né en 1562, fils de Armand de Gontaut, baron de Biron, successivement colonel des Suisses, maréchal de France, et, après la mort de son père (1592), amiral de France. Par lettres royales de juin 1598, la baronnie de Biron, en Périgord, fut érigée en duché-pairie en faveur de ce seigneur (f. fr., vol. 3973, f. 9).

y en eut dès lors d'assez avisez pour interpréter ce refus affecté à une correspondance bien cachée. Et me souvient qu'un jour, comme les conditions du fait de Salusses furent mises sur le tapis, le chancelier de Bellièvre voulant adoucir les affaires, le mareschal de Biron s'eschauffa à déclamer, en disant mal du duc par delà ce que requéroit la modestie[1] ; ce que le chancelier receut avec soupçon.

Ceci nous mène à dire quelque chose des commencemens de cette grande conjuration, qui fut depuis ruineuse au mareschal de Biron. Et, de fait, c'estoit pour en jetter les fondemens par delà toutes autres occasions que le duc avoit fait le voyage. Or, pour ce que les refus et rudesses ne pouvoyent convenir avec un entretien familier, le duc de Biron choisit pour son entremetteur la Fin[2], frère de Beauvois la Nocle[3], homme cauteleux par dessus tout autre, qui, depuis son jeune aage, avoit fait litière de toute crainte de Dieu, de sa religion renoncée, de toute foi, amitié, obligations et naturel pour faire ses affaires aux despens de telles choses. Ces fraudes avoyent premièrement paru aux levées d'Alemagne pour les réformez.

---

1. *Modestie,* modération.
2. Jacques de la Fin, intrigant longtemps au service de François de Valois d'Anjou sous Henri III, connu à la cour pour ses honteuses débauches et ses trahisons multipliées. Le frère de Biron, pour venger le maréchal de la perfidie de ce traître, l'attaqua, le 20 avril 1606, les armes à la main, et le laissa pour mort sur le pont Notre-Dame (*Journal de L'Estoile,* à la date précitée; *Mémoires de la Force,* t. I, p. 184).
3. Jean de la Fin, seigneur de Beauvais-la-Nocle, avait épousé Béraude de Ferrières, sœur de Jean de Ferrières, vidame de Chartres.

Il avoit aidé à desbaucher l'armée du prince d'Orange[1], et puis s'estoit rendu instrument du duc d'Alançon[2], à la desloyauté d'Anvers[3]; il avoit payé l'armée estrangère en fausse monnoye; s'estoit convié à servir le duc de Guise[4] et avoit donné des premiers avis à Henri troisiesme contre lui. En suivant ce train, il estoit devenu principal en familiarité avec ce valeureux mareschal, dans l'esprit duquel il versa premièrement des louanges extraordinaires de ses mérites, secondement les ingratitudes du roi, nommant ainsi ce qui manquoit à des désirs et demandes extravagantes. Et comme ce courage n'avoit pu trouver de périls trop grands, il l'esleva à mesme mesure à convoiter une grandeur par delà toute raison, l'appellant son empereur. Voilà donc plusieurs confidens acquis au duc de Savoye, ausquels la Fin portoit paroles et présens. Ceux-là se trouvoyent pour cet effect aux églises et autres lieux communs et publics. Par ce trafic, il y eut des plus authorisez au conseil estroit, qui tenoyent le duc averti de tout, et mesmes des choses que le roi réservoit à ses plus confidens, de quoi un petit conte fera foi.

C'est que les deux souverains, ayans choisi huict arbitres pour traiter de leurs affaires, le duc de Suilli fut esbahi qu'à la première séance la compagnie ne

---

1. Guillaume de Nassau.
2. François de Valois, duc d'Alençon et d'Anjou, mort en 1584. D'Aubigné a raconté les menées du duc d'Anjou en Flandre. Le prince était entré à Anvers le 19 février 1582 et s'était fait couronner comme duc de Brabant. Voyez l'*Hist. univ.*, t. VI, p. 364 et suiv.
3. Surprise d'Anvers par le duc d'Anjou, 17 janvier 1583.
4. Henri de Lorraine, duc de Guise, assassiné le 23 déc. 1588.

voulut parler, et lui monstra par le silence qu'il y estoit le mal venu, jusques à ce que le moins honteux lui expliqua comment la présence du légat excluoit un huguenot du traité. Lui s'oste donc, et, le roi lui ayant demandé compte de ce qu'il avoit fait, il donna pour excuse ce qui s'estoit passé. Le roi, ayant opiniastré qu'il vouloit à cet affaire présent le duc de Suilli, apprit de lui, puis après, que les délais du duc de Savoye estoyent favorisez par la pluspart des députez ; à quoi il ne savoit qu'un remède, c'estoit que le roi dist au duc que, pour lui rendre honneur, il désiroit lui faire compagnie jusques à Lion avec escorte de l'armée qu'il avoit lors sur pieds, et, qu'en se séparant sur la frontière, il demandast au duc s'il aimoit mieux tenir les choses proposées ou obliger les François à les aller quérir. Cet avis fut communiqué à quatre seulement, et, deux jours après, le duc, ayant rencontré celui de Suilli, lui dit à l'oreille : « Je vous remercie de vostre escorte. »

De là en avant, le duc pressa celui de Biron à se donner tout entier à lui, lui promet sa fille en mariage[1], la Bresse en souveraineté, et, de plus, tout ce qu'il pourroit avancer en la France. Alors, tous les mescontens du royaume prestèrent l'oreille à une nouvelle conjuration, de laquelle j'espère vous rendre compte, après avoir poussé ce qui se présente jusques au retour du duc en son païs.

Les députez, qui estoyent le connestable, le chancelier, le mareschal de Biron, le duc de Suilli et Ville-

---

1. Marguerite de Savoie, née en 1589, mariée en 1608 à François de Gonzague, duc de Mantoue, morte en 1655.

roi; de l'autre costé le chancelier de Savoye, les marquis de Lulin[1] et de Jacob[2], les comtes de Morlette se r'assemblèrent pour aduner[3] deux thèses différentes, lesquelles, parmi toutes les courtoisies, estoyent tousjours en la bouche des deux contraires. Le roi disant tout le bien qui se pouvoit du duc, pourveu qu'il rendist le marquisat; et l'autre exaltant les courtoisies du roi, pourveu qu'il lui laissast sa prise. A ce traité estoyent joints Bonne-Avanture Calatagirone, qui portoit le tiltre de général des Cordeliers et de patriarche de Constantinople. Le premier des deux ayant refusé de porter au roi une parole hardie, le nonce ne fut pas tant scrupuleux; c'estoit : « Puisque le roi veut r'avoir son marquisat de Salusses, et qu'il faut que chacun ait le sien, le duc demandoit qu'il ne lui fust point contraire, mais plustost lui aidast au recouvrement de Genève, qui lui apartenoit. » La responce du roi fut : « Qu'il n'estoit point autheur de la protection de Genève, qu'il y avoit trouvé le roi, son prédécesseur, engagé. » A quoi le nonce répliqua subtilement que le duc de Savoye, par mesme raison, ne devoit rendre le marquisat, qu'il n'avoit pas conquis sur le roi, mais sur son prédécesseur. Ce propos revint là que l'usurpation du marquisat de Salusses estoit claire, celle de Genève pleine de bonnes raisons

---

1. Gaspard de Genève, marquis de Lullin, fils aîné de Guy de Genève et de Catherine de Ray, représenta le duc de Savoie dans toutes les grandes négociations près des diverses cours de l'Europe et mourut le 23 juin 1619 (*Lettres de Henri IV*, t. IV, p. 1016).
2. Chabot de Jacob, souvent cité dans les *Lettres de Henri IV* comme ambassadeur du duc de Savoie en France.
3. *Aduner*, réunir.

de leur part. Le roi, achevant le discours, dit que ses armes estoyent obligées de maintenir en cet endroit l'honneur et l'intérêt du royaume; le premier pour la foi donnée et l'autre pource que les Genevois estoyent tant considérables en leur droit et en leur vigueur, qu'il valoit beaucoup mieux à l'Estat de France les protéger que de les voir aux ennemis de la couronne; que, s'ils lui demandoyent secours, il ne les en refuscroit pas. A cela furent joints les soupçons que le duc voulust faire planche de Genève pour reconquérir ce qu'il prétendoit lui avoir esté osté par les Bernois, en les rendans plaintifs et ennemis des François.

Ce chemin estant fermé, il se fit plusieurs autres ouvertures : comme par le chancelier de prendre la Bresse en récompense; par le duc la conqueste de Milan et la brigue de l'empire, à quoi il promettoit ses forces et secours à ses despens, sans autre récompense que ce qu'il possédoit dès lors. Le roi refusa le présent de deux guerres, aimant mieux travailler à ce qui lui estoit plus juste et plus certain.

Il faudroit un traitté à part pour déduire jusques à la fin les pointes et souplesses que fit paroistre ce duc. Tant y a que, trouvant des esprits aussi serrez que le sien, les seigneurs, qui l'avoyent accompagné, lui reprochèrent son voyage sans leur avis; lui conseillent de deux choses l'une, ou de contenter le roi, ou, par une fuite bien concertée, gagner la Franche-Comté, la Bresse et son pays. La crainte et la honte l'en retienent. Le roi et lui en vienent là, que le duc, voulant prendre le sentiment de ses subjets, demande trois mois de terme, qui lui furent accordez sous quelques promesses générales, signées des deux souverains et cachetées de leurs seaux.

Chapitre VII.

Péril du roi; préparatifs de guerre pour Savoye.

Bientost après le départ du duc de Savoye, il avint qu'une vivandière, qui s'estoit ruinée à suivre l'armée du roi, s'adressa au comte de Soissons[1], lui faisant souvenir des mescontentemens qu'il avoit autresfois receus du roi, et offre à lui pour loger à la cuisine son mari, par le moyen duquel le roi seroit empoisonné. Le comte demande au roi un serviteur fidèle pour ouïr avec lui ce que cette femme lui proposeroit à la seconde assignation. Loménie[2], choisi pour cela, ayant ouï cette malheureuse, elle fut prise et brûlée toute vive en Grève, quoique pour ses pertes on la trouvast aliénée de son sens.

Il y eut une autre entreprise et punition d'un Piémontois, sur le dessein duquel quelques-uns ont escrit que le duc de Savoye avoit tenu les affaires en balance. Mais il a esté vérifié depuis qu'il n'avoit point trempé à telles sortes de fraudes, qui n'entrent jamais aux cœurs généreux, mais seulement à celles qui sentent l'homme de guerre, comme vous verrez plus au long ci-après.

1. Charles de Bourbon, comte de Soissons, fils de Henri de Bourbon, prince de Condé, et de Françoise d'Orléans, duchesse de Longueville, né le 3 novembre 1566, mort le 1er novembre 1612.
2. Antoine de Loménie, secrétaire d'État souvent cité dans le *Journal de L'Estoile,* fils d'un officier de finance assassiné à la Saint-Barthélemy.

La suite de ce qui nous meine en Savoye est interrompue par le voyage de Silleri[1] et d'Alincour[2] à Florence, où, par l'entremise du pape, ils y commencèrent et achevèrent le traitté de mariage du roi avec la princesse Marie de Médicis[3], fille du grand duc de Toscane[4] défunct, de Jeanne d'Austriche[5], roine titulaire de Hongrie et de Bohême. L'exécution un peu retardée par les ordinaires difficultez qui naissoyent au fait de Savoye.

Nous trouvons encores en nostre chemin la conférence faite à Fontainebleau[6], entre le Plessis-Mornai[7], gouverneur de Saumurois et capitaine de cent hommes d'armes des ordonnances, d'une part, et Du Perron, évesque d'Évreux, de l'autre costé. Cette conférence s'arresta dès son commencement, et, avant qu'estre entrez en la matière principale, ma profession m'empesche de la déduire d'avantage et me fait vous renvoyer, tant à ce qu'en raconte Mathieu[8], à la clause

1. Nicolas Brulart, seigneur de Sillery.
2. Charles de Neufville, seigneur d'Alincourt, fils unique de Nicolas de Neufville de Villeroy et de Madeleine de l'Aubespine. Il mourut à Lyon, en 1642, après avoir rempli plusieurs ambassades à Rome.
3. Marie de Médicis, fille de François-Marie de Médicis et de Jeanne d'Autriche, née le 26 avril 1575, mariée à Henri IV le 27 décembre 1600, morte le 3 juillet 1642.
4. François-Marie de Médicis, duc de Toscane, né le 25 mars 1541, mort en octobre 1587.
5. Jeanne d'Autriche, fille de l'empereur Ferdinand Ier, épousa François-Marie de Médicis, duc de Toscane, en 1565, et mourut le 6 avril 1578.
6. Cette conférence eut lieu le 4 mai 1599 (De Thou, liv. CXXIII).
7. Philippe du Plessis-Mornay.
8. Pierre Matthieu, poète et historiographe de France. D'Aubigné cite ici l'*Histoire de France et des choses memorables advenues*

qui est en la marge de sa première impression, comme aussi aux apologies qui en ont été faites depuis. Cette mesme dispute, relevée à quinze jours de là par un gentilhomme[1] contre le mesme évesque, dont les extraits, qui en furent déposez entre les mains du roi, se pourront voir imprimez.

Nostre principale affaire monstra ses cornes, quand le duc, arrivé en Savoye, dépesche au pape, au roi d'Espagne, à plusieurs princes et républiques d'Italie, comme aussi à quelques cantons de Suisse, sur le poinct qu'ils estoyent irritez pour n'avoir receu leurs pensions. Il leur fait donc savoir qu'il a esté forcé à Paris de venir à plusieurs promesses, mais conditionnaires, que la guerre ne lui pouvoit oster d'avantage que ce qu'on vouloit extorquer de lui, que le voisinage des François leur estoit esgalement dangereux, que l'approche de Milan estoit un object de leurs prétentions, comme aussi le chemin de Naples et de Sicile, dont le procez n'est pas vuidé.

Le chancelier de Savoye, qu'il avoit envoyé en Espagne, lui mande que le roi Dom Philippe n'avoit pas approuvé son escapade en France, et pourtant, qu'estant asseuré de ne voir point le marquisat de Salusses retomber ès mains des François, il assisteroit le duc d'hommes et d'argent, qu'il mesnage le traitté jusques vers le mois d'aoust, où le comte de Fuentes, arrivant à Milan, fera voir à ceux qui veulent arracher des mains du duc ce qu'il possède qu'ils

---

ès provinces estrangères depuis 1598 jusqu'en 1604. Paris, 1606, 2 vol. in-8°.

1. D'Aubigné lui-même.

auront bien de la peine à maintenir ce qui est desjà entre les leurs.

Ce seroit chose ennuyeuse au lecteur de mettre par le menu les divers délais et protélations, comme on dit, qui se passèrent en ce négoce et que vous trouverez en l'histoire, qui est adjoustée à celle de du Haillan[1], plus au long que l'entreprise du livre ne permettoit. Tant y a qu'après dix tours et retours d'ambassade, le roi presse les choses promises par son approche et mande au duc qu'il en veut voir la dernière fin à Lyon, dans le huictiesme jour de juillet, auquel temps aussi il ne faut pas d'y arriver[2]. Quelques-uns ont escrit et asseuré qu'on certifioit d'Espagne à Turin qu'il n'y auroit plus de roi en France en ce temps-là, et qu'on en avoit bon gage et jurement par deux Jésuites qui avoyent accez à la cour. Les[3] autres disent que ce qui endormoit S. A. estoit l'asseurance d'un magicien, lequel se trouva tenir promesse selon les cavillations[4] du diable; car, tous les mois de la guerre de Savoye, il n'y eut point de roi en France, pour ce qu'il en estoit dehors.

Le seiziesme de juillet arrivent à Lyon l'arche-

---

1. Bernard de Girard du Haillan, historiographe de France, né à Bordeaux en 1535, mort à Paris le 23 novembre 1610, auteur de nombreux ouvrages sur l'histoire de France, notamment d'une *Histoire générale des rois de France de Pharamond à Charles VII*, qui, réimprimée plusieurs fois et avec des prolongements jusqu'au règne de Louis XIII (2 vol. in-fol., 1627), est un des premiers ouvrages d'ensemble sur l'histoire de France.

2. Le roi arriva à Lyon le 9 juillet 1600.

3. La fin de l'alinéa manque à l'édit. de 1620.

4. *Cavillations*, ruses, subtilités.

vesque de Tarantaise[1], le marquis de Lulin et Roncas[2], promettans la restitution du marquisat; mais demandans, avec nouvelles raisons, l'investiture pour un des enfans de Savoye. Le roi prenant à moquerie ces deffaites, Roncas retourne en Savoye porter le refus du roi et l'alarme, et depuis renvoyé à Lyon, asseure que le duc ne demande que des commissaires pour la restitution. A cela sont dépeschez les présidens de Silleri et Janin, quoi que le roi n'eust dès lors espérance d'en venir à bout que par la guerre.

Sur les rapports qu'il receut de divers endroits, notamment de Fosseuse[3], qui, revenant d'Italie, ouyt le duc en sa chambre disant tout haut « qu'il ne rendroit jamais le marquisat, et que, si le roi entreprend de lui faire la guerre, il lui taillera de la besongne pour quarante ans, » Roncas fait encores deux voyages. Le roi mande aux députez *qu'ils facent court*. On leur demande quatre poincts, asçavoir : que les restitutions se facent en mesme jour, que le roi rende le bailliage de Gex, que le plus fort rende le premier, que le roi nomme le gouverneur qu'il veut mettre au marquisat. Cela estant porté à Lyon, on donne pour dernier terme le seiziesme du mois d'aoust[4], et, ce

1. Jean-François Berliet, archevêque de Tarentaise du 5 janvier 1600 au 2 janvier 1607.
2. Le marquis de Roncas, secrétaire du duc de Savoye (*Lettres de Henri IV,* t. IV, p. 1016), plusieurs fois cité dans le *Journal de L'Estoile.*
3. Pierre de Montmorency, marquis de Thuri, baron de Fosseux, mort le 29 septembre 1615.
4. Suivant de Thou, Henri IV avait déclaré la guerre au duc de Savoye le 11 du mois d'août 1600, mais cette déclaration ne fut rendue publique à Lyon que le 16 du même mois (liv. CXXV).

jour estant expiré sans aucun avancement, le roi ne pensera plus qu'aux armes pour recouvrer le sien.

Le lendemain du jour passé, on envoie à Lesdiguières commissions pour régimens nouveaux, les vieux en reçoivent aussi pour les recreuës, et les provinces les plus proches font levées de pionniers ; le duc de Guise dépesché en Provence pour les intelligences que le duc de Savoye s'estoit vanté d'y avoir, le mareschal de Biron en Bourgongne pour faire marcher les forces, le duc de Suilli, grand maistre de l'artillerie, à Paris, pour amener argent et canon. A quoi il fit telle diligence que, dans quinze jours, l'artillerie fut au Lionnois, avec les boulets qu'il avoit fait dépescher aux forges de Nivernois, Bourgongne et Dauphiné. En mesme temps, Vic[1], ambassadeur de Suisse, s'y en retourne pour tenir une armée preste au besoin. La dernière pièce du préparatif fut une déclaration de guerre, par laquelle le roi, ayant monstré la justice de sa cause, dit qu'il veut observer de bonne foi le traité de Vervins ; promet asseurance à tous les ecclésiastiques et à ceux qui voudront lui tendre les mains, en reconnoissant son équité ; défend tous sacrilèges, ravisemens et brûlemens ; r'appelle tous ses naturels François qui s'estoyent habituez dans les terres du duc de Savoye, les déclare ennemis s'ils ne les vuident dans quinze jours après la publication.

Deux jours après, il part de Lyon[2] avec fort peu de forces, prend le chemin de Chambéri, fait entrer

---

1. Méry de Vic, souvent cité dans les *Lettres de Henri IV*.
2. Le roi partit de Lyon le 13 août 1600 et arriva à Grenoble le 14 (*Itinéraire de Henri IV* dans le t. IX des *Lettres*).

Lesdiguières en Savoye et en Bresse le mareschal de Biron.

Chapitre VIII.

Commencement de la guerre de Savoye; lettres[1] *du duc deschifrées, par lesquelles il mandoit d'amuser jusques à ce qu'il eust ses forces.*

Bourg en Bresse estant mal fourni d'hommes, la citadelle grande et la ville n'ayant qu'une mauvaise muraille, la garnison ne voulut point y perdre ce qui faisoit besoin ailleurs[2]. Cela fut cause que le mareschal de Biron, ayant poussé Sainct-Angel[3] devant soi, le vid aussi tost dans la ville, où il le laissa, avec le baron de Lus[4], pour achever les blocus commencez contre la citadelle. Et, sur l'espérance d'avoir le commandement général sur l'armée, vint avec toute diligence trouver le roi, qui, au partir d'Angourney[5], jetta dans la vallée, entre les montagnes, Grillon[6], menant le régiment des gardes, avec fort peu de compagnies, qui saisit sans peine le pont d'In, Sainct-Rambert, Sainct-Denis, Poncin, Bélai, Pierre-Chastel et mesmes le pas

---

1. La fin de l'en-tête du chapitre manque à l'édit. de 1620.
2. La prise de Bourg eut lieu le 13 août 1600 (De Thou, liv. CXXV).
3. Charles de Rochefort de Sainct-Angel était chargé du commandement de l'avant-garde.
4. Edme de Malain, baron de Luz, lieutenant en Bourgogne.
5. Angones (Isère).
6. Louis de Berton des Balbes de Crillon, colonel général de l'infanterie française, mort le 2 décembre 1615.

de la Cluse[1]; car telle avoit esté la fiance que le duc de Savoye avoit mise en ses négociations.

Durant le cours de ces heureux commencemens, Lesdiguières[2] avoit avancé jusques à Mommélian[3], et Créqui[4], son gendre, ayant présenté une escalade au Bourg, qui estoit nouvellement accommodé, et tout à la fois un pétard à la porte d'Arban, les soldats entrèrent par la muraille devers le chasteau, où on avoit le moins travaillé pour la bonne défense qu'y apportoit la forteresse; et ainsi tout fut pris, hormis l'église. Et furent trouvez au pillage les rôles des monstres du chasteau et un extrait des magasins, chose qui servit à résoudre le siège d'une place si forte qu'estoit estimée Mommélian.

Chambéri, où le duc avoit mis cinq cens hommes, aussi tost investi et sommé, eut du roi terme trois jours pour envoyer vers leur duc savoir s'il les pouvoit secourir; mais le peuple, ignorant de la guerre et ne voulant point l'essayer, contraignit la garnison à capituler sans attendre les trois jours. La ville ouverte au conquérant, le parlement lui presta serment de fidélité. Ce fut une merveilleuse diligence et d'estranges difficultez surmontées que d'avoir passé si tost le canon en pays tel que celui-là. Les huict premières

1. Saint-Rambert, Belley, Pierre-Châtel (Ain), la Cluze (Isère).
2. On conserve dans le fonds français, vol. 4111, pièces 7 et 8, deux parties d'un journal de Lesdiguières, qui débutent, l'une le 13 août, l'autre le 22 août 1600.
3. Montmélian (Savoie). La prise de Montmélian par Lesdiguières est racontée dans deux relations du temps, l'une publiée dans le *Journal de L'Estoile*, 1741, *Règne de Henri IV*, t. IV, p. 525, l'autre dans le fonds français, f. 4111, pièce 6.
4. Charles de Blanchefort, seigneur de Créquy.

pièces arrivées estans mises en batterie devant le chasteau, bien fourni d'hommes, les uns espouvantèrent les autres, et le gouverneur Jacob, contraint par les siens, capitula à bagues sauves, et huict jours, pour attendre du secours [1].

Mais celui de qui il despendoit s'estoit fermé ou au mespris ou au non sentiment de toutes ces choses; tellement que, la nouvelle de tout ce que nous avons dit lui estant apportée dans un bal, il fit achever les danses et fit croire qu'il tenoit tout cela pour rien. Plusieurs ont escrit que la confiance qu'il avoit en ses devins formoit en lui cette nonchalance. Mais le jugement qu'il a monstré en tant d'autres affaires rend plus vraisemblable que ce fust l'intelligence avec le mareschal de Biron, de qui il estimoit l'armée entre ses mains, ou, d'ailleurs, l'authorité que le pape avoit prise sur le roi, tenant pour asseuré que les paroles de Rome mettroyent en fumée les effets des François, comme il avint.

Enfin, les cris de son peuple, les remonstrances de ses conseillers, les bras croisez de ses voisins et le péril de Mommélian l'esveillèrent. Il avoit à Turin le patriarche de Constantinople [2], au moins celui qui en portoit le nom. Mais, offensé contre le duc pour ses procédures, jusques-là qu'il avoit dissuadé le roi de se fier plus en paroles, il le recherche, et, à force de soumissions, il le fait partir pour venir trouver le roi à traiter de nouveau; chose qui fut fort dure à un con-

1. Chambéry capitula le 23 août 1600; mais elle ne fut remise au roi que huit jours après, suivant les articles de la capitulation.
2. Bonaventure Catalagirone, Sicilien, général des Cordeliers, cité plus haut.

quérant plein de justice, et auquel le roi avoit mandé que tous ces prélats qui négotioyent ne savoyent rien de ses intentions. Le roi jette ce propos du duc au-devant des importunitez qu'il recevoit, et puis, estant pressé par la crainte d'offenser le pape, il demanda l'envoi de deux légats, l'un desquels recevroit les places conquises et l'autre celles du marquisat[1]. Mais, là-dessus, s'appercevant d'une nouvelle suite de ruses, refusa la trefve qu'on lui demandoit[2], et, ayant receu ses forces, elles donnent tout à la fois dans les vallées de la Tarantaise et de la Mauriane.

Et, pource qu'à l'embouchure de la première, il y a Conflans[3], place fortifiée par un grand travail, et dans laquelle le duc, à son réveil, avoit envoyé mille hommes, le siège s'y attaqua. Lesdiguières trouva moyen de guinder deux canons par artifices et forces de bras sur une petite roche qui servit de cavalier. A la veuë de quoi ceux de la place, voyans quelque chose contre espérance, après soixante volées, capi-

---

1. Clément VIII avait été choisi comme arbitre pour régler l'attribution du marquisat de Saluces. Henri IV avait envoyé, pour le représenter à Rome, Nicolas Brulart de Sillery ; et le duc de Savoie, François d'Arconat, comte de Touzaine (De Thou, liv. CXXII). — On trouve dans les *Lettres du cardinal d'Ossat*, 1732, t. IV, p. 74 et suiv., plusieurs documents émanés du cardinal d'Ossat et présentés au pape à l'occasion de la guerre de Savoie. On en conserve un autre (Avis au pape par le cardinal d'Ossat, du 6 sept. 1600) qui nous paraît manquer à la collection d'Amelot de la Houssaye. Cette pièce est conservée en copie dans le vol. 3467, f. 369 du fonds français.

2. Cette entrevue du général des Cordeliers avec le roi est rapportée avec plus de détails dans de Thou, liv. CXXV.

3. Conflans, au confluent de l'Arc et de l'Isère, était commandée par le baron de la Val d'Isère.

tulèrent à la vie sauve et rendirent leurs drapeaux. Le roi, de courtoisie, leur donna le bagage, et ils s'obligèrent à ne porter les armes de quelque temps.

Suivoit après Miolant[1], sur un rocher fort haut, au pied duquel passe la rivière de l'Izère, encore petite. Si tost que la batterie eut pris quelque place sur mesme hauteur que le chasteau, la garnison sommée se rendit à honneste capitulation.

Cherbonnière[2] venoit après, qui est le boulevart de la Moriane, comme conflant de la Tarantaise. Cette place estoit de plus dure digestion que toutes les autres pour estre bastie sur un roc, qui a la rivière d'Arc à ses pieds, inaccessible et précipiteux par tout, horsmis un petit chemin taillé au marteau. Créqui, d'une longue traite, vint saisir le bourg d'Aiguebelle, que ceux de la garnison avoyent délibéré de brûler quand ils verroyent venir à eux les bandes de Dauphiné. Morges[3], mareschal de camp, leur rompit le chemin et le dessein. Le maistre de l'artillerie ayant trouvé place sur le rocher de l'autre costé, pour neuf canons et deux bastardes, la batterie commença au poinct du jour, et, à midi, eut ouvert une face du chasteau qui ostoit aux assiégez la communication d'une pente à l'autre. Le roi jugea à un grand silence des Savoyards qu'ils consultoyent pour capituler, et ne s'y trompa poinct. Et furent si prompts à se rendre que Morges fut receu à y entrer avec quelques soldats

---

1. Miolan (Savoie), prise par Lesdiguières le 2 septembre 1600.
2. La Charbonnière (Isère). Le roi mit le siège devant le fort de Charbonnière, commandé par Humbert de Saix, le 8 septembre 1600.
3. Abel de Béranger de Morges.

avant la capitulation signée; et puis, par une honte de sortir sans drapeaux, tirèrent et se résolurent à une nouvelle deffense. Lors, la batterie estant recommencée, ils redemandèrent la première capitulation, qui leur fut accordée, et les fit sortir au nombre de deux cens. Toutes ces choses achevées au commencement de septembre, sans qu'il eut paru aucunes troupes du duc pour incommoder les assiégeans ; et le roi, ayant quelque indisposition, et d'ailleurs voulant tourner ses pensées aux affaires du mariage parmi les armes, s'en vint à Grenoble, laissant à Lesdiguières les troupes, qu'il avoit fortifiées du régiment des gardes, des Suisses et de quatre canons, pour achever de conquérir le pays.

S'estant logé, sans contredit, à Briançon, il trouve ceux du pays retirez dans une roche ou grotte, à demi-hauteur de la montagne, qui avoit pour porte un pertuis de deux pieds de large. Il trouva moyen de briser à coups de canon un des costez de la roche, laquelle les soldats ne virent pas plustost égrignée qu'ils grimpent sans commandement, et, passans par des lieux où jamais homme n'avoit monté, ils effrayent par leur résolution la populace qui gardoit l'avenuë, estropient le capitaine qui estoit à la deffense, et se jettent dedans le trou, le pillage les poussant à la témérité ; laquelle fut cause que Montiers, qui estoit la principale de ces vallées, ne voulut attendre aucun effort.

La prière de ceux de Genève et leur assistance firent de là tourner à ce fort Saincte-Catherine[1], duquel

---

1. Le fort Sainte-Catherine était bâti à deux lieues de Genève.

nous avons parlé ci-devant. Le duc y avoit employé ses finances et les finesses de ses ingénieux, au raport desquels c'estoit un proverbe commun dans le pays qu'il ne falloit à la défense de ce fort que des femmes et des enfans. Il fut dèslà aproché de compagnies, non investi, et attendra la venuë du roi pour en dire le succez.

Chapitre IX.

Suite de la guerre de Savoye.

Alphonse de Casal[1], ambassadeur d'Espagne en Suisse, quelque remonstrance qu'il eust de Taxis[2], qui l'estoit aussi près du roi, pour n'engager point leurs maistres, demande pourtant en son nom une levée de six mille Suisses; tantost disant que c'estoit pour garder l'Estat de Milan, et quelquefois que son maistre estoit trop grand prince pour voir périr les affligez sans secours. Il y eut pour cela diverses harangues de cette part aux cantons, et, de l'autre part, Vic et le président Viliers[3] (ceux-là ayans empesché le général consentement) ne peurent tant faire que les petits cantons ne promissent la levée aux premières nou-

---

1. Alphonse de Cazale se trouve cité dans les *Lettres de Henri IV*, t. V, p. 686, comme ayant fait délivrer une certaine somme d'argent au maréchal de Biron.

2. Jean-Baptiste de Taxis, ambassadeur d'Espagne auprès de Henri IV, de 1598 à 1606. Sa correspondance est conservée aux Archives nationales dans la série K. 1602 à 1607.

3. Antoine Seguier, s. de Villiers, avocat du roi, président au parlement, ambassadeur de France à Venise.

velles du comte de Fuentes, qui n'en tira pas grande utilité.

Le roi, estant averti de deux assassins envoyez pour le tuer et ayant receu les pourtraits, se souvint bien d'en avoir veu un à sa messe et à son disner ; mais, la peur de la punition ayant chassé telles gens, ce prince fit bien plus de cas des avertissemens ordinaires qu'il recevoit contre le mareschal de Biron, lequel, ayant proposé en soi-mesmes de faire de l'armée à son plaisir, estoit outré de rage de se voir des compagnons en l'armée et mesmes qui rendoyent faciles les choses qu'il avoit jugées impossibles. En ce rang estoit sur tout l'attaque de Mommélian, que, contre l'avis commun, Lesdiguières entreprit, se faisant fort de payer l'armée à ses despens s'il n'en mettoit le roi en possession dans le mois. Cet offre d'un tel capitaine ne fut pas de petit poids contre ceux de la cour, desquels la pluspart vouloyent faire desmordre ; et ce fut pourquoi le roi en confia l'exécution à celui qui avoit hardiment conseillé. Ce fort est précipiteux par tout, horsmis du costé de la ville, où il est deffendu de cinq bastions bien revestus, avec flanc de bonne proportion, de grands fossez taillez en roc ; et la hauteur de la croupe, où est la situation, avoit fait perdre à beaucoup de gens l'opinion qu'il y eust aucun moyen de batterie. Ce fut à quoi Suilli, grand maistre, monstra du jugement, trouvant moyen de placer quarante canons, de nul desquels le coup ne se pouvoit dire inutile. A cette aubade, le comte de Brandis[1], com-

---

1. Jacques de Montmayeur, comte de Brandis, gouverneur de Montmélian, se retira en France après la capitulation de la place qu'il était chargé de défendre. Il passa de là à Brandis (Suisse),

mandant en la place, dépesche à son maistre, demande secours de trois cents hommes, moyennant quoi il doit faire à Mommellian le cimetière des François. Le messager r'entre dans la ville, rapporte comment le comte de Fuentes a augmenté l'armée de Savoye de quatre mille Espagnols, que, sur un tel secours, l'armée ne cerche plus que le combat, qu'elle doit bien tost chasser la royale en France, et à sa poursuite emporte les meilleures places de Provence et de Dauphiné. La garnison de Mommellian, encouragée de ces bonnes nouvelles, fait meilleure contenance qu'auparavant.

Le roi, ne mesprisant point son ennemi, fit deux voyages dans les montagnes. Le premier vers Genève, où il reconnut le fort de Saincte-Catherine, sous la faveur d'une escarmouche qu'il y fit attaquer, et tout d'une main les passages des montagnes par lesquels le duc pouvoit descendre en Fossigni; laisant en ce pays-là tousjours des compagnies, non pour presser, mais pour rendre dangereux les chemins par lesquels le fort pouvoit recevoir ses commoditez. A quoi les Genevois s'employèrent gayement.

Au retour de ce voyage, le roi eut nouvelles de ce qui se faisoit à Florence et comment le pape envoyoit vers lui le cardinal Aldobrandin[1], son neveù, pour ambassadeur de paix. Ce que nous réserverons avec l'amour, quand cette guerre sera finie.

où le duc de Savoie trouva moyen de le faire saisir et de l'emmener prisonnier à Turin (*Lettres de Henri IV,* t. V, p. 343). Ce personnage est nommé par de Thou Jacques de Rivoles (De Thou, liv. CXXV).

1. Le cardinal Aldobrandini, neveu du pape Clément VIII, légat du pape en France.

L'autre voyage du roi fut vers les montagnes qui séparent le Dauphiné pour reconnoistre les passages de Nostre-Dame-de-la-Gorge, du Cornet, le col de l'Agnel et autres passages très difficiles, qu'il ne vid point sans péril d'estre estouffé des neiges, n'ayant autres lieux pour ses repas que les crevasses des rochers. De là, il retourne à son siège, que, par ses logemens, il avoit mis hors d'espérance de secours. A son arrivée, le grand maistre fait jouer ses quarante canons à la fois. En mesme temps, on somme le comte de Brandis pour la troisiesme fois. Lui, bien informé du peu de secours qu'il pouvoit espérer, ayant jusques-là menacé du poignard ceux qui parleroyent de se rendre, voyant la contagion de la peur parmi les siens, les appelle à son conseil pour les rendre coulpables de sa faute et se fait prier par eux de ce que sa crainte le prioit. Sur ce qu'on dit que ce qui est péché par tous ne se doit punir sur aucun, ceux donc, qui avoyent commandement dans le siège, se révoltent de faire de bonne heure ce à quoi ils seroyent contraints bien tost après. Ils signent de sortir vies et bagues sauves, enseignes desployées, tambour battant, mesche allumée, balle en bouche, avec tout ce qu'ils pourroyent emporter de munitions de guerre, si, dans le seiziesme de novembre[1], le duc ne venoit au secours avec armée qui fist déloger celle du roi. Rance, lieutenant de Brandis, et Cassin, son neveu, sortent pour ostages de la promesse, et le chevalier de Briqueras va por-

---

1. Aux termes de la capitulation, on accorda aux assiégés trente jours pour évacuer la place. Ce délai expirait le 16 novembre 1600 (De Thou, liv. CXXV).

ter au duc ces nouvelles, avec passeport et trompette du roi.

Après que le duc eut receu la fascheuse nouvelle et furieusement déclamé contre Brandis, menacé de le faire mourir, ou pour la lascheté ou pour la trahison, qui ne vont guères l'une sans l'autre, il renvoye Briqueras et un autre quant et quand, voulant faire reprendre autant de courage qu'il en faut pour attendre son secours, duquel il donne toute l'asseurance que les paroles en pouvoyent porter.

Le légat du pape, auquel le roi avoit donné rendévous à Chambéri, voulut passer au siège, et, n'oubliant rien des termes généraux pour la charité entre les princes, des particuliers intérests de son maistre, de la nécessité où on mettroit le roi d'Espagne, de l'armement de toute l'Italie, de l'union qui s'alloit faire des potentats et des républiques, fit ce qu'il put pour faire démordre Mommélian. Mais le roi monstra son esprit ductile à la paix en termes généraux, résolu d'achever sa besongne, quoi que les principaux ministres de son Estat usassent des mesmes vocables que le légat; et n'eut pour le conforter que Lesdiguières et le duc de Suilli. Adonc, s'excusant sur l'absence du connestable et du chancelier, qui estoyent allez attendre la roine à Marseille, il envoya le légat se reposer à Chambéri.

A la mi-novembre[1], le duc vint camper à Esme[2], auprès d'Aoste, et au pied du mont Sainct-Bernard, avec quatre mille Piémontois, autant d'Espagnols, de

---

1. Le 13 novembre 1600.
2. Aime (Savoie).

deux à trois mille Suisses et quatre mille chevaux, que salades que carrabins. Au-devant de cela, Lesdiguières fit ferme à Montiers, où le roi s'avança, et ne purent les armées, à cause des neges, se voir la première fois. Seulement, les chevau-légers de Savoye deffirent deux compagnies d'harquebusiers à cheval qui s'estoyent logez dans un village avancé, sans garde et sans département.

A deux jours de là, les armées se virent, mais un valon entr'eux deux rempli de neige fit qu'ils n'eurent que la veue les uns des autres. A ces présentations mourut de froidures Chambaut[1].

Cette entreveue ayant apris aux deux partis l'impossibilité du secours, la garnison de Mommélian, qui ne devoit desloger qu'au seiziesme de novembre, commença de remuer bagage au neufiesme pour achever de sortir au jour dit, auquel Créqui entra dans la place[2], où il trouva encores quantité de vivres et de quoi tirer vingt mille coups de canon.

Nous avons laissé au siège de Bourg les barons de Lus et de Sainct-Angel, qui, ayans à contraindre la place par nécessité, fermèrent si bien les avenues que, par deux fois, ils empoignèrent quelques ravitaillements amassez par des gentilshommes devers la montagne; si bien que, Bouvans[3] commandant en la cita-

1. Jacques de Chambaud, s. de Privas, Vacherolles et Valaury, gentilhomme ordinaire de la chambre du roi et mestre de camp (*Lettres de Henri IV*, t. V, p. 295, en note).
2. Le 14 novembre 1600, le roi eut une longue entrevue avec le comte de Brandis, et le jour même Créquy et le duc de Sully soupèrent chez le comte (De Thou, liv. CXXV).
3. Jean-Amé de Bouvans, s. de Saint-Julien, Chastillon de Michaille, Ciriès et Musinens, comte de Saint-Pierre au mar-

delle, se trouva beaucoup de manquemens. Nonobstant il résista et aux menaces et aux promesses du roi ; comme aussi firent les assiégeans à celles du mareschal de Biron par personnes interposées.

Bourg demeurant pour la fin, et l'armée de Savoye estant tousjours à Esme, le roi envoya le comte de Soissons, avec deux régimens, pour commander à l'armée qui faisoit teste au Savoyard ; et Sa Majesté courut vers la vallée du Cornet[1], avec le reste de l'armée, pour taster si on pourroit enfoncer le passage par deux endroits et venir aux mains avec les ennemis. Nerestan[2], ayant eu commandement de donner à ce passage, emporte un corps de garde de Milanois, si bien que, le comte de Soissons estant averti de donner de son costé, on alloit tailler une grande besongne, sans les orages des neiges qui se mirent entre deux.

Il se falut contenter d'investir à bon escient le fort de Saincte-Catherine, ce que firent les chevau-légers de Vitri, les régimens du chevalier de Mommoranci[3] et des Corses ; si bien que le reste de l'armée s'y rendit pour assiéger. Et, comme ceste besongne n'alloit point au gré du roi, le mareschal de Biron ne s'employant plus à sa façon acoustumée, il falut que l'œil

---

quisat de Saluces, gouverneur de Bourg-en-Bresse, était le fils aîné de Charles-Philibert de Bouvans et de Marguerite de Giugin (*Lettres de Henri IV*, t. V, p. 349, en note).

1. Le Cornet, col dans les Alpes.
2. Robert de Lignerac, s. de Nérestang, gouverneur d'Aurillac, lieutenant au gouvernement d'Auvergne, mort en 1613 (*Lettres de Henri IV*, t. V, p. 353, en note).
3. Jules de Montmorency, chevalier de Malte, dit le chevalier de Montmorency, fils de Henri de Montmorency, maréchal et connétable de France.

du maistre s'en meslast. A son arrivée, ceux du fort envoyèrent vers le duc de Nemours, lors retiré dans Aneci, un capitaine, qui, ayant veu la disposition de l'armée et entendu les honnestetez de son chef, amena ses compagnons à la capitulation. Elle fut de vie et bagues sauves, enseignes desployées, et, en fin, à la plus favorable condition, et mesmes permission de sortir le tiers de l'artillerie, le tout, s'il n'y a secours, dans dix jours. Et ainsi le seiziesme de décembre sortirent de dedans quatre cents Savoyars, deux cents Suisses et trois canons[1]. Il n'y avoit plus que le fort des Alinges[2], qui, ayant pris exemple de Saincte-Catherine, se rendit à la première sommation.

La[3] première de ces places octroyée à ceux de Genève pour la démolir, le roi voulut les aprocher à l'Éluyset[4]; et tous les princes et seigneurs[5] de sa suite y furent receus et festoyez tous, et notamment les Guisars, qui voulurent voir Théodore de Bèze, lors aagé de quatre-vingt-trois ans et plus. Cet homme fut ouy et entendu en discours privez, avec admiration de ceux qui l'avoyent en exécration auparavant[6].

C'est ici que les armes nous tombent des mains et n'avons plus de la France à conter en ce corps d'his-

1. Capitulation du fort de Sainte-Catherine, 16 décembre 1600.
2. Allinges, à quatre kilomètres sud de Thonon (Savoie).
3. Var. de l'édit. de 1620 : « ... *sommation. L'une et l'autre de ces places...* »
4. Le village de Luiset n'est qu'à un quart de lieue du fort Sainte-Catherine.
5. Les ducs de Montpensier, d'Aiguillon, d'Épernon; le comte de Soissons, François d'Orléans de Saint-Paul, et le maréchal de Biron.
6. Théodore de Bèze mourut à Genève le 13 octobre 1605.

toire que le mariage de la roine, la paix de Savoye et un repos proportionné aux labeurs passez.

Chapitre X.

Mariage du roi et paix de Savoye.

Belle-Garde[1], grand escuyer de France, avoit esté envoyé à Florence dès la mi-septembre[2], avec commission d'espouser Marie de Médicis, au nom du roi, et selon le contract arresté dès le vingt-cinquiesme d'avril[3]. Les formalitez du mariage, comme elles se pouvoyent par procureur ou vidame, se parfirent le quatriesme d'octobre[4], avec toutes les magnificences, despenses et inventions par lesquelles le grand-duc put montrer et sa grandeur et l'amitié envers sa nièce. Là, plusieurs jours furent employez en festins, danses, balets, courses de bagues, joustes, tournois, combats à la barrière, carrosel et balet à cheval. La nièce assise tousjours au-dessus de l'oncle dès la première promesse portée par Alincourt et dès lors qu'elle

---

1. Roger de Saint-Lary et de Thermes, duc de Bellegarde, né en 1562, mort sans postérité en 1646.
2. Roger de Bellegarde arriva à Florence le 23 septembre 1600. On conserve dans la collection Moreau, vol. 746, f. 233, une relation, datée du 7 octobre 1600, des cérémonies du mariage de Marie de Médicis.
3. Le contrat de mariage de Marie de Médicis a été publié en partie dans le *Corps diplomatique* de Dumont. On en conserve une copie complète dans le vol. 2748 du f. fr., f. 151.
4. Le duc de Mantoue, accompagné de la duchesse, Éléonore de Médicis, était arrivé à Florence le 2 octobre 1600. Le cardinal Aldobrandin fit son entrée dans la ville deux jours après, et le lendemain eut lieu la cérémonie du mariage.

est receu Frontenac[1] pour son premier maistre d'hostel.

Le treziesme d'octobre, la roine s'embarqua à Livorne[2], accompagnée de la grande-duchesse[3], de celle de Mantoue, sa sœur[4], de dom Antonio[5], leur frère naturel, du duc de Bracciane[6], de deux cens chevaliers de Florence. La galère de la roine estoit toute faite en marquetterie, dorée dedans et dehors et, aux intervalles, enrichie de pierreries, vitrée de cristal fin, meublée par tout de drap d'or et de broderie de perles[7]. Le convoi fut de six galères de Florence, cinq du pape et cinq de Malte, non sans grande dispute pour l'ordre. Ce qui fut le plus remarquable est que les galères de Malte et quelques autres vaisseaux qui passoyent à leur ombre, et que le temps avoit fait prendre le largue vers la Serdagne, et par ainsi estans veuës de loin hors du chemin par où on les devoit attendre, donnèrent l'alarme et l'effroi à la flotte. Sur quoi il y eut quelques voix pour scier de l'arrière et regagner Orbitelle et Port-Hercole. La roine fit honte à ceux de cette opinion, dit qu'elle vouloit suivre le chemin de la France ou de la mort, commanda qu'on lui despouillast sa robe pour aider à deffendre sa vie

---

1. Antoine de Buade, s. de Frontenac, ancien écuyer ordinaire de la petite écurie du roi de Navarre.

2. Marie de Médicis, partie de Florence le 13 octobre 1600, embarqua à Livourne le 17 du même mois.

3. Christine de Lorraine, épouse de Ferdinand de Médicis.

4. Éléonore de Médicis, sœur de Marie de Médicis.

5. Antoine de Médicis, frère naturel de Marie de Médicis.

6. Virginio des Ursins, duc de Bracciano.

7. Ce superbe vaisseau était commandé par Marc-Antoine Colicati (De Thou, liv. CXXV).

ou pour sauter dans la mer, plustost que se voir ès mains des Turcs.

Tout estant reconnu et joint, ceux de Gennes présentèrent leurs galères à esperie[1]. La tempeste fit relascher et séjourner neuf jours au port de Fin. De là, passant devant Savonne et Antibe, prit terre à Toulon, et puis se r'embarqua pour arriver à Marseille le troisiesme de novembre. Là elle fut receuë magnifiquement par les ducs de Guise, de Nemours et de Ventadour[2], quatre cardinaux[3], plusieurs duchesses[4] et dames et enfin par le connestable et le chancelier. Quelques jours passèrent en pompes et festins, jusques à l'embarquement des duchesses pour retourner à Florence.

Encor que le loisir d'affaires plus difficiles me rend un peu plus exprès que de coustume, si ne saurois-je spécifier les couleurs des carrosses et des vestemens ni le poil des chevaux, comme d'autres ont fait. Vous vous contenterez de savoir que les entrées d'Avignon[5]

1. *Esperie*, esperis, souffle, esprit. *Présenter les galères à esperie*, au figuré, mettre à la voile.
2. Gilbert de Levis, duc de Ventadour en 1578, pair de France en 1589, gouverneur du Limousin, puis du Lyonnais, du Forez et du Beaujolais. Il avait épousé, le 25 juin 1553, Catherine de Montmorency, fille du connétable de Montmorency.
3. Anne d'Escars, cardinal de Givry, plus tard évêque de Metz; François II, cardinal de Joyeuse, archevêque de Toulouse; François IV d'Escoubleau de Sourdis, cardinal, archevêque de Bordeaux; Henri de Gondy, cardinal, évêque de Paris.
4. Anne d'Est, duchesse de Guise, et, en secondes noces, duchesse de Nemours. — Catherine de Clèves, comtesse d'Eu, successivement princesse de Porcian et duchesse de Guise. — Louise-Marguerite de Lorraine, mariée le 24 juillet 1605 à François de Bourbon, prince de Conti.
5. Marie de Médicis, partie de Marseille le 16 novembre 1600,

et de Lyon[1] n'espargnèrent ni soin ni despense pour la recevoir magnifiquement. La roine y remarqua que, parmi plusieurs nations, desquelles les ambassadeurs haranguèrent[2], tous fleschirent le genou, horsmis les Suisses et Grisons, qui, par leur privilège maintenu, firent voir leur privilège de liberté[3].

Le cardinal Aldobrandin ne voulut point partir de Rome que le duc de Cessa, qui estoit lors ambassadeur d'Espagne, n'eut promis et signé de faire agréer à son maistre tout ce qui se traiteroit pour la paix de Savoye. En passant à Milan, il voulut avoir la mesme asseurance du comte de Fuentes, à quoi il n'eut pas beaucoup de peine, pource que le conseil d'Espagne appréhendoit plus l'approche des François vers l'Italie que ne faisoyent les Italiens mesmes, hormis le pape; aussi, que plusieurs républiques et souverains avoyent l'œil tourné à favoriser les armes des François, avec lesquels il estoit aisé de toucher à la main, pour ce qui leur appartenoit; car, en tout cas, ne pouvoyent-ils

arriva le lendemain à Aix. Deux jours après, elle faisait son entrée dans la ville d'Avignon, où elle séjourna trois jours.

1. Marie de Médicis n'arriva à Lyon que le 2 décembre 1600. Le roi, alors occupé au siège du fort Sainte-Catherine, vint l'y trouver le 9 du même mois.

2. A son arrivée à Marseille, où elle séjourna du 3 au 16 novembre, Marie de Médicis fut complimentée par Guillaume du Vair, premier président du parlement de Provence. Du Vair harangua une seconde fois la reine, lors de son passage à Aix. Le premier de ces discours est reproduit par de Thou (liv. CXXV); le second se trouve in extenso dans l'*Hist. de France* de Mathieu, t. II, p. 381 et suiv.

3. Le 9 janvier 1601, la ville de Paris célébra un *Te Deum* et alluma des feux de joie en l'honneur du mariage du roi avec Marie de Médicis (Cérémonial de l'hôtel de ville de Paris, f. fr., vol. 18529, f. 172).

avoir de plus rudes voisins, ou maistres, que leur estoyent les Espagnols. Il y eut plus de peine à tirer le consentement du duc, avec deux clauses pour l'extrémité ; l'une desquelles estoit que le marquisat ne se rendroit point et l'autre qu'il y auroit passage pour les armées espagnoles qui marcheroyent aux Païs-Bas.

Arconnas[1] et des Alimes[2], députez du duc de Savoye pour la paix, viennent trouver le légat, qui estoit lors à Chambéri, auquel ils donnent asseurance que leur maistre ne le desdiroit en rien ; ce qu'on leur fit promettre bien expressément, pource que le duc avoit dit plusieurs fois qu'aucun de ses ambassadeurs ne sauroit le fonds de son intention. Il les présente donc sans lettres au roi qui, les ayant reçeus froidement, remit le légat et eux à Lyon[3], où le roi se hasta, pour consommer son mariage. Là, s'estant démeslé de sa troupe, il prit le manteau d'un des siens, et, n'ayant que La Varenne[4], se coule dans la presse au souper de la roine, pour la voir sans estre veu. Mais, n'ayant pas changé de visage, comme de manteau, il n'eut pas le loisir de la contempler beaucoup, que la roine, voyant fendre la presse, se douta de ce qui estoit et quitta le reste de son souper pour gagner sa chambre, où le roi la vint trouver. Et, après quelques cérémonies faites par le cardinal Aldobrandin, alla des discours et des cadences au lict.

1. François d'Arconat, comte de Touzaine.
2. René de Luzinge, s. des Alymes.
3. Le cardinal Aldobrandin arriva à Lyon le 16 décembre 1600.
4. Guillaume Fouquet, s. de La Varanne, chargé des messageries du roi de Navarre, capitaine du château de Lombez, plus tard contrôleur général des postes et conseiller d'État.

Comme le légat, le patriarche et les ambassadeurs de Savoye d'un costé, le conseil de France de l'autre, travailloyent assiduellement à la paix[1], la nouvelle vint que ceux de Genève s'estoyent jettez au rasement du fort Saincte-Catherine avec telle diligence que, dans vingt-quatre heures, ils eurent mis les fondemens au vent. Le légat se mit en des fougues qu'on n'eust pu attendre de lui et s'eschauffa en reproches et menaces contre les députez du roi. On trouve estrange cette passion pour chose dont il n'avoit point parlé, comme aux négociations on ne met point le premier au vent ce que plus on affecte. La vérité estoit qu'au contentement du pape à réparer la gloire du duc, et pour employer l'armée qui estoit sur pieds, on pensoit faire de Genève un sacrifice désiré, de bonne odeur aux François mesmes qui traittoyent. D'ailleurs, le mareschal de Biron, devant avoir Genève en partage, faisoit estat de ce port et de la citadelle de Bourg, que Bouvans avoit charge de rendre à lui seul, pour faire munitionner et l'un et l'autre aux despens du roi avant se déclarer.

Après que le légat eut déclamé contre la désobéyssance au pape, contre le maintien d'une ville desbauchée du saint-siège, contre le nom de très-chrestien, menassé de repasser les monts sans rien faire, ceux qui traitoyent pour le roi, fortifiés de Lesdiguières et du duc de Suilli, remonstrent que ce grand désir, pour conserver Sainct-Catherine, n'avoit point esté déclaré au

---

1. Les négociations pour la paix ne furent reprises qu'après le 25 décembre 1600 par les députés du roi, Jeannin et Sillery, et par ceux du duc de Savoie, d'Arconat et des Alymes (De Thou, liv. CXXV).

roi, que la menace de rompre lui est avantageuse, pour voir tous les capitaines de la France regarder ce traité de paix à contre-cœur. D'ailleurs le roi d'Angleterre[1] lui offrit nouvelles assistances à ses despens, les Provinces-unies prestes par mer et par terre à troubler l'Espagnol plus que jamais, et les princes d'Alemagne, qui se convient à cueillir quelque gloire dans les victoires du roi. Le légat tesmoigna tant de colère et de fulminations que, chacun tenant la paix pour rompuë, Lesdiguières se fait fort de passer les monts au mois de mars prochain et Suilli de rendre cinquante canons et deux milions d'or à l'armée. Ce fut lors que les François, qui n'avoyent rien d'Espagne, deschargèrent leur cœur contre ceux qui, par leurs menaces ordinaires, coupoyent la gorge aux victoires du roi, disans ainsi : « Est-il donc vrai que le projet et heureux commencement du plus grand capitaine de l'Europe, les labeurs et les espérances de tant de grands chefs de guerre sous lui, la vertu des soldats françois invincibles aujourd'hui, le vœu de tous les gens de bien, la contribution de tant de princes estrangers, le désir mesmes des Italiens qui ne sont point espagnols, la terreur des autres et plus que tout la bénédiction de Dieu, commencée sur nous, s'en aille en fumée et en vent, pource qu'un prestre, qui a tant fait de maux à nostre roi et qui n'en a pérdu la haine que par la peur, jette son caducée entre nous et nos ennemis? »

Comme les uns et les autres s'ameutoyent à ce gergon, les confesseurs en retirèrent la plus part des catholiques, les Espagnols et Savoyards prient à

1. Sous ce vocable, le *roi d'Angleterre*, d'Aubigné désigne ici la reine Élisabeth.

jointes mains le légat de reprendre les erres de la paix. Pour à quoi parvenir, il envoya quérir Suilli, qu'il avoit auparavant refusé rudement au traité, le prie de parler au roi pour faire quelque récompense pécuniaire en la place du fort. Suilli, se sentant obligé par ceste recerche et mesme des excuses que le légat lui faisoit, pousse à la rouë pour la paix. Il estoit venu deux lettres du duc, l'une qui commandoit de signer les articles et l'autre qui, delà à quatre jours, le deffendoit. Les Espagnols craignirent lors l'opiniastreté du Savoyard et se rendirent avec le légat et le patriarche, obligés à garantir les députez si leur maistre les desdisoit. Quant au roi, les prières et remonstrances des siens, son courage naturel et le beau jeu qui lui venoit, tout cela ne put rien contre une menace des assassins qui, par l'oreille, lui refroidit le cœur.

Ces longueurs furent cause que la citadelle de Bourg se rendit, sur la confection de la paix, après que les gens de guerre y eurent enduré une grande et honorable faim; cette place mise entre les mains de Boisse-Pardaillan[1] contre les espérances de plusieurs (dernière colère du mareschal de Biron, qui le fit eschaper et mettre au vent, par reproches et menaces, les autres qu'il avoit estoufées). Toutes ces choses, arrivées sur l'année nouvelle, sont hors de nostre dessein, lequel nous n'estimons pas violer en parachevant les matières où nous sommes engagez sans en entamer de nouvelles, hormis l'*Appendix* que nous avons promis au commen-

---

1. P. d'Escodeca de Boisse-Pardaillan (De Thou, liv. CXXV). Voyez, au sujet de la nomination de ce capitaine au commandement de la citadelle de Bourg, les pièces ajoutées aux *Mémoires de la Force*, t. I, p. 320.

cement. Et, si on trouve estrange que nous n'ayons mis cette guerre aux affaires d'Italie, faut savoir que le marquisat de Salusse, pour qui elle se fit, estoit du royaume et non d'ailleurs.

Chapitre XI.

Paix de Savoye[1].

Cette paix, publiée à Lion au commencement de l'an 1601, porte un nouveau partage de la France et peut servir de tiltre pour esteindre plusieurs disputes. C'est pourquoi nous l'avons estimée digne d'estre insérée en ce lieu. Les articles estoyent donc tels, arrestez aux premiers jours et publiez le dixseptiesme de l'an 1601.

Article premier.

Que ledit sieur duc cède, transporte et délaisse aud. sieur roi et à ses successeurs, rois de France, tous les païs et seigneuries de Bresse, Bauge et Versoné[2] et généralement tout ce qui lui peut appartenir jusqu'à la rivière du Rhosne, icelle comprise. De sorte que toute lad. rivière, dès la sortie de Genève, sera du

---

1. Le traité de paix entre la France et la Savoie fut conclu le 17 janvier 1601. Ce traité, que d'Aubigné ne publie qu'en partie, est imprimé en totalité par Dumont, *Corps diplomatique*, t. IV, partie 2, p. 11. Le 26 fut chanté à Notre-Dame un *Te Deum* en l'honneur de la conclusion de la paix (Relation de la cérémonie, f. fr., vol. 18529, f. 174).

2. La Bresse (Savoie), Bauge et Versonnez (Haute-Savoie). — La Popelinière a écrit l'*Histoire de la conqueste des pays de Bresse et de Savoie*, 1601, in-12. D'Aubigné, malgré son antipathie pour La Popelinière, a fait de fréquents emprunts à ce récit.

royaume de France et appartiendra aud. sieur roi et à ses successeurs. Et sont lesd. païs cédez, ainsi que dessus, avec toutes leurs appartenances et dépendances, tant en souveraineté, justice, seigneuries, vassaux et subjects, et tous droits, noms, raisons et actions quelconques, qui pourront apartenir audit sieur duc esd. païs, ou à cause d'iceux, sans y rien réserver. Sinon que, pour la commodité du passage, demeurera aud. sieur duc le pont de Grefin sur lad. rivière du Rhosne, entre l'escluse et le Pont d'Arle, qui, par le présent traité, appartiendront audit sieur roi. Et par delà le Rhosne demeureront encor audit sieur duc les parroices du Lez, Lavcran et Chezay, avec tous les hameaux et territoires qui en dépendent, entre la rivière de Vacerones et le long de la montagne appellée le grand Credo, jusques au lieu appelé La Rivière. Et, passée ladite rivière de Vacerones, demeure encore audit sieur duc le lieu de Mingre-Combes, jusques à l'entrée plus proche pour aller et passer au comté de Bourgongne, à condition toutefois que le duc ne pourra mettre ni lever aucune imposition sur les danrées et marchandises ni aucun péage sur la rivière pour le passage du pont de Grefin et autres lieux ci-dessus désignez. Et, en tout ce qui est réservé pour ledit passage et tout le long de la rivière du Rosne, ledit sieur duc ne pourra tenir et bastir aucun fort; et demeurera le passage libre pour ledit Pont de Grefin, et en tout ce qui est réservé tant pour les subjects du roi que pour tous autres qui voudront aller et venir en France sans qui leur soit donné destourbier, moleste ni empeschements. Passans néantmoins gens de guerre pour le service dudit sieur duc ou autres princes, ne pourront entrer ès païs et terres dudit sieur roi sans sa permission ou de ses gouverneurs et lieutenans généraux, et ne donneront aucune incommodité aux subjects de Sa Majesté.

2. Et, pour effectuer entièrement ce que dessus, ledit sieur duc remettra en la puissance dudit sieur roi, ou de celui qui sera commis par Sa Majesté, la citadelle de Bourg en l'estat qu'elle est, sans y rien desmolir, affoiblir ni endommager, avec toute l'artillerie, poudres et munitions qui seront dedans ladite place lors qu'elle sera remise.

3. Et outre a esté accordé que ledit sieur duc aussi transporte et délaisse audit sieur roi, de delà la rivière du Rosne, les lieux, terres et villages d'Aux, Chauzi, Pont-d'Arle, Sessel, Chava et Pierre-Chastel, avec la souveraineté, justice, seigneurie et tous droits qu'il peut avoir èsdits lieux cédez et sur les habitants d'iceux, sans y comprendre le surplus des mandemens desdits lieux et de leur territoire.

4. Ledit duc cède, transporte et délaisse audit sieur roi la baronnie ou bailliage de Gets[1], avec toutes ses appartenances et despendances, ainsi que ledit sieur duc et ses prédécesseurs en ont ci-devant jouy, et, sans y rien réserver ni retenir, sinon ce qui est de delà le Rhosne, horsmis les villages et lieux d'Aux, Chauzi, Avulli, spécifiez ci-dessus, le tout à condition que lesdites choses cédées seront et demeureront unies et incorporées à la couronne de France, et seront réputées domaine et patrimoine de la couronne, et n'en pourront estre séparées pour occasion que ce soit, ains tiendront lieu et pareille nature que

---

1. Gex (Ain).

les choses eschangées qui seront déclarées ci-après.

5. Aussi est convenu que ledit sieur duc rendra et restituera effectuellement et de bonne foi audit sieur roi ou à celui ou ceux qui seront à ce commis par S. M., le lieu, ville et chastellenie de Chasteau-Daufin, avec la Tour du Pont et ce qui est ocupé par led. duc ou les siens, dépendant du Daufiné, en l'estat qu'il est à présent, sans y rien desmolir, affoiblir ni endommager en aucune sorte; et délaissera toute l'artillerie, poudre, boulets et autres munitions de guerres, qui se trouveront dans lesdites places au temps présent. Pourront néantmoins les soldats, gens de guerre et autres qui sortiront desdites places, faire emporter tous leurs biens meubles, à eux apartenans, sans qu'il leur soit loisible de rien exiger des habitans desdites places ou plat païs ni en oster aucune chose apartenante ausdits habitans.

6. A esté aussi accordé que ledit sieur fera abbatre et desmolir entièrement le fort de Besche-Daufin, qui a esté construit pendant les guerres, et fera payer ledit sieur duc, pour le passage ci-dessus réservé, la somme de cent mille escus de trois francs pièce, monnoye de France ou la valeur, en cette ville de Lion, à celui ou ceux qui auront charge de Sa Majesté.

7. Et moyennant lesdites cession et transport, et toute l'artillerie, poudres et munitions conquises, qui demeureront entièrement à Sa Majesté, et, moyennant aussi tout ce que dessus est dit, ledit sieur roi se contente pour le bien de paix de laisser et transporter audit sieur duc, comme, par ses présentes, Sa Majesté lui cède, transporte et délaisse à ses héritiers et successeurs tous les droits, noms, raisons et actions, et

généralement tout ce qui peut estre prétendu par les rois et daufins de France à cause du marquisat de Saluces, ses appartenances et despendances, ensemble sur les places de Cental, de Mont et Roques-Sparviere, sans en rien retenir et réserver. Et a led. sieur roi quitté et remis aud. sieur duc toute l'artillerie et munitions qui se sont trouvées esdites places du marquisat de Saluces en l'an 1588.

8. Promet aussi ledit sieur roi faire rendre et restituer audit sieur duc, effectuellement et de bonne foi, ou à celui ou ceux qui auront charge de lui, tous les païs, places et lieux qui se trouveront avoir esté saisies et occupées depuis l'an 1588 sur ledit duc et qui sont à présent possédées par Sadite Majesté ou par ses serviteurs, le tout en l'estat que lesdits lieux sont à présent, sans y rien desmolir, affoiblir ni endommager en aucune sorte.

9. Restituant lesdites places, pourra ledit sieur duc transporter toute l'artillerie, poudres, boulets et autres munitions de guerre, qui se trouveront esdites places au temps de la restitution. Pourront aussi lesdits soldats, gens de guerre et autres qui sortiront desdites places, faire emporter leurs biens meubles à eux appartenans, sans qu'il leur soit loisible de rien exiger des habitans desdites places ou plat pays ni emporter aucune chose appartenante ausdits habitans.

10. Et se fera ladite restitution de part et d'autre ainsi qu'il s'ensuit ; c'est assavoir : aussi tost que les ratifications du présent traité auront esté fournies, ledit sieur duc fera remettre en la puissance dudit sieur roi ou de celui ou ceux qui auront charge de Sa Majesté, la citadelle de Bourg avec l'artillerie,

poudre, boulets et toutes lesdites munitions de guerre qui seront dans lesdites places. Et ladite restitution faite, ledit sieur roi fera aussi restituer les villes, chasteaux de Chambéri, Mommeillian audit sieur duc; lequel, incontinent après, fera rendre le Chasteau-Daufin et tout ce qui en dépend, comme dessus est dit, et fera desmolir le fort de Beche-Daufin. Lesquelles choses estans parfaitement accomplies par ledit sieur duc, la valée et vicariat de Barcelonnette et de toutes les autres places et lieux, promis par ledit présent traité, lui seront entièrement rendues dans un mois après, et lui sera donné seureté raisonnable à son contentement.

Il y a encores seize articles de styles communs aux autres pacifications qui n'ont pas esté dignes de l'histoire.

Ici nous laissons l'entreprise de rendre un compte général, estans maintenant hors du siècle belliqueux. Seulement ne pouvons-nous, en bonne conscience, laisser les matières de remarque imparfaites si vous avez eu le goust du commencement. De cette sorte est la conjuration du mareschal de Biron, à laquelle participoyent des plus grands de la France, comme porte le discours suivant.

Chapitre XII.

Menées de la France et surtout du mareschal de Biron.

N'y ayant plus qu'exercices pacifiques au royaume, le conseil s'employa à ratifier les traittez des estrangers, comme principalement aux cantons des Ligues unies.

A ces derniers furent employez Silleri et Vic, ambassadeurs ordinaires. Ceux qui en ont escrit disent qu'ils n'eurent point de peine avec les cantons réformez, aux yeux desquels les ducats et ducatons ne brilloyent assez pour les esblouir contre l'amitié de la France, mais les desseins, qui sont héréditaires aux maisons d'Autriche et de Savoye, estant bien reconnus (ce sont les termes des catholiques qui en ont escrit), emmenèrent les petits cantons à la diette de Lucerne[1] et d'elle à la générale de Soleurre[2], à la fin de janvier[3], où tous ensemble renoncèrent l'alliance avec les ennemis des François.

La roine d'Angleterre brûloit d'un grand désir de voir en personne le roi, qu'elle avoit veu en réputation et auquel elle s'estoit fait voir dès son berceau par plusieurs assistances et tesmoignages d'une fraternelle amitié. Cela ne se pouvant pour plusieurs empeschemens, le roi mit en sa place le mareschal de Biron[4], l'appellant, par ses lettres d'envoi, le plus trenchant instrument de ses victoires. Mais, en effet, il l'avoit choisi pour le destourner de ses chagrins et menées et pour essayer de lui faire changer l'âme

---

1. Les cinq petits cantons s'assemblèrent à Lucerne le 25 septembre 1601.

2. La diète de Soleure s'ouvrit le 25 novembre 1601.

3. Vers la fin de janvier 1602 arriva à Soleure le maréchal de Biron, qui hâta le renouvellement de la paix entre la France et les cantons (De Thou, liv. CXXIX).

4. Le maréchal de Biron fut envoyé en Angleterre en août 1601 avec une suite de cent cinquante gentilshommes. Cette mission est racontée dans le *Journal de L'Estoile,* édition Jouaust, t. VII, p. 401, 403 et suiv.

avec l'air. Le mareschal s'aquitta suffisamment de sa charge, comme n'estant point despourveu des dons de l'esprit, non plus que du courage. Nous avons dit en quelque lieu qu'il vouloit faire estimer sa valeur brutale, c'estoit en s'accommodant à la bestise du siècle, où la valeur estoit moins estimée lors qu'elle se voyoit asservie au jugement. Mais enfin, il avoit avec le naturel l'acquis; comme il parut un jour au Fresne, que le roi demandant à quelque maistre des requestes l'interprétation d'un emblesme grec, cetui-ci, à leur défaut, la jetta par-dessus l'espaule et puis passa la porte, comme honteux de l'avoir fait. A cet ambassade s'ajoignit, sans se faire connoistre, le comte d'Auvergne[1], qui, aussi bien qu'au voyage, print part aux desseins du mareschal, ausquels à leur retour ils travaillèrent, comme je déduirai avec des secrets inconnus jusques ici et desquels je puis attester la vérité.

Entre les plus grands de la France, que les compagnons trouvèrent à propos de joindre à l'entreprise, ils jettèrent l'œil sur le duc de Montpensier[2], non sans difficulté, n'y ayant point d'apparence de faire aider un prince du sang à la destruction d'un si grand avantage, auquel il estoit né, pour se rendre compagnon, ou peut-estre inférieur à tel que sa nature avoit mis sous ses pieds, et d'ailleurs perdre les obligations qu'il

---

1. Charles de Valois, comte d'Auvergne, fils naturel de Charles IX et de Marie Touchet, né en 1572, mort en 1650, auteur de *Mémoires* qui ont été réimprimés dans toutes les grandes collections de Mémoires sur l'histoire de France.

2. Henri de Bourbon, duc de Montpensier, fils de François de Bourbon et de Renée d'Anjou, marquise de Mézières, né le 12 mai 1573, mort le 27 février 1608.

avoit acquises sur le roi et le royaume par ses heureux exploits et playes receus en diverses occasions.

Mais on s'estoit desjà servi de ces choses mesmes, opposées aux ingratitudes qu'il recevoit, lors d'une autre conjuration, pour l'en faire chef et lui faire porter au roi un langage si estrange qu'il mérite d'estre sceu.

Lors que le roi, au plus chaud de ses affaires, se trouva menacé du tiers parti, la pluspart des grands de la France, et qui seroyent longs à nommer, se virent ensemble à Sainct-Denis, et, après plusieurs harangues sur l'avarice et ingratitude du roi, conclurent de le forcer, cependant qu'il estoit temps, à leur donner les gouvernemens qu'ils possédoyent ou pourroyent conquérir, en seigneuries et souverainetez tributaires et sous protection de la couronne de France autant que pouvoit porter le tiltre de souveraineté. Ce jeune prince en porta la parole au roi et eut pour response : « Mon cousin, si je savois qu'une si indigne proposition eut pris sa naissance en vostre estomac, je l'arracherois à coups de poignard, mais, en vous pardonnant, je ferai sauter les testes qui l'ont inventée. » Là-dessus, le roi s'estendit à lui monstrer son aveuglement, la perte qu'il auroit en tel marché, fortifiant le tout de raisons et d'exemples, n'y oubliant pas celui du duc de Longueville[1], qui avoit gagné la bataille de Senlis[2], et, pressé du roi Henri troisiesme de demander telle récompense qu'il voudroit, au lieu de courir

---

1. Henri d'Orléans, duc de Longueville, fils de Léonor d'Orléans, né en 1568, tué à Amiens le 29 avril 1595.

2. Le duc de Longueville avait battu les ligueurs à Senlis en mai 1589. Voyez le tome VIII de l'*Hist. universelle*, p. 46.

à l'utile, tourna son cœur vers l'honneur, demandant que la barre des armes de Longueville fust changée en bande, demeurant tousjours les lambeaux d'Orléans pour différence entre les princes du sang[1].

Telle hardiesse, entrée au cœur de ce prince, en donna à la bouche des autres pour le convier et faire entrer en leur parti. Mais ils y voulurent bien joindre une pièce plus difficile par une négociation qui n'a point esté descouverte jusques ici.

Chapitre XIII.

Exemple[2] remarquable de la fidélité des réformez.

Un des chefs réformez, et des plus grands, appella, de divers endroits du royaume et presqu'au milieu de lui, ou personnes authorisées en son parti, ou autres envoyez des plus grands, en nombre assez grand afin que par eux il se pust communiquer à tous, et toutesfois assez restraint pour y pouvoir observer le secret, comme il le fit. Ayant donc neuf testes de cette sorte en un cabinet, il s'ouvrit ainsi à eux, après les excuses et honnestetez sur la peine qu'ils avoyent prise à son commandement.

« Messieurs, j'ai à vous faire voir, dit-il, quelles nues Dieu oppose à l'embrazement de sa maison, pratiqué par tant d'incendiaires, et comment il se sert du cousteau des meschans pour les combatre. Il y a desjà six mois que je suis recerché d'une alliance, à laquelle j'ai fait la sourde oreille pour un temps. Et

---

1. Il descendait de Jean Dunois, bâtard de Louis d'Orléans.
2. L'en-tête du chapitre manque à l'édit. de 1620.

enfin, voyant qu'il ne me touche point seul, je n'ai pas estimé en devoir seul disposer. Il se fait en France un grand amas de mescontentemens et d'intérest, qui met à un les plus puissantes testes du royaume pour y apporter du changement. Ces gens-là, sous couleur de traiter un mariage, ont envoyé par devers moi à diverses fois, et ces jours ici plus expressément, un gentilhomme nommé Comblac, duquel je vous déclarerai la négociation en ces articles.

« Premièrement, qu'il ne parle point de la part d'une association foible, mais de princes souverains, de ceux du sang de France et autres qui y tiennent cette qualité d'officiers de la couronne, gouverneurs de provinces, lieutenans de roi, et encores de la part de plusieurs cours de parlement, communautez et villes principales du royaume, si bien qu'on ne doit point avoir honte de périr en cette conjonction.

« Que ces princes qui ont suivi le parti de la Ligue, animez les uns de causes externes, les autres des ingratitudes du roi, ont du tout en horreur celle dont il use envers les réformez de son royaume, ausquels tous d'un accord ils donnent la louange d'avoir sauvé l'Estat, quelque rude et indigne traittement qu'ils ayent receu, lors mesmes qu'ils vendoyent leurs biens et prodiguoyent leurs vies au support de ceux qui leur refusoyent la paix.

« Que lesdits réformez doivent sçavoir que, lors de la paix de Savoye, avant le despart du légat, du patriarche et d'Arconas, en un conseil où ont esté admis les ambassadeurs de l'empereur et du roi d'Espagne, il s'est fait une conjuration, signée du roi et de tous les susdits, avec quelques princes et officiers de la couronne de France, par laquelle ils ont fait association en forme de croisade, pour, à terme nommé, exterminer partout les réformez, chacun s'estant cottizé aux hommes et aux sommes qu'il doit fournir et continuer jusques à l'entière extirpation de ce qu'ils appellent l'hérésie. Les juremens de ce que dessus receus par le légat en ses mains, desquelles aussi ils ont receu l'hostie, et, de sa bouche, l'exécration du *manarata*[1], au premier défaillant.

« Que, s'ils veulent prester leurs mains tant à la vengeance d'une si grande perfidie qu'à la précaution d'un péril tant éminent, ils ont à savoir que de la conjuration contr'eux ont esté faits deux originaux, où sont apposez les seings manuels du pape, de l'empereur, du roi d'Espagne et du duc de Savoye, à la charge que l'un desdits originaux demeureroit entre les mains du roi, l'autre à Son Altesse. Et pour ce que les réformez commencent toutes leurs délibérations par le juste, afin qu'ils n'ayent point crainte de manquer de justice, Son Altesse offre de leur mettre la pièce authentique entre les mains.

« Avec cela on leur lairra toute la partie occidentale de la France, que Loire sépare, à venir joindre par le Forest jusques au droit de Livron, puis le reste du Daufiné, pour s'estendre en y conquérant, sans que les catholiques de l'association y puissent envoyer aucune armée ; de mesmes les réformez ne passans point telle limite pour laisser les autres faire comme ils pourront.

---

1. *Maran Atha*, le seigneur vient ; mot syrochaldaïque désignant la plus terrible des malédictions et des menaces, celle de la venue de Dieu (*Encycl. des sciences religieuses*, t. VIII, p. 637).

« De plus, choisiront les deux plus grandes et plus conséquencieuses villes de leur département, desquelles les catholiques achetteront les gouvernemens, sans comprendre deux cents mille escus pour l'armement et autant par chacun an pour l'entretien de la guerre, tant qu'elle durera.

« Et, pour ce que les réformez pourroyent soupçonner que l'on vint à traiter ou paix, ou règlement du royaume, laissant en croupe leurs intérests, il leur sera protesté qu'on ne prestera l'oreille à aucun accommodement, sans leur gré, dès le commencement; et que, pour arrhes de l'authorité qu'ils auront en tel négoce, on leur mettra deux places entre les mains comme gage de la foi publique, et notamment Lyon et Dijon, pour les retenir en cas qu'ils ne soyent pas pleinement satisfaits.

« Voilà, Messieurs, les offres qu'on vous fait et de quoi je ne puis dire mon avis que les autres n'ayent passé par-dessus. »

Cela dit, ce seigneur ayant jetté sur table lettre de quelques principaux présidens de Paris, par lesquelles il estoit convié à l'entreprise, convie un gouverneur de place, estimé pour violent partisan entre les réformez, de commencer les avis. Lui, ayant remonstré qu'il n'estoit pas le plus jeune de la compagnie pour donner ce branle; enfin, prié de tous, commença ainsi :

« Messieurs[1], Ce qui se présente nous oblige à trois questions : qui parle à nous? qui nous sommes et ce qu'on nous dit? Ceci est proposé par des regnicoles et

---

1. D'Aubigné, dans le *Journal de sa vie* (édit. Lalanne, publiée chez Charpentier, p. 101), reconnait que ce discours est de sa composition.

par des estrangers. Des premiers, difficilement en pourriez-vous nommer un de la mauvaise volonté duquel envers nous nous n'ayons pour gage quelque notable action. Ce sont les violents solliciteurs de nostre ruine qui, maintenant, ne trouvans pas leur compte, s'y veulent opposer par une charité, de laquelle ils ne sauroyent dire la cause ni nous la deviner. Ce sont ceux qui ont forcé le roi à la messe, qui le chassèrent du presche de Dieppe, et qui, par leur confession, ont signé à ce dernier dessein, duquel le plus grand et le plus violent moteur est le mareschal de Biron. Cetui-là, pour vous faire voir de quel vent il est poussé, nourri par une mère de la religion et d'un père ennemi des bigotteries; lui, ayant jusques ici plustost senti l'athéiste que le caphard, depuis certains traittez qu'il fait en Italie, s'est tellement signalé de ce qu'ils appellent dévotions que, quand il void à cent pas de son chemin une croix de village, fust-elle cassée, met pied à terre et se traîne à genoux pour en aller baiser le pied. De cet eschantillon, jugez la pièce pour un concert d'ennemis de nostre liberté, d'infidèles à la patrie et d'ingrats au roi. L'autre branche, qui est des estrangers, est telle que, sans dire leurs qualitez, vous aurez horreur de vous joindre au duc de Savoye et au roi d'Espagne, qui paroissent en cet affaire, et puis à l'empereur et au pape, qui l'empoignent insensiblement.

« Nous sommes ceux qui se sont séparez de telles gens, non par distinction de naissance, de teint de visage ni de prolation[1], mais la profession de pureté

---

1. *Prolation*, naissance, *proles*.

en créance, en mœurs et par observation de telle justice que nous mesprisons biens et vies pour le service de Dieu. Comment franchirons-nous cette profonde distinction? Comment accorderons-nous choses si dissemblables? Cette paroy se rompra à nostre désavantage, pource que ce que nous bastissons, à la différence d'eux et de nous, n'est qu'en doctrine et en mœurs. Mais eux la remparent contre nostre humilité par les richesses du monde, par la justice qu'ils ont en main, par les grandes charges du royaume et par ce que Rome espand sur les siens de splendeur et d'authorité. Nous nous trouverons donc, si nous flottons en tempeste avec eux, comme les vaisseaux de terre avec ceux de fer et d'acier.

« Voilà pour les personnes; voici pour la matière qui est sur le bureau. C'est que nous troublions le royaume par précaution du trouble, comme nous mettans en l'eau de peur de la pluye et que nous donnions raisons de nous ruiner à ceux qui nous veulent ruiner sans raison; que nous fuyons des mains du roi aux ongles de ces tyranneaux; que nous appellions dehors les malédictions des peuples et au dedans de nous la division mortelle et séparation d'avec nos frères, qui ne consentiront pas à la nouveauté; nous, di-je, fondez sur un papier, duquel nous ne pouvons vérifier ni la fausseté ni la vérité. Mais prenons qu'il soit véritable. Il n'y a rien de nouveau en cette conjuration que la personne du roi, laquelle nul de nous ne croit estre menée en cet affaire avec gaycté, mais traînée à contre-cœur. Je confesse bien qu'il ne nous dit plus, comme autresfois, qu'il se fait anathème pour nous, à l'exemple de Moïse et de sainct Paul. Je confesse encor qu'il est devenu insensible à sa mutation, mais c'est pource qu'il est sensible aux craintes de l'assassinat. Il est sensible encores à la jalousie de son Estat, lequel il void en pièces, comme il l'a bien sçeu dire, quand le respect des huguenots ne fera plus distraction des desseins du grand parti; il n'a point encores monstré d'avoir perdu cette opinion. J'ose dire que, si cette conjuration contre nous est faite il y a un mois, il n'est point jusques à cette heure à nous en faire couler un avis; adjoustant que ce pernicieux dessein ne sera point conclud, que, dans quinze jours, un de ces desloyaux n'avertisse le roi et ne trahisse le gros pour profiter en particulier. Et cela se destachera de suite, comme les derniers boutons après le premier desboutonné; nous serions fraîchement, voyans venir sur nous les mains, où nous aurions touché avec l'horreur des nostres mesmes et l'opprobre de tous les François. Que savez-vous s'ils vous veulent faire entrer en une injuste conspiration pour donner justice à celle qu'ils vous déclarent maintenant et se justifier contre vous de ce que vous auriez fait avec eux? Je sai bien que la division, entre ceux qui nous veulent destruire, est un présent du ciel pour nous garantir; mais recevons les justes effects qui s'en produiront, sans nous polluer dans les choses iniques et pleines de danger. Je di donc que nous devons laisser eschapper les impatiences de ces meschans à leur honte, sans la nostre, mesnageans leur espérance sans nostre crime, par la longueur qui se trouve à donner un pli nouveau à nostre grand corps et l'instruire de choses à quoi il ne peut estre si tost préparé; le tout sans promesse absolue ni par parole ni par escrit. Et, cependant, pour observer la foi aux choses et aux personnes, faut aviser jusques où et comment nous pouvons nous garantir, envers ceux qui parlent à nous, d'un futile raport, sans preuve et sans utilité à l'Estat, et, d'autre costé, d'un silence qui nous rendroit criminels. »

La compagnie n'eut qu'une voix à l'approbation de ce que dessus, et le seigneur, qui l'avoit convoquée, adjousta que tout ce qui venoit d'estre allégué estoit son sentiment, mais que l'usage méritoit leur conseil, bien joyeux de le voir ainsi approuvé, qu'il faloit donc aviser à s'eximer[1] des deux dangers proposez à la fin pour ne pécher ni en bien-séance ni en fidélité ; à quoi sembleroit bien à propos de se tenir préparez pour empescher les effets sans s'eschauffer sur les paroles mal à propos.

Il fut donc résolu qu'un des neuf, nommé Odevous, s'avanceroit à Lion pour communiquer à un des grands du parti, qui estoit près du roi, l'avis de la compagnie et le prier d'en user selon sa prudence, gardant le respect aux personnes et aux choses la fidélité.

Chapitre XIV.

Suite de la conspiration ; prise[2], procès et exécution du mareschal de Biron[3].

Au retour d'Angleterre, le mareschal de Biron,

1. *S'eximer,* se garantir, *eximere.*
2. La fin de l'en-tête manque à l'édit. de 1620.
3. Les pièces du procès de Biron sont conservées, en original

ayant monstré au roi les riches présens de la roine Élizabeth, lui raconta le procès du comte d'Essex[1], que nous vous ferons voir en son lieu, et, sans en faire son profit, vint travailler à ses menées; cependant que le roi polissoit son royaume par édits nouveaux et faisoit travailler à une seconde et dernière conférence pour faire que Madame[2] changeast de religion; à quoi il employa un soin merveilleux, des grandes promesses et des menaces sur la fin. Le pape en escrivit et au roi et à elle. Les Jésuites déclarèrent au duc de Bar[3] sa damnation pour avoir acointance avec une hérétique (ainsi nommoyent-ils cette princesse) qui n'eut rien pour parer à tout cela que les pleurs et la fermeté. Enfin, elle se fit laisser en paix, mais elle acquit la colère du roi pour avoir dit à ceux qui la pressoyent par l'exemple du frère, que cet exemple lui estoit loi en tout ce qui ne touchoit point l'honneur de Dieu, qu'elle savoit les bornes de l'obéissance et qu'enfin la loi salique n'avoit pas fait les partages de la constance en leur maison, touchant en passant l'exemple de Antoine de Bourbon et de Jeanne d'Albret[4].

Le roi d'Espagne avoit d'autres exercices, armant de tous costez pour l'Afrique en apparence. La nouvelle qui s'en espandit partout, comme aussi de la

---

ou en copie, dans les vol. 308 de la coll. Dupuy et 188 de la coll. Brienne. Le récit du procès par La Guesle a été publié à la fin du tome I des *Mémoires de Canaye,* 1635, in-fol. Voy. p. 370, n. 4.

1. Le comte d'Essex fut exécuté le 6 mars 1601.
2. Catherine de Bourbon, sœur du roi, duchesse de Bar.
3. Henri de Lorraine, duc de Bar.
4. Rappel de l'inconstance de Antoine de Bourbon et de la constance de Jeanne d'Albret.

grande quantité de courriers que le mareschal de Biron recevoit en secret à Dijon, ses exécrations et menaces ordinaires, les reproches de ses services, quelques espérances qu'il donnoit aux siens, les fréquens voyages de La Fin à Yvrée, où il s'enfermoit avec le duc de Savoye et l'ambassadeur d'Espagne, ceux de Roncas et de lui, et peu de jours après à Somme[1], sur le Pau. Tout cela mit la puce à l'oreille du roi.

Or, en cette dernière assemblée de Somme, La Fin apprit trois choses ; l'une, que le partage de son maistre, là où il devoit prendre le sien, estoit mal cautionné ; l'autre, que les réformez, sur la diversion desquels on espéroit plus de facilité, ne vouloyent point toucher à la main, et, à la tierce, que le duc de Montpensier avoit horreur d'aider à mettre en pièces la monarchie, establir plusieurs rois en son royaume et exterminer les princes du sang, desquels il estoit. La Fin donc, troublé de ce qu'il avoit fait, apporta des difficultez à ce qu'on lui avoit proposé, monstra son estonnement, donna du soupçon et receut de la crainte par avertissement ou autrement ; si bien que, convié à retourner, il se contenta d'envoyer Renazé[2] en sa place, que le duc fit serrer à Quiers[3], sollicitant en vain l'autre de leur venir expliquer quelques difficultez. Le mareschal de Biron, averti de s'en méfier,

1. La Fin, au nom de Biron, avait conclu à Somme un traité avec le duc de Savoie et avec Fuentes.
2. Rénassé ou Renazé, secrétaire du s. de la Fin, ou plutôt son compagnon de débauche, joua un rôle très important dans le procès du maréchal de Biron, qui, au commencement du procès, l'avait cru mort (*Lettres de Henri IV,* t. VI, p. 96).
3. Chieri, en Piémont.

poursuivit ses négociations par le baron de Lus, son secrétaire, Hébert et Fargues, moine de Sisteaux. La Fin employe le vidame de Chartres[1], son neveu, pour avoir la parole du roi, et, sur cette asseurance, lui aller descouvrir choses capables d'empescher la ruine de l'Estat. Ayant obtenu cette promesse avec serment, il dépesche à Dijon pour avertir le mareschal, comment il a un mandement redoublé d'aller trouver le roi, qu'il lui prescrive ses responses, s'il est enquis de quelque chose, et surtout qu'on lui renvoye Renazé. Le mareschal lui escrit qu'il aille à petit train, qu'il prépare ses oreilles aux soupçons et aux menaces, et à parer d'excuses pour son voyage d'Italie sur un vœu fait à Nostre-Dame de Lorrette; qu'en passant à Milan et à Turin on l'a chargé de proposer au mareschal le mariage de la troisiesme fille de Savoye, à quoi il n'a voulu entendre, pource que Sa Majesté a parlé de le marier; qu'il ne mène à la cour aucun de ceux qui ont fait le voyage de Piémont; qu'il laisse ses papiers en lieu seur, s'il ne les veut brusler; qu'il ne parle point de Renazé; au reste, qu'il se souvienne qu'il a entre ses mains la vie et l'honneur de son ami, qui a trente mille escus à son commandement[2].

La Fin, estant en cour, void le roi en secret[3], lui

1. Prégent de la Fin, fils de Jean de la Fin, seigneur de Beauvais-la-Nocle, et de Béraude de Ferrières, devint vidame de Chartres après la mort de son oncle, Jean de Ferrières.
2. Sully, dans les *Économies royales* (t. II de l'édition de 1664, p. 65 et suiv.), expose les péripéties du procès de Biron. Il semble que l'auteur de l'*Histoire universelle,* pour son récit, ait puisé à la même source, notamment pour le récit de la mort du maréchal.
3. En dénonçant au roi la culpabilité de Biron, Jacques de la

déclare tout ce qu'il avoit négocié pour le duc de Biron avec le duc de Savoye et le comte de Fuentes : le mariage avec cinq cents mille escus, la souveraineté des deux Bourgongnes et de la Bresse jusqu'au Rhosne, sous l'hommage d'Espagne; demande l'abolition de tous les actes de sa vie, où l'on dit qu'il y avoit un horrible catalogue de tous crimes, jusques à la bestialité, et l'obtint comme il voulut. Le roi, ayant communiqué, non sans horreur, tels affaires au chancelier, à Suilli, Silleri et Villeroi, laissa entre les mains du premier vingt-sept pièces, qui faisoyent le procès au mareschal de Biron, mais retint ce qui touchoit les autres entre les siennes.

Et pource qu'il tenoit la Gascongne fort attachée au mareschal, notamment pour les grandes magnificences qu'il avoit faites à Biron[1] à son retour d'Angleterre; d'autre part, que la Guyenne, le Poictou et le Limousin estoyent en combustion, pour la pancarte[2] d'un sol pour livre, refusée à la Rochelle, qui avoit couché de ses privilèges, et puis à Limoges et à Poictiers, le roi s'avança jusques-là; où il eust mis une belle compagnie en prison, si le mareschal de Biron, qu'il avoit convié de s'y trouver, n'y eust manqué. Là, le roi, ayant receu en paroles les soumissions de toutes parts et surtout les asseurances des réformez,

Fin, suivant de Thou, obéissait à un sentiment de jalousie provoqué par la faveur dont jouissait Edme de Malain, baron de Luz, auprès du maréchal de Biron.

1. Biron (Dordogne), près de Monpazier, superbe château qui existe encore.

2. Impôt d'un pour cent sur la valeur des marchandises qui entraient dans les villes royales. Il fut aboli par Henri IV en 1602.

s'en revint à Fontainebleau[1], où il avoit mandé au mareschal de Biron de venir.

A deux voyages que fit Escures[2] pour le faire partir, sans en faire à deux fois, le roi, le conviant à venir prendre charge d'une armée qu'il vouloit jetter à la frontière pour opposer aux grandes levées qui se faisoyent de toutes parts, le mareschal respondit que c'estoit ce qui le retenoit, et, qu'ayant tant d'ennemis voisins, il n'avoit pas accoustumé de leur tourner le dos. Il s'excusa encores sur les Estats de Bourgongne, qui se devoyent tenir à Dijon. Le vidame de Chartres y fut envoyé pour l'asseurer que La Fin n'avoit rien dit. Le président Janin fut le dernier messager qui lui parla de sa faute, de la clémence du roi, lui fit voir les bandes préparées pour marcher à lui, avec lesquelles estoit joint dès lors Laverdin[3], fait mareschal de France. Il lui fit voir encores, par la dextérité de Suilli, que son arsenal estoit changé en poudres inutiles, sous couleur de les avoir rafraîchies; que ceux de qui il pouvoit le plus espérer pour sa défense, avoyent desjà fleschi le genou; que le duc de Montpensier estoit asseuré de son pardon. Cet esprit, agité de toutes sortes d'extrémitez, de conseils différents, du soupçon des siens, de la connoissance du roi, tantost pensoit à défendre ses places (mais il n'y voyoit rien qui valust), tantost de se retirer aux estrangers (il y craignoit le desdain), vers le roi, la mort.

1. Le roi était le 22 mai 1602 à Poitiers et revint le 13 juin à Fontainebleau.
2. D'Escures, souvent cité dans les *Lettres de Henri IV*, maréchal des logis de la compagnie du maréchal de Biron.
3. Jean de Beaumanoir, s. de Lavardin.

Le baron de Lus s'offroit à défendre Dijon et vouloit que son chef passat en Flandre et disoit que, s'il avoit deux testes, il en pourroit porter une à la cour. Enfin cet esprit, accablé de tant de variétez, de tant de desseins, choisit le pire, qui fut d'aller trouver le roi[1], non pour implorer sa clémence, mais pour contester et maintenir qu'on lui en devoit de retour.

Le roi donc, à son arrivée, lui ayant ouvert ce qu'il savoit, le conjure par trois diverses fois lui avouer son péché, avec promesse, non seulement de la vie, mais de ne lui rien diminuer en faveur et en authorité. Mais l'obstiné mit tousjours ses services en la place de ses défauts, s'exaltant au lieu de s'abaisser; et, pressé plus familièrement par le comte de Soissons, il parla comme croyant que tant de douceurs sentoyent la peur qu'on avoit de lui; tout cela procédant de l'asseurance que La Fin n'avoit point parlé. Le conseil assemblé pria le roi de faire mettre la main sur le colet aux accusez, ce que le roi refusa s'ils ne les déclaroyent coulpables de mort; ce qu'ils firent. Et, nonobstant, le roi eut encores recours à ses prières, l'autre à son orgueil, jusques à respondre que c'estoit trop presser un homme de courage.

Vitri donc, ayant commandement de le prendre, sur le soir, comme il se retiroit du cabinet, s'approchant de lui, lui porta la main sur la poignée de son espée, et, en mesme temps, le faisant presser par quelques exempts choisis, « Monsieur, » dit-il, « le roi m'a commandé de lui porter vostre espée. » Il fit

---

1. Le maréchal de Biron arriva à Fontainebleau le 13 juin 1602. Voyez le magnifique récit de de Thou, liv. CXXVIII.

semblant, au commencement, de croire que ce n'estoit pas à bon escient, mais enfin s'escria qu'elle avoit donné la paix à la France et qu'elle ne pouvoit estre mieux qu'entre ses mains. Il demanda de parler au roi; on lui dit qu'il estoit couché. Et, comme il passoit au travers les gardes, qu'il trouva en ordre, il creut devoir mourir dès là et demanda qu'on lui mit un tison du corps de garde en la main, pour mourir en se défendant[1].

Le comte d'Auvergne fut pris de mesme façon par Pralin[2]. Et l'accident de ces deux fit gagner au pied toute la nuict force gens qui avoient eu part au gasteau.

A cette nouvelle, portée en Bourgongne, le baron de Lus se jetta au chasteau de Dijon et pourveut à celui de Beaune. Mais six mille Suisses, qui approchoyent avec les bandes françoises, et les fraudes du magasin reconnuës, furent les lieux communs par lesquels le président Janin persuada au baron et à ses compagnons de venir recevoir la clémence du roi.

Les prisonniers menez à la Bastille[3], là dedans le mareschal s'effraya sur ce qu'on lui donnoit un couteau sans pointe, que ces gardes n'avoyent point d'espée. Et là, se souvenant qu'un devineur lui avoit dit qu'un seul coup de Bourguignon par derrière l'empescheroit de venir à la royauté et ayant appris que le bourreau de Paris estoit Bourguignon, il eut une

1. L'arrestation du maréchal de Biron fut opérée par Louis de l'Hospital, marquis de Vitry, dans la soirée du 14 juin 1602.
2. Charles de Choiseul, marquis de Praslin, comte de Chavignon, fils aîné de Ferri de Choiseul et d'Anne de Béthune, devint maréchal de France en 1619 et mourut le 1er février 1626 (*Lettres de Henri IV*, t. III, p. 294, en note).
3. Les prisonniers furent écroués à la Bastille le 15 juin 1602.

perpétuelle appréhension, qui le poussoit non seulement au désespoir de la vie présente, mais aussi de celle qui est à venir. Sur quoi il fut visité par l'archevesque de Bourges[1] et autres théologiens. Mais cet esprit couroit des bigotteries, apprises de nouveau, à la mesconnoissance de Dieu. Ses parents se jettèrent à genoux devant le roi à Sainct-Mor[2], pour demander sa vie. Le roi, les ayant fait relever, leur dit ces paroles : « La clémence dont vous me requérez ne seroit miséricorde, mais cruauté. S'il n'y alloit que de mon intérest, je lui pardonnerois comme je fais dès cette heure, mais il y va de la vie de mes enfans et de l'Estat, qui est encores plus précieux. J'aiderai avec vous à son innocence. Mais, quand il sera convaincu du crime de lèze Majesté, le père ne peut solliciter pour le fils ni la femme pour le mari. Quant à la note d'infamie, il n'y en a que pour lui. Ceux desquels je suis sorti des deux costez, pour mesme crime, ont perdu la teste sur un eschafaut; ni moi ni les miens n'en sommes pas pourtant deshonorez. Sa mort ne peut entacher ceux qui ne l'ont point esté de son infidélité. »

1. Renaud de Beaune de Semblançay, archevêque de Bourges de 1580 à 1602.
2. Le roi reçut à Saint-Maur nombre de seigneurs, qui vinrent inutilement implorer son pardon en faveur du maréchal. C'étaient Jean de Saint-Blancard, frère de Biron, François de Gontaut Biron de Salignac, Charles de Roye de la Rochefoucault, Charles de Pierrebuffière, Charles de Rochefort de Saint-Angel et Pons de Lousiers de Thémines. On peut lire dans de Thou la supplique adressée au roi par Jacques Nompar de Caumont de la Force, au nom de tous ces gentilshommes (De Thou, liv. CXXVIII). Voyez aussi les pièces ajoutées aux *Mémoires du duc de la Force*, t. I, p. 329 et suivantes.

On lui donne donc pour commissaires le premier et second président, Fleuri et Turin[1]. Ceux-là lui mettent devant les yeux plusieurs lettres qui estoyent escrites de sa main, tesmoings de son intelligence avec l'Espagnol et le duc de Savoye. Par elles, il les avertissoit de tous les manquemens de l'armée, des moyens d'en deffaire quelques parties, des mescontentemens qu'il procuroit; toutes ces choses reconnuës par son secrétaire Hébert[2]. On lui présenta La Fin, qu'il avoüa tenir pour gentilhomme de bien, d'honneur et son ami. On lui leut ses dépositions, auxquelles il persista. Lors cet homme passa des colères aux rages. Pour parfaire le procès, on appelle les pairs de France, mais nul ne s'y voulut trouver[3].

Le vingt-troisiesme de juillet, à défaut de pairs, le chancelier et deux conseillers d'Estat vont en la cour de parlement pour travailler au procez[4]. Le criminel mené au palais, quatre jours après, avec escorte, et, le vingt-neufiesme ensuivant, il fut jugé criminel de lèze Majesté et l'arrest de mort prononcé[5]. La cour

---

1. Achille de Harlay, premier président du parlement; Potier, président de chambre. Étienne de Fleury et Philibert de Turin, conseillers, se rendirent à la Bastille le 18 juin 1603 pour procéder au premier interrogatoire du maréchal de Biron (De Thou, liv. CXXVIII).

2. Charles Hébert, secrétaire du maréchal de Biron.

3. La commission du roi au Parlement pour le jugement du maréchal de Biron, avec ordre de convoquer les pairs, est datée du 6 juillet 1602 et conservée dans le vol. 15894, f. 472, du fonds français (Orig. sur parchemin).

4. On conserve dans le fonds français, vol. 15894, f. 473 à 543, un gros recueil de pièces, la plupart originales, relatives au procès du maréchal de Biron. Voyez la note 3 de la page 361.

5. L'arrêt de condamnation du maréchal de Biron, daté du

désira que La Fin fut pris, et en fut parlé en ces termes : « Que devant estre jugée une fille desbauchée, la maquerelle ne doit point estre sans punition. » C'estoit pour avoir trouvé le délateur, non seulement comme complice, mais inventeur, premier autheur et solliciteur de tout.

Comme on vouloit dresser l'eschafaud en Grève, quelques craintes firent remettre l'exécution dans la Bastille[1], à quoi on donna pour couleur le respect des parens, comme y ayant plus d'ignominie aux lieux les plus publics. Son arrest luy ayant esté prononcé, on lui donne des docteurs, qu'il repoussa rudement : « Qu'on me laisse en paix, » dit-il, « c'est à moi de penser à mon âme; j'ai veu cette nuict les cieux ouverts et mes gardes m'ont ouy rire en dormant. » Les autres particularitez, déduites trop expressément par ceux qui en ont escrit, ne furent que tesmoignages d'un esprit irrésolu, recommandations à ses amis, requestes de vengeance sur La Fin, descharge du comte d'Auvergne et de ses serviteurs; tousjours interrompant la lecture du dicton de protestations d'innocence, criant contre l'ingratitude et l'injustice. Ses confesseurs, sur la fin, luy ayans protesté qu'il alloit promptement voir Dieu en face, il s'osta plusieurs fois le bandeau qu'il se mettoit lui mesme, comme ayant impetré de n'estre point lié. Ce fut

---

29 juillet 1602, est publié dans les Pièces justificatives du *Journal de L'Estoile, Règne de Henri IV,* 1741, t. IV, p. 532.

1. L'arrêt rendu contre le maréchal de Biron portait que l'exécution aurait lieu en place de Grève. Le roi en modifia la teneur en ordonnant que la tête du maréchal serait tranchée dans la cour de la Bastille.

pourquoi, comme le capitaine Baranton lui retroussoit les cheveux, le bourreau le surprit et lui mit la teste à bas[1].

Pour achever les propos auxquels je me suis engagé, j'ai à dire comment le comte d'Auvergne, quelque temps après que d'Andelot[2] se fut donné à lui et lui ayant confié ses secrets, il en avint comme du duc de Nemours, et pourtant le comte fut pris par les chevaux-légers du roi, comme nous avons dit. Relasché de cette prison et compris aux accusations de La Fin, il fut trouvé coulpable avec le mareschal de Biron. Mais le respect du sang de Valois et les pleurs de la marquise de Verneuil, sa sœur de mère[3], firent qu'il fut condamné seulement à la prison de la Bastille, pour tant qu'il plairoit au roi[4].

Chapitre XV.

Des choses communes aux quatre voisins et à nous.

Nos voisins orientaux, ayans le visage tourné aux affaires que vous verrez dans le chapitre suivant, n'avoyent avec nous que les négociations et ambassa-

---

1. Le maréchal de Biron fut décapité à la Bastille le 31 juillet 1602. Le *Journal de L'Estoile, Règne de Henri IV*, 1741, t. IV, p. 533, contient une relation de son supplice. On en trouve une autre dans le cérémonial de l'hôtel de ville de Paris (f. fr., vol. 18529, f. 191).

2. Charles de Coligny, marquis d'Andelot, fils de l'amiral de Coligny, né le 10 déc. 1565, mort le 27 janvier 1632.

3. Henriette de Balsac, marquise de Verneuil, la maîtresse du roi, était sœur, par sa mère, de Charles de Valois, comte d'Auvergne et duc d'Angoulême, fils naturel de Charles IX.

4. Le duc d'Angoulême fut remis en liberté sous Louis XIII.

deurs ordinaires, qui n'agissoyent guères que pour les payemens des bandes que les Alemans, Suisses et Grisons avoyent fournis à divers partis, et sur tous à celui du roi.

Les Genevois, se confians en la paix de Vervins, avoyent mis les armes au crochet; estant généralement porté qu'elle s'estendoit pour les alliez qui avoyent fait la guerre en faveur de l'un et de l'autre parti. Mais, particulièrement, le roi en avoit donné asseurance par lettres patentes, selon lesquelles lesdits Genevois publièrent la paix. Mais encores, celle de laquelle nous traittons en ce livre les comprenoit tellement qu'Albigni[1], lieutenant général du duc, leur escrivit plusieurs fois pour l'observation des articles. Comme aussi un conseiller d'estat du duc, nommé Rochette[2], estoit encores dans la ville pour les intelligences commencées du trafic deux jours devant l'entreprise, de laquelle nous voulons clorre ce dernier livre, ne sortans de nostre terme qu'ainsi que nous avons fait ci-devant, tant pour avancer les matières commencées jusques à leur fin que pour le contentement des lecteurs.

Le grand jubilé séculaire avoit produit plusieurs cérémonies de mesme nom, comme il y en avoit

---

1. Charles de Simiane de Gordes, s. d'Albigny, capitaine du duc de Savoie, était le propre fils du s. de Gordes, gouverneur de Dauphiné sous Charles IX. On trouve quelques lettres de ce capitaine dans la pièce que nous citons plus loin, p. 381. D'Albigny était le favori du duc de Savoie. Une lettre de Martinengo, du 7 mai 1602 (f. fr., vol. 15577, f. 161), donne des détails sur le crédit de ce capitaine.

2. Le s. de la Rochette, neveu du sénéchal d'Auvergne (*Lettres de Henri IV*, t. VI, p. 661 et 662).

encores un assigné à Thonon¹, où quelques Jésuites se rendirent pour esmouvoir les courages de force chefs de guerre, desquels on avoit fait filer les uns et cacher secrettement au chasteau de Thonon et autres maisons partisanes du duc; la présence duquel estant nécessaire pour monstrer que le coup n'estoit point sans aveu, il se mit au cul de ses troupes, qui partoyent de Chambéri, se faisant passer pour ambassadeur, et vint coucher au pont des Tramblières², à une lieuë de son exécution. Les Jésuites avoyent, les jours précédens, fait confesser, communier et jurer sur l'hostie les principaux, entr'autres Brunaulieu³; Picard, gouverneur de Bonne, premier entrepreneur, s'estoit fait donner l'extrême-onction, pour ne vouloir, ayant failli son entreprise, survivre à son malheur.

Le duc, l'onziesme jour de décembre⁴, ayant bien concerté avec les capitaines pour le devoir d'un chacun, lui-mesmes disposa ses bandes, qui estoyent de douze cents hommes, pour donner, sans les autres troupes qui devoyent succéder. Et puis, ayant dit à la teste qu'il donnoit le pillage de la ville après que les tambours auroyent battu dedans, et non plustost, qu'il leur commandoit de mettre à mort tous les

1. Thonon (Haute-Savoie). Le jubilé eut lieu en 1602.
2. Parti de Turin le 17 déc. 1602, le duc de Savoie arriva au village d'Étremblières (sur la rive gauche de l'Arve) le 21 du même mois.
3. De Thou le nomme Brignolet. Spon le nomme Brunaulieu et dit qu'il était lieutenant du régiment du baron de la Val-d'Isère.
4. Tentative d'escalade de Genève pendant la nuit du 11 au 12 décembre 1602; 21 au 22 décembre suivant la réforme grégorienne. On sait que les protestants ne suivaient point le calendrier grégorien.

masles et leur abandonnoit les femelles, il fit cheminer, non sans avoir bien fourni tous les chemins pour arrester tout ce qui marchoit par le pays et empescher les avis. Quelques soldats nous ont conté qu'ils eurent plusieurs mauvaises augures, comme d'un lièvre qui passa parmi eux plusieurs fois, de quelques feux qui leur donnèrent l'espouvante, mais surtout des lances et chevrons de feu d'une grandeur et clarté inoüie, que les Jésuites, quant et quand, interprétèrent estre faveur de Dieu, disans, comme le ministre de la prise de Nîmes, que le ciel en vouloit estre et que les esclairs et tels accidens devoyent donner courage à ceux qui combatoyent pour Dieu.

Le chemin que prirent les Savoisiens tout le long du Rosne empescha que les sentinelles perduës, qu'on avoit dehors en forme de patrouille, ne sentirent rien du bruit des approchans. Et mesmes les canards, qui se levèrent du bord de l'eau, les troublèrent, et ne mirent pas les corps de garde en leur devoir. Brunaulieu, avec la première troupe et les eschelles, viennent à la contr'escarpe; la reconnoissent, la passent, descendent au fossé de la Couratterie, passent la bourbe avec peine sur des clayes, qu'ils avoyent portées exprès; puis furent dressées trois eschelles contre la muraille auprès de la guérite, qui est au costé de la porte de la Monnoye, où Brunaulieu savoit qu'on ne mettoit point de sentinelles. Comme il y estoit venu plus d'une fois au plus espais de la nuict et descendu dans le fossé, avoit semblablement, avec des cailloux, ce disent-ils, frappé la muraille, et, voyant qu'on ne sonnoit mot, s'estoit promis et asseuré qu'infailliblement il pourroit, sans estre apperceu, jetter dans la ville des hommes suffisamment. On leur avoit promis qu'il trouveroyent des confidens pour leur tendre la main. Cela ne se trouvant point, et une pierre que l'eschelle fit choir sur l'estomac de Sonnas, dont il s'évanouït presque, avec un grand saignement de nez, tout cela faillit à le descourager, et par lui ses compagnons, au premier rolon de l'eschelle. Mais Albigni, qui estoit au pied, leur remit le cœur au ventre, assisté à cela du père Alexandre, jésuite escossois, qui avoit desjà fait au gros, qui estoit en Plainpalais[1], une harangue, et distribué aux premiers certains billets bénits de la main du pape et dans la pluspart desquels, trouvez sur les morts et prisonniers, estoit escrit qu'ils ne mourroyent de ce jour-là ni par eau, ni par feu, ni par glaive. Et de fait, comme le diable fait ses marchez pleins de cavillation[2], il y en eut qui l'essayèrent ainsi. Les dernières paroles d'Alexandre, en soulevant ceux qui montoyent, furent que les degrez de leurs eschelles estoyent autant de pas pour monter vers le ciel.

Les eschelles estoyent toutes telles que nous vous en avons dépeintes à la prise de Niort, horsmis qu'elles n'estoyent que de quatre eschelons et les autres de six. Entre ceux qui montoyent, il y en avoit qui portoyent de gros marteaux, avec un tranchant d'acier de mote d'un costé, les autres des tenailles artificielles et les autres des pétards moyens.

Donc, cet équipage monta la nuict du soltice d'Hyver, Sonnas et Attignac les premiers, ayans encor six avec eux. Les huict se promenèrent deux à deux, les

---

1. Plainpalais, faubourg de la ville de Genève.
2. *Cavillation*, tromperie.

uns par les rues, les autres le long des courtines pour taster la foucade, s'il y en eust eu. Cependant, se trouvèrent montez plus de deux cents hommes, soixante armez de toutes pièces et autant qui n'avoyent que le plastron, le pot et l'escoupette à la ceinture, quelquesuns la demie pique et plus de cent salades avec des mousquetons. Tout cela, en achevant de monter, se serroyent le long des maisons, entre deux tours vis-à-vis de l'escalade, ou se couchoyent sous des arbres en la pente du parapet, selon l'opinion de Brunaulieu, qui ne vouloit point qu'on donnast avant quatre heures du matin. Comme les troupes filoyent, et aux eschelles et au dedans, le duc fit partir un courrier vers la Roche[1] et vers Aneci pour faire avancer des troupes espagnoles et néapolitaines qui estoyent demeurées derrière; et ce fut dont prit amorse le bruit qui courut au loin de la prise de Genève. Jusques-là tout montoit sans alarme, quand une sentinelle, de la tour de la Monnoye, appella son caporal pour l'avertir de quelque bruit. Un soldat dépesché pour aller voir, en demandant *qui vive* à quelques hommes armez qui venoyent à lui, tira son coup et fut porté à terre quant et quand. Ayant crié *aux armes*, la sentinelle de la tour en fit autant. Lors Brunaulieu, Sonnas, Attignac et un autre prennent chacun une troupe pour donner, l'un à la porte Neuve, l'autre au corps de garde de la Monnoye; le tiers monte aux avenuës de la maison de ville et un quatriesme r'allie ceux qui montoyent pour tenir ferme vers la Tartasse.

1. La Roche (Haute-Savoie).

Ces deux dernières troupes estoyent pour pousser ou entretenir les secours qui pouvoyent empescher l'ouverture de la porte Neuve au reste qui estoit en Plainpalais. Ceux qui donnoyent à la porte Neuve le firent si résoluement que, des treize qui estoyent en garde, les dix se trouvèrent estonnez. De ceux-là, les uns, après leurs harquebusades tirées, coururent alarmer le corps de garde de la maison de ville, et quelques-uns passèrent jusques à la porte de Rive. Quelques-uns, suivis l'espée dans les reins jusques à la porte de la Treille, près de l'arcenal, eurent résolution de la fermer au nez de leurs poursuivans. De trois des treize, qui estoyent demeurez à la porte, l'un, ne quittant point sa faction au boulevart de Loye, y fut estropié. Un autre s'avisa bien à propos de faire tomber la herse. Le tiers ferme une porte au nez du pétardier, nommé Picot, qui fut tué, et, avant l'estre, fit mourir deux des habitans. Quelqu'un, esveillé des premiers, une halebarde à la main, s'achemina à la porte Neuve, et, ayant trouvé en son chemin des piquiers armez, leur demanda où estoit l'ennemi. Mais eux, l'ayant convié à estre des leurs, le chassèrent, criant aux armes dans les ruës. Les habitans ne demeurèrent guères à courir à cette porte et barriquer les avenuës; et, comme ils portoyent du feu, les Savoyars en tuèrent quelqu'un d'harquebusades, et entr'autres Canal, l'un des seigneurs de la ville, capitaine du quartier, qui passa la chaîne pour les aller reconnoistre de près. Ceux qui vouloyent forcer la porte Tartasse ne firent pas l'effort qu'ils devoyent, et fut le premier desfaut des attaquans; lesquels pourtant, voyans toute la ville en arme, firent crier partout *ville gagnée, vive Espagne, vive Savoye, et tue, tue*, enfin tout ce qu'il falloit pour porter effroi. Le gros faisant ce bruit, d'autres, plus avancez, gagnoyent pays sans bruit et avoyent pour mot secret le bruit qu'on fait de la langue pour encourager les chevaux, ou un cri de grenouille. Ceux-là respondoyent au *qui vive* des habitans *Amis*, et puis crioyent que l'ennemi estoit à porte de Rive, où il n'y avoit point de danger.

Mais le fort du combat fut par une troupe de quelques quarante qui, sortis de la maison de ville et devers Sainct-Léger, donnèrent la teste baissée vers la porte Neuve et trouvèrent un gros de piques et de mousquets au-devant la porte. Deux ou trois y donnèrent desbandez, furent portez par terre. Ayans tué le pétardier Picot, comme nous avons dit, le reste alla mesler, la pluspart en chemise, dans les picques et parmi des hommes bien armez. C'est ce qu'il y eut de plus merveilleux que ces braves hommes du duc de Savoye se laissèrent mener à coups d'espée par un peuple qu'ils mesprisoyent, jusques à deux chaînes qui traversoyent l'avenue à la porte. A chacune d'elles le combat fut fort opiniastré. Là, bien à propos, vindrent trente de ceux de la ville. A ce secours, les Savoyars furent acculez jusques à la première guérite de la courtine, et de là, rendans de pas en pas quelque combat, congnez jusques dedans le gros qui soustenoit et favorisoit l'escalade.

De l'autre costé, vers le corps de garde de la Monnoye, les attaquans donnèrent à plusieurs fois dans le corps de garde, et avoyent enfoncé une mauvaise porte, derrière laquelle les Genevois s'estoyent barriquez. Là-dessus, ils se résolurent de donner dans la cité, où pour entrer faut passer une arcade qui a un rateau. Ce qui les arresta premièrement, ce fut une ronde, à laquelle s'estant joint un soldat, ils firent demeurer sur la place quelqu'un des plus avancez. Ceux-ci, secourus d'autres bourgeois, mirent sur cul cette troupe. Et ceux qui donnoyent par l'escarpe furent arrestez par le rateau. Cependant, quelques-uns percèrent dans les maisons, firent jouer un pétard à celle d'un marchand de chevaux, nommé Peager, où le jour de devant ils avoyent fait prix de quelques-uns et promis les venir payer le lendemain. On dit que d'autres soldats avoyent tenu mesmes langages par des boutiques; c'estoit un grand secret confié à trop de gens.

La foule du peuple, qui courut en cet endroit, y remédia et tua les plus avancez. Mais, de l'autre costé, où nous avons laissé le gros aculé par les Genevois et bien servi d'harquebusades des maisons, il arriva qu'un canon, qui estoit au boulevart de Loye, fut par trois soldats avisez pointé à fleur de courtine vers le fossé où estoyent les eschelles. A la première volée, qui fit grand tort aux entrepreneurs, le régiment de Val-d'Isère, croyant que ce fust le dernier coup de pétard et que tout fust ouvert, marche vers la porte Neuve avec cris de joye et tambour battant, et, trouvant la porte fermée, alla emplir le fossé aux pieds des eschelles, où l'artillerie de tous costez faisoit beau feu, et le combat fut trois quarts d'heure sans relasche; les Savoyars lors combatans pour la vie aussi bien que ceux de dedans. Ce fut au mesme temps que les premiers citoyens, qui avoyent beu le grand péril, rafraîchis des forces de la ville, donnèrent la teste baissée dans le gros, d'où quelques-uns gagnèrent les eschelles qui restoyent, et les autres, arrivez à l'endroit de celles qui estoyent cassées de coups de canon, se laissèrent choir du mur en bas. Quelqu'un armé tomba sur père Alexandre. La mollesse du fossé fit grand bien à plusieurs autres. Il y en eut qui aimèrent mieux se faire mettre en pièces que de sauter, et de ceux-là s'en trouva cinquante-quatre morts à la courtine de la Courratterie, presque tous hommes de commandement, treize pris en vie, partie blessez. Albigni, ne pouvant faire sa retraite de bon ordre, la fit comme il put; le duc lui reprochant sa cagade[1] en payement.

Les seigneurs de la ville firent pendre dans le boulevart de Loye les prisonniers, sans avoir esgard aux qualitez. Nul de ceux-là n'eut désagréable l'assistance des ministres ni leurs admonitions.

On en a parlé diversement aux royaumes prochains, plusieurs disans que les Genevois devoyent user plus modestement de leur victoire sans adjouster l'ignominie et le meurtre de sang-froid à personnes de haute extraction. D'autres alléguoyent le violement de la foi publique, la résolution de faire tout mourir, et, de plus, l'exemple de tant de penderies, par lesquelles on avoit obligé ce peuple à la loi de talion; et encor n'y a-t-il point de pareille, pource qu'il n'y a point de foi violée, comme aux premières actions[2].

---

1. *Cagade, cacade, encade*, mot employé par Rabelais.
2. Le récit de d'Aubigné a été inspiré par une brochure du temps : *Vray discours de la miraculeuse délivrance envoyée de Dieu à la ville de Genève le 12ᵉ jour de décembre 1602.* Ce récit a été réimprimé avec de savantes notes par MM. Dufour-Vernes et

En ce combat de deux heures, la ville perdit seize hommes, ausquels elle fit dresser un honorable monument. En ce nombre, y a deux seigneurs de la ville; les blessez sont vingt et non plus. Le duc y perdit deux cents hommes, entre ceux-là les deux Attignacs, Brunaulieu, Cornage, lieutenant d'Albigni, Sonas, Chaffardon, de Grufi et La Tourpayen.

Je laisse aux théologiens à discourir, selon leur profession, de cet ample sujet. Je me contente, selon la miene, de vous faire souvenir quelle différence de courage il y a entre celui qui mesnage sa vie en l'espoir du pillage ou qui la prodigue pour la sauver, si on ne veut blasmer les attaquans de n'avoir pas assez rendu de combat, quand ils ont esté réduits à ce poinct. Quant à Albigni, il ne semble pas qu'il ait manqué au devoir de chef, si ce n'est que les capitaines, nourris par Henri le Grand, disent que leur maistre eust esté présent à tout, comme il fit à Cahors[1] et ailleurs, et certes le duc a monstré plus de courage qu'il n'en faut pour cela. Mais on dit que les plus grands d'auprès de lui l'empeschèrent d'y donner, comme il se trouve assez de conseillers qui mesnagent leurs testes sous le chapeau du général. Henri le Grand en nommoit de cette sorte auprès des archiducs, qui leur contoit pour un grand déshonneur qu'on vist rouler auprès de leurs tentes un boulet de l'ennemi.

Eugène Ritter. Genève, 1884, in-8º. Pour obtenir de nouveaux détails, l'auteur de l'*Histoire universelle* engagea, avec le conseil de Genève, une correspondance qui a été publiée par M. Heyer dans le tome XVII des *Mémoires de la Société de l'histoire de Genève*.

1. Prise de Cahors, 31 mai 1580. Voyez t. VI, p. 8.

Le roi voulut se ressentir de l'infraction de la paix, mais le nonce du pape y descoupla tous les ressorts propres pour l'appaiser.

La nouvelle de cette faute resjouyt ceux de Venise, mais contrista le consistoire de Rome, où les blasmes ne furent pas espargnez contre les principaux de l'entreprise, comme les oisifs sont iniques juges des travailleurs[1].

Les principaux affaires de ce costé-là vers nous estoyent les commandemens au nonce de prendre toutes occasions pour interpeller le roi de tenir ses promesses du sacre et du mariage; c'estoit pour procéder à l'extirpation des réformez. Pour à quoi travailler le duc de Florence[2] presta le comte Botti, excellent homme d'affaires, et auquel le nonce et l'ambassadeur d'Espagne devoyent prendre correspondance et se raporter. Nous eusmes encore de Rome de grandes traverses sur le mariage de Madame, et puis tous consentemens à défaire celui de la roine de Navarre pour pouvoir accomplir celui de Florence.

Ce fut de là qu'avint, quelques années après, la rude tragédie des Morisques, sur ce que les trois que nous avons spécifiez, joints à deux prélats de France, prirent un jour le roi en mauvaise humeur, et, l'ayant sollicité de l'extirpation, ce prince, se retournant vers Taxis, qui avoit pris la parole, lui dit assez rudement : « Faites que vostre maistre[3] chasse de sa domination

---

1. A la suite de cette tentative, le duc de Savoie signa un traité avec la ville de Genève, 21 juillet 1603. Ce traité est imprimé par Spon, *Histoire de Genève*, t. II, p. 249.
2. François-Marie de Médicis, grand-duc de Toscane.
3. Philippe III, fils de Philippe II, mort en 1621.

tant de peuples qu'il souffre publiquement blasphémer du nom de Jésus-Christ, et puis je chasserai les huguenots, qui l'ont en honneur et sont fidèles à mon Estat. » L'ambassadeur pria le roi de se souvenir de sa parole, et là-dessus fut projettée la ruine de ce peuple, qui a fait horreur à la chrétienté, et qui, pour estre hors de mon terme, ne peut estre poursuivie plus avant.

D'autre costé, les Irlandois déchassez, qui se voyoyent avec leurs femmes et enfans errans par toute la France et qui surtout emplissoyent et infectoyent Paris, et mesmes qui furent trouvez, faisant des voleries, et de nuict avoir esgorgé quelques passans sur le Pont-Neuf, ces gens faisoyent sonner qu'ils estoyent fugitifs pour la foi catholique. Le jésuite Coton[1] prenoit ce temps-là pour pousser le roi à ce que nous avons dit et estoit soigneux de présenter à sa veuë tels misérables exemples pour servir de raisons. Ce que je ne puis laisser aller plus avant sans vous dire que telles remonstrances, suivies de menaces bien colorées, ayans apris au roi qu'il n'auroit plus de respit à ses promesses, lui fit résoudre à guérir tout par une notable mutation, de laquelle vous saurez des nouvelles à nostre *appendix*.

Nous ramassons en l'Angleterre, où toutes choses se conduisoyent au gré du roi, comment la roine, parmi les familiaritez qu'elle monstra au mareschal de Biron, lui fit voir les reliques du comte d'Essex[2] et de

---

1. Pierre Cotton, prédicateur, jésuite, confesseur de Henri IV et de Louis XIII, né à Néronde en 1564, mort à Paris le 19 mars 1626.

2. Après l'exécution du comte d'Essex (6 mars 1601), la tête de ce seigneur avait été exposée sur la tour de Londres.

ses compagnons, chose qui le troubla et ne le changea pas.

La paix s'estant faite avec l'Espagnol, le roi fut pressé de retirer son ambassadeur d'avec les Estats, et de fait fit revenir Busanval[1] jusques à Paris, d'où, après y avoir bien pensé, il le renvoya en sa charge avec beaucoup d'excuses et raisons qui l'avoyent esmeu à faire la paix d'Espagne ; mais aussi avec promesses qu'autant qu'en lui seroit, sauf la paix, il les favoriseroit et continueroit en leur alliance, et mesmes qu'il rembourseroit les deniers, desquels, durant les guerres, il avoit esté assisté par eux. Est aussi à noter que les confidens estrangers sollicitèrent l'entretien d'un ambassadeur au Pays-Bas, pource que, dès lors, ils cerchoyent l'entremise du roi pour ménager paix ou trefve, comme il avint depuis.

Chapitre XVI.

De l'Orient.

Ne trouvant comme rien en Alemagne pour nous amuser en elle, à cause qu'elle a des besongnes assez violentes à ses frontières, c'est là où nous partageons l'année 1598 avec le livre précédent. Nous trouvons l'archiduc[2], ayant repris Papa[3] et Totia[4] avec peu de

---

1. Paul Choart, s. de Granchamp, appelé M. de Buzenval, fils de Robert Choart, seigneur de Buzenval, et de Françoise Grené, sa seconde femme, chargé par Henri IV de plusieurs missions importantes, mort à la Haye le 31 août 1607.
2. L'archiduc Mathias.
3. Pappa, ville située au-dessous d'Altenbourg, assiégée le 13 août 1597, tomba, peu de jours après, au pouvoir des armées impériales (De Thou, liv. CXIX).
4. Les Impériaux s'emparèrent de Totis le 10 mai 1597.

peine, venir au siège de Javarin[1]; occasion au bacha Mahomet, général de l'armée d'Hongrie, de venir attacquer les chrestiens à ce siège. L'avant-garde des chrestiens laisse approcher les Tartares, qui avoyent la pointe et avoyent passé quelque branche du Danube, suivis de vingt mille hommes de pied, tiers janissaires. Cela, s'estant engagé mal à propos, fut chargé à gauche et à droite si furieusement qu'il en demeura de sept à huict mille sur la place; Mahomet, avec le reste, contraint de desloger et d'aller passer sa colère sur la Transsylvanie.

Mais Sigismond Battori, avec l'aide des Moldaves, les arresta sur le cul, rendant des exploicts si valeureux que le grand seigneur dépescha vers lui un ambassadeur pour le presser de se joindre de tout point avec les Ottomans, sans oublier la paix renouvellée avec le Persan. Battori fit des responses honnestes sans engagement; ce que, n'estant pas bien entendu, il fut accusé devant l'empereur d'avoir concluid marché avec le Turc. Pour se purger de cela, il fit un voyage à Prague[2], et au retour, ayant déclaré guerre, vint prendre Filck et Chiarald-sur-Marise. Et les Turcs se retirèrent dedans Tata, qui avoit esté laissé par les chrestiens.

Le siège de Javarin n'ayant pas esté heureux, Vaubecourt[3], Champenois, fait dessein de la pétarder,

1. L'armée impériale se mit en marche le 13 sept. 1597 pour assiéger Javarin.
2. Le 17 février 1597, le prince de Transylvanie se rendit à Prague, où il reçut, des mains de l'empereur, le collier de l'ordre de la Toison d'or. Il ne rentra dans ses états que vers la fin du mois de mai.
3. Vaubecourt, gentilhomme lorrain et non pas champenois,

choisit cent hommes françois et walons; et avec cela, suivi de loing par les forces chrétiennes, arrive à soleil levant parmi une multitude de chariots, chevaux et d'hommes du pays, qui portoyent des vivres aux Turcs. Ceux-là, voyans qu'un homme seul, suivi de si petite troupe, vouloit prendre Javarin et mesmes n'ayant qu'un si petit canon, firent une huée de rire de voir que la fusée ne faisoit que siffler. Mais, après le coup donné, Vaubecourt, sans laisser esclaircir la fumée, se jette avec les cent hommes et fut bientost aux mains avec les janissaires, qui [s'estoient] r'alliez en une rue. Palfi et Coliniche[1], suivis du comte de Scharzembourg[2], arrivent au secours de Vaubecourt, qui avoit desjà sur les bras plus de cinq cents janissaires. Palfi donne à la forteresse, où il y avoit peu de gens, et l'emporte par escalade. Mais le grand combat fut au grand r'alliement que fit le bacha de Javarin, comme ayant huict mille hommes de garnison, moitié janissaires. La meslée fut grande et de longue durée, en laquelle un soldat walon, de qui le nom seroit à désirer, ayant porté par terre le bacha, lui coupa la teste; laquelle il porta au bout d'une lance présenter et donner espouvantement en plusieurs endroits. Le combat dura jusques à la nuict et reduisit les Turcs dans un bastion, où cinq cents, refusans toute capitulation, se firent mettre en pièces. Il mourut à tout cela près de deux mille Turcs et six cens chrestiens, des meilleurs hommes. Le gain

plusieurs fois cité dans les *Lettres de Henri IV*, était lieutenant de l'armée impériale. Cette entreprise sur Javarin eut lieu au commencement de mars 1598 (De Thou, liv. CXXI).

1. Palfi, commandant des hussards; Georges Colnich, colonel.
2. Adolphe, baron de Schwartzembourg.

fut d'une très bonne place, de quatre-vingt pièces d'artillerie et de grandes munitions[1]. Vaubecourt receut des honneurs non communs par toute l'Alemagne, quoi que son chef, offensé de quelques paroles dites licentieusement, lui en eust voulu dérober le principal honneur.

De là en avant, les Turcs reperdirent Tata, Palotte et Vesprim[2]; et Ziguet[3], embrasée par un grand vent, fut mise en cendre.

D'autre costé, Michel, vaivode de Moldavie[4], assiégea pour la seconde fois Nicopolis, la prit par force et y tua tout, la brusla et délivra seize mille chrestiens.

Tels progrès firent donner à Mahomet bacha six vingt mille hommes, dont il voulut assiéger Strigonie. Mais le comte de Scharzembourg, s'estant campé de l'autre costé de l'eau, quoique foible, empescha de passer le Danube. Il fit lever ce commencement de siège et contraignit l'armée turquesque d'aller hyverner vers la Moravie. Et lui n'eut pas plus d'heur assiégeant Caposchwar, car l'hyver le fit retirer; et toutesfois prit en chemin Chanay, abandonné par estonnement.

La garnison de Papa, estant sans vivres et sans argent à cause de la ruine du païs, avoit envoyé vers le comte de Schartzembourg pour leurs nécessitez, et, n'ayant receu pour response qu'une potence peinte

---

1. La prise de Javarin eut lieu le 20 mars 1598.

2. L'armée impériale s'empara de Totis (10 mai 1598), du château de Gest, de Palotta et de Vesprin au mois d'août 1598.

3. Zighast, près Canisse.

4. D'Aubigné confond la Moldavie et la Valachie. Michel était vayvode de Valachie (De Thou, liv. CXXII).

LIVRE QUINZIÈME, CHAP. XVI.   389

en une feuille de papier, se mutina et se vouloit jetter ès mains du Turc, quand le comte, pour réparer sa faute, réconcilia les mutinez par promesse de leur envoyer leurs monstres. Mais, comme ils commençoyent à sortir, un soldat, qui s'entendoit avec le comte, amoureux de la femme d'un autre, lui descouvrit et elle à son mari comment l'entreprise estoit de croistre la garnison d'un régiment, à l'aide duquel le mareschal de camp vouloit décimer la garnison. Les compagnons, avertis de cela, r'entrent dedans, font jurer la révolte à leur colonel, coupent la teste à un qui le refusoit; de là traitent avec le bacha de Bellegarde, qui leur paya leurs monstres et les laissa dedans. Les habitans, qui vouloyent leur résister, furent mis en pièces; et puis le comte fut obligé à les assiéger[1], fait ses approches et sa batterie. Lors se mit confusion parmi les révoltez, qui, voulans se sauver par une poterne, furent emportez par le régiment des Walons et passez au fil de l'espée. Parmi ceux-là, près de six vingts furent empalez vifs, presque tous Lorrains; entr'autres Saquenai, gentilhomme bressan, eut le cœur arraché, on lui en batit les jouës à la mode d'Angleterre.

L'archiduc Matthias, ayant fort blasmé le mal qu'avoit fait le comte de Schartzembourg[2], le receut à

1. Le baron de Schwartzembourg avait envoyé, vers la fin de juin 1600, le colonel Schurpfenstein pour assiéger Pappa. Lui-même parut devant cette ville le 12 juillet. Mortellement blessé par un coup d'arquebuse, il dut résigner le commandement en faveur de Melchior Redern, qui mit fin à ce siège le 9 août de la même année (De Thou, liv. CXXIV).

2. Dans la note précédente, on a vu que le baron de Schwartzembourg avait trouvé la mort sous les murs de Pappa. Cette

regret en son office de mareschal de camp, pour l'armée de treize mille hommes dont il assiégea Bude. Vaubecourt, avec les bandes qu'il commandoit, premièrement emporta le fauxbourg[1], fortifié sur le bord du Danube, aisément, mais avec un grand combat le mont Sainct-Gérart, qui fut bien défendu; aussi cousta-il deux mille Turcs. Mais l'hyver garantit le reste et fit lever le siège[2]; comme aussi l'armée turquesque, commandée par le vizir Mahomet, qui avec deux autres bachas avoit assiégé Varadin[3], où le baron de Fritland et Melchior de Redern[4] estoyent à l'extrémité; joint aussi la peste qui estoit parmi les Turcs, surtout dedans Constantinople, où moururent de contagion dix-sept sœurs du grand seigneur.

Là mesmes arriva que trois renégats, esclaves du mufti, ayans dérobé leur maistre, se sauvèrent chez les Cordeliers de Péra. Brèves[5], ambassadeur, appaisa avec beaucoup de peine le mufti, qui vouloit ruiner

---

contradiction chronologique disparaît si l'on remarque que la prise de Pappa, racontée plus haut, est postérieure au siège de Bude, dont il va être parlé.

1. Le faubourg de Bude fut pris le 5 oct. 1598 (De Thou, liv. CXXI).
2. Les Impériaux levèrent le siège le 1er novembre 1598.
3. Aux premiers jours d'octobre 1598 avait commencé le siège de Varadin par les Turcs. Les assiégeants se retirèrent le 3 novembre.
4. Melchior Redern était gouverneur de Varadin.
5. François Savary, seigneur de Brèves et de Maulevrier, ambassadeur à Constantinople le 27 juillet 1592. Il fut ensuite envoyé à Rome et devint gouverneur de Gaston de France, duc d'Orléans, frère de Louis XIII (*Lettres de Henri IV*, t. III, p. 705). On conserve à la Bibliothèque nationale, dans l'ancien fonds Harlay-Saint-Germain, plusieurs recueils de sa correspondance diplomatique.

les Cordeliers. Le mesmes aussi, ayant impetré que le grand seigneur envoyeroit un présent au roi Henri le Grand, sur la contradiction et empeschement qu'y apporta le bacha Cigale, refusa la mesme chose quand les Turcs se repentirent de s'estre repentis; et, sur ce que c'estoit une espée enrichie qu'on envoyoit, il dit que l'espée de son maistre estoit trop riche de triomphes pour en recevoir une autre par présent.

Les chrestiens revindrent pour la seconde fois assiéger Bude[1] et eurent aussitost sur les bras une armée turquesque, qui pour se haster ne se fit pas si forte qu'elle eust pu; dont avint que, le siège estant levé pour venir au combat, la teste des Turcs fut mise en fuite et prises les armes et les munitions qu'ils amenoyent pour se jetter dedans. Ce fut au reste à faire retraite, qui fut de mauvaise grâce, car ils y perdirent de six à sept mille hommes, et puis s'allèrent vanger sur la Hongrie, où le baron d'Ordep les malmena.

Bude, voyant son secours deffait, ne perdit pas cœur, mais à force d'incommoditez fit lever son siège pour la seconde fois; le comte de Schartzembourg, tellement opiniastré à ce dessein qu'il la r'assiégea pour la troisiesme fois[2], où il n'eut autre heur que la prise du bacha, estant sorti hors de la ville; car celui de Bellegrade fit lever le siège en présentant son armée et par mesme moyen rompit une entreprise que les chrestiens avoyent mesnagée sur Pest[3].

Lors il y eut par deux fois ouverture d'un traité de

1. Le second siège de Bude commença le 18 avril 1599.
2. Troisième siège de Bude, août 1599.
3. Le comte de Schwartzembourg fut blessé dans l'attaque de cette ville le 16 août 1599.

paix[1] entre les deux empereurs, au commencement fort desdaigné par le chrestien et puis par le Turc à son rang. Sur quoi l'archiduc deffit trois mille Turcs et fit le desgast à l'entour des places, qui en Hongrie tenoyent pour les Mahomettans.

Nonobstant, Ibraïm-bacha s'avança au siège de Canise[2], où les esclaves des chrestiens bruslèrent la grande ville et contraignirent leur maistre de se partager en la forteresse, qui, estant assiégée de six vingts mille hommes, attendit jusques au secours que vous verrez.

Le brave Sigismond Batori, prince de la Transsylvanie, fut engagé par les menées estranges du cardinal André[3], son cousin, à rompre la paille avec l'empereur. Par ce moyen le cardinal, de qui les meschancetez avoyent esté odieuses auparavant, se réconcilia avec Sigismond. S'estant adomestiqué[4], persuada à son cousin d'ouyr messe tous les matins et, pource qu'il n'est pas permis de desjuner auparavant, prendre un bouillon au sortir du lict. Par ce moyen, ayant gagné à force d'argent le valet de chambre qui lui portoit son bruvage, il faisoit jetter dedans quelque drogue, par laquelle il afoiblit le cerveau de son cousin à quelques craintes bigotes; si bien que ce prince creut son salut entre les mains du cardinal, lui demandoit tous les jours s'il ne seroit point damné de faire

---

1. Le 5 octobre 1599 s'ouvrirent les conférences en vue de la conclusion de la paix entre l'Empire et la Porte.

2. Les Turcs assiégèrent Canise le 8 sept. 1600.

3. André Bathori, cardinal en 1584, cousin de Sigismond Bathori, prince de Transylvanie.

4. *Adomestiqué*, rendu familier, *s'estant attaché*.

LIVRE QUINZIÈME, CHAP. XVI.

ceci ou cela, et par ce moyen laissoit sa vie, son âme et le régime ès mains de son empoisonneur, qui, maistre de l'Estat, fit esloigner tous les grands du pays. Ceux-là conjurèrent. Et, n'ayant autre remède, il traita avec le grand seigneur, lui assujettit la Transsylvanie; de là, dresse mesmes ruses contre le brave Michel[1].

Mais cettui-ci, pour sauver sa Moldavie[2], donne sur le Transsylvain, prend Albe-Jule et autres places. L'armée du cardinal, faisant mine d'en vouloir secourir, fut attaquée, mise en route sans grand combat[3]; le cardinal, fuyant, tué par un paysan, le bourreau lui trencha la teste après sa mort[4]. Ce fut chose estrange comment la vigueur de l'esprit d'un tel prince et celles des forces du pays furent si tost mises à néant. Mais le premier fut ruiné par la préparation des philtres qu'avoit apris en Italie le cardinal André; cela secondé par les impressions que donnoit au cerveau attendri un jésuite, entre les mains duquel Sigismond mit sa conscience et avec elle son Estat. Quant aux forces, tous les chefs de guerre prirent plaisir à leur ruine, pource que les grands et les moyens n'avoyent plus accez au prince que par le cardinal et par un secrétaire, qui portoit au conseil les avis de Sigismond, qu'on ne voyoit point. D'ailleurs, les gens de guerre estoyent fraudez en leurs payemens, lesquels il faloit

1. Michel, vayvode de Valachie.
2. Lisez *Valachie*. Voyez la note 4 de la page 388.
3. Ce combat fut livré le 28 octobre 1599.
4. Le corps du cardinal André Bathori, massacré suivant les instructions secrètes de l'empereur, fut remis au vayvode de Valachie, qui le fit déposer dans un tombeau, élevé à Weissembourg par les soins du cardinal (De Thou, liv. CXXII).

arracher de l'espargne, comme estant le propre du cardinal.

Tost après, Papa se révolta par non payement, et le comte de Schartzembourg, voulant encores payer de rigueur, fut tué en reconnoissant la place par un François, nommé le Cadet-Gris. Les forces demeurèrent entre les mains de Melchior Koder jusques à l'arrivée du duc de Mercœur, qui, comme prince de l'Empire, y fut appellé de ce temps.

La première besongne qu'il trouva, ce fut ce siège de Canise, où il marcha avec treize mille hommes, sur l'automne de l'an 1600[1]. Il se campa à veue de la grande armée, qui, l'en voulant empescher, l'attaqua en son retranchement non achevé et, ne le pouvant emporter, y laissa de bons hommes et deux canons embourbez. Le duc fut pourtant contraint de descamper pour le manque de munitions de guerre et de bouche, comme ayant le pays perdu tout soin de leurs affaires. Les Tartares estoyent tellement au guet à l'entour des chrestiens, bien que favorisez d'une brouée[2] pour desloger, qu'ils eurent aussitost vingt mille chevaux, suivis du reste, sur leurs erres; ce qui apporta de l'espouvantement et comme une déroute. Mais le duc, monstrant un bois pour retraite à son infanterie, r'asseura les siens par l'avantage du lieu, et puis fit sa retraitte d'un ordre qui lui apporta de la réputation. Quoiqu'avant descamper, le duc eust fait avertir le gouverneur de Canise, nommé Parizari, de ne composer point et qu'il le reverroit bientost, il ne

1. Le duc de Mercœur parut en vue de Canise le 1er octobre 1600.
2. *Brouée,* orage, tempête.

laissa pas de composer[1]; et puis, s'estant venu présenter au duc[2], il eut la teste tranchée pour sa lascheté, qui fut une leçon bien nouvelle en ce pays-là.

Le roi de Perse avoit rompu paix avec Mahomet, fait alliance avec l'empereur Rodolphe, et les Georgiens couroyent les terres du Turc, lors attaché à ses plaisirs. Cigale fut fait chef d'une armée pour mener en Perse. Or, cependant que Mahomet s'amuse en vain à vouloir corrompre le duc de Mercœur par des présens, qu'il refusa, à envoyer en France un médecin renégat avec des présens pour faire r'appeler le duc, tout cela en vain, le Persan envoya un Anglois, nommé Antoine Serlei, et Begoli-Cachin, Persan, vers le pape, l'empereur et le roi d'Espagne, pour les convier d'attaquer le Turc d'une part, cependant que lui feroit marcher cent cinquante mille hommes. A cela s'adjoustoit des promesses de permettre la religion chrestienne libre en tous ses pays. Les divisions des princes chrestiens rendirent inutiles les offres du Persan, renvoyé au grand-duc de Moscovie et par là au mespris des chrestiens.

Le duc de Mercœur et le bacha s'abouchèrent en une plaine avec chacun mille chevaux, le dernier offrant de rendre Canise pour Javarin, alléguant qu'il avoit esté pris par un instrument de guerre non usité. Tous ces projects estans sans fruict, les chefs chrestiens s'assemblent à Comar[3] pour l'emploi de l'armée,

---

1. Canise se rendit le 22 octobre 1600.
2. Parizari, gouverneur de Canise, rejoignit le duc de Mercœur à Rakelsbourg. Il fut aussitôt envoyé, sous bonne escorte, à l'archiduc Matthias, et, n'ayant pu justifier sa conduite, il fut condamné à avoir la tête tranchée.
3. Le duc de Mercœur quitta Comar le 3 sept. 1601 pour aller assiéger Albe-Royale, où il arriva trois jours après.

qu'ils amassoyent de tous costez. Ils font semblant d'assiéger Bude pour la quatriesme fois. Ce fut pourquoi les principaux de ce lieu, craignans le succès de cette opiniastreté, envoyèrent leurs richesses dans Albe-Royale, que l'armée, qui n'estoit que de dix-huit mille hommes, investit sur le poinct qu'une partie de sa garnison estoit allée à la guerre. Vaubecourt gagna d'abordée le fauxbourg de Sommaterne, Tilli[1], celui devers Javarin, qui tous furent défendus, mais emportez de haute lutte par les François, qui avoyent la pointe aux deux endroits. Les approches se firent par un marais, sur la difficulté duquel les assiégez s'estoyent reposez. Le mareschal de camp Rosevorme[2], ayant trouvé moyen d'y placer six canons, y fait bresche, que le duc reconnut lui-mesme, et puis fit marcher à l'assaut premièrement les François, et puis de suite les régimens du prince d'Anhalt, de Bavière, de Halsbourg et Altemps ; chasque soldat ayant commandement de porter une fascine pource que la ruine n'avoit pas assez comblé. Après une volée de canon, les François passent le fossé, plein de grenades et d'autres artifices de feu, se battent à pied tenu dans la ruine. Le régiment d'Anhalt prend sa part du combat ; tout le reste suit et pousse. La bresche est forcée avec perte de mille attaquans. Tout fut passé au fil de l'espée par la ville. Le bacha, sa famille et ses plus proches se retirèrent en une maison fortifiée, où ils eurent capitulation de la vie. Les Turcs avoyent fait

---

1. Jean Tzerklaes, comte de Tilly, né en 1559, capitaine allemand, le principal adversaire de Gustave-Adolphe pendant la guerre de Trente ans, mourut en 1632.
2. Christophe Herman Rusworm, maréchal de camp.

des mines sous les endroits principaux, entr'autres sous la grande église, et caché des hommes pour les faire jouer quand ils y verroyent la foule. Le feu, y estant mis, porta un grand estonnement, mais fit peu de meurtre. Et le duc, qui avoit failli d'y estre empoigné en faisant chanter le *Te Deum*, ne fit pourtant point de mal au bacha, aimant mieux le mener en triomphe à Javarin.

Les Turcs ne demeurèrent guères à mettre sur pied une armée et revenir assiéger Albe-Royale. Le duc y avoit laissé mille heiducques, une compagnie de chasque régiment et plus de canon qu'il n'y en avoit trouvé[1]; mais, y voulant mettre le tout pour le tout, il tria deux mille hommes et deux compagnies de chevaux-légers françois, qu'il mena comme l'armée prenoit son assiette, se fit faire place et eut loisir de faire entrer six cents chariots. Mais, au retour, il eut plus de peine et lui falut percer huict mille Tartares qui s'estoyent jettez dedans le chemin de Javarin.

L'archiduc vint lors au camp des chrestiens, où, ne trouvant que douze mille hommes et sachant que l'armée des ennemis estoit à près de quatre-vingt mille, il voulut se couvrir du Danube et laisser la défense d'Albe-Royale aux despens de la garnison. Mais le duc de Mercœur opiniastra, au contraire, pour deux intérestz, l'un de sa conqueste et de l'autre des amis qu'il avoit engagez dedans; si bien que, s'offrant à digérer le plus fascheux du combat et surhaussant la valeur

---

[1]. Le commandement de la place avait été donné à Richard de Staremberg, capitaine autrichien.

des siens au mespris des Turcs, il fit résoudre à attendre l'issue du combat.

Deux jours après, les deux armées se virent[1]. La turquesque commença à coups de canon; la chrestienne, ayant respondu de mesme, monstra qu'il se faloit voir de plus près. Les François, qui avoyent la pointe, bien couverts et autrement esquipez que les Turcs, font impression dans le milieu de l'avant-garde et donnent si avant que le bacha[2], qui la commandoit, se trouve mort sur la place. La petite troupe qu'ils estoyent, ne pouvant embrasser toute l'avant-garde, ne put empescher les r'alliemens aux deux costez du gros de l'armée. Eux aussi ayans fait le leur, les autres nations receurent une charge des Turcs, en firent une autre, et les deux armées jouèrent aux barres jusques au soir, que les uns et les autres firent sonner leurs trompettes d'un costé, les atabales de l'autre, pour dire qu'ils avoyent du meilleur; ce qui eust esté vrai du costé des Turcs, si, faisans tout combattre, ils eussent accablé les chrestiens de leur multitude; mais ne donnant que par troupes et moyens aux chrestiens de se rafraîchir, ils ne peurent réparer le premier désordre que leur avant-garde avoit receu.

De là en avant, les deux armées ayant longtemps patienté à qui mieux se maintiendroit, la turquesque leva le piquet la première, et le duc de Mercœur, ayant esté dedans Albe taster le poux aux compagnons, se retira vers Javarin. Et puis, ayant sceu que l'archiduc Ferdinand alloit pour assiéger Canise[3], il s'offrit à

1. Cette bataille fut livrée le 10 octobre 1601.
2. Mehemet Kihaya, bacha de Bude.
3. Canise avait été reconstruite près des ruines de l'ancienne

estre de la partie. Mais, la jalousie de l'honneur l'ayant fait mal à propos refuser, il vint à Prague prendre congé de l'empereur pour faire une course en France. N'estant avancé qu'à Noremberg, la peste le print et mourut[1], au grand regret des Allemans; prince qui s'estoit fait capitaine et qui, malheureux aux guerres contre les réformez, avoit combattu les infidèles avec un heur nompareil.

Voilà l'estat où nous laissons les affaires d'Orient: là Mahomet avec peu de bons succez et plusieurs malheurs, tant par mer que par terre, meurt dans deux ans, laissant Acamat[2] pour son successeur et les huict ans de son règne comptez pour malheureux.

Chapitre XVII.

Du Midi.

En approchant du Midi, nous trouvons dans l'archipelague l'isle de Chio, où les chrestiens avoyent liberté de religion. Ferdinand, grand-duc de Toscane, eut envie de la conquérir pour y loger sa milice. Dès l'an 1598, en septembre, il fit ses préparatifs des vaisseaux, dont estoit amiral Marc-Antonio Calefato. Il jetta dessus huict cents hommes pour mettre pied à terre,

---

Canise, que Parizari avait livrée aux Turcs en 1600. L'archiduc Ferdinand entama le siège de cette ville le 9 septembre 1601. Il retira ses troupes vers le 15 novembre.

1. Le duc de Mercœur mourut le 19 février 1602, à l'âge de quarante-trois ans.

2. Mahomet III, mort de la peste à Constantinople, eut pour successeur Achmet Ier, son fils.

outre l'équipage, et leur donna pour chef Virginio Ursino, duc de Bracciane. Cela, embarqué à la mi-novembre, dans six semaines fut en veuë de l'isle, les galères et ceux qui paroissoyent sur le tillac tout accommodé à la turquesque. Ces gens de guerre, par le dessein de Bartholomeo Montauto, mirent pied à terre la dernière nuict de l'an pour donner les estrènes avant jour. Les eschelles, posées aux murailles de la ville fortifiée et le pétard à la porte de la marine, jouèrent à propos. Par l'escalade entrèrent plusieurs soldats, de mesme par la porte qui avoit esté emportée. Mais, cependant que des maisons eslevées plus haut que la courtine les harquebusades donnoyent à fleur de parapet, empeschant de suivre les premiers, une troupe de Turcs r'alliez gagnèrent la porte. En mesme temps, la mer esmeuë rendit plus difficile la descente, si bien qu'il falut sauter la muraille, et ceux qui ne le peurent, mourir ou demeurer esclaves, comme furent plusieurs gentilshommes florentins. Montauto y laissa la vie, et les habitans, à qui on vouloit oster la liberté, la recouvrèrent par la faveur du roi et les diligences de Brèves, ambassadeur.

A la fin de nostre terme, Vignancourt estant éleu grand maistre à Malte[1], André Doria[2] fit une entreprise aussi heureuse sur Alger[3] et pria le grand maistre de vouloir envoyer en course vers la Morée, tant pour

1. Adolphe de Vignacourt avait succédé à dom Martin Garcez, grand maître de l'ordre de Malte, mort en 1601.
2. Jean-André Doria, amiral des galères d'Espagne.
3. Cette expédition fut entreprise sur les conseils d'un capitaine français nommé Le Roux, qui s'était distingué dans l'attaque de Chio, précédemment racontée (De Thou, liv. CXXVI).

amuser les vaisseaux du païs, cependant qu'il acommoderoit la ville d'Alger s'il en venoit à bout, que pour les tenir avertis de ce qui se préparoit[1]. Le chevalier du Vivier, ayant cette commission, eut envie de mettre pied à terre pour surprendre Niocastro, que les Turcs appellent Passeva. Le commandeur du Ponsu, chef des gens de pied, entre ceux-là de cinquante chevaliers, donna à Beauregard, capitaine de la galère Sainct-George, son pétardier et trente hommes pour succéder au pétard. Les chevalliers de Bayllou et de la Trévillière, avec chacun vingt hommes et deux eschelles, prenoyent à gauche et à droite. Cet équipage arrivé aux portes un peu avant jour, tout réussit. Le pétard emporte les deux portes pource qu'il y avoit peu d'air entre deux; les eschelles mettent sur sa courtine quarante hommes, le commandeur du Ponsu marchant sur le talon des premiers. Tout cela emplit la forteresse sans grande résistance, tuent deux cents Turcs, prenent quatre cents esclaves; le reste se sauva par des fausses portes aux montagnes. Ayans tout pillé, mirent le feu, emportent les enseignes, de canon ce qu'ils purent, rendirent le reste inutile et gagnent leurs vaisseaux.

Nous trouvons en nostre chemin le roi de Fez, lequel, pour fomenter ses fainéantises, à cause desquelles il n'a rien donné à nos derniers livres, et, pour se garantir de ceux de Suez qui vouloyent troubler son repos, avoit traitté alliance avec le roi d'Es-

---

[1]. La flotte espagnole partit de Majorque le 28 août 1601, et, après de vains efforts contre la capitale barbaresque, rentra au port le 4 septembre. Au retour de cette expédition, André Doria résigna sa charge d'amiral espagnol (De Thou, liv. CXXVI).

pagne; et, pour esloigner les Turcs, qu'il craignoit encores par delà tous ses autres voisins, il fut autheur et solliciteur de l'entreprise sur Alger; mais manqua de tout ce qu'il avoit promis, soit hommes, munitions ou autres commoditez.

Ce que nous venons de dire réveilla l'amiral Cigale, qui, avec cinquante voiles, se mit aux trousses de l'armée; et, quoique les chrestiens eussent soixante et dix galères, où le pape, l'Espagnol, le duc de Savoye, le duc de Toscane et Malte avoyent contribué, dom Joan de Cordoüa ne voulut rien hazarder, et fit que les siens souffrirent plusieurs descentes et pillages aux costes chrestiennes.

Il faut que j'eschappe un an outre mes bornes pour couvrir ce défaut et laisser mon lecteur en meilleure bouche des affaires du Midi.

Vignancourt, grand maistre de Malte, ayant entretenu un soldat de son isle, autresfois esclave dedans Mahomette[1], en Barbarie, entreprit sur cette ville, quoique pleine de Mores, les meilleurs soldats qu'ait le Turc sur cette coste. Le chevalier Du Vivier y fut employé avec les cinq galères de la religion, garnies de huict cents hommes choisis, et parmi eux de deux cents chevaliers. Au commencement d'aoust[2], cette flotte trousse, sous les abris de Lampadouse[3], deux

---

1. Mahomette, à quatre lieues de Tunis.
2. La flotte, commandée par un ancien capitaine franc-comtois, commandeur de Matha, mit à la voile le 4 août 1602 (De Thou, liv. CXXVII).
3. L'île de Lampedosa, distante de Malte de quarante lieues, a une longueur de deux lieues. Les vaisseaux de Malte arrivèrent dans son port le 5 août 1602.

fustes turquesques; de là viennent à demie lieuë de Mahomette[1], et, n'ayant pas la mer commode, louvoyent, en attendant les raports de Vinceguerre, qu'ils avoyent mis la nuict sur le sable pour reconnoistre avant jour les approches. Le quatorziesme, au poinct du jour, le commandeur de Mata, comme collonel, et le chevalier Beauregard, sergent-major des François, print place en terre. Beauregard prend un pétard, les chevaliers de Chanremi et de Fressinet en prenent chacun un; le premier pour la porte du port et l'autre pour celle de Siloc. Tout cela suivi du chevalier de Seba, menant les Italiens, et de dom Joan Sannazar pour les Espagnols. Beauregard, qui donnoit à la principale porte, voulut que Harleu[2], fils de Sainct-Luc, volontaire à l'entreprise, commandast vingt chevaliers (entre ceux-là son frère) et cinquante soldats pour le soustenir. Tout cela marche et jouë avec effect, horsmis Fressinet, qui, ayant trouvé la porte murée, court à une eschelle et saute sur la muraille. Le reste donne par les portes enfoncées. Il n'y eut blessé de marque que Beauregard, quelque quantité de flesches et d'harquebusades que tirassent les Turcs, les uns pour sauter la muraille, les autres se faisans assommer. Les chrestiens, ayans pillé et bruslé, comme il faloit en tel cas, résolurent la retraite et marchent vers leurs vaisseaux. La principale perte fut du jeune Harleu, qui, en faisant sa retraite, accompagné de La Courbe, qui fut fort blessé, de Sainct-Liger et de Chasteauneuf, François. Lui donc, ayant trouvé une

1. La flotte arriva en vue de Mahomette le 13 août 1602 et le débarquement eut lieu le jour même.
2. Charles d'Espinai de Sainct-Luc, s. de Harleu.

maison remplie de Mores, enfonsa la porte, se jetta le premier dedans, et ayant sauté au colet d'un, un autre lui perça le corps d'une hazegaye. Et ainsi, ayant les reins coupez, il vesquit jusques à Pantalerée ; puis fut enterré à Malte avec tout l'honneur que le grand maistre put rendre à sa vertu [1].

Revenans du Midi par l'Italie, nous avons à couronner les affaires de ce costé-là par un des plus notables accidens qui soit arrivé à rois ni à princes de plusieurs siècles. C'est la tragique avanture de dom Sébastien de Portugal [2], selon la constante opinion de tous les Portugais, et le jugement de plusieurs autres, qui n'ont en ce discours autres intérests que l'humanité, ou d'autre part, d'un affronteur supposé en la place de ce roi, selon les partisans du roi d'Espagne. N'estant juge de ces *dispareri* [3], je me contenterai de dire historiquement et par abbrégé ce que plusieurs en ont escrit.

Premièrement, les Espagnols veulent que dom Sébastien soit mort à la bataille [4], pource qu'un prisonnier de cette estoffe ne pouvoit estre caché. A quoi j'adjouste du mien que le parti victorieux, ennemi d'Espagne, n'eut point celé un si précieux joyau, propre

---

1. Après cet heureux succès, la flotte rentra dans le port de Malte, où elle arriva le 15 août 1602.

2. Sébastien, roi de Portugal, né le 20 janvier 1554.

3. *Dispareri*, opinions contraires, mot italien.

4. Dom Sébastien fut tué en Afrique à la bataille d'Alcazar le 4 août 1578. Voyez le tome VI de l'*Histoire universelle* de d'Aubigné, p. 109 et suiv. Touchant les faux Sébastien, qui furent assez nombreux à la fin du XVIe siècle, voyez *les Portugais en France et les Français en Portugal,* in-8º, 1882, par M. Francisque Michel.

à troubler la paisible possession de dom Philippe et à le rendre par le trouble moins puissant à les guerroyer; que le teint basané du supposé n'a point de similitude avec celui du roi perdu; que son langage barbaresque ne s'accorde point avec celui d'un roi, qui estoit disert en sa langue nommément; que Sébastien, estant reschapé, n'eust point laissé passer une telle distance d'années en si misérable condition sans affecter plustost le retour en l'excellence de la royauté.

Ces raisons, suivies de plusieurs exemples d'affronteurs, qui ont entrepris des hardiesses pareilles, ont mi-parti quelques esprits pour en asseoir un douteux jugement, et voici ce qui se disoit de l'autre parti : premièrement, que ç'a esté de l'intérest du prisonnier de se céler; à quoi les diverses playes lui ont donné avantage, et que, parmi les morts, et peut-estre parmi les despouillez, il ne s'est point trouvé différent d'un autre homme; et partant, ce que pouvoyent profiter les Mores sur la connoissance, ne sert de rien à considérer quand elle n'y estoit pas. Pour le teint, que le plus blanc Escossois n'eust sceu empescher une telle teinture parmi l'habitation de l'Afrique un si long espace de temps. La corruption du langage va de mesme pied. Sur quoi est à noter que ces deux marques avantageuses eussent empesché l'affronteur d'entreprendre ce qu'elles n'ont peu contre une conscience et un courage royal, animé de son équité. Et quant au retardement de sa résolution pour venir, la honte de sa ruine, la playe faite aux chrestiens par son opiniastreté, joint à cela l'esloignement, les duretez, nécessitez et pauvretez qu'il lui falloit vaincre. Tout cela est capable d'avoir aliéné les défis qui peuvent estre nez long temps avant l'espérance, et elle long temps devant l'exécution.

Il faut adjouster à cela une narration, premièrement des choses escrites en sa faveur et puis de celles dont les uns et les autres convienent. Du premier rang est ce qui s'ensuit : Dom Sébastien, l'an 1578, estant demeuré entre les morts, selon quelques-uns, selon quelques autres ayant percé hors le péril de la bataille, en l'une ou en l'autre façon se trouvant dans les déserts, accompagné du duc d'Aveira[1] et de quelqu'autre, il prit sa retraite chez un hermite, avec lequel il cacha long temps la honte et le desplaisir de son accident. Long temps après, par le conseil de l'hermite, il trouva moyen de se faire passer en Sicile l'an 1598. Là, il print quelques serviteurs, avec lesquels il s'embarqua à Messine, en une galère du pape, pour passer à Rome, délibéré de se descouvrir au pape mesmes. Mais ceux qu'il avoit pris pour le servir le volèrent, le laissant si pauvre et desnué que force lui fut de se couvrir de chétifs haillons, qu'on lui donna pour l'honneur de Dieu. Cette mésavanture lui fit changer le dessein, et sa fortune le contraignit à courir toute l'Italie à cercher ses voleurs. Enfin, n'en oyant point de nouvelles, il se retira en cette ville, qui estoit Venise, au mois de juin an susdit, n'ayant avec lui qu'une seule gazette, pièce de monnaye valant trois liards de France. En cette manière, il se logea dans une chétive maison, où il demeura quelques jours sans estre connu. Depuis, aucuns particuliers commencèrent d'avoir soin de lui, qui se fit appeller premiè-

---

1. Dom George de Alencastro, duc d'Aveiro.

rement chevalier de la Croix, puis en suite le roi dom Sébastien. Comme ce bruit couroit, Antonio de Brito, Pimentel, Pantaléon, Possoa et plusieurs autres le vindrent souvent visiter en son logis, et, à l'occasion du mesme bruit qui s'alloit renforçant par la ville, lui, changeant de logis, tomba, à la mal'heure, ès mains d'hommes vils et de fâcheuse vie, lesquels, bien que tels et pauvres, lui donnoyent à manger et des habits à leurs despens; ce qui lui acquit mauvaise réputation pour suivre la compagnie de telles gens, et fut la principale cause de ses mésavantures.

Voici ce qui n'est point en débat : c'est qu'estant à Padouë, l'ambassadeur de Castille manda au potesta qu'il lui fist vuider la ville et les terres de la seigneurie. Lui, au contraire, vint à Venise. Estant là, sur les contestations qu'il estoit ou n'estoit pas le vrai roi de Portugal, la seigneurie le fit mettre prisonnier en un cachot. Estant interrogé, il maintint estre le roi de Portugal, et fit des responses pleines de colère qui irritèrent ses juges. Des prisonniers qui estoyent avec lui, les uns insultoyent à son affliction, les autres admiroyent sa vie religieuse et ses magnifiques propos. On le fit regarder, et trouva-on que les marques extérieures qu'on requéroit en lui ne manquoyent point, soit la stature et les traits du visage en gros, le pied plus court du costé gauche que du droit. Et, pource que quelques-uns le virent blesser au commencement du combat d'Afrique de deux coups, l'un au haut de la teste et l'autre sur le sourcil droit, on trouva en lui deux playes tout à propos. On avertit de quelques marques en son corps qui furent trouvées. On le fit escrire. Sa lettre, confrontée par des expers, fut trouvée celle du roi de Portugal. Là-dessus, ceux que nous avons nommez et autres demandèrent qu'il leur fut permis de parler au prisonnier, à la charge que, s'ils maintenoyent une fausseté pour lui, ils se condamnoyent avec lui à l'ignominie et à la mort, dont autrefois on a puni les imposteurs en fraudes si dangereuses que sont celles de la souveraineté. Ils requirent d'avantage qu'on donnast ordre à son vivre et à telle façon de prison qu'il n'y pust estre empoisonné. Sur cela, estants arrivez Diego Manuel et Sébastien Figuero, avec lettres des Estats d'Holande et du prince Maurice, en faveur du roi dom Sébastien, il fut mis en plus honnorable prison à cinq escus de despense par jour, dont il donnoit la pluspart aux pauvres. Et puis la Seigneurie assembla le conseil des Pregai, lequel, sur l'incertitude des choses et craignant d'irriter l'Espagne, le prisonnier fut mis dehors avec commandement de sortir des terres des Vénitiens, avec peines, lui remettant la désobéissance d'y avoir demeuré deux ans vingt-deux jours depuis la sentence du podestat de Padoue. Estant mis en liberté entre onze et douze heures de nuit, il s'en alla chez un Grec, où il trouva logez Rodrigo Marguez et Sébastien Figuera, gentilshommes portugais, qui estoyent avec lui à la bataille. Ceux-là, après plusieurs contrastes, le reconnurent, le changèrent de logis, où, ayans appellé tous les principaux Portuguais, qui estoyent lors à Venise, il leur tint ce langage en portuguais :

« Vous avez fait un très grand bien à vostre patrie et signalé service à moi, qui suis vostre roi et seigneur. Vous estes mes vassaux et subjects, puis que vous avez fait ce que vous deviez à Dieu et à vostre obligation ; je n'en serai point ingrat ; je suis vostre père et vous estes mes enfans. Maintenant que je suis entre vos mains, je vous supplie que faciez vos affaires avec prudence, attendu que vous estes obligez à contenter ceux qui vous demanderont comment vous m'avez connu pour vostre roi et seigneur, et, si vous ne trouvez que je suis tel, jettez-moi dedans la mer. Vous avez quelques-uns d'entre vous qui ont par escrit les marques qui sont sur mon corps, tant les secrettes comme les apparantes, lesquelles le Père Docteur, Sampeio, et Le Chanoine ont apportées de Portugal par actes authentiques, par instrumens publics qui ont esté faits judiciairement et tesmoignez par personnes de qualité, qui m'ont nourri et veu maintesfois tout nud lors que j'estois enfant. Voyez, je vous prie, pour vostre justification s'il est ainsi que je les aye toutes telles. » Et, comme il se voulut despouiller pour les leur faire connoistre, les Portuguais l'empeschèrent, le requérant leur vouloir dire quelque chose de ses avantures, ausquels il respondit qu'il le feroit une autre fois, que pour l'heure ils lui voulussent faire ce plaisir de lui dire des nouvelles de ses amis et de la patrie. Là-dessus, il se prit à s'enquérir de diverses choses de Portugal, depuis vingt-deux ans et plus. Il a descouvert en public ce qu'il tenoit caché en sa poitrine, disent les Portugais, et qui ne pouvoit estre manifesté à autre que lui. Il a fait voir à quelques-uns les marques des blessures qu'il receu en la journée d'Afrique, faisant fourrer les doigts dedans. Il leur dit encores que ses propres armes sont serrées en un certain endroit ;

que le duc d'Aveiro, les comtes de Rodondo et de La Sortella, Fernand de Menesez[1] sont encores en vie; qu'à la première commodité il envoira vers eux; que Christofle de Tavora[2] fut tué par des voleurs devant lui.

A ces discours, tous les Portuguais entrèrent en plus d'asseurance que c'estoit lui-mesmes. Et, en outre, leur fit revoir toutes les particularitez de son corps, une dent qui lui manquoit, leur nomma le barbier Sébastien Nero et le lieu où il l'avoit tirée. Le prièrent de manger, de quoi il s'excusa, pource que c'estoit un vendredi, qu'il jusnoit. Peloor lui tirant le soulier pour le faire chauffer, lui tasta une verruë si grande qu'elle sembloit un sixiesme arteil. Puis, les regardant tous habillez de diverses façons, il leur dit en portuguais : *tanto trage*[3]. Sampeio[4] et Chrisostomo, cordeliers, le vindrent quérir pour l'emmener à Sainct-Dominique, et de là s'embarquèrent en une gondole pour aller à Chiosa, pensant par Ferrare gagner Florence, et de là à Marseille.

Mais, le grand-duc[5] l'ayant fait prendre prisonnier, là il fut interrogé vingt-sept fois par les sénateurs et par diverses sortes de gens, ausquels il protesta tousjours d'estre roi de Portugal, et demanda d'estre

---

1. Parmi les seigneurs qui suivirent le roi de Portugal en Afrique, de Thou cite deux personnages portant le nom de Menésès : Édouard de Menésès, comte de Taroca, maréchal de camp, et Emmanuel de Menésès, évêque de Coïmbre (De Thou, liv. LXV).
2. Dom Christophe de Tavora, duc d'Aveiro.
3. *Tanto trage*, que de beaux vêtements !
4. Sampayo, d'après de Thou, était dominicain.
5. François-Marie de Médicis, grand-duc de Toscane.

visité par les Portugais, ce qui lui fut refusé. Le roi d'Espagne averti, dépescha au grand-duc pour mettre le prisonnier en ses mains; de quoi il fut refusé fort long temps, alléguant ce prince qu'entre les marques de la souveraineté, celle-là estoit la plus éminente de protéger les affligez. Nonobstant, les forces qu'avoit le duc de Savoye pour les occasions que nous avons marquées en leur place, faisant quelque mine de s'approcher du Montferrat, le grand-duc envoya le prisonnier à Orbitelle; là mis dans quelques vaisseaux armez, venus de Naples, où il fut conduit seurement. Quelques-uns ont dit qu'il fut noyé de nuict, d'autres qu'il a fini ses jours en une tour; et ceux de cette dernière opinion l'appuyent de quelque respect, qu'on porta à sa royauté reconnuë.

Pour corolaire à cette histoire, on dit que le prisonnier varia aux responses qu'il fit quand il fut interrogé à Florence. Mais, qu'estant de retour parmi les prisonniers, il leur contoit ses douteuses responses, les attribuant à sa colère et au desdain, y adjoustant celles qu'il pouvoit faire, s'il eust voulu, et par lesquelles il respondoit catégoriquement. Les Portugais adjoustent que, quelques seigneurs de leur païs l'estans venu voir, il avoit spécifié des commandemens secrets et à plusieurs des paroles de privauté avec toutes les circonstances. Les mesmes adjoustent deux choses, plus importantes que tout, c'est que les Jésuites, partis en cet affaire[1] pour l'amour du grand

1. Les Dominicains surtout s'étaient déclarés en faveur du faux Sébastien. Joseph Texera, l'un d'eux, composa même plusieurs écrits pour justifier cette imposture et accréditer le nouveau roi (De Thou, liv. CXXVI).

dessein, produisirent les tesmoins, qui maintenoyent le connoistre pour Calabrois. On dit que, si la chose estoit véritable, il la faloit mettre au net, en désignant ses parens et sa maison. Le dernier poinct est plus serré : que s'il estoit affronteur bien vérifié, il le faloit faire mourir en public, et[1] ainsi en eust-on usé pour bonnes et grandes raisons, tant pour l'exemple que pour la justification.

Chapitre XVIII.

De l'Occident.

De la tragédie de ce roi, vrai ou faux, nous arrivons par l'ordre accoustumé à en voir un autre en Espagne, que nous déduirons, non suivant les mémoires, que la haine espagnole peut avoir produits, mais sur ce qu'un secrétaire de l'ambassadeur en a dépesché à un des principaux conseillers de ce royaume.

C'est qu'en l'an 1598, trois mois après la paix qui clost le livre précédent, « le prince d'Espagne[2] estant allé à Madrit aux festes et esbatemens (j'use des termes de l'escrit) qui s'y faisoyent au jour qu'on célébroit la feste de Sainct-Jean-Baptiste[3], le roi son père n'y fut pas, pource qu'alors il estoit malade de la goutte, qui l'avoit saisi aux deux mains. Son Altesse, revenant de ces jeux et tournois, faisoit rapport à son père des comédies et galanteries qui s'y

---

1. La fin du chapitre manque à l'édit. de 1620.
2. Philippe III, plus tard roi d'Espagne, après la mort de son père Philippe II.
3. La fête de saint Jean-Baptiste tombe le 24 juin.

estoyent passées. » Sa Majesté lui respondit : « Je me resjouys de ce que tu y as pris plaisir, car tu ne verras plus en ma vie aucun allègement de cette maladie. » Et commanda ledit deffunct roi que chacun se préparast pour aller à l'Escurial. Surquoi, le docteur Mercado, médecin de la chambre, lui dit qu'il ne faloit pas changer d'air, crainte de faire augmenter l'accident de son mal. A cela, le roi respondit qu'il faloit bien que l'on lui portast en vie, puis qu'aussi bien l'y faloit-il porter après sa mort. Enfin, pour obéir à sa volonté, ses laquais le portèrent sur leurs espaules et demeurèrent six jours à faire sept lieuës[1]. Il fut quelques jours en estat de discours, qu'il ne put se tenir debout, et faloit qu'il fust assis ou couché. Et là-dessus la goutte s'augmenta ; la douleur de laquelle ses médecins lui appaisèrent ; de sorte qu'incontinent Sa Majesté voulut donner ordre au salut de son âme, se confessa et communia[2]. Et, sur ce, manda que Garcia de Loayza, archevesque de Tolède[3], dit la messe, mais ce fut le nonce[4] du pape qui la dit, avec toutes solemnitez requises.

Ce jour mesme, il sortit à ce bon roi une apostume fort venimeuse au genouil droit, qui ne le laissoit aucunement reposer. Ses médecins, n'y sachans que faire, envoyèrent quérir en diligence un nommé Olias,

1. Philippe II ne parvint à l'Escurial, distant de Madrid de douze lieues, que huit jours après son départ.

2. Philippe II se confessa et communia le 22 juillet 1598.

3. Dom Garcie Loaisa avait succédé à l'archiduc Albert, archevêque de Tolède, après que ce dernier eut résigné son archevêché.

4. Camille Cajétan, patriarche d'Alexandrie et nonce.

médecin de Tolède, grand personnage, qui faisoit des cures si extraordinaires qu'on le soupçonnoit de magie. On le trouva à Madrid. Celui-là et les autres, avec le licencié Vergara, ayant donné ordre à faire meurir l'apostume, la firent ouvrir et en tirèrent grande quantité de mauvaises humeurs. Mais, après cela, il lui survint quatre autres apostumes aux quatre coins de l'estomac, lesquelles furent toutes ouvertes semblablement pour soulager le malade en les purgeant. A cette ouverture, les médecins furent effrayez, pource qu'au lieu du pus qui avoit paru aux autres absez, il sortit une très grande quantité de poux, qui creurent en telle abondance que tous les chirurgiens ne pouvoyent venir à bout de l'espuiser. Ils délibérèrent de le mettre sur le costé pour faire plus facilement tomber cette vermine, et y avoit bien de la peine à tourner S. M. dans son lict, ne se pouvant faire autrement qu'en faisant soulever son corps par quatre hommes, tenans des draps, coulez par-dessous, cependant que deux autres nettoyoyent les poux et r'accommodoyent le lict.

Dix jours avant sa mort, il lui arriva un grand paroxisme qui dura cinq heures, de façon que desjà on lui voyoit défaillir les esprits vitaux ; dont avint qu'à Madrid plusieurs seigneurs se préparoyent desjà au deuil. Sa Majesté retourna à soi, et, en la présence de l'archevesque et de ceux de la chambre, elle dit assez haut : « Mes amis et vassaux, il ne me sert de rien que vous vous faschiez et affligiez pour le recouvrement de ma santé, parce qu'elle ne dépend plus des remèdes humains. Ce qu'il faut faire, c'est que vous regardiez de bonne heure à ce qui convient pour ensevelir mon corps. Maintenant, attendant que je vous laisse, je veux que vous me fassiez venir le prince, qui sera bientost vostre roi, et que vous m'aportiez le cercueil dans lequel je doi estre enseveli, et, au haut de l'effigie, vous mettiez la couronne royale, laquelle cependant vous pouvez garder dans ce petit buffet. » Cela fut ainsi fait, et, en la présence du prince et de l'infante, sa mère[1], appela Jean Rayer[2] de Velasco et lui dit : « Vous souvenez-vous pas d'un petit cofre que je vous donnai à garder y a quelque temps? » — « Oui, Sire, » respondit-il. Lors il lui dit qu'il lui apportast ledit coffre, qui estoit fort petit, et, estant ouvert, ils en tirèrent une pièce de très grande valeur, laquelle Sa Majesté commanda estre donnée à l'infante, et lui dit : « Ma fille Isabel, ma chère, reçoi cette bague que ta mère m'apporta, je te la donne pour mon partement de ce monde. » Et, se tournant vers le prince, il lui dit : « Mon fils, as-tu agréable que je la donne à ta sœur? » — « Oui, Monsieur, dit-il, voire tout ce que j'ai. » Le roi fit beaucoup de cas de cette parole, et lors Sa Majesté commanda qu'on cerchast un autre papier qu'il avoit là et, le donnant au prince : « Tu verras là, dit-il, les moyens de conserver ton royaume. » Il fit tirer aussi un fouët de discipline, qui estoit sanglant par les bouts, et, le levant en haut, dit : « Ce sang est de mon sang, non toutefois proprement du mien, mais de celui de mon père, que Dieu absolve, qui avoit accoustumé de se servir de cette discipline. Et, afin que l'on sache combien il estoit religieux, je l'ai voulu déclarer. » Il fit

1. Lisez *sa sœur;* Isabelle-Claire-Eugénie.
2. Jean Rodrigue de Velasco.

tirer un papier de dessous le chevet de son lict, qui fut levé par Rayer et contenoit ce qui s'ensuit :

« Nous, dom Philippe, par la grâce de Dieu roi de Castille, ayans par l'espace de quarante ans gouverné deux royaumes, le soixante de mon aage, je les remets et résigne à mon Dieu, à qui ils sont, et mon âme en ses très benoistes mains, afin que sa divine Majesté face d'elle ce qui lui plaira. Et veux qu'après qu'elle sera sortie de ce corps il soit embaumé et vestu en habit royal et mis dedans le cercueil de bronze qui est ici, et, après l'y avoir tenu le temps acoustumé, que l'on le mène au sépulcre de cette façon. Que le guidon de l'archevesque marche devant, puis la croix, les moines et le clergé, après l'*adelantado*[1], vestu en deuil, avec l'estandart royal traînant en terre. Le duc de Nazara portera la couronne en un grand bassin couvert d'un voile. Le marquis d'Alila portera l'espée, et mon corps sera porté par huict de mes serviteurs en chef, habillez de dueil, leurs torches allumées. L'archevesque marchera après les grands, et nostre héritier universel derrière, avec son dueil, allant à l'église. Que mon corps soit mis en un tombeau qui se fera. Et, après que le service sera dit par le prélat, on me mettra en la cave, qui sera la dernière maison que j'aurai pour jamais. Cela fait, vostre roi, troisiesme de mon nom, s'en ira à Madrid, à Saint-Hiérosme, où se fera ma neufvaine, et mon fils avec sa sœur, durant ce temps, s'enfermeront aux Cordeliers. Et vous prie, prince, outre ce que je vous ai autresfois dit, que vous

---

1. *Adelantado*, maitre des cérémonies. Cette expression, d'après le dictionnaire d'Oudin, s'applique à plusieurs dignités administratives.

ayez beaucoup de soin de vostre sœur, qui estoit mon âme, mon amour et la lumière de mes yeux. Tenez la république en paix, donnez-lui de bons gouverneurs, récompensant les bons et chastiant les mauvais. Je veux que le marquis de Montdegear[1] sorte de la prison, en laquelle il est, et demeure libre, à la charge qu'il n'entrera point à la cour. L'on pourra aussi délivrer la femme d'Antonio Perez[2] et lui rendre son bien, à la charge qu'elle se retirera en un monastère et que ses filles n'hériteront que de la part de leur mère et non de celle dudit Perez. Je pardonne à ceux qui ont esté pris pour la chasse et à ceux qui seront condamnez à mort, faute d'avoir un pardon du roi. »

Sa Majesté demanda le dernier embrassement à ses enfans, leur disant qu'ils s'allassent reposer. Au sortir de la chambre, le prince demanda à Cristofle de Mora : « Qui est-ce qui tient la clef maistresse? » — « C'est moi, seigneur, » respondit-il. Le prince répliqua : « Donnez-la moi? » — « Vostre Altesse me pardonnera, » dit Cristofle de Mora, « c'est la clef de confiance. » Le prince changea de couleur et, ayant répliqué : « C'est assez, » il entra en sa chambre. Et Cristofle retourna vers le roi, lequel trouvant un peu allégé, il lui dit : « Sire, Son Altesse m'a demandé la clef maistresse, et je ne la lui ai pas voulu donner sans la licence de Vostre Majesté. » La response du roi fut qu'il avoit mal fait. Peu après, il lui arriva un autre paroxisme, lequel fini, l'archevesque lui apporta

---

1. Inigo de Mendoza, marquis de Mondejar.
2. Juana Coello, femme d'Antonio Perez, avait été emprisonnée en 1581 avec ses sept enfants pour obliger Perez, alors en fuite, à livrer les papiers d'État qu'il avait emportés.

l'extrême-onction. Il commanda que l'on tirast un crucifix, gardé en un cofre, pource que c'estoit celui à la veue duquel mourut son père, et qu'il vouloit aussi en estre assisté à sa mort. Après que les cérémonies de l'extrême-onction furent achevées, Son Altesse voulut revenir le voir. Et lors Christofle, qui venoit de le cercher en sa chambre, entra et, mettant le genou à terre, présenta à Son Altesse la clef, laquelle elle prit et la donna au marquis de Denya[1]. Et, sur ce poinct, le roi lui dit : « Je vous recommande dom Christofle pour le meilleur serviteur que j'aye eu. » Il lui en recommanda encor plusieurs autres. Et lors Sa Majesté se tourna pour leur dire adieu ; en les embrassant, il perdit la parole et enfin mourut le 13 septembre, à trois heures du matin. L'enterrement se fit le lendemain, à neuf heures. L'archevesque en fit les cérémonies, et le 16 du mois le nouveau roi se retira de l'Escurial à Saint-Hiérosme, selon ce qui lui avoit esté ordonné[2].

Si mon lecteur trouve en ce discours quelque chose

---

[1]. Dom François Gomez de Sandoval, marquis de Denia, puis duc de Lerme.

[2]. Philippe II mourut à cinq heures du matin, le dimanche 13 septembre 1598, âgé de soixante-douze ans, après un règne de quarante ans. Tout ce qui a trait dans ce chapitre à la mort du roi d'Espagne est exactement rapporté dans de Thou (liv. CXX). M. Gachard a publié, dans la *Bibliothèque nationale de Madrid*, p. 83, un récit curieux de la mort de Philippe II, écrit par un témoin oculaire. On conserve dans les vol. 4020, f. 207, et 4766, f. 147, deux autres relations de la mort de ce prince, et dans les vol. du même fonds, 4317, f. 293, et 18529, f. 158, deux relations du service funèbre célébré à Paris en l'honneur de Philippe II, l'une tirée du cérémonial de l'hôtel de ville, l'autre tirée du cérémonial de la Chambre des comptes.

qui ne soit pas du stile accoustumé, qu'il sache qu'aussi l'ai-je transcrit religieusement sur la copie que receut un secrétaire d'Estat. Il n'y eut pas faute de discours sur toutes les circonstances de cette mort, notamment sur l'impossibilité d'espuiser les poux, en quoi ne conviennent pas les théologiens et les médecins ; soit dit pour ceux à qui l'histoire sert de champ pour s'esgayer.

Chapitre XIX.

Du Septentrion.

Rien ne se trouve en passant par l'isle heureuse que la conspiration des comtes de Gauric[1] contre le roi d'Escosse[2]. Plusieurs ont escrit curieusement cet affaire et comment le roi, attiré en la maison des comtes[3] pour communiquer avec un descouvreur de thrésors[4], estoit tombé entre les mains d'un assassin, qui, effrayé de sa présence, demeura stupide. Et un des frères, voulant faire l'office du tueur, fut arresté par le roi, et l'autre frère aussi tué par le train du

---

1. Jean, comte de Gowry, gouverneur de Perth, et Alexandre Ruthuen, son frère.
2. Jacques VI, roi d'Écosse, né le 19 juin 1566, couronné roi d'Angleterre le 25 juillet 1603, mort le 27 mars 1625.
3. Le 5 août 1600, Alexandre Ruthuen vint trouver le roi d'Écosse pour lui annoncer qu'un artisan de Perth avait découvert un trésor et pour l'engager à en prendre possession (De Thou, liv. CXXIV).
4. Alexandre Ruthuen se disposait à frapper le roi d'Écosse lorsqu'il fut arrêté par Henderson, domestique de Gowry. Il essaya une seconde fois d'exécuter son dessein, mais le roi se défit de lui, et les gens de la suite le massacrèrent.

prince quand il eut crié *trahison* par une fenestre. C'est comme Dieu a soin des rois. Je[1] ne me suis pas attaché à ceste histoire pour les contrariétez des rapports[2].

Le comte d'Essex, après le retour de Cadix et un voyage d'Irlande[3], où il fit venir à raison le comte de Tiron[4], fut accusé par ses ennemis d'Angleterre d'avoir traité avec ce comte trop privément. Sur tel soupçon, comme disent les uns et les autres, pour avoir trop retardé son retour d'Irlande[5], il ne receut pas à son abordée un visage aussi favorable que de coustume; sur quoi il se plaignit à ses amis d'ingratitude, se laissa consoler par trop de gens, vint à Londres trop accompagné. Voyant le maire s'armer contre lui, se retira à sa maison, qui estoit près de Londres, où aussitost, se voyant assiégé, ne voulut point rendre de défense, y ayant plus de dames dans le logis que de gens de guerre. S'estant donc rendu prisonnier avec les prin-

1. Cette phrase manque à l'édit. de 1620.
2. D'Aubigné n'indique pas quel fut le mobile de cet attentat. De Thou rappelle que le père des comtes de Gowry, Guillaume, avait été exécuté pour crime de lèse-majesté, et le récit circonstancié, qu'il fait de cette conspiration, montre que les deux frères profitèrent de la faveur du roi pour essayer de venger la mort de leur père.
3. En 1596, le comte d'Essex et le lord amiral Howard avaient conduit une expédition maritime en Espagne, à la suite de laquelle la ville de Cadix fut prise, pillée et brûlée. La flotte expéditionnaire revint à Plymouth en août 1596.
4. Le comte de Tire-Oen, auteur des troubles qui fournirent à l'Espagne un prétexte pour se déclarer en faveur des catholiques d'Irlande (De Thou, liv. CXXV).
5. D'après de Thou, la reine, au contraire, accusait le comte d'Essex d'avoir précipité son retour à Londres, sans avoir rempli sa mission en Irlande.

cipaux de sa suite, il fut mené à la tour de Londres par Thomas Hawart[1], connestable et garde de la tour, marchant devant le comte un qui portoit la hache, le trenchant en avant. La roine ayant donné commission pour l'enqueste et pour le jugement, on dressa à Westmunster un tribunal fait exprès[2] pour, avec la cérémonie qui appartient aux grands, parachever cet affaire. Le milord thrésorier[3], comme grand séneschal, y présidoit, assisté de neuf comtes, un vicomte, quatorze barons, qui ont tiltre de pairs, et de huict juriconsultes, qu'on appelle sages et servent à la roine de conseil ; le solliciteur et l'attorney y firent office de procureurs généraux.

On commença par demander aux prisonniers de qui ils vouloyent estre jugez. Ayans respondu de Dieu et de leurs pairs, le comte fut accusé de sept poincts :

1. D'avoir en la maison de Druoy parlé avec le comte de Sucdhanton[4], Cristofle Blunt, beau-père du comte, Jean Davis, Charles Dauvers et Ferdinand Gorge ; tenu propos de saisir la tour, la ville, ou se rendre les plus forts près de la roine.

1. Thomas Howard, connétable.
2. Le comte d'Essex, qui avait eu une audience favorable de la reine Élisabeth dans la matinée du 28 sept. 1600, fut arrêté le soir même et envoyé à la tour de Londres. On conserve dans le vol. 15888 du fonds français, f. 365, une relation du s. de Boissize, conseiller d'état, ambassadeur en Angleterre, datée du 5 mars 1601, touchant le procès et l'exécution du comte d'Essex.
3. Lord Buckhurst, grand trésorier d'Angleterre, avait été chargé du rôle d'accusateur dans le procès de Leicester.
4. Le comte de Southampton, un des complices du comte d'Essex, avait commandé la cavalerie en Irlande, malgré l'ordre d'Élisabeth. Fait prisonnier avec le comte d'Essex, il fut jugé, emprisonné dans la tour de Londres et ne fut rendu à la liberté que sous le règne de Jacques Ier.

2. D'avoir retenu prisonniers quatre conseillers que la roine avoit envoyez vers lui.

3. D'avoir en armes par la ville voulu esmouvoir sédition.

4. D'avoir empesché la proclamation commandée par la roine.

5. De s'estre voulu servir d'un nommé Chétif[1], de la ville, pour faire prendre les armes au peuple.

6. D'avoir voulu forcer une des portes avec meurtre et tenu fort en sa maison.

Le comte, avant respondre à ces accusations, demande qu'on lui permist ce qui n'est refusé à aucun, asçavoir de récuser ses ennemis. Ce qui lui estant desnié, lui et Sucdhanton dirent au premier poinct qu'ils avoyent eu quelques devis des moyens de se garantir, mais sans dessein. Au second, qu'il avoit fait entrer les conseillers dans une chambre pour les sauver de l'émotion des siens et par amitié qu'il leur portoit. Et, aux autres poincts, qu'estant averti comment Cobhan et Raleig le vouloyent tuer, il se retira chez le maire et chez le chérif, et les avoit priez de s'armer pour sa garde. Et puis qu'ayant eu avis que le comte de Comberland estoit à la porte de Lurques pour parler à lui de la part de la roine, il y fut receu à harquebusades; sur quoi quelques-uns des siens tirèrent. Et lui se retira en sa maison pour se soumettre à justice. Là-dessus, plusieurs de ses juges l'accusèrent de s'entendre avec les Irlandois, les Espagnols, le roi d'Escosse, les puri-

---

1. Le shériff n'est pas un nom d'homme, mais le titre d'un des magistrats municipaux de la ville. Le comte d'Essex avait réclamé l'intervention du maire de Londres et du shériff pour arrêter les poursuites dirigées contre lui.

tins, les Jésuites, et d'avoir dit mal des gens de la roine. On dit qu'il respondit suffisamment, monstrant la vanité de l'accusation par la difficulté de s'unir avec des testes qui ont si peu de commun. A cela et autres accusations qui lui furent jettées en foule, il accusa ses ennemis d'infidélité à la roine, protestant de n'avoir rien fait que pour ne périr pas à leur gré. Dont, après que chacun des juges eut dit : *Il est coupable, sur mon honneur*, il ouyt sa sentence pour estre mis en quatre quartiers. A quoi il respondit froidement : « Ces pièces laissées ensemble eussent bien servi. » Il fut donc ramené à la tour, le trenchant de la hache vers lui, où il fut laissé plusieurs jours, et là averti qu'il demandast la vie à la roine ; ce qu'il refusa, disant qu'il en estoit las, et la prioit de ne tenir point le refus d'une telle demande pour orgueil. Enfin, le vingt-cinquiesme de février[1], il eut la teste tranchée, ce qui fut fait aussi de ses complices, punis comme on fait les traistres, et parmi eux Thomas Lée[2], non accusé de la conspiration, mais d'avoir maintenu le comte pour innocent.

Et, pource que nous avons touché d'Irlande après quelque escapade du comte de Téron, tout y fut composé[3], et mesmes les interests d'Espagne meslez, au mois de septembre en l'année 1598.

1. Le comte d'Essex fut exécuté le 25 février 1601, 6 mars d'après le calendrier grégorien.
2. Thomas Lea, jeune homme entreprenant, avait été surpris, tenant un mousquet, à la porte du cabinet de la reine. Il fut arrêté par le garde des sceaux, cinq jours après l'emprisonnement du comte, convaincu du crime de lèse-majesté, et exécuté.
3. Durant le procès du comte d'Essex, les Espagnols subirent un sérieux échec en Irlande, où leur colonel général, Alphonse Ocampo, fut fait prisonnier.

Il[1] faut reprendre les affaires du Pays-Bas à ce traité de paix avec celui du mariage, qui ne fut que pour endormir ceux du Pays-Bas. Cependant que François de Mandosse[2], qui estoit pour lors amyrant[3] d'Arragon, au commencement de septembre, fit passer la Meuse[4] par divers endroits et r'allier devers le Brabant ses troupes, qui faisoyent trente mille hommes, tant de cheval que de pied, La Burlote[5], ayant fait amas de batteaux et un peu auparavant fait brusler un navire des Estats, qui estoit devant Venloo[6], vint par eau rencontrer l'amyrant, commençant sa besongne par Orsoi[7]. Le mareschal de Clèves[8] y commandoit, lequel voulut refuser la porte, alléguant la neutralité. Mais, présentant des eschelles à la ville, puis après envoyant sommer le chasteau par trois capussins et un bourreau chargé de licoux, tout lui fut ouvert. Il fit fortifier Orsoi, autresfois commencé[9], et fit une place nouvelle à Walsom.

1. L'édit. de 1620 place ici l'en-tête de son chapitre du *Septentrion*.
2. François Hurtado de Mendoza, fils d'Inigo Lopes, marquis de Mondejar, mort le 1er mars 1623.
3. *Amirant,* vieille forme citée par La Curne de Sainte-Palaye, du mot *amiral.*
4. De Thou date le passage de la Meuse, près Ruremonde, de la fin de septembre, et Monpleinchant des premiers jours du même mois (*Hist. de l'archiduc Albert,* par Monpleinchant, publiée dans la *Collection des Mémoires relatifs à l'hist. de Belgique*).
5. Claude La Bourlotte.
6. Ce vaisseau, monté par Jean de Raert, fut pris vers la fin du mois d'août 1598 (*Hist. de l'archiduc Albert*).
7. La ville d'Orsoy dépendait du duché de Clèves. La Hollande la prit en 1634 et la France en 1672.
8. Horst, maréchal et secrétaire d'État du duché de Clèves.
9. Les fortifications avaient été commencées par le duc Guil-

Le prince Maurice sceut ces nouvelles au fort de Skink[1], où, en amassant ses forces, il apprit encores comment l'amyrant violoit toute la neutralité, tant par la Westphalie, en la ville d'Alpen[2], comme aux terres et à la maison mesmes de la comtesse de Meurs ; et aprit encores qu'un des jeunes comtes d'Emden estoit près l'amirant. Ce fut [l'occasion] d'avertir le magistrat de la ville, faire avancer le comte Guillaume de ce costé. Il aprit encores, par la comtesse de Berg et depuis par des lettres interceptées[3], comment l'amirant ne vouloit entretenir aucunes des neutralitez passées, se vouloit fortifier les passages du Rhein pour entreprendre sur la Frise.

Le prince, sachant ces choses, vint faire son premier campement à Deventer et à l'isle de Gueldre, où il fit des ponts, à l'ombre de ses forts, garnis de canons et de ridotes. Là il receut le gros de son infanterie et le comte d'Hohenloo[4], qu'il mit avec bonnes forces à la garde de Zutphen, Groenlo et Bredevort.

A la mi-septembre, le prince fit une course pour deffaire un convoi[5] qui alloit de Gueldre à l'armée des

---

laume d'Orange. Mendoza se fortifia dans cette ville avant le 8 septembre 1598 (*Hist. de l'archiduc Albert*, p. 184).

1. Maurice s'était rendu au fort de Schenk le 8 sept. 1598.

2. Le château d'Alpen appartenait à Émilie de Newenar, veuve du Palatin Frédéric III.

3. Ces lettres étaient de Henri de Châlons, fils de Palamède de Châlons, dit le bâtard de Châlons (De Thou, liv. CXXI). La maison de Châlons avait des liens de parenté avec la maison de Nassau et n'avait été dépouillée de la principauté d'Orange au profit des Nassau que par le traité de Madrid.

4. Philippe, comte de Hohenlohe, beau-frère de Maurice de Nassau.

5. Ce convoi de canons et de munitions de guerre était protégé

Espagnols, mais ne put rien faire pour avoir esté descouvert de loin. Quelques matelots révoltez des Estats surprirent une de leurs galères[1]. Et ainsi la guerre s'esveilloit par ces petits accidens.

Ceux de Juliers et de Clèves, après avoir murmuré de l'infraction des traittez, sommèrent l'amirant de rendre Orsoi, puisqu'il ne l'avoit pris que pour son passage, assemblèrent les Estats du païs[2] pour parler en corps. Et, à tout cela n'ayans eu que paroles honnestes et vaines, les forces espagnoles adjoustèrent à leur prise Santhen, Calcar et Gennep, sommèrent Clèves et mirent tout en dégast; sur quoi les circles convoquez escrivirent aux principaux d'Alemagne. Et cependant l'amirant, à la fin de septembre, somma Berg et recercha le gouverneur[3]; ne pouvant rien par là, marcha au siège. En y allant, ceux de Wesel s'humilièrent à lui, ce qu'il receut desdaignement, et le comte de Bourg, refusé de sauvegarde, fut assiégé et se rendirent à composition, despouillèrent tous les soldats, horsmis six, et, les ayans tuez, despouillèrent aussi le comte, qu'à quelques jours de là ils firent sortir pour se promener, l'assommèrent et firent brusler à cause de sa religion.

L'armée, s'acommodant encor pour le siège de Rhimberk, saisit Buderich, Dynslaken, Holten et Rees et

par un détachement de 1,500 hommes et de deux compagnies de cavalerie.

1. Cette galère hollandaise, commandée par Simon Janson d'Eedam, fut enlevée sur le Rhin, en face la ville de Rees, le 20 sept. 1598 (*Hist. de l'archiduc Albert*, p. 197).

2. Les états du duché de Clèves s'assemblèrent à Juliers le 25 sept. 1598.

3. Le capitaine Schaaf, gouverneur de Rhinberg.

rançonna Vezel de cent mille talers et mille muids de bled. De plus, firent chasser tous les ministres et recevoir des Jésuites, par l'avis desquels les Espagnols augmentèrent le prix des talers au tiers ; et croissoyent toutes les conditions jusques à ce que le peuple, abandonné de sa garnison, fit response qu'ils se résolvoyent à la mort. Et lors on leur demanda moins et demeurèrent en surséance pour un temps.

Rhimberk investi[1], les Espagnols entrèrent à cheval et à pied, à la merci des canonnades de la ville, en l'isle qui est vis-à-vis et que le comte Maurice avoit voulu faire garder. Mais les assiégez n'y ayans laissé que quelque ridote[2], il la falut quitter à leurs ennemis, qui, de crainte d'une fougade, furent trente heures sans y entrer. Aux deux pointes de ceste isle furent mis quatorze canons en diverses batteries, la ville sommée par Alfonse d'Avalos[3] ; à quoi le magistrat voulut fort entendre et recourir à l'électeur de Coulongne[4] pour la neutralité. Mais les capitaines alléguèrent que c'estoit un collonel seul et non pas l'amirant. Et pourtant renvoyèrent le tambour avec menaces de mort s'il y retournoit. La batterie commença donc le lendemain ; un coup de laquelle porta une bale artificielle ou autre dans la tour des poudres, qui mit en ruine une partie de la ville, tua plusieurs hommes, parmi eux Aeddeink, gouverneur. Cet effort fit encores une bresche au rempart de la porte du Rhein, tua des

---

1. Rhinberg fut investie au commencement d'octobre 1598.
2. *Ridote*, de l'italien *ridotto*, réduit (terme de fortification).
3. Cette sommation eut lieu le 14 octobre 1598. Le lendemain, Alphonse d'Avalos se rendit maître de Rhinberg.
4. Ernest de Bavière, parvenu à l'électorat le 7 oct. 1583, mort le 17 février 1612.

soldats qui estoyent en la demie-lune du devant et fit voler la porte. Les Espagnols ne furent pas négligens à y donner; les assiégez, plus diligens à y mettre des hommes, les arrestèrent. Mais le lendemain, quinziesme d'octobre, n'ayans poudre que celle qui estoit dans les fournimens, ils eurent capitulation d'armes et de bagage, drapeaux desployez et mesche esteinte, jurant ne porter les armes de quatre mois. Alfonse d'Avallos, autrefois traité courtoisement par le comte Maurice, eut soin de leur seureté et conduite jusques à Xanten.

Les circles[1] desquels nous avons parlé, le duc de Clèves et les plus grands de l'Empire escrivirent durant ces choses au prince Maurice, et lui à eux, pour mesnager quelque association. Mais, cependant que les Alemans sont difficiles à eschaufer, il prit résolution de se mettre sur la défensive, et, sachant les diversitez d'avis qui estoyent entre les Espagnols, qui pourtant faisoyent mine d'hyverner en Westphalie, après avoir envoyé défense aux païs pour ne r'envitailler l'ennemi, il s'employa à mettre en bon estat Deventer, prendre les avantages de la rivière d'Yssel pour se maintenir en ses retranchemens.

Il avint que les eaux estans creuës de sept pieds, le prince entreprit d'innonder le pays où campoyent ses ennemis. Pour ce faict, mit, le dernier d'octobre, pour rompre la digue de Hetter, ses pionniers, gardez de douze cents chevaux et deux navires de guerre; si bien qu'au poinct du jour l'eau couloit à grande force par la digue percée. Les Espagnols y accoururent avec quelque mousquetterie et puis en plus grand foule

1. Les députés des cinq cercles de Westphalie étaient assemblés à Dortmont.

avec du canon ; et, ayans fait relascher les pionniers, les navires et leur garde, les soldats entreprirent, contre l'opinion commune et à leur grand besoin, d'arrester l'eau et refaire la digue, et en vindrent à bout.

De là en avant, l'amirant mit garnison par les autres villes neutrales[1], qu'il saisit en demandant le passage contre son serment, escrit et signé. De ce rang furent Rees, Émeric et Iselberg, cette dernière plus maltraitée que les autres. Et ainsi fit chemin pour employer son armée aux places où les Estats avoyent garnison. La première fut Dotcom[2], foible et qui n'estoit gardée que de quatre compagnies, qui fut cause que l'amirant ne la daigna sommer ni mesme, au commencement, respondre au tambour de la ville, qui demandoit capitulation. Mais, sachant que les habitans estoyent résolus à se consommer dans un feu, eux et leurs munitions, qui estoyent en grand nombre, la commodité d'avoir les vivres leur fit donner composition d'armes et bagage sans drapeaux[3]. Le capitaine Dort[4] ne l'eut pas si bonne dans le chasteau de Schuilembourg, car il en sortit avec le baston blanc.

1. La campagne de l'amiral d'Arragon dans des pays neutres et sans défense a déshonoré ce général ; elle se fit d'ailleurs contre l'avis et les représentations des officiers belges (Van Meteren, *Hist. des Pays-Bas,* 1618, f. 435).

2. Le 1er novembre 1598, Mendoza avait envoyé un détachement de quatre régiments pour faire le siège de Dotecom (aujourd'hui Doetinchem), ville située dans le comté de Zutphen.

3. Dotecom capitula le 6 novembre 1598.

4. Le capitaine Dort laissa les batteries espagnoles continuer leur feu depuis midi jusqu'au soir et ne demanda à capituler que lorsqu'il vit les assiégeants se préparer à l'assaut.

Il n'y avoit plus rien au devant des retranchemens du prince[1], duquel l'amirant ayant senti la résolution d'attendre et reconnoissant son armée dépérie pour la difficulté des vivres, que la cavallerie des Estats rendoit plus difficiles, plus l'armée entroit dans le pays, il prit parti de faire remonter son armée pour hyverner, partie en l'évesché de Munster, partie en Clèves et en Juliers.

Les circles inférieurs, desquels le comte de Lippe[2] estoit chef, estoyent lors et de longtemps assemblez à Dorthmont, recevans de tous costez les plaintes des maux que l'amirant avoit faits au territoire de l'Empire ; de quoi ils envoyèrent des cahiers à l'empereur pleins d'histoires tragiques, concluans à implorer la Majesté impériale pour les secourir, ainsi qu'elle avisera, et leur faire savoir ses volontez au dixiesme de l'an auquel ils entroyent, à Coulongne, où tous les circles se devoyent assembler. Dès auparavant, l'empereur avoit envoyé Charles Nutzel, commissaire en cette partie, qui, avec grandes, longues lettres et remonstrances, emplit de papiers tout le conseil de l'amirant. A ces plaintes, il y avoit en somme vingt-une villes saccagées, vingt-six chasteaux, la pluspart bruslez et appartenans à seigneurs catholiques, quelques-uns officiers de l'empereur. Ils avoyent voulu bransqueter[3] jusques à Oldembourg. Leurs demandes gaillardes, comme d'un gend'arme d'argent doré, ailleurs de deux cents livres de fin or. Quelques seigneurs disans à La Burlotte que l'empereur et les princes ale-

---

1. Maurice était alors dans son camp de Doesbourg.
2. Simon, comte de Lippe.
3. *Branqueter*, rançonner.

mans se ressentiroyent de tels outrages, il monstra une vache, disant : « Autant que cette beste. » En hyvernant comme nous avons dit, ils redoublèrent leurs cruautez, pendirent les paysans par les parties honteuses ; ils en embrochèrent et en rostirent trois ; ils violèrent plusieurs filles à la veue des mères, plusieurs femmes à la veue des maris, quelquesfois sur les corps morts de ceux qui s'escrioyent à un tel spectacle ; tuoyent les mères qui n'aidoyent pas à leurs vilenies ; arrachoyent les enfans du ventre des mères et puis les y faisoyent r'entrer, tuant l'un par l'autre ; violant à tour de rôle toutes les religieuses d'une abbaye[1] et puis les faisoyent mourir.

Toutes ces inhumanitez, tirées par abbrégé des histoires du Pays-Bas, abbruvèrent tous les grands d'Alemagne. L'archevesque de Coulongne, qui estoit le plus près, en demanda l'avis au lantgrave de Hessen[2], selon lequel les six électeurs escrivirent à l'empereur, lui et eux à l'archiduc Albert[3] en revenant d'Espagne. Toute la response ne sentit rien que le mespris des Alemans. L'empereur dépescha un mandement à l'amirant, avec une grande narration de ce que portoyent les mémoires, concluant par mandemens de

1. Le monastère de Schlenhorst. Les excès reprochés aux Espagnols furent consignés dans divers mémoires présentés à l'empereur. Voyez de Thou, liv. CXXI.
2. La lettre de l'électeur de Cologne au landgrave de Hesse est datée du 9 déc. 1598.
3. L'électeur de Cologne avait écrit à l'empereur, relativement à ces dévastations, le 12 décembre 1598. Sur la fin de ce mois, l'empereur, dont les instructions du 24 octobre, des 14, 19 et 29 novembre avaient été violées, adressa à l'archiduc Albert de vives remontrances (De Thou, liv. CXXI).

restituer ce qui se pouvoit et grandes menaces contre la continuation. Cette pièce fut suivie de lettres aux Estats généraux.

Tout cela merveilleusement mesprisé, l'assemblée de Coulongne[1], de laquelle nous avons parlé, convie les Allemands à s'armer au commencement de l'an 1599 et à se trouver à une autre assemblée, en la ville de Confluence[2], au commencement de mars[3]. L'amirant y envoya un député avec des excuses ridicules, sur la fin sentans les menaces, le mespris de tous ceux qui avoient esté outragez et de ceux qui s'en vouloyent ressentir.

Le cardinal André, qui estoit demeuré gouverneur du Païs-Bas en l'absence de l'archiduc, se voulut aussi justifier par lettres, auxquelles l'évesque de Mayance[4] respondit que la restitution des choses passées, comme elle se pouvoit faire, empescheroit plus grand mal à l'avenir. Et puis les Espagnols demandèrent que les Estats quittassent les premiers ce qu'ils occupoyent sur les limites de l'Empire, comme Tholuis et Graven-Werth. De quoi l'assemblée escrivit aux Estats et eurent pour response que tout ce qu'ils avoyent sur l'Empire, et qu'ils n'avoyent occupé que pour l'empescher aux Espagnols, seroit rendu aussitost que les Espagnols quitteroyent ce qu'ils avoyent occupé. Et, comme on les pressa de commencer, ils s'excusèrent

1. La diète de Cologne avait été convoquée pour le mois de janvier 1599.

2. *Confluence*, Coblentz.

3. Le congrès fut transféré de Cologne à Coblentz le 11 mars 1599.

4. Wolfgang von Dalberg, archevêque de Mayence du 20 avril 1582 au 5 avril 1601.

honnestement. Tout ce que nous avons dit nous meine jusques à la mi-mai.

Le premier des Allemans qui s'appresta pour deffendre le sien et se joindre à ceux qui voudroyent faire de mesmes fut le duc de Brunswich[1], secondé par le lantgrave de Hessen[2]. Le premier donna ses troupes à Simon[3], comte d'Hohenloo, et l'autre les siennes au comte de Solms[4]; et empruntèrent des Estats Timpel[5] pour estre grand maistre de leur artillerie. Le comte de Lippe ayant joint cela, qui faisoit près de douze mille hommes, les Espagnols, de crainte d'eux, marchèrent vers Émeric[6], qu'ils laissèrent sans garnison, et s'en allèrent à la haste se retrancher dans la ville de Bommel[7].

L'armée d'Allemagne assiégea Walsom[8], perdit deux mois et s'attacha à Rees. Cependant, l'amirant avoit assiégé, battu et, après un assaut repoussé, emporté

1. Le duc de Brunswick avait publié un manifeste, le 19 déc. 1589, pour exhorter tous les ordres de l'Empire à poursuivre la réparation des exactions commises par les troupes espagnoles (De Thou, liv. CXXI). Ce n'est pas lui, toutefois, qui leva des troupes de concert avec le landgrave de Hesse, mais bien Henri-Jules de Brunswick, évêque de Halberstadt (Ibid., liv. CXXII).

2. Maurice, landgrave de Hesse.

3. Simon, comte de Lippe, généralissime de ces troupes, et le comte de Hohenlohe sont deux personnages différents.

4. George Éverard, comte de Solms.

5. Olivier de Tempel.

6. Une escarmouche eut lieu à Emmeric le 19 février 1599 entre les troupes du comte de Bucquoy, Charles de Longueval, et un détachement de cavalerie hollandaise. Le comte fut fait prisonnier après avoir été dangereusement blessé.

7. Mendoza sortit d'Emmeric le 7 mai 1599 et vint se retrancher dans l'île de Bommel.

8. Walson, vis-à-vis Rhinberg.

par capitulation le fort de Crèvecœur[1]. La ville de Bommel s'en alloit quittée[2] sans l'arrivée du prince Maurice, qui se retrancha à une des parts de la ville, et l'Espagnol en entreprit le siège de son costé.

Durant les escarmouches qui se passèrent entre les armées voisines, les Allemans estans campez devant Rees et plus attentifs aux plaintes et aux négociations qu'à faire la guerre, après toutes sortes de commissaires et de pourparlez inutiles, il y eut quelques propos de joindre toutes les forces ensemble contre l'Espagnol. Mais les craintes et les jalousies, et outre cela les allées et venues des Espagnols, desbauchèrent tout, quoiqu'on eust envoyé de l'argent pour contenter les capitaines allemans.

Cependant l'Espagnol, arresté un mois sans rien faire, eut quelque volonté de passer sa colère sur le fort de Voorne, qui est au milieu d'une isle de mesme nom, à la rencontre des rivières de Meuse et de Vahal. Le prince, ennuyé de voir les eaux entre son chemin et lui et le voyant trop considératif pour passer, lui voulut toucher à la main et, au commencement de juillet[3], passa au soir les deux rivières, et à soleil levant eut achevé un retranchement bien tenaillé, eslevé de dix pieds, avec le fossé de douze de large et de six de creux en œuvre, le tout capable de loger six mille hommes. A cette troupe, il donna pour chefs

---

1. Le fort de Crèvecœur, commandé par le capitaine Spronk, se rendit à Claude de La Bourlotte.

2. Les retranchements de Bommel, forcés par les troupes italiennes après un combat sanglant, livré le 19 mai 1599, furent bientôt repris par les assiégés.

3. Le prince Maurice traversa la Meuse et le Wahl le 3 juillet 1599.

La Nouë[1], le chevalier Veer et Edmond, Escossois.

Le quatriesme du mois, les Espagnols, ayans logé avant jour la pluspart de leur infanterie et cavallerie, choisie à l'ombre de quelques digues, firent ce qu'ils peurent pour y attirer les réformez. Ce qu'ayant trouvé inutile, l'amirant se résolut de faire attaquer le retranchement. La contr'escarpe estoit garnie de trois rangs de pieux à crochets de fer, que les Espagnols vindrent froidement attaquer aux mousquetades de cinq ou six pas, et outre cela à la merci de quatorze canons, qui, de l'isle de Voorne, avec la mousquetterie du reste de l'armée, deffendoyent toutes les parts du retranchement, horsmis celle de devant. Nonobstant tout cela, les Espagnols se firent chemin à venir aux mains, avec une résolution et fermeté incroyable. Et bien servit aux attaquans d'avoir la monnoye de leur pièce. Le combat fut si serré que les Espagnols ne laschèrent le pied qu'ils n'eussent perdu sept cents hommes sur la place, huict capitaines en chef, les principaux officiers et encores plus de blessez que de morts. Parmi les Espagnols marchoyent deux moines, portans l'un une grande croix et l'autre une bannière. Tous deux demeurez parmi les morts, l'un fut retiré et guéri. De l'autre costé y eut quelques quarante que morts que blessez, entre ceux-là le sergent-major de Veer. Le lendemain, mille chevaux espagnols conduisirent quatre cents mousquetaires pour enlever le logis des gardes du prince, mais ils y laissèrent un comte espagnol prisonnier.

L'amirant, ayant en vain passé le reste de l'esté,

---

1. Odet de la Noue, fils de François de la Noue.

ne pouvant faire mieux, bastit le fort nommé Sainct-André, au village de Rossem, à l'endroit où l'isle de Bommel reçoit les deux rivières ; cette place, pantagone et de cinq grands bastions. Si bien que, l'ayant tenuë pour imprenable, il dispersa son armée pour hyverner aux garnisons.

L'hyver estant passé, au commencement de l'an 1600, le prince Maurice, ayant nouvelles qu'à faute de payement il y avoit mutinerie entre les troupes ennemies, vint assiéger le fort de Crèvecœur[1], au vingtiesme de mars ; et trouva que les garnisons de ce fort et de celui de Sainct-André[2], après qu'on se fut moqué de leurs plaintes, avoyent chassé leurs capitaines et estoyent tellement mutinez que quatre compagnies walonnes se donnèrent avec le fort. De là le prince, servi de deux cens vaisseaux pour les commoditez de son armée, s'en alla faire autour de Bommel un retranchement d'une estendue incroyable, garni de quatorze forts et de bien autant de ridottes, et fournissant à toutes les avenues, de telle façon que La Burlotte, ayant amené deux mille hommes pour jetter dans le fort Sainct-André, s'en retourna sans pouvoir rien essayer. Et le raport qu'il fit des merveilles de ce retranchement haussa merveilleusement la réputation du prince entre les Espagnols. Les

---

1. Les forts de Crèvecœur et de Saint-André avaient pour gouverneur Nicolas de Catrice.
2. Maurice de Nassau parut en vue du fort Saint-André le 26 mars 1600 ; des traîtres marchands le lui vendirent au prix de vingt-cinq mille francs, et Maurice en prit possession le 11 mai de la même année, deux jours après la capitulation de la garnison (*Hist. de l'archiduc Albert,* p. 199).

grandes cruës des eaux mirent d'une part les assiégez à n'avoir logis qu'au rempart et les autres à ne faire guerre qu'à coups de canon jusques au mois de mai, que la sécheresse permit les approches. Là, il y eut quelque parlement[1], rompu par un signal que firent ceux de Boisleduc. Mais, la contr'escarpe estant percée, deux ponts prests à jetter pour un assaut et le secours que le signal avoit promis ne venant point, ils conclurent leur reddition avec cent vingt-cinq mille florins, et fidélité promise aux Estats tant qu'ils seroyent à leur solde; ce qu'ils observèrent. L'argent conté, la place fut rendue, et y fut trouvé dix-huit pièces de canon et grande quantité de toutes munitions de bouche et de guerre.

Au sortir de ce siège fut le duel de Breauté[2], vingtiesme, avec le lieutenant de Grobbendonk[3], nommé Lekerbitken, sur des injures et défis envoyez par quelques prisonniers. Estant convenus du jour et de la place, Breauté, ne trouvant point ses gens arrivez, les alla cercher fort près de Boisleduc[4]; et là les deux chefs, signalez de panaches blancs et rouges, se choisirent devant leur troupe. Breauté tua son ennemi d'abordée et son frère[5], qui, ayant dépesché son

1. Des négociations avaient été ouvertes le 4 et le 5 mai 1600 par Huchtenbrock, colonel du régiment d'Utrecht, et Vander Aa, capitaine des gardes du prince Maurice (De Thou, liv. CXXIV).

2. Charles de Breauté, d'une ancienne famille du pays de Caux, en Normandie. Il avait épousé la fille de Nicolas de Harlay de Sancy, qui entra dans un monastère à la mort de son époux. Elle n'avait alors que vingt ans.

3. Antoine Schetz, baron de Grobbendonck et de Wesemale, gouverneur de Bois-le-Duc et plus tard de Louvain, mort en 1640.

4. Breauté sortit du Mont Sainte-Gertrude le 5 février 1600.

5. Gérard et Antoine Abraham, dits Lekkerbitken. Il s'agit ici du premier.

homme, vint au secours. Mais les Walons, ayans tous des escoupettes, outre les pistolets, firent leur seconde charge, à laquelle les François, n'ayans que l'espée, furent renversez, et Breauté, abandoné d'une partie des siens, fut prisonnier ; et Grobbendonk, sachant la mort des deux frères, le fit tuer de sang-froid. Ce gentilhomme fut regretté du prince Maurice, qui avoit fait son pouvoir pour le destourner de ce combat à cause de l'imparité[1].

La Hollande estant désormais en repos du costé de Gueldre, le mal que les Provinces-Unies recevoyent des vaisseaux longs de l'Escluse et des ronds de Donkerke leur fit résoudre de porter la guerre en Flandres. Pour passer l'armée en un moment, les Estats mirent ensemble deux mil huit cents vaisseaux de toute sorte. L'armée, ayant longtemps radé devant Rameken, aborda le jour d'après à l'endroit du fort de Philippine, où les Espagnols se rendirent d'effroi au comte Ernest de Nassau[2], qui menoit l'avant-garde. Le reste de l'armée ayant mis pied à terre et laissé derrière les forts de Patience et d'Yssanick, marche vers Assenède, qui capitula à armes et bagage. Et de là l'armée s'avança jusques à une lieuë de Bruges[3]. Cependant, les galères prirent sur la queuë de l'armée vingt vaisseaux de charge. Parmi ceux-là, le navire du capitaine

---

1. Le récit de ce duel et des circonstances qui l'ont motivé a été diversement rapporté par les historiens du temps (De Thou, liv. CXXIV). Les détails du duel, avec notes à l'appui, ont été donnés par Monpleinchamp dans son *Hist. de l'archiduc Albert*, p. 202 et suiv.

2. Ernest-Casimir, comte de Nassau-Dietz, né le 22 août 1573, tué à l'attaque de Ruremonde le 5 juin 1632, s'empara du fort de Philippine le 22 ou le 23 juin 1600.

3. Au village de Male.

LIVRE QUINZIÈME, CHAP. XIX. 439

Blancart se deffendit tant qu'il ne resta que huit soldats, presque tous blessez, lesquels, s'estans préparez à faire tout sauter, se démeslèrent et amenèrent leur chef mourir à Flessingue, où il fut enterré honorablement[1].

Le conseil que les Estats avoyent establi près de Son Altesse, comme l'armée passoit aux canonnades de Bruges, voulut essayer ce que pourroyent des lettres envoyées aux principales villes pour les convier à se joindre à eux pour le bien du païs. Mais le peu d'apparence qu'il y avoit à la subsistence des Estats en Flandre, et la diligence qui se faisoit de tous costez pour joindre les forces auprès l'archiduc, fit qu'au contraire Bruges, qui n'avoit point souffert de garnison, en demanda. Le prince ayant fait quitter Gudembourg[2] et plusieurs petits forts par le païs, entre ceux-là Snaeskerque et Bredène, où il demeura quatre canons, l'armée se prépara pour assiéger les ports d'Albert-Isabelle et Grotendost. Le premier, après une légère baterie, se rendit, comme aussi le fort de Dam. Moyennant quoi commença le siège de Nieuport, au commencement duquel il y eut un opiniastré combat entre les galères de l'Escluse et l'amiral Wormont[3], où les galères, ayant fait leur entreprise sur un calme, furent menées rudement et perdirent beaucoup d'hommes parce que le vent se leva. Il y arriva qu'un forçat turc, ayant sa chaîne

1. Ces événements arrivèrent au mois de juin 1600 (De Thou, liv. CXXIV).
2. Maurice mit le siège devant cette ville le 27 juin 1600.
3. Jean de Duyvenvoorde de Warmont, amiral de Hollande, était parti de Rameken, le 28 juin 1600, avec dix navires de guerre et cent cinquante bateaux (*Hist. de l'archiduc Albert*, p. 208).

rompue d'un coup de canon et en restant encor un pied aux jarretières, se jetta dans la mer et, après avoir eschapé plusieurs arquebusades des deux partis, fut enfin receu des Hollandois.

L'archiduc, joignant les diligences de la princesse avec les siennes, fit haster de toutes parts les forces espagnoles, esmeut quantité de noblesse volontaire et mesmes des bandes mutinées; si bien qu'en peu de temps il se mit à la campagne avec seize mille hommes, entre ceux-là plus de trois mille chevaux. Et marcha droit vers Nieuport, non seulement avec des troupes fraisches, mais gaillardes et encouragées. De quoi le prince n'ayant peu estre averti par ses espions à cause qu'ils avoyent esté pris, les premières nouvelles en furent par de la cavallerie d'Oudembourg, qui fut poussée par des coureurs de l'armée. Le prince, avec l'avis du conseil de guerre, dans le second jour repasse le havre de Nieuport, fit mettre au large tous les vaisseaux qu'il y avoit pour oster aux siens toute autre espérance que de leur vertu; et dépescha le comte Erneste de Nassau, avec les régimens d'Escosse et de Zélande, pour gagner un pont dans le chemin de l'armée, par lequel seul on estimoit qu'elle pouvoit approcher.

Les premiers effects de l'archiduc furent d'attaquer Oudembourg. Le collonel Piron[1], qui y commandoit, ayant composé à enseignes desployées et tambour battant, ses articles signez de la main de l'archiduc, vid en sortant les Espagnols préparez à fausser la capitulation et tuer tout. Il r'entra dans la place et,

---

1. Jean Piron, colonel du régiment de Zélande.

chose qui ne se void guères, r'asseura ses compagnons à mourir les armes à la main dans la place. Louis Velasque entreprit de faire observer pour les hommes, mais non pas pour le bagage et pour les drapeaux. Snaeskerke essaya la perfidie tout entière, car Busigni, qui y commandoit, les capitaines Georges et Eindoven et tous les soldats furent tuez de sang-froid, horsmis ceux qui, estans despouillez nuds, se sauvèrent à la suite. L'archiduc s'excusant que c'estoyent des mutinez sur lesquels il n'avoit plus d'authorité, ce fut le sein de l'archiduc, monstré par Piron, qui fit croire sa présence à l'armée et préparer celle des Estats à toutes extrémitez.

Nous avons laissé le comte Erneste marchant vers le pont. Deux pièces qu'il menoit l'ayant quelque peu retardé, il trouva une partie de l'armée desjà passée et lui bientost engagé au combat par la cavallerie. Il soustint les premières attaques assez heureusement, mais toute l'armée lui chatouillant les flancs et lui menaçant le derrière, au prix qu'elle arrivoit, le comte et le collonel Edmont furent contraints de payer de huict cents hommes et de leurs deux pièces et sauver ce qu'ils peurent au fort d'Albert, où ils furent congnez jusques dans les palissades. Parmi la perte des huict cents hommes, furent poignardez de sang-froid douze capitaines, la pluspart Escossois[1]. Cette curée eschauffa le sang des Espagnols à faire jurer par toute l'armée que, de toute celle des Estats, ils ne sauveroyent la vie qu'au prince Maurice et à son frère, Henri-

---

1. Artus Stenwart, Robert Barclai, André Murrai, Jean Kilparic, Jean Michel, Jean Strachen, Hugues Niesbet, capitaines écossais (Van Meteren, *Hist. des Pays-Bas,* 1618, f. 487).

Féderic[1], pour les mener tous deux en triomphe ; tellement asseurez de la victoire qu'ils estoyent résolus d'enfoncer l'armée des Estats jusques dedans ses retranchemens. Sur cette gayeté, l'archiduc marche sur les dunes de sable qui sont au bord de la mer avec neuf compagnies d'ordonnance, lesquelles, avec sa cornette blanche, faisoyent mille chevaux, cinq cornettes de reistres, faisans huict cents chevaux, cinq de carrabins, qui en faisoyent quatre cents, six cents chevaux espagnols ou italiens mutinez ; de Dyest[2] quelques quatre cents lances de noblesse du païs amassez au besoin. Son infanterie estoit de dix-sept régimens, trois d'Espagnols, deux d'Italiens, quatre d'Allemans, cinq de Walons, deux de Bourguignons, et puis celui du comte Féderic de Bergue, qui n'estoit pas entier ; tout cela, compté à près de treize mille fantassins, marchoit avec plus d'ardeur que d'ordre jusques à la veuë de leurs ennemis, qu'ils ne pouvoyent croire avoir passé le havre pour venir à eux. A cette veuë, l'archiduc, se servant des motines de sable pour ses gens de pied et de la plage de la mer, lors retirée, pour y faire paroistre sa cavallerie, vint former son ordre à la veuë de Nieuport.

Alors, il fit reserrer les mutinez et les régimens de Gaspard Sapena, Hiéronimo de Montoi, Louis de Vilars et autres, forma trois bataillons, soustenus à gauche de deux gros de cavallerie, le premier mené par Baptista de Nova, le second par l'amirant d'Arragon.

1. Henri-Frédéric de Nassau, frère de Maurice de Nassau, mort à la Haye le 14 mars 1647.
2. Diest, ville du Brabant.

A la bataille estoyent trois bataillons, l'un de Walons, mené par La Burlote, l'autre Alonzo d'Avila, l'autre par Barthoc, Anglois; à gauche et au bas des sables marchoyent, deux gros de cavalerie, où estoyent Joan di Prade et Vespasanio Masio; à l'arrière-garde y avoit un seul grand bataillon, la pluspart de Flamens, auquel commandoit le comte de Bucquoi[1]. Ce qui fit ranger la cavallerie au bas des sables fut que la mer, lors croisant, leur osta le large et donna moyen aux navires des Estats d'incommoder les bataillons, qui estoyent le plus près de la rive, par leurs canonnades.

L'avant-garde des Estats, menée par le comte Louis, avoit à sa teste les Anglois, commandez par les deux frères Veers[2], qui faisoyent comme divers bataillons; et, un peu plus en arrière, le régiment de Frise et celui des François. Quelques-uns y mettent les Suisses, et n'y a nul consentement entre les tableaux et les histoires; peut-estre qu'à la seconde façon, quelques chefs de ce païs-là satisferont à mes demandes et à leur honneur. Il conste[3] que cette infanterie estoit sousteneu d'un escadron de la compagnie des comtes Louis et Ernest; celle du prince, commandée par Gand; celle du comte Henri, menée par le capitaine Bernard, et celle de Batembourg. Tout cela à l'aile droite de l'avant-garde. A l'autre main estoyent les deux Bax avec leurs cornettes, et celles de La Sale, de Pamier, du comte de Hohenloo, commandée par Stridthorst, le comte estant demeuré en Gueldre avec

1. Charles de Longueval, comte de Bucquoy.
2. Horace et François Veer.
3. *Il conste,* il est constant.

quelques forces. Il y avoit encores Le Aa, qui commandoit les gardes de Son Excellence[1].

La bataille estoit composée des régimens du comte Henri, commandé par Marquette, des François, comme escrivent les Flamens, menez par Domerville et Du Sault, qui avoyent ensemble vingt-cinq compagnies. La cavallerie, de ce costé, obéissant au comte de Solmes, qui avoit sa compagnie, celle de son cousin Féderic, de Clout et de Jean Bax, cela à la droite; et, à la gauche, Balet, avec sa cornette et celles du chevalier Veer et de Cecil[2].

L'arrière-garde avoit aussi trois bataillons; le premier faict du régiment du comte Ernest à droite, de Chistelles au milieu et de Huictembrouch à l'autre main. Timpel commandoit, pour soustenir ces régimens, les compagnies du Bois, d'Hamelton et de Conteler[3]. Il n'y avoit à l'arrière-garde que ce gros.

Les deux armées en présence, il y eut de vieux capitaines espagnols qui, ne voyans point sauter les réformez dans leurs vaisseaux et jouer à sauve qui peut, comme on leur avoit promis, opinèrent les uns à faire ferme, les autres à regagner quelque couvert pour, en temporisant, combatre par leurs avantages du païs et destruire l'armée par ses défauts.

Ce discours fut rompu par le prince Maurice, qui, ayant tenu conseil le cul sur la selle, et en soi résolu

---

1. Godart de Bertenborch, Pierre Panier, Strithorst ou Spitdorft, Vander Aa, le prince Maurice de Nassau.
2. Du Sault, Frédéric de Solms, Verick Clout, Van Balen, François Veer, Louis de Villar, maîtres de camp espagnols.
3. Olivier de Tempel, seigneur de Corbecke, Dubois, Hamilton et Conteler, capitaines.

d'aller cercher le combat, fit avancer six canons à la teste de son avant-garde. Et les maistres de l'artillerie, Mortier et Frenel, ayans dit qu'ils estoyent à juste volée, le prince, avant renvoyer les chefs chacun en leur place, par une courte harangue les fit souvenir de leurs vertus esprouvées, de l'injustice de leurs ennemis et de la nécessité où ils estoyent, ou de sauver la vie et l'honneur à force de combattre, ou d'avaller toute l'eau de la mer en s'enfuyant. Cela dit, il commanda par tout la prière, et puis il descendit pour faire la sienne à genoux. Incontinent, les canonniers des Estats font haut les bras, et, en mesme temps, huict de l'ennemi respondent, faisans moins de dommage pour estre plus reculez.

Il estoit deux heures et demie après midi quand les bataillons anglois marchèrent dans les sables et dans la fumée d'un salve très espais, croisèrent les piques avec les Espagnols, desquels la cavallerie, endommagée par les six pièces et pressée par la mer, fut contrainte de se mettre dans les dunes et bien tost de venir au combat, enfoncez par le comte Ludovic. Au premier combat, les Espagnols firent quitter place aux Anglois, quelques Frisons se mirent à la fuite. Ce fut aux François à soustenir les bataillons qui vindrent rafraîchir les mutinez, et à supporter, par le consentement de tous les judicieux, le grand fardeau du combat. Mais, ayans tenu ferme et rompu les premiers Italiens, firent un grand meurtre à leur arrivée. Et tout estoit perdu sans le r'alliement des Anglois, d'un costé et de l'autre, la venuë des Walons, nouvellement donnez au parti des Estats avec le fort Sainct-André. Ceux-là reprennent le combat, au grand besoin des François, avec une enragée résolution, et firent tourner la victoire de leur costé.

Le prince Maurice, ne s'estant attaché à aucune partie de l'armée, mais faisant bien le général à toutes les occasions, accompagné du comte Henri son frère, aagé seulement de dix-sept ans, fit faire si à propos les charges de la cavallerie, principalement des deux escadrons que nous avons contez les premiers, que la victoire, n'ayant esté débatuë qu'à ces deux charges, le reste ne fit plus que jouir du succès. Le désordre des Espagnols commença par son arrière-garde et par ceux qui estoyent hors du combat. Entre ceux-là, l'archiduc se fit désarmer et prit la route de Bruges, où il se sauva. La tuerie fut grande, principalement par les Escossois, qui, vengeans le meurtre de sang-froid de leurs compagnons, tuoyent les prisonniers entre les bras de leurs maistres. Et moururent en tout de six à sept mille hommes, aux despens de deux mille, que perdirent les Estats, tant en la bataille qu'en la deffaite du matin; entre ceux-là Bernard Conteler et Amelton, capitaine de cavallerie. Les drapeaux et canons, perdus au matin, furent recouvrés avec les huict que menoit l'archiduc et cent seize enseignes d'infanterie, cinq cornettes de cavallerie. Entre les morts du parti d'Espagne furent de marque le comte de Saume[1], le baron de Primereul[2], Chessoy, Otigni[3], Gaspard de Sapena[4], collonel, Diego de

1. Le comte de Salm-Reifferscheidt.
2. Le baron de Pimereul, fils de Benoit Charton, seigneur du Chassey, grand bailli d'Alost.
3. François Richardot, fils de Jean, seigneur de Lombecke et d'Ottignies.
4. Capena, mestre de camp espagnol, mort à Ostende.

Torreis, Gaspard de Loyasa, Gonsalo de Spinola, Joan de Pardo, Garcia de Tolède, Loppez de Capata, Alonzo de Carcano, Louys Fucarde, Sébastien Velasquez, Sébastien d'Otelloa, Cristoal Verduguo[1], Mateo d'Oteuil[2], Joannetin de Casanueva, et Contador Albez[3] et le vi-sénéschal de Montélimar, que les autres ont apelé séneschal, et le roi d'Espagne en avoit fait faire un comte de La Fère[4], plusieurs de ceux-là morts dans Oostende. Voilà ce qui a esté marqué[5].

Entre les prisonniers furent notables, premièrement l'amirant, lieutenant général de l'armée, pris par deux soldats espagnols, l'un desquels, estant balafré par l'amirant sans raison, se donna au prince Maurice. Et le jour de la bataille, lui et son compagnon vindrent asseurer le prince qu'ils alloyent prendre le général espagnol. Et de faict, l'ayant bien remarqué comme il estoit à la retraite, le balafré disant : *Amirante, mira en esto*, lui mit la main sur le colet et l'amena. Les deux eurent de récompense vingt mille florins. Avec le chef Baptiste de Villenova, Alonzo Riqueli, Hermandel de Spinola, Petro de Montenegre, Philippes de Tassis, Pedro de Velasco, Pedro de Len-

---

1. Christoval Verdugo, fils de François Verdugo et de Dorothée de Mansfeld, fille naturelle du comte Pierre-Ernest, gouverneur du duché de Luxembourg.
2. Mathieu d'Otteuil.
3. Jeannetin de Casanova et le contador Almes.
4. Jacques de Colas, sénéchal de Montélimart, s'était arrogé le titre de comte de la Fère.
5. La bataille de Nieuport, gagnée par Maurice de Nassau, fut livrée dans les premiers jours de juillet 1600. On conserve dans la Coll. Moreau, vol. 746, f. 235, une relation de la campagne, depuis le 23 juin jusqu'au 4 juillet 1600, et de la bataille.

cina, Antonio de Mendosa[1]. De la maison de l'archiduc, le comte Carlo Resi, Diego de Gusman, Mortier, Pedro de Montemajor[2], ses pages, ses médecins, valets de chambre, archers de sa garde, trois prestres et presque tous ses officiers, quarante alfières[3] et soixante-quatorze hommes de commandement.

Le prince, ayant couché au champ de la bataille et fait rendre grâces solemnelles, amena l'amirant à Oostende, non sans peine, pour le garantir d'estre tué; et là, ayant reposé lui et son armée cinq jours, se remit devant Nieuport. Et avant qu'il l'eust r'assiégée à bon escient, par les diligences de La Burlotte entrèrent trois régimens; et ne furent pas si tost dedans qu'ils firent deux sorties assez gaillardes et mieux soustenues. Telle multitude en une si bonne place, et se doutant bien que l'effroi du païs de Flandre donneroit bien tost une armée nouvelle à l'archiduc, il ne ferma point le siège de Nieuport[4], tasta de quelque batterie le fort d'Isabelle.

Là-dessus le grand estendart de Gand ayant fourni à l'archiduc plus d'hommes qu'il n'en avoit auparavant, les vieilles bandes rafraîchies et jointes à cela, le prince fut conseillé et contraint de retirer son armée à Oostende, non sans plusieurs escarmouches;

1. Jean Villanova, don Antonio Riquel, don Gonzalez Hernandez de Spinoza, don Pedro de Monténégro, Philippe de Taxis, don Pedro Velasco, don Pedro de Lensina et Antonio de Mendoça.

2. Resi, Gusman et Martier, pages de l'archiduc; Pedro de Montemayor, gentilhomme de la bouche.

3. *Alfieres,* mot espagnol (*alferez*), capitaines, officiers.

4. Maurice de Nassau investit de nouveau Nieuport vers le milieu de juillet 1600 et leva le siège de cette ville le 24 du même mois (De Thou, liv. CXXIV).

à l'une desquelles La Burlotte, aux contr'escarpes du fort d'Isabelle, qu'il avoit rafraîchi et envitaillé, fut tué d'une mousquetade par la teste, regretté de l'archiduc et de ses supérieurs, non de ses compagnons, qui, outrez d'envie, ne pouvoyent supporter que la vertu eust fait d'un barbier de village un colonel[1].

Ainsi le prince, ayant laissé dans Oostende cinquante et une compagnies de gens de pied et sept de cavalerie, fit sa retraitte à Flessingue, sur laquelle des galères de l'escluse eussent fait quelque butin si le calme eust duré, mais un petit vent les fit scier de l'arrière avec perte de leurs gens.

Le vis-amiral[2] de Donkerke, pour vengeance de la bataille, prit les basteaux des pescheurs, qu'on appelle Buisses, qui avoyent accoustumé de faire leur mestier librement, et, ayant cloué toutes les escoutilles et percé leurs bateaux, les fit périr en mer; dont il receut à Madril, où il alla, la grande louange des Jésuites et inquisiteurs, mais non des soldats espagnols.

Une galère que bastirent ceux de Dordrek, qui avoit quatre pièces de batterie bien logées, en prouë et en poupe, partie de l'invention de ce forçat turc qu'un coup de canon avoit délivré et qui y com-

---

1. Claude de la Bourlotte, natif du Luxembourg, avait fait à Paris des études de chirurgie avant d'être soldat. Son courage et ses succès lui valurent l'honneur de figurer parmi les plus célèbres capitaines de l'époque. Sa mort glorieuse arriva le 24 juillet 1600 (Van Meteren, *Hist. des Pays-Bas,* 1618, f. 484) (Palma Cayet, *Chronologie septenaire*). Il fut remplacé comme colonel du régiment de douze enseignes wallonnes le 1er août 1600 par Nicolas Catrice, originaire de l'Artois (*Journal de L'Estoile*).

2. Antoine de Bourgogne, seigneur de Wacken, vice-amiral des Pays-Bas.

mandoit de lieutenant[1], en ayant malmené quelques-uns de l'escluse jusques devant Anvers, prit tous les navires, les désarma, et, parmi grandes richesses, amena cinquante canons.

Reste, pour rendre comique nostre fin, à vous dire comment l'amirant d'Arragon, ne pouvant chevir de sa rançon par aucun prix, fit tant vers le roi d'Espagne et l'archiduc Albert que, pour sa délivrance, on feroit sortir tous les prisonniers des Provinces-Unies ou autres pris à leur service, qui se trouveroyent lors aux galères, en prison, ou détenus autrement, et les feroit-t'on, avant sa délivrance, représenter en pleine liberté aux Estats. Pourtant furent mis commissaires, par toutes les villes des Provinces-Unies, pour avoir soigneusement tous les noms de tous les détenus, tant à l'inquisition d'Espagne aux isles et aux Indes, comme aussi à l'Escluse, à Donkerke et autres lieux plus prochains ; ce qui donna une longue prison à l'amirant et un grand honneur à la bataille, qui estendit sa gloire et ses fruicts par les bornes de l'Univers.

Chapitre XX.

Articles abbrégez de la dernière paix[2] des guerres civiles de France jusques à l'an 1601.

Vous n'attendez plus que la paix promise à la fin

---

1. Le capitaine se nommait Wipkul.
2. Édit de Nantes signé par le roi le 13 avril 1598, enregistré le 2 février 1599 par le Parlement de Paris, le 31 mars par la Cour des comptes et le 31 août par la Cour des aides. Le texte de cet acte est publié dans le tome XV du *Recueil des anciennes*

du livre et l'œuvre, à la lecture de laquelle je ne convie que ceux que leurs affaires y convieront. Encor vous en aurez les articles abbrégez et conférez avec les secrets, sans vous ennuyer de la préface et style qui sert de peu.

Les deux premiers articles ne sont que pour l'amnistie et exhortation à la concorde. Le troisiesme pour establir l'exercice de la religion catholique par tout. Là, il y a une addition depuis la paix concluë pour interdire la réformée aux esglises et maisons des ecclésiastiques.

Le quatre et le cinq pour leur donner le choix d'acheter les bastimens faits en leurs places profanes ou contraindre ceux qui y ont basti d'acheter le fonds, avec addition pour les lieux sacrez, remis aux commissaires, sans toucher aux matériaux employez aux fortifications qui doivent subsister. — 6. Pour la demeure des réformez en toute liberté par tout le royaume. — 7 et 8. Pour l'exercice de leur religion que peuvent establir tous ceux qui ont fief de haubert[1], publiquement; et autres fiefs, en privé, pour trente. — 9 et 10. La mesme permission aux lieux où estoit ledit exercice en aoust 1596 et 1597 ou establi par l'édict de 77[2]. — 11 et 12. Permis aux

---

lois d'Isambert, p. 170 et suiv. Les questions historiques qui se rattachent à ce grand acte, qui termine l'ère des guerres religieuses en France, sont amplement traitées dans le savant ouvrage de Rulhière, *Éclaircissements historiques sur les causes de la révocation de l'Édit de Nantes*, 1788, 2 vol. in-4º. Voyez aussi les pièces conservées dans le vol. 4744 du fonds français.

1. *Fief de haubert*, jurisp. féod., fief dont la possession obligeait les seigneurs à servir le roi à la guerre avec droit de porter le haubert.

2. Traité de Bergerac, 17 septembre 1577. Voyez t. V, p. 338.

lieux de bailliages anciens un nouveau accordé aux fauxbourgs des villes ; et depuis par l'article six, des secrets[1], est adjousté que les commissaires, qui establiront ledit lieu, que s'ils trouvent des difficultez, les réformez nommeront trois bourgades, desquelles une sera choisie par lesdits commissaires ; et cela avec plusieurs extanctions ou esgards pour Dieppe, Sanserre, Montagnac, Provence, Beaujolois, Marennes, Oléron et Mets, avec exception des édicts de pacification qui ont prévenu. — 13, 14 et 15. Défenses dudit exercice aux lieux non compris en l'édict, à la cour, de là les monts, à cinq lieuës de Paris, ni aux armées, sinon au quartier des chefs qui en font profession.

16. Permission de bastir temples et restitution de ceux qui leur ont esté ostez. — 17, 18. Défenses à tous prescheurs d'user de propos excitans à sédition, baptiser ou nourrir enfans contre le gré des parens, avec addition de mesmes défenses aux réformez. Eux relevez des abjurations, serments et cautions donnez pour cet effect. — 20. Pour les festes. — 21. Pour l'impression et vente des livres. — 22. Pour la réception aux collèges et hospitaux. — 23. Pour les consanguinitez aux mariages. Cet article, expliqué par les 40, 41 et 42 ; par lesquels les mariages des ecclésiastiques sont validez, eux forclos des successions et leurs enfans héritiers des meubles et acquests seulement ; et, pour les degrez de consanguinité, le privilège et jugement réservé au roi. — 24 et 25. Les réformez obligez aux droits d'entrée, payement des

---

1. Les articles secrets de l'Édit de Nantes, au nombre de 56, ont été réimprimés dans le *Recueil des anciennes lois* d'Isambert, t. XV, p. 200.

dixmes avec forme de leur serment. — 26. Contre les exhérédations, en haine de religion. — 27. Réception aux charges et honneurs. — 28 et 29. Pour les enterremens. — 30. Establissement de la chambre de l'édict à Paris.

Depuis le 31 jusques au 57. Pour l'assiette de toutes les chambres, mi-parties, leurs jurisdictions, choix de juges, incorporations au parlement, pour les substituts, expéditions de chancellerie, créations de clers de greffe, huissiers, receveurs des amendes, assignations pour les gages, demeure des officiers catholiques, establissement dans six mois, renvoi des procès aux chambres, elles astraintes à garder le style des Parlemens, leurs arrests exécutables par tout ; ordre sur les évocations, partages des procès, récusations, examen des présidents et conseillers, distinction de leur droit contre les polices de leurs villes, du lieu et manière d'examiner les officiers réformez, soit par les chambres, privé conseil et commissaires ; assignation pour les frais, ordre et séances des présidents et conseillers. Sur ces poincts plusieurs additions aux articles secrets. — 58, 59, 60. Cassations de toutes procédures depuis le règne d'Henri deuxiesme et mesmes durant tous les troubles, si elles ont préjudicié aux réformez. — 61, 62, 63, 64, 65, 66 jusqu'à 68. Cautions pour les enquestes et jugemens, à ce qu'elles ne soyent en fraudes aux réformez. — 69. Restitution des tiltres. — 70. Les enfans nez hors du royaume déclarez François. — 71. Descharge des fermiers du domaine. — 72. Restitution des privilèges. — 73. Eslargissement des prisonniers. — 74, 75. Pour n'estre grevez aux tailles. — 76, 77,

78 jusques à 81. Descharge et validations des deniers levez en diverses manières. — 82. Injonction aux réformez de se despartir des associations de dedans et de dehors et de faire levée de deniers. — 83, 84. Descharge des prises et des obéïssances aux arrests. 85, 86, 87. Crimes réservez qui ne sont point effacez par édict. — 88. R'édification des villes desmantelées. — 89. Restablissement des seigneurs en leurs maisons fortes. — 90. Acquisitions des ecclésiastiques nulles. — 91. Révocation de tous édicts et ordonnances précédentes contraires. — 92. Injonction aux magistrats de tenir la main à ce que dessus.

Le reste est du style. Cet édict donné à Nante l'an 1598.

APPENDIX[1].

Ou corolaire des histoires du sieur d'Aubigné

Dieu, qui n'attache ses grâces à la chair et au sang, m'ayant humilié par un fils dégénéré[2], auquel, en la préface de tout l'œuvre, j'avois appresté l'honneur de poser ce chapiteau, m'a relevé d'une main et pro-

---

1. Cet *Appendice* a été réimprimé en 1854 à la suite des *Mémoires* de d'Aubigné par M. Lalanne, avec une savante annotation à laquelle nous faisons de nombreux emprunts.
2. Constant d'Aubigné, baron de Surineau, fils de l'auteur de l'*Histoire universelle*, né vers 1584, aventurier, désavoué par son père, plusieurs fois condamné pour crimes de droit commun, mort à la Martinique vers 1645. Il avait épousé Jeanne de Cardillac, fille du gouverneur du château Trompette à Bordeaux, où il était prisonnier. Il en eut la marquise de Maintenon et le marquis d'Aubigné, lieutenant général sous le règne de Louis XIV.

longé les jours de ma vieillesse pour sacrer ce dernier présent sur son autel[1].

Me voici donc à vous, æquimanes[2] lecteurs, avec la liberté d'unir mes jugements aux vostres, en descrivant pathétiquement la douloureuse tragédie qui a pali mon ancre de mes larmes, donné des accents à mes lignes et cotté mes virgules de souspirs. Si mes desseins n'estoyent pointez qu'à la faveur des humains à leur plaire et les esmouvoir par louanges affettées, à payer d'honneurs et de bienfaits des mercenaires labeurs, je ne me fusse estendu jusques à la catastrophe, que l'instruction des princes, l'exemple à tous prospérans, la vanité des espérances humaines et surtout la gloire de Dieu exigent de mon devoir. Je vous eusse laissez en bonne bouche de tant de valeurs florissantes, de périls changez en prospéritez, de ressources des cendres aux throsnes par tant de combats différents en forme et en succès, que la multiplicité ne laisse plus rien à ce qu'on appelle fortune pour inventer. J'eusse arresté vos yeux ravis dans les félicitez de Henri quatriesme, de tant plus agréables qu'elles tenoyent, hors l'esgard à Dieu, hommagément de sa vertu. Mais, ayant pour but principal d'eslever les cœurs plus haut que la terre et mener les esprits dans le Sainct des Saincts, appellé le sanctuaire du Fort, mon bust est de descouvrir au secret de ce temple à quel trébuchet il

---

1. D'Aubigné, dans le *Journal de sa vie* (éd. Lalanne, 1854, p. 151), fait de nouveau, en termes éloquents et avec plus de détails, le procès à son fils.

2. *Æquimanes,* aux deux mains. Peut-être l'auteur a-t-il voulu écrire *équitables.*

faut peser les miséricordes et les justices de celui qui règne sur les rois.

Reçois donc et retiens, chère postérité, un abbrégé des faveurs du ciel envers Henri IV pour, en leur champ d'argent, marquer le chevron de cinabre[1], que l'ordonnance de Dieu, jaloux de sa gloire, y a tracé.

Encor que le labeur de l'histoire fournisse à l'estat du passé, je vous en veux laisser un goust par quatre stances du style du siècle, pour voir en quels termes nostre prince jouissoit de la gloire de son nom, ne craignant point d'y mesler les poëmes à l'exemple de Senèque, de Boèce et de l'arbitre d'élégance ou des ouvrages composites, èsquels le dorique ne refuse point les fleurs du Corinthien. Et puis, nous ne traînons plus ce pezant chariot de l'histoire, où il n'estoit ni aisé ni à propos de faire des valses entre les limons.

Roi, clair astre de feu, qui, de haute naissance,
Fis choir sur l'univers, au branle de la France,
Ce qu'eut le firmament de guerres en son rond,
Ton berceau, signalé de serpens en jonchée,
Fit du foudre un jouët, lors que Rome faschée
Te mit l'enfer à dos et l'Espagne à ton front.

Devant trois lustres faits, les armes demandées
Gravèrent sur ta peau les prétextes brodées;
Tu prins rang aux combats longtemps devant ton rang;
Tu as à face ouverte, et sans effroi, humée
Des bataillons croisez la poudre et la fumée,
Brossé parmi les fers et nagé sur le sang.

---

1. *Chevron de cinabre,* terme de blason. *Chevron,* une des neuf pièces honorables formée de la barre et de la bande réunies vers le chef. *Cinabre,* rouge.

Tu te vis talonné de ces bruslans courages,
Qui cerchent les combats au travers des naufrages;
Tu veins, vis et vainquis; c'est toi qui as porté
A tes juges, proscrit, le présent de la vie.
Ils ont par toi, banni, recouvré la patrie,
De toi, leur prisonnier, receu la liberté.

Et puis, pour couronner tes tempes honorées
De victoires sans règle en l'Europe arborées,
Admirable en la paix, comme entre les guerriers,
Ta main, qui ne prenoit la loi que de soi-mesme,
D'une branche d'olive agence un diadème,
Pressant en un chapeau tes palmes, tes lauriers[1].

Sous ces chapeaux d'oliviers, les lions et les ours de la France enchaînez et emmuselez, les renards et les belettes seules troubloyent, mais en cachettes et en ténèbres, le profond repos du laboureur, du marchand et du noble. Ces petites gales de l'Estat n'en altéroyent comme point la générale santé. Ceux qui avoyent accoustumé de demander les récompenses, comme les exigeans, ne les demandoyent plus comme debtes, mais comme bienfaits. Au lieu de dire *j'ai obligé le roi*, les plus hardis ne mettoyent en jeu que leur devoir acquité. Et, quant aux grands du royaume, le plus proche du premier en marchoit si loin qu'il n'avoit garde de lui escorcher les talons. Les estrangers demandoyent leurs debtes par supplications, non par menaces, et le chapeau bas qu'ils avoyent enfoncé autrefois. Le roi voyoit autour de son lict et de sa table

---

1. Ce couplet est le premier d'un poème de trois cent soixante-dix-huit vers, intitulé : *Discours par stances avec l'esprit du feu roy Henry quatrième*, composé par d'Aubigné. Le poème entier se trouve dans les *OEuvres de d'Aubigné*, éd. Lemerre, t. IV, p. 313.

une florissante multitude d'enfans, bien que différents de conditions, tous obligez à son appui. Et, chose inouïe aux rois de France, il avoit sous la clef du duc de Suilli cent canons de batterie, les armes de quarante mille hommes, poudres et boulets pour deux cents mille coups en son arcenal, mais en son thrésor vingt-deux millions ; ces richesses comparées aux pauvretez souffertes et ces douceurs aux amertumes du passé. Pour l'excellence de cela, toutes ces armes ne faisoyent que parer la Majesté royale, elle lors n'estant armée que de ses loix.

Or, cependant que sa mémoire emplit l'Europe par les oreilles, il n'a pas laissé les yeux sans actions, ayant, en dix ans de paix, surmonté les bastimens et les labeurs des dix rois qui ayent de suite le plus travaillé pour s'éterniser en pierre et se faire voir à leurs successeurs.

Un seul bastiment qu'il desfit prit le contr'ongle de sa réputation. Ce fut la pyramide que nous vous avons despeinte devant le palais[1], eslevée par l'avis et l'aplaudissement de toutes les cours, à la bénédiction du peuple, à la terreur des assassins, au seul contrecœur des Jésuites, qui, r'appelez de leur bannissement[2], non seulement à l'oreille du roi et à son conseil, plus estroit, mais aussi au régime de ses désirs, à la maistrise de sa conscience[3] et de lui tout entier,

1. Voyez ci-dessus, p. 27.
2. Les Jésuites furent rappelés à Paris (ils n'étaient pas sortis des diocèses de Toulouse et de Bordeaux) et réintégrés dans leurs collèges par un édit du roi de décembre 1603, qui, après opposition du Parlement, fut enregistré le 2 janvier 1604. Voyez de Thou, liv. XXXII.
3. Le jésuite Pierre Cotton était le confesseur du roi.

contre les cris publics, les remonstrances et larmes de la cour, qui reprochoit ses rares fidélitez, et ausquels ce prince ne respondoit en particulier, sinon « Asseurez-moi de ma vie. » Et[1], ce qui rendra une telle mutation plus estrange, c'est que le r'appel de ces pestes fut entrepris et exécuté contre toute justice, bienséance, sentiment des grands du royaume, volonté et honneur du roi, et en fin contre sa vie; comme il apparut par un nommé La Varenne[2], premièrement cuisinier de Madame Catherine, sœur du roi, long temps son porte-manteau, depuis devenu son conseiller d'Estat. Par le crédit de cest homme, les condamnez triomphèrent de leurs juges, firent chanter des palinodies au vénérable sénat, mirent l'authorité du Parlement, l'honneur de la France et la piramide à bas, dont fut escrit :

> *L'édifice qui fut un trophée à ta vie*
> *Fut gloire au condamné, au juge ignominie,*
> *Haussa les criminels, abbaissant au rebours;*
> *Le sénat, espérant contre toute espérance,*
> *Qui, des mains des François tirant vive la France,*
> *Quand Paris fut Madril, porta Paris à Tours*[3].

Les moins retenus de la secte se sont vantez qu'entre ceux qui commencèrent la démolition, un bourreau osta la première pierre. Les triomphes qu'ils ont chantez de cette victoire et la multitude des bienfaits que Henri le Grand entassa l'un sur l'autre, comme pour rançon de sa vie, feroyent un juste

1. La suite du récit, jusqu'à ces mots : *les condamnez...*, manque à l'édit. de 1620.
2. Guillaume Fouquet de la Varenne, de la Flèche.
3. Ce couplet fait partie du *Discours par stances*.

volume; et certes il laissoit un temps aller aux oreilles plus confidentes qu'il avoit perdu la crainte de toutes choses, hormis du couteau jésuitique, et ce fut pour quoi il employa tant de despenses et de soin pour faire qu'Aquaviva[1] receut un François assistant.

Encores l'honorable sépulchre que nous bastissons a devant soi une décade de morts notables, comme du grand empereur d'Orient Mahomet[2], et, guères loin de lui, du duc de Mercœur[3]. Nous avons au Midi cinq papes[4]; les ducs de Toscane[5], de Parme[6] et de Ferrare[7]; aux Espagnes trois rois de Portugal[8], leur règne esteint et le destructeur, grand roi de tant de royaumes, mangé de poux[9]. Vers le Septentrion, la reine d'Escosse[10] et l'excellence des testes couronnées,

1. Claude Acquaviva, né en 1543, général des Jésuites en 1581, successeur de François Borgia, mort en 1615.
2. Mahomet III, mort à Constantinople l'an 1603.
3. Philippe-Emmanuel de Lorraine, duc de Mercœur, mort à Nuremberg le 19 février 1602. Voyez ci-dessus, p. 399. On conserve dans le fonds français, vol. 15577, f. 124, une lettre du duc de Lorraine à la duchesse de Mercœur, dans laquelle il lui promet de présider aux obsèques du duc.
4. Urbain VII (1590), Grégoire XIV (1590-1591), Innocent IX (1591), Clément VIII (1592-1605), Léon XI (1605).
5. Ferdinand de Médicis, grand-duc de Toscane, mort le 22 février 1608.
6. Alexandre Farnèse, duc de Parme et de Plaisance, mort le 11 déc. 1592.
7. Alphonse II d'Este, duc de Ferrare, mort le 27 oct. 1597.
8. Henri, cinquième fils du roi Emmanuel, né le 31 janvier 1512, fut reconnu roi de Portugal après la mort du roi Sébastien, son petit-neveu, et mourut le 31 janvier 1580. Après sa mort, Philippe II s'empara du Portugal.
9. Philippe II, roi d'Espagne, mort le dimanche 13 sept. 1598 à cinq heures du matin.
10. Marie Stuart, reine d'Écosse, périt sur l'échafaud le 18 février 1587.

Élizabeth[1], à laquelle nous avons donné son éloge ailleurs. En approchant du royaume, l'archiduc[2], et au dedans les deux Guisars[3]; là les roines Catherine et Louyse[4], le roi Henri III[5], huict princes du sang et douze testes, qui portoyent couronnes de duc.

Après ces inféries[6], desquelles la pluspart faisoyent place aux fécilitez du roi, et en ce haut degré de prospéritez, où ordinairement le ciel envoye des advertissemens, on a escrit comment ce prince fut troublé en sa chasse par la rencontre d'un spectre, qu'on appelle le grand veneur[7]. On marque d'ailleurs plusieurs prédictions des magiciens, lesquelles je laisse toutes comme de peu de foi. Pour vous raconter deux propos hors le soupçon de fables et dignes de ce lieu, pource que ce grand roi les a estimez tels, les ramantevant souvantesfois, comme lui ayans donné quelque frisson :

Henri le Grand donc, prenant congé du Poictou et son logis à Moncontour, trouva sur le bord du petit pont le juge du lieu, grand vieillard sec, le visage long, très ridé, les yeux haves, la barbe blanche et

1. Élisabeth, reine d'Angleterre, mourut le 5 avril 1603.
2. L'archiduc Albert mourut le 13 juillet 1621 à l'âge de soixante et un ans.
3. Henri Ier de Lorraine, duc de Guise, assassiné à Blois le 23 décembre 1588. — Louis II de Lorraine, cardinal de Guise, assassiné à Blois le 24 décembre 1588.
4. Catherine de Médicis, morte le 5 janvier 1589. — Louise de Vaudemont, morte le 29 janvier 1601.
5. Henri III, mort le 2 août 1589.
6. *Inféries* (inferiae), sacrifices aux mânes.
7. Cette apparition est mentionnée dans le *Journal de L'Estoile*. Mais un passage des *Mémoires du duc de la Force* (t. I, p. 115), relevé par M. Lalanne, la nie absolument.

longue, un vestement sale et tout plumeux. Cet homme s'estant présenté pour haranguer, on nous fit approcher, plus pour avoir part à la risée, commune aux courtisans, qu'à l'admiration. Adonc l'orateur, avec une triste asseurance, parla ainsi[1] :

« Sire, Quelques anciens adorateurs de leurs rois les ont appellez dieux secondaires; d'autres, plus modestement, images du Dieu vivant. Or, est-il raisonnable que les portraits ressemblent aux originaux. De là vient que nous nous plaisons en ceux qui nous [les] représentent et les gardons curieusement; mais nous jettons au feu ceux qui nous difforment et portent nostre nom injustement.

« Les traits du visage de Dieu sont la justice et la clémence; les princes justes et piteux sont gardez au sein de l'Éternel comme ses portraits bien aimez. Mais les rois injustes et non clémens sont images de celui qui, meurtrier dès le commencement, anime les cœurs des grands à commander les meurtres, les nobles et les armées à les exécuter et despouiller le sein de la terre de ses douceurs, en la couvrant de spectacles hideux, tels que nous les avons veus en la plaine, que vous venez de passer, qui parut à nos yeux, un matin, animée de la plus généreuse noblesse de France, sous mesme soleil, sanglante, et deux jours après puante de dix mille charongnes de guerriers excellents. Elle a paru depuis blanchissante de leurs os; nos chiens sont devenus loups à force de sang regorgé. C'estoyent ceux qui avoyent mis le païs à la mort, fait les hommes devenir des os et périr les

---

1. Ce discours est de la composition de d'Aubigné.

enfans sur les peaux des mammelles, pensans succer leurs vies dans les restes de la faim.

« La mort leur rendit en gros ce qu'ils lui avoyent presté en détail. Mais la punition ne s'arreste pas là, car Dieu demandera les vies à milliers de la main de ceux qui les ont fait tomber sous leurs auspices. Et cependant peu de ces grands vont la gorge sèche au tombeau, pource que le grand justicier dès ce monde exerce jugement.

« Sire, Vostre part et vostre visage ne promettent que hauts et généreux desseins, qui accouchent peu souvent à nostre gré, mais avortent de monstrueux accidents, quand ils s'esloignent de la justice, qui est la seule nécessité, soupçonnez d'estre iniques et malheureux, quand la gayeté de cœur en dit son avis; et vous instruisez que, quand nous allons outre les bornes que Dieu nous a prescrites, il nous engraisse pour la mort, nous eslève par delà toute mesure, pour sans mesure doubler le saut du précipice et rendre signalé le coup de son jugement. Souffrez, Sire, nos plaintes par nos bouches, puisque d'elles-mesmes nous prions pour vous contre les sinistres événemens. Nostre harangue est brute; vous en avez donné la matière; elle ne vous demande pardon que pour la façon. Goustez les fruicts de ce que vos mains ont semé et ne prenez pas de nos propos l'horreur sans le changement, car Dieu met ses advertissements au rolle des reproches, les envoye devant, comme s'il vouloit se justifier. De cette façon, ayant ordonné de descocher son foudre sur la teste de Dioclétian, il fit auparavant esclater un tonnerre à ses pieds.

« Or, vueille le roi des rois vous inspirer des salutaires pensées, en diriger au bien les actions, apprenant à vos mains, habiles aux combats, à manier, comme elles ont fait, l'espée glorieusement, aussi heureusement le sceptre de la paix. »

Le roi, quelque temps estonné, respondit après une longue pose : « J'ai pris vos propos en bonne part; je vous en remercie et ne les oublierai jamais. » Ce[1] qu'il ne fit, et nous répétoit souvent ce terme, où il est parlé que les grands vont rarement la gorge sèche au tombeau.

L'autre discours, plus brief, lui fut tenu par un de ses vieux serviteurs, auquel il monstroit le coup de Chastel à travers la bouche. Cettui-ci, en présence de la duchesse[2], en la salle de son logis, à Chauni, prononça ces paroles : « Sire, n'ayant encores renoncé la vérité de Dieu que des lèvres, il s'est contenté de les percer; mais, quand le cœur fera de mesmes, il sera de mesme au cœur[3]. »

La[4] duchesse ayant respondu que c'estoyent de belles paroles, mais mal appropriées au roi, la réplique fut : « Oui, Madame, car elles ne serviront de rien[5]. » Ce qui m'a fait produire ces deux pièces, c'est qu'il les remémoroit quelquefois avec[6] une

---

1. Cette phrase ne se trouve pas dans l'édit. de 1620.
2. La duchesse de Beaufort.
3. Ces paroles furent adressées par d'Aubigné à Henri IV. Voyez plus haut, p. 104.
4. Les deux phrases qui suivent manquent à l'édit. de 1620.
5. D'Aubigné a déjà inséré ce mot piquant dans son *Histoire universelle*, liv. XIV, chap. XIII. Voyez ci-dessus, p. 104. Il le reproduit encore dans le *Journal de ma vie*, ann. 1592.
6. Le membre de phrase suivant, jusqu'à : *qu'il ne falloit pas faire...*, manque à l'édit. de 1620.

secrette frayeur; et un Jésuite, à qui il s'estoit confessé de cela, lui ayant dit qu'il faloit punir telles hardiesses, il respondit qu'il ne faloit pas faire tout ce qu'on pouvoit.

Mais depuis il parut un notable changement en sa vieillesse[1], reschauffée, comme on disoit, par un amour violent[2], duquel le brasier poussoit les désirs en claires flammes et en fumée la crainte et ses vapeurs. Ce courage, eslevé au mespris des prédictions licites et illicites, eust respondu au dæmon de Brute, le menaçant de le voir à Pharsalle : « Et bien, nous nous y verrons. »

Comme du violent travail des guerres, doux et profond estoit le sommeil; ce long dormir ayant refait les forces du roi et du royaume, qui avoit jouy dix ans de ses labeurs, ce laurier eslevé sous les arceaux d'un diadème, comme de son pavillon, les rameaux n'en pouvoyent plus supporter les barrières, voulurent for-jetter dans le pourpris de l'Europe, au contentement de ceux qui en eussent pris l'ombre et non de ceux qui en eussent veu le dehors. Ainsi, au surcroist des forces, l'excez d'un courage fleurissant se résolut d'employer armes et thrésors pour se faire reconnoistre par-dessus les princes de son siècle, aussi bien en puissance qu'en vertu, et, ne trouvant que le roi d'Espagne en son chemin, digne de sa colère, il se résolut de s'accroistre en le diminuant.

Sur quoi, ayant tasté et gagné les cœurs de ses plus dignes voisins, comme du roi d'Angleterre, avec

---

1. Henri IV avait cinquante-six ans.
2. La passion de Henri IV pour la princesse de Condé.

qui il commença de traiter par Suilli[1], dès lors de son ambassade, trois desseins lui furent présentez; le premier par le duc de Savoye, le mareschal d'Esdiguières et Villeroi : c'estoit d'attaquer le Milanois comme la province qui oblige toutes les autres à l'Espagne, et est du tout nécessaire pour se maintenir en Italie ou pour avoir communication en Alemagne et au Païs-Bas ; ce dessein, de tant plus facile par l'assistance de celui qui en avoit donné l'induction et de la main qu'y prestoyent les Vénitiens.

Le second, porté par le prince Maurice, embrassé par le duc de Suilli, estoit d'attaquer la Flandre en joignant les forces des Païs-Bas avec celles des François, en prenant toutes les villes de la Meuse ; chacune des deux armées faisant ses progrez de proche en proche jusqu'à ce qu'elles se fussent rencontrées. Après quoi il faloit faire la mesme chose du costé de la mer ; ce qu'estant fait, il faloit que le pays de l'archiduc se rendist à discrétion pour ne pouvoir plus estre secouru de l'Espagne par nul endroit.

Mais, pource que ces deux desseins rencontroyent la jalousie de tous les autres princes chrestiens, qui aiment mieux voir les deux puissances de France et d'Espagne se balancer que si l'une estoit victorieuse absolument, le roi, de ces deux propositions, en fit une troisième pour délivrer de la domination espagnole tous ceux qui gémissent dessous, pour en tirer la seule gloire et nul autre profit apparent. Il résout de donner une armée, commandée par le mareschal

---

1. Sully fut envoyé en Angleterre en 1603, après la mort d'Élisabeth, pour complimenter Jacques VI, avec une instruction qui est publiée à sa date dans les *OEconomies royales*.

d'Esdiguières, au duc de Savoye et aux Vénitiens d'accord, et, ayans partagé la peau avant que l'ours fust abbatu, le grand-duc devoit avoir Port-Hercole et Orbitelle. Les Vénitiens repartageoyent, avec le pape et autres princes italiens, le royaume de Naples, et la faction espagnole tiroit ce dernier article en quelque longueur. On choisissoit le duc de Bavière pour le porter à l'Empire, lequel, osté de la maison d'Austriche, venoit avec bons gages en favorables mains.

La France, l'Angleterre et les Pays-Bas devoyent faire trois flottes, chascune de six mille hommes, qui, de six en six mois, devoyent fondre dans les Indes; et est à noter qu'il ne venoit au roi aucune augmentation en apparence que l'estendue de son règne au mont Senis et aux rivières antienes qui en faisoyent le partage vers la haute et basse Allemagne, quoique pour l'entreprise il deust fournir en quatre ans cinquante millions. Mais il attachoit à soi inséparablement tous ceux qui auroyent eu des plumes de cette despouille, et se rendoit arbitre et chef sur eux, sans tiltres par effect, comme le prattiquoyent les Romains sur leurs alliez.

Tel estoit au commencement le grand dessein[1], se

1. Le grand dessein de Henri IV, dont parle d'Aubigné dans son *Histoire universelle* ainsi que dans le *Journal de sa vie,* sous la date de 1610, semble avoir été une utopie plutôt qu'un projet sagement mûri. Sully en parle longuement dans ses Œconomies royales (Coll. Petitot, t. VIII, chap. xi et suiv.). Il semble bien que le roi ait eu pour politique d'abaisser la maison d'Autriche et de cantonner en Espagne la monarchie espagnole; mais Sully y ajoute des desseins chimériques, comme la division de l'Europe en puissances et en religions d'égale force, la création de l'équilibre européen et d'un conseil arbitral, chargé de juger tous les litiges entre les puissances de l'Europe. Il semble que d'Au-

contentant le roi de réduire l'Espagnol aux frontières des Pirénées et de la mer. Mais deux choses firent penser plus avant; l'une l'offre de l'archiduc, conclu en traitté, par lequel il vouloit conférer à ce qu'il ne pouvoit différer, et, par la facilité de son assistance, donnoit moyen au roi de mettre la couronne impériale tout d'un train sur sa teste, sans en faire à deux fois. Et, de mesme temps, quelques riches marchans des costes de Guyenne, ameutez par un vis-amiral du pays, s'offrirent à nourrir l'armée qui conquerroit l'Espagne, rendans à leurs périls et despens les vivres, par toutes les villes et forts maritimes qu'on dresseroit, au prix qu'ils estoyent lors à Paris. Cela faisoit cercher vers la coste de Languedoc des offres de mesme commodité et doubler la doze de la despense pour jetter deux armées en Espagne, de chascune vingt-cinq mille hommes; l'une pour commencer à Sainct-Sébastien et l'autre à Parpignan et[1] se

---

bigné ait connu un mémoire de Sully qui ne figure pas dans les *OEconomies royales*. Ce mémoire est peut-être celui que M. le marquis de Vogüé a inséré dans les *Notices et documents publiés par la Soc. de l'hist. de France pour son cinquantenaire*, p. 387. Le prétendu grand dessein de Henri IV a été l'objet de nombreuses études. Certains philosophes du xviiie siècle en ont fait un plan humanitaire. De nos jours, M. Wolowski a publié une étude sur ce sujet dans les *Séances et travaux de l'Académie des sciences morales et politiques*, t. LIV, 1860, p. 29. Un historien allemand, M. Théodore Kuekelaus, a publié à Berlin en 1893 : *Der Ursprung des Planes vom ewigen Frieden in den Memoires des Herzogs von Sully*, in-8°, 180 p. Enfin M. Charles Pfister a écrit, en 1893 et 1894, dans la *Revue historique*, une série d'articles sur les *OEconomies royales* de Sully, où la question du grand dessein de Henri IV est savamment traitée.

1. Le reste de l'alinéa ne se trouve pas dans l'édit. de 1620.

joindre, par les bords de la mer, où les conquestes leur permettoyent[1].

Le roi donc, au fourbir de ses armes, donna la crainte où il n'avoit plus l'amitié. Les sages voisins jugèrent où alloit le dessein par le mérite du desseignant, mesuroyent ses pensées à sa puissance et des succès passez, se résolvoyent de contribuer aux victoires qui ne se pouvoyent arrester, dont on escrivit :

> *A ton resveil, Madril vouloit cacher ses armes;*
> *Qui n'y contribuoit estoit armé de larmes;*
> *Vienne alloit subir le joug du vertueux,*
> *Les anges s'accueilloyent à si haute entreprise*[2], *etc.*

Le consentement des peuples, qui est bien souvent la voix de Dieu, sembloit promettre sa bénédiction. Les nations avoyent posé leurs haines, vouloyent arracher leurs bornes pour l'amour d'Henri. Les Alemans s'armoyent à la françoise pour combattre de mesme; le prince d'Anhalt, faict leur chef, vouloit se monstrer maistre sous celui qui l'avoit enseigné. Le marquis de Brandbourg espuisoit la noblesse de Pomeranie et les Suisses animoyent les rochers immobiles. Tout cela pour faire un empereur des chrestiens, qui

---

1. Trois mois avant la mort du roi, d'Aubigné vint à Paris (*Journal de ma vie,* éd. Lalanne, p. 107) et reçut de la bouche même du roi la confidence du grand dessein de ce prince (*Ibid.,* p. 113).

2. Cette strophe est publiée dans le *Discours par stances* de d'Aubigné (voy. plus haut, p. 457, note), mais avec les variantes suivantes :

> Te voilà réveillé : Madril craignoit tes armes,
> Piedmont s'agenouilloit, Rome jettoit des larmes,
> Vienne t'alloit céder comme au plus vertueux,
> Les anges s'accueilloient à si haute entreprise, etc.

de ses menaces arresteroit les Turcs, pour réformer l'Italie, dompter l'Espagne, reconquérir l'Europe et faire trembler l'Univers.

Il estoit prest de convertir ces choses en exécution, il avance de toutes les parties, presse de tous costez son dessein, et, pour arrhes de ses victoires, sous tiltre d'une entrée pour la roine, il emplit Paris de théâtres et d'arcs triomphaux, presqu'à veuë l'un de l'autre, surpassans tous ceux qu'on avoit veu, soit en estoffe, soit en élévation. Les despenses prodiguées à telle splendeur ne sentoyent plus ce prince, sur la peau duquel les misères avoyent laissé long temps la crasse de la chicheté, si bien qu'au prix que la parade de ses armes donnoit dans les yeux de l'Europe, Paris et avec lui la France s'esblouyssoyent de tant de thrésors desployez. Mais :

O faciles dare summa deos eademque tueri
Difficiles[1].

Ou bien, pour reprendre les stances des loüanges que nous avons posées au commencement :

Ma plume ainsi voloit, m'emplumant d'espérance
D'animer plus qu'un autre à ses larmes la France,
Mieux louer, mieux pleurer que nul autre mon roi,
Quand mon esprit de feu, mon docteur à prédire
Tourne mes yeux à voir par un grand doigt escrire
MENE THECEL PHARES *en funeste paroi.*

Cette main, qui orna ta perruque de gloire,
Mit le sang à tes pieds, sur le front la victoire,
La grâce dans tes yeux, sur ta langue le miel;
Lassé de ces douceurs, desploya ses puissances,

---

1. O Dieux [qui vous montrez] faciles à donner des honneurs et difficiles à les défendre (Lucain, *Pharsale*, chap. I, vers 510).

APPENDIX. 471

Ferma l'huis aux bienfaits pour l'ouvrir aux vengeances,
Fouilla, non le thrésor, mais l'arsenal du ciel.

La main large de Dieu, qui, par cinquante années,
En déluge versa tant de grâces données,
Du berceau condamné l'injuste mort chassa,
Qui de ses doigts porta les landons de l'enfance,
Un bouclier au massacre, aux prisons délivrance,
La victoire aux combats, à la fin se lassa[1].

Car, le vendredi quatorziesme de mai, l'an mil six cents dix, le roi, troublé de quelques devinations qui le menaçoyent de mort en ce jour-là, prié par ses plus proches de le vouloir passer à l'ombre, après s'estre jetté par trois fois sur un lict, pour y chercher, sans trouver, le repos, avoir prié Dieu extraordinairement, entra dans son carrosse, relevé de tout costez, pour voir à son aise l'apparat et magnificence, accompagné des ducs d'Espernon[2], de Monbason[3], mareschal de Laverdin[4], La Force[5] et autres. Ayans trouvé un embarras de charettes à la ruë de la Ferronerie[6], et ses va-de-pieds, horsmis deux, ayant pris par le cloistre de Saint-Innocent, François Ravaillac[7], d'Angoumois, met-

1. Ces trois strophes sont les cinquième, sixième et septième de la pièce de d'Aubigné citée plus haut, p. 457.
2. Jean-Louis de Nogaret et de la Valette, duc d'Épernon.
3. Hercule de Rohan, fils de Louis de Rohan et de Léonore de Rohan, né le 27 août 1568, mort le 16 octobre 1654.
4. Jean de Beaumanoir, s. de Lavardin.
5. Jacques Nompar de Caumont, marquis, puis duc de la Force.
6. La rue de la Ferronnerie était le commencement actuel de la rue Saint-Honoré.
7. François Ravaillac, né à Angoulême en 1578, successivement clerc et valet de chambre d'un conseiller au parlement, solliciteur de procès, maître d'école, frère convers chez les Feuillants, monomane exalté, avait conçu, sans avoir de complice, le dessein d'assassiner le roi.

tant le pied sur le rayon d'une rouë de derrière, pour avancer son corps dans le carrosse, trouva le roi panché vers la portière droite, lui donna trois coups, les deux derniers portans au cœur, d'un cousteau à manche de poignard, sur lequel y avoit un caractère gravé. Le meurtrier levoit la main pour le quatriesme coup quand il fut arresté et pris par le va-de-pied. Le roi, n'ayant monstré aucune respiration de vie, fut couvert d'un manteau, et, ayant ensanglanté toute la ruë de Sainct-Honoré, fut porté au Louvre, sur le lict qui n'aguères lui avoit refusé le repos[1].

Je n'ai plus d'haleine pour suivre aucun article des succès de cette mort ; la plume me tombe des mains, et, au lieu d'esmouvoir les cœurs, non seulement des François, mais de tous ceux qui favorisent la vertu de leurs vœux et la pleurent, esteinte de leurs yeux, je laisse parler mieux que moi Anne de Rohan, princesse de Léon[2], et de tous ceux qui escrivent bien en ce temps, de laquelle l'esprit, trié entre les délices du ciel, escrit ainsi :

> *Quoi ? faut-il que Henri, ce redouté monarque,*
> *Ce dompteur des humains, soit dompté par la Parque ?*
> *Que l'œil qui vid sa gloire ores voye sa fin ?*

1. Assassinat de Henri IV, 14 mai 1610. Ravaillac, arrêté sur place, fut condamné à mort et supplicié le 27 mai. Partie de son procès a été publiée dans le t. VI des *Mémoires de Condé*. La procédure tout entière a été publiée pour la première fois en 1858 par M. Deschamps.

2. Anne de Rohan, princesse de Léon, née en 1584, morte sans alliance à Paris le 20 sept. 1646. Elle a laissé quelques poésies, notamment *Stances de Mademoiselle Anne de Rohan sur la mort du roi*, Paris, Chevalier, 1610, in-8°. C'est une pièce de cent cinquante vers, dont d'Aubigné cite une partie.

Que le nostre pour lui incessamment dégoutte?
Et que si peu de terre enferme dans son sein
Celui qui méritoit de la posséder toute?

Quoi? faut-il qu'à jamais nos joyes soyent esteintes?
Que nos chants et nos ris soyent convertis en plaintes?
Qu'au lieu de nostre roi le deuil règne en ces lieux?
Que la douleur nous poigne et le regret nous serre?
Que sans fin nos souspirs montent dedans les cieux?
Que sans espoir nos pleurs descendent sur la terre?

Il le faut, on le doit. Et que pouvons-nous rendre
Que des pleurs assidus, à cette auguste cendre?
Arrousons à jamais son marbre triste blanc.
Non, non, plustost quittons ces inutiles armes!
Mais puisqu'il fut pour nous prodigue de son sang,
Serions-nous bien pour lui avares de nos larmes?

Quand bien nos yeux seroyent convertis en fontaines,
Ils ne sauroyent noyer la moindre de nos peines.
On espanche des pleurs pour un simple meschef.
Un devoir trop commun bien souvent peu s'estime.
Il faut doncques mourir aux pieds de nostre chef.
Son tombeau soit l'autel et nos corps la victime.

Mais qui pourroit mourir? Les Parques filandières
Desdaignent de toucher à nos moites paupières,
Ayans fermé les yeux du prince des guerriers.
Atropos de sa proye est par trop glorieuse;
Elle peut bien changer ses cyprès en lauriers,
Puisque de ce vainqueur elle est victorieuse.

Puisqu'il nous faut encor et souspirer et vivre,
Puisque la Parque fuit ceux qui la veulent suivre,
Vivons donc en plaignant nostre rigoureux sort,
Nostre bonheur perdu, nostre joye ravie;
Lamentons, souspirons, et jusques à la mort
Tesmoignons qu'en vivant nous pleurons nostre vie.

Plaignons, pleurons sans fin cet esprit admirable,
Ce jugement parfait, cet' humeur agréable,

Cet hercule sans pair aussi bien que sans peur,
Tant de perfections qu'en loüant on souspire,
Qui pouvoyent asservir le monde à sa valeur,
Si sa rare équité n'eust borné son Empire.

Regrettons, souspirons cette sage prudence,
Cette extrême bonté, cette rare vaillance,
Ce cœur qui se pouvoit fleschir et non dompter.
Vertus de qui la perte est à nous tant amère
Et que je puis plustost admirer que chanter,
Puisqu'à ce grand Achille il faudroit un Homère.

Mais, parmi ces vertus par mes vers publiées,
Lairrons-nous sa clémence au rang des oubliées,
Qui seulement avoit le pardon pour object?
Pardon qui rarement au cœur des rois se treuve.
En parle l'ennemi, non le loyal subject ;
En face le récit qui en a fait l'espreuve.

Pourroit-on bien conter le nombre de ses gloires?
Pourroit-on bien nombrer ses insignes victoires?
Non, d'un si grand discours le dessein est trop haut.
On doit loüer sans fin ce qu'on ne peut escrire.
Il faut humble se taire ou parler comme il faut.
Et celui ne dit rien qui ne peut assez dire.

Ce Mars, dont les vertus furent jadis sans nombre
Et que nul n'esgaloit, est esgal à un' ombre.
Le fort a ressenti d'Atropos les efforts,
Le vainqueur est gisant dessous la froide lame ;
Et le fer infernal qui lui perça le corps
Fait qu'une aspre douleur nous perce à jamais l'âme.

Jadis pour ses beaux faits nous eslevions nos testes,
L'ombre de ses lauriers nous gardoit des tempestes,
La fin de ses combats finissoit nostre effroi.
Nous nous prisions tous seuls, nous mesprisions les autres,
Estant plus glorieux d'estre subjects du roi
Que si les autres rois eussent esté les nostres.

Maintenant nostre gloire est à jamais ternie,

Maintenant nostre joye est pour jamais finie;
Les lys sont atterrez et nous avecques eux.
Dafné baisse, chétifve, en terre son visage,
Et semble par ce geste, humble autant que piteux,
Ou couronner sa tombe ou bien lui faire hommage.

Je me contenterai de cet eschantillon pour vous faire envie de ce qui suit et venir aux accidents inespérez, aux attentes brisées, aux grands desseins évanouis, qui faisoyent parler les choses et jetter par la France des amertumes qui n'ont point de vocables suffisans. Les tragédies observent deux propriétez, qui se tiennent bien la main; c'est que non seulement elles ont des issues lugubres et sanglantes, mais aussi ont-elles des personnages ausquels il eschet de ne finir point à la mode des moindres et de la médiocrité. En vain eusse-je donc souhaité une catastrophe comique en traitant des dieux de la terre.

Or, voici la conclusion, non seulement de mon *Histoire*, mais de toutes celles qui ont esté escrites et s'escriront jamais, ou soit par les desseins des autheurs, ou soit par le droit d'amirauté, que le dieu des armées fait poser sur l'autel de l'honneur; c'est que les succès envoyent par force les yeux et les esprits de la terre ténébreuse au ciel luisant, des splendeurs qui passent aux éternelles, des royaumes caduques au permanent et enfin de ce qui paroist estre vivre et régner, à ce qui seul est, vit et règne véritablement.

Je n'ai plus qu'à laisser quatre vers pour le renom d'un roi sans pareil; que, si la défaveur de leur autheur les fait refuser au tombeau de Sainct-Denis, ils ne le feront pas en celui qui est posé et sacré dans le marbre permanent, qui est l'éternelle mémoire de la postérité.

> HENRI LE GRAND, *si grand que la paix ni la guerre*
> *Ne lui ont fait souffrir maistres ni compagnons,*
> *Trouve repos au ciel, qu'il n'eut point en la terre.*
> *Guerrier sans peur, vainqueur sans fiel, roi sans mignons*[1].

Comme ce peintre grec[2] qui se cacha derrière son tableau pour aprendre de ses nouvelles par toutes sortes de bouches et d'esprits, ainsi, à l'ombre de mon *Histoire*, qui n'est qu'un tableau, je désire d'entendre les répréhensions des uns et les plaintes des autres, faire mon profit de tout, sans renvoyer le cordonnier à sa pantoufle. Aux premiers je tiendrai compagnie; aux juges de mes défauts, les corrigerai avec eux, comme je les sen avec eux, sans autre excuse que la difficulté de mettre en ordre des choses tant désordonnées, le manquement et diversité des mémoires, souvent arrivez après les premières parties imprimées. Tout cela, en un mot, me condamne à la seconde main.

Quant aux plaintifs et ceux qui disent que j'ai oublié beaucoup de choses, ils verront que c'est d'eux qu'ils se doivent plaindre et qu'eux mesmes ont oublié ce que je ne savoi pas, après avoir esté sollicités par voyes honnorables et publiques depuis quatorze ans. Je serai bien aise qu'une injuste colère les pousse à un juste sentiment et au remède qui est en eux, car, pour le certain, de ceux qui m'auront envoyé des mémoires je n'aurai aucuns complaignans. Il n'y a

---

1. Cette épitaphe n'est pas reproduite dans le recueil de poésies de d'Aubigné, publié chez Lemerre.
2. Appelles. Voyez Pline, liv. XXXV, chap. xxxvi.

province où il n'y ait ordre pour la réception de telles choses. Aidez donc à ce que vous désirez. Celui qui circuit le monde ne fait qu'une ligne. J'ai été longtemps nourri aux pieds du plus grand roi du monde et dans les affaires désespérées, mais je n'en ai pris que ma portée. Et en tout ce que j'apren d'autrui, il m'est peu advenir d'avoir dit mensonge, mais non pas d'avoir menti.

Il est temps de fermer ce livre par ma prière accoustumée à l'ouverture du labeur.

Du pseaume LXXI, 17 :

O Dieu! tu m'as enfant instruit de tes merveilles;
Enfant j'ai convié les cœurs par les oreilles
A ton sainct nom bénir.
Ne me retire encor en ma blanche vieillesse
Tant que j'aye achevé d'élever ta hautesse
Aux siècles à venir.
Ainsi[1] la prisonnière allègue sa grossesse,
Pour recueillir son fruict l'exécution cesse.
De pareille raison[2],
Pour sauver son enfant, mon âme criminelle
Demande qu'on attende en patience qu'elle
Acouche de son fruict[3].

1. Cette dernière strophe manque à l'édit. de 1620.
2. Variante : *Plus la mort ne poursuit,* ou bien : *Plus on ne la poursuit.*
3. La traduction du psaume 71, verset 17, est signée de la lettre hébraïque qui sert de signature à d'Aubigné. Elle ne figure pas dans le recueil de vers publié par l'éditeur Lemerre.

TABLE DES CHAPITRES

Livre Quatorzième.
(Livre IV du tome III des éditions de 1620 et de 1626.)

Chapitres		Pages
I.	Brouilleries de Paris, Lyon et Orléans, avec leurs changements.	1
II.	Sacre du roi; reddition de Lyon.	8
III.	Reddition de Paris	12
IV.	Reddition de Rouan, Abbeville, Rheims et autres places. La pyramide	19
V.	Convois deffaits; reddition de Laon.	29
VI.	Petites guerres de Poictou. Reddition de Poictiers et autres places.	35
VII.	Guerre de la frontière de Picardie, de Lyonnois et notable prise de Beaune, avec quelques autres succès	41
VIII.	Combat de Fontaine-Françoise et autres affaires de Bourgongne.	53
IX.	Exploits du Catelet, la Capelle. Combats de Ham, de Dourlans	60
X.	Prise d'Ardres, Calais et Cambray	69
XI.	Reprise de l'Estat des réformez, depuis la conjonction des deux rois jusques en l'an 1595. . . .	76
XII.	Ordre nouveau pour les réformez après la mutation du roi	87
XIII.	La Fère investie; paix des ducs de Mayenne et de Nemours; Thoulouze rendue; maladie du roi à Traveci; reddition de la Fère	99
XIV.	Fin des petites guerres de Champagne; reprise de celles d'Auvergne	105
XV.	Combat du marquis de Varembon; assemblée de Rouen; esmotion des croquans	116

TABLE DES CHAPITRES.

Chapitres		Pages
XVI.	Divers combats arrivez sur le temps que le duc de Mayenne composa ès deux années que nous traittons à présent.	125
XVII.	Surprise d'Amiens et commencement du siège	128
XVIII.	Progrez, fin et secours renvoyé du siège d'Amiens. Sa reddition	136
XIX.	Tour vers les parties méridionales de la France. Rencontre de Sainct-Yrier. Siège de Blaye. Entreprise d'Agen	144
XX.	De Provence, Dauphiné et autres lieux voisins. Prise du fort de Barraulx	151
XXI.	De ce que fit l'armée royale de là les monts	164
XXII.	De la Bretagne	175
XXIII.	Reste de la guerre de Bretagne	186
XXIV.	Négoce avec les voisins	196
XXV.	De l'Orient	202
XXVI.	Du Midi	227
XXVII.	De l'Occident	232
XXVIII.	Du Septentrion	239
XXIX.	Dernière paix des liguez	271

Livre Quinzième.

(Livre V du tome III des éditions de 1620 et de 1626).

I.	Estat des réformez	274
II.	Invectives contre les réformez et leurs responses.	283
III.	Le prince de Condé à la cour. Mort de la duchesse. Paix d'Espagne. Mariage de Madame. Prison de la roine de Navarre	294
IV.	Paix d'Espagne. Mariage de Madame avec le prince de Lorraine. De la reine Marguerite.	298
V.	Remuement de Savoye. Voyage du duc.	307
VI.	Commencement des menées du mareschal de Biron.	311
VII.	Péril du roi; préparatifs de guerre pour Savoye.	317
VIII.	Commencement de la guerre de Savoye; lettres du duc deschifrées, par lesquelles il mandoit d'amuser jusques à ce qu'il eust ses forces	323
IX.	Suite de la guerre de Savoye	329
X.	Mariage du roi et paix de Savoye	337
XI.	Paix de Savoye	345

TABLE DES CHAPITRES.

Chapitres		Pages
XII.	Menées de la France et surtout du mareschal de Biron.	350
XIII.	Exemple remarquable de la fidélité des réformez.	354
XIV.	Suite de la conspiration; prise, procès et exécution du mareschal de Biron	361
XV.	Des choses communes aux quatre voisins et à nous	372
XVI.	De l'Orient.	385
XVII.	Du Midi.	399
XVIII.	De l'Occident.	412
XIX.	Du Septentrion	419
XX.	Articles abbrégez de la dernière paix des guerres civiles de France jusques à l'an 1601.	450
	Appendix ou corolaire des histoires du sieur d'Aubigné.	454

FIN.

Nogent-le-Rotrou, imprimerie DAUPELEY-GOUVERNEUR.

www.ingramcontent.com/pod-product-compliance
Lightning Source LLC
Chambersburg PA
CBHW050238230426
43664CB00012B/1740